한국어문회(한자능력검정회) 주관

한자능력 검정시험

한권으로 급수따기

검정대비 시리즈 ⑤

개정된 출제 기준 완벽 대비
배정 한자 1000자 완전 문제화
풍부한 한자 쓰기 연습
유형별 한자 익히기, 확인평가
기출 예상문제 및 답안지 수록

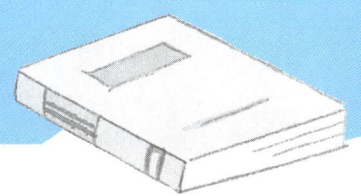

4급
4급 II 포함

이 책의 구성과 특징

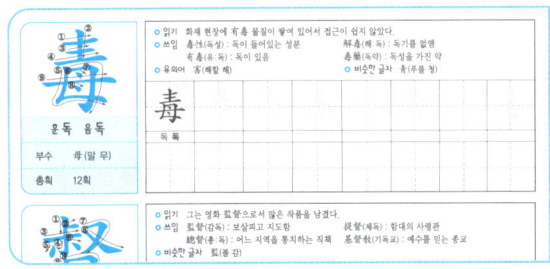

한자 배우기

4급에서 새로 배우게 될 한자 500자를 12단원으로 나누어 각 단원별로 훈과 음, 필순은 물론 글자의 유래와 쓰임, 상대어와 유의어 등을 함께 제시하여 한자를 재미있게 익히도록 하였습니다.

확인평가

각 단원별로 새롭게 배운 한자를 철저한 출제 경향 분석에 따른 실제 시험 형식에 따라 점검해보고 자신의 부족한 부분을 점검하고 보완하도록 합니다.

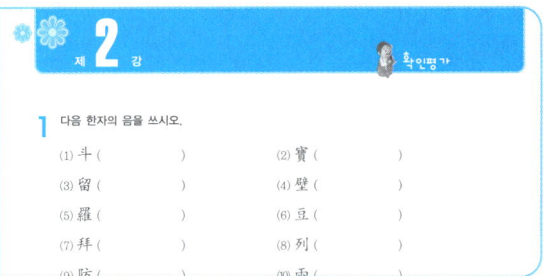

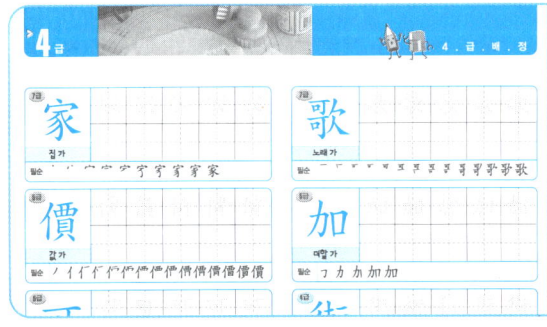

4급 배정 1000자 다지기

별도의 한자 노트가 필요 없이 쓰기 연습을 충분히 할 수 있도록 4급 과정에 배정된 1000자 한자를 다시 한 번 모아 익히도록 하였습니다.

한자 익히기

한자의 생성, 부수, 필순 등의 원리를 배우고 4급 한자 범위의 한자성어와 함께 반의어, 유의어, 비슷한 한자를 통해 더욱 실력을 다질 수 있으며 읽기 어려운 한자를 따로 정리하였습니다.

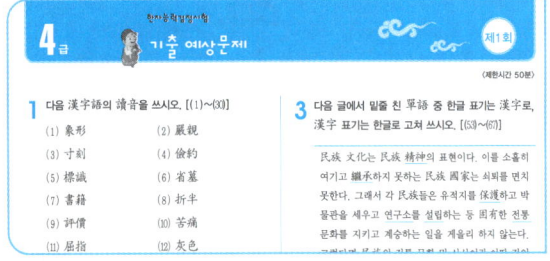

기출 예상문제

이미 출제된 문제를 충실히 분석하고 달라진 출제 기준에 따라 엄선된 4급 Ⅱ와 4급 예상문제를 실제 시험에서와 같이 마지막 점검을 하여 시험에 대한 자신감을 길러줍니다.

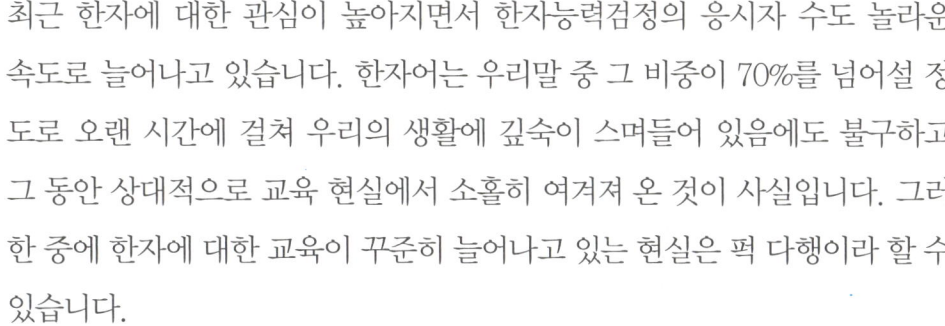
머리말

최근 한자에 대한 관심이 높아지면서 한자능력검정의 응시자 수도 놀라운 속도로 늘어나고 있습니다. 한자어는 우리말 중 그 비중이 70%를 넘어설 정도로 오랜 시간에 걸쳐 우리의 생활에 깊숙이 스며들어 있음에도 불구하고 그 동안 상대적으로 교육 현실에서 소홀히 여겨져 온 것이 사실입니다. 그러한 중에 한자에 대한 교육이 꾸준히 늘어나고 있는 현실은 퍽 다행이라 할 수 있습니다.

중국이 이미 세계 무대의 중심에 우뚝 서 한자 문화권이 넓게 형성되었으며 논술 시험의 비중이 높아져 한자의 이해가 그 어느 때보다 절실한 상황이며, 더욱이 우리말을 정확히 알고 구사하기 위해서라도 한자는 반드시 넘어야 할 산임을 정확히 알게 된 것입니다.

그리하여 한자능력검정시험이 국가 공인을 얻어 자격 취득시 초·중·고등 생활 기록부에 등재되고, 대학교 특례입학의 자격이 주어지고 있으며 공무원, 군인 등의 인사고과에 반영되며 입사시험에 필수 사항이나 우대 사항으로 대우를 해 주는 회사도 많이 늘어나고 있습니다.

이에 본 교재는 한국어문회에서 시행하는 국가공인 한자능력검정시험에 대비하여 새로이 개정 증면되어 한자의 기본을 더욱 튼튼히 하고 철저한 분석과 풍부한 예제로 이 한 권으로 자격증을 획득하기에 조금도 부족함이 없도록 하였습니다. 빠르게 변하고 필요한 정보가 더욱 요구되는 이 시기에 여러분들의 귀한 시간을 아껴드림과 아울러 정확한 합격의 길로 인도하여 드릴 것을 확신합니다.

한자능력검정시험 안내

한자능력검정시험 요강

- **주   관** : (사)한국어문회 (☎ 02-1566-1400) (http://www.hanja.re.kr)
- **시   행** : 한국한자능력검정회
- **시험일시** : 연 3회 - 교육급수 : 4, 7, 10월
  공인급수 : 5, 8, 11월
- **응시자격**
  - 제한없음, 능력에 맞게 급수를 선택하여 응시하면 됩니다.
  - 1급은 2급 합격자에 한하여 응시할 수 있고, 서울, 부산, 대구, 광주, 대전, 제주에서만 실시합니다.
- **접 수 처**
  - 서울 : (사)한국어문회 ☎ 02-1566-1400(서울교대 정문 맞은 편 교대벤처타워 501호)
    종로 이그젬센터[6서당] ☎ 02-730-6116(1호선 종각역 3번 출구 국세청 뒤)
  - 기타지역 : 한자능력검정시험 지역별 접수처 및 응시처 참조
- **접수시 준비물**
  반명함판사진 3매 / 응시료(현금) / 한자 이름 / 주민등록번호 / 급수증 수령주소

급수별 출제 유형

구 분	공인급수					교육급수					
	1급	2급	3급	3급Ⅱ	4급	4급Ⅱ	5급	6급	6급Ⅱ	7급	8급
읽기 배정 한자	3,500	2,355	1,817	1,400	1,000	750	500	300	300	150	50
쓰기 배정 한자	2,005	1,817	1,000	750	500	400	300	150	50	0	0
독음	50	45	45	45	30	35	35	33	32	32	24
훈음	32	27	27	27	22	22	23	22	29	30	24
장단음	10	5	5	5	5	0	0	0	0	0	0
반의어	10	10	10	10	3	3	3	3	2	2	0
완성형	15	10	10	10	5	5	4	3	2	2	0
부수	10	5	5	5	3	3	0	0	0	0	0
동의어	10	5	5	5	3	3	3	2	0	0	0
동음이의어	10	5	5	5	3	3	3	2	0	0	0
뜻풀이	10	5	5	5	3	3	3	2	2	2	0
필순	0	0	0	0	0	0	0	3	3	2	2
약자	3	3	3	3	3	3	3	0	0	0	0
한자쓰기	40	30	30	30	20	20	20	20	10	0	0

- 쓰기 배정 한자는 한두 급수 아래의 읽기 배정 한자이거나 그 범위 내에 있습니다.
- 출제 유형표는 기본 지침 자료로서, 출제자의 의도에 따라 차이가 있을 수 있습니다.

급수별 합격 기준

급수별 합격기준	8급	7급	6급Ⅱ	6급	5급	4급Ⅱ	4급	3급Ⅱ	3급	2급	1급
출제문항수	50	70	80	90	100	100	100	150	150	150	200
합격문항수	35	49	56	63	70	70	70	105	105	105	160
시험시간(분)	50							60			90

급수별 수준 및 대상

급수	수준 및 특성	권장대상
8급	• 읽기 50자, 쓰기 없음 • 유치원이나 초등학생의 학습 동기 부여를 위한 급수	초등학생
7급	• 읽기 150자, 쓰기 없음 • 한자 공부를 처음 시작하는 분을 위한 초급 단계	초등학생
6급Ⅱ	• 읽기 300자, 쓰기 50자 • 한자 쓰기를 시작하는 첫 급수	초등학생
6급	• 읽기 300자, 쓰기 150자 • 기초 한자 쓰기를 시작하는 급수	초등학생
5급	• 읽기 500자, 쓰기 300자 • 학습용 한자 쓰기를 시작하는 급수	초등학생
4급Ⅱ	• 읽기 750자, 쓰기 400자 • 5급과 4급의 격차를 해소하기 위한 급수	초등학생
4급	• 읽기 1000자, 쓰기 500자 • 초급에서 중급으로 올라가는 급수	초등학생
3급Ⅱ	• 읽기 1,000자, 쓰기 750자 • 4급과 3급의 격차를 해소하기 위한 급수	중학생
3급	• 읽기 1,817자, 쓰기 1,000자 • 신문 또는 일반 교양어를 읽을 수 있는 수준	고등학생
2급	• 읽기 2,355자, 쓰기 1,817자 • 일상 한자어를 구사할 수 있는 수준	대학생·일반인
1급	• 읽기 3,500자, 쓰기 2,005자 • 국한 혼용 고전을 불편없이 읽고, 공부할 수 있는 수준	대학생·일반인

자격 취득시 혜택

1. 초·중·고등학생 생활기록부 등재
2. 대학 수시모집 및 특기자 전형 지원
3. 대입면접 가산·학점반영·졸업인증
4. 기업체 인사·승진·인사고과 반영

○ 초·중·고등학생 생활기록부 등재[자세히]

구분	효력	생활기록부 등재란	관련 규정
1급~4급	국가공인자격증	'자격증' 란	교육부 훈령 제616호 11조
4급Ⅱ~8급	민간자격증	'세부사항' 란	교육부 훈령 제616호 18조

● 생활기록부의 '세부사항' 등재(4Ⅱ~8급)는 교육부 훈령의 권장 사항으로, 각급 학교 재량에 따릅니다.

4급 II 신출한자 (500자)

한자	훈	음
街	거리	가
假	거짓	가
減	덜	감
監	볼	감
康	편안	강
講	욀	강
個	낱	개
檢	검사할	검
缺	이지러질	결
潔	깨끗할	결
警	깨우칠	경
境	지경	경
經	지날	경
慶	경사	경
係	맬	계
故	연고	고
官	벼슬	관
究	연구할	구
句	글귀	구
求	구할	구
宮	집	궁
權	권세	권
極	극진할	극
禁	금할	금
器	그릇	기
起	일어날	기
暖	따뜻할	난
難	어려울	난
努	힘쓸	노
怒	성낼	노
單	홀	단
檀	박달나무	단
端	끝	단
斷	끊을	단
達	통달할	달
擔	멜	담
黨	무리	당
帶	띠	대
隊	무리	대
導	인도할	도
毒	독	독
督	감독할	독
銅	구리	동
斗	말	두
豆	콩	두
得	얻을	득
燈	등	등
羅	벌릴	라
兩	두	량
麗	고울	려
連	이을	련
列	벌릴	렬
錄	기록할	록
論	논할	론
留	머무를	류
律	법칙	률
滿	찰	만
脈	줄기	맥
毛	터럭	모
牧	칠	목
務	힘쓸	무
武	호반	무
味	맛	미
未	아닐	미
密	빽빽할	밀
博	넓을	박
房	방	방
訪	찾을	방
防	막을	방
背	등	배
拜	절	배
配	나눌	배
伐	칠	벌
罰	벌할	벌
壁	벽	벽
邊	가	변
保	지킬	보
報	갚을	보
寶	보배	보
步	걸음	보
復	회복할	복
府	마을	부
副	버금	부
富	부자	부
婦	며느리	부
佛	부처	불
備	갖출	비
悲	슬플	비
非	아닐	비
飛	날	비
貧	가난할	빈
寺	절	사
謝	사례할	사
師	스승	사
舍	집	사
殺	죽일	살
常	떳떳할	상
床	상	상
想	생각	상
狀	형상	상
設	베풀	설
城	재	성
盛	성할	성
誠	정성	성
星	별	성
聖	성인	성
聲	소리	성
勢	형세	세
稅	세금	세
細	가늘	세
掃	쓸	소
笑	웃음	소
素	본디	소
俗	풍속	속
續	이을	속
送	보낼	송
守	지킬	수
修	닦을	수
受	받을	수
授	줄	수
收	거둘	수
純	순수할	순
承	이을	승
詩	시	시
施	베풀	시
是	이	시
視	볼	시
試	시험	시
息	쉴	식
申	납	신
深	깊을	심
眼	눈	안
暗	어두울	암
壓	누를	압
液	진	액
羊	양	양
如	같을	여
餘	남을	여
逆	거스를	역
硏	갈	연
演	펼	연
煙	연기	연
榮	영화	영
藝	재주	예
誤	그르칠	오
玉	구슬	옥
往	갈	왕
謠	노래	요
容	얼굴	용
員	인원	원
圓	둥글	원
衛	지킬	위
爲	할	위
肉	고기	육
恩	은혜	은
陰	그늘	음
應	응할	응
義	옳을	의
議	의논할	의
移	옮길	이
益	더할	익
認	알	인
印	도장	인
引	끌	인
將	장수	장
障	막을	장
低	낮을	저
敵	대적할	적
田	밭	전
絶	끊을	절
接	이을	접
政	정사	정
程	한도	정
精	정할	정
制	절제할	제
提	끌	제
濟	건널	제
祭	제사	제
製	지을	제
除	덜	제
際	즈음	제
助	도울	조
早	이를	조
造	지을	조
鳥	새	조
尊	높을	존
宗	마루	종
走	달릴	주
竹	대	죽
準	준할	준
衆	무리	중
增	더할	증
志	뜻	지
指	가리킬	지
支	지탱할	지
至	이를	지
職	직분	직
眞	참	진
進	나아갈	진
次	버금	차
察	살필	찰
創	비롯할	창
處	곳	처
請	청할	청
銃	총	총
總	다	총
蓄	모을	축
築	쌓을	축
忠	충성	충
蟲	벌레	충
取	가질	취
測	헤아릴	측
置	둘	치
治	다스릴	치
齒	이	치
侵	침노할	침
快	쾌할	쾌
態	모습	태
統	거느릴	통
退	물러날	퇴
波	물결	파
破	깨뜨릴	파
包	쌀	포
砲	대포	포
布	베	포
暴	사나울	폭
票	표	표
豊	풍년	풍
限	한할	한
航	배	항
港	항구	항
解	풀	해
鄕	시골	향
香	향기	향
虛	빌	허
驗	시험	험
賢	어질	현
血	피	혈
協	화할	협
惠	은혜	혜
呼	부를	호
好	좋을	호
戶	집	호
護	도울	호
貨	재물	화
確	굳을	확
回	돌아올	회
吸	마실	흡
興	일	흥
希	바랄	희

4급 신출한자(500자)

暇	겨를 가	屈	굽힐 굴	辯	말씀 변	豫	미리 예	折	꺾을 절	歎	탄식할 탄
刻	새길 각	窮	다할 궁	普	넓을 보	遇	만날 우	占	점령할 점	脫	벗을 탈
覺	깨달을 각	券	문서 권	伏	엎드릴 복	優	넉넉할 우	點	점 점	探	찾을 탐
干	방패 간	卷	책 권	複	겹칠 복	郵	우편 우	丁	고무래 정	擇	가릴 택
看	볼 간	勸	권할 권	否	아닐 부	源	근원 원	整	가지런할 정	討	칠 토
簡	대쪽 간	歸	돌아갈 귀	負	질 부	援	도울 원	靜	고요할 정	痛	아플 통
甘	달 감	均	고를 균	粉	가루 분	怨	원망할 원	帝	임금 제	投	던질 투
敢	감히 감	劇	심할 극	憤	분할 분	圍	에워쌀 위	條	가지 조	鬪	싸움 투
甲	갑옷 갑	勤	부지런할 근	碑	비석 비	危	위태할 위	潮	조수 조	派	갈래 파
降	내릴 강	筋	힘줄 근	批	비평할 비	委	맡길 위	組	짤 조	判	판단할 판
更	다시 갱	奇	기특할 기	秘	숨길 비	威	위엄 위	存	있을 존	篇	책 편
居	살 거	寄	부칠 기	射	쏠 사	慰	위로할 위	從	좇을 종	評	평할 평
巨	클 거	機	틀 기	私	사사 사	乳	젖 유	鐘	쇠북 종	閉	닫을 폐
拒	막을 거	紀	벼리 기	絲	실 사	儒	선비 유	座	자리 좌	胞	세포 포
據	근거 거	納	들일 납	辭	말씀 사	遊	놀 유	周	두루 주	爆	불터질 폭
傑	뛰어날 걸	段	층계 단	散	흩을 산	遺	남길 유	朱	붉을 주	標	표할 표
儉	검소할 검	徒	무리 도	傷	다칠 상	隱	숨을 은	酒	술 주	疲	피곤할 피
激	격할 격	逃	도망 도	象	코끼리 상	依	의지할 의	證	증거 증	避	피할 피
擊	칠 격	盜	도둑 도	宣	베풀 선	儀	거동 의	持	가질 지	恨	한 한
堅	굳을 견	亂	어지러울 란	舌	혀 설	疑	의심할 의	智	지혜 지	閑	한가할 한
犬	개 견	卵	알 란	屬	붙일 속	異	다를 이	誌	기록할 지	抗	겨룰 항
傾	기울 경	覽	볼 람	損	덜 손	仁	어질 인	織	짤 직	核	씨 핵
驚	놀랄 경	略	간략할 략	松	소나무 송	姉	손위누이 자	珍	보배 진	憲	법 헌
鏡	거울 경	糧	양식 량	頌	칭송할 송	姿	모양 자	盡	다할 진	險	험할 험
系	이어맬 계	慮	생각할 려	秀	빼어날 수	資	재물 자	陣	진칠 진	革	가죽 혁
季	계절 계	烈	매울 렬	叔	아재비 숙	殘	남을 잔	差	다를 차	顯	나타날 현
鷄	닭 계	龍	용 룡	肅	엄숙할 숙	雜	섞일 잡	讚	기릴 찬	刑	형벌 형
階	섬돌 계	柳	버들 류	崇	높을 숭	壯	장할 장	採	캘 채	或	혹 혹
戒	경계할 계	輪	바퀴 륜	氏	성 씨	獎	장려할 장	册	책 책	婚	혼인할 혼
繼	이을 계	離	떠날 리	額	이마 액	張	베풀 장	泉	샘 천	混	섞을 혼
孤	외로울 고	妹	누이 매	樣	모양 양	帳	장막 장	廳	관청 청	紅	붉을 홍
庫	곳집 고	勉	힘쓸 면	嚴	엄할 엄	腸	창자 장	聽	들을 청	華	빛날 화
穀	곡식 곡	鳴	울 명	與	더불 여	裝	꾸밀 장	招	부를 초	歡	기쁠 환
困	곤할 곤	模	본뜰 모	域	지경 역	底	밑 저	推	밀 추	環	고리 환
骨	뼈 골	墓	무덤 묘	易	바꿀 역	積	쌓을 적	縮	줄일 축	況	상황 황
孔	구멍 공	妙	묘할 묘	延	늘일 연	籍	문서 적	趣	뜻 취	灰	재 회
攻	칠 공	舞	춤출 무	鉛	납 연	績	길쌈 적	就	나아갈 취	候	기후 후
管	대롱 관	拍	칠 박	燃	탈 연	賊	도적 적	層	층 층	厚	두터울 후
鑛	쇳돌 광	髮	터럭 발	緣	인연 연	適	맞을 적	寢	잘 침	揮	휘두를 휘
構	얽을 구	妨	방해할 방	映	비칠 영	專	오로지 전	針	바늘 침	喜	기쁠 희
君	임금 군	犯	범할 범	營	경영할 영	轉	구를 전	稱	일컬을 칭		
群	무리 군	範	법 범	迎	맞을 영	錢	돈 전	彈	탄알 탄		

이 책의 순서

한자 익히기

○ 4급 II 한자 배우기
1강/ 010   2강/ 022   3강/ 034
4강/ 046   5강/ 058   6강/ 070

○ 4급 한자 배우기
7강/ 086   8강/ 098   9강/ 110
10강/ 122   11강/ 134   12강/ 146

부록

○ 4급 한자 1000자 다지기 ……………… 162
○ 육서 익히기 …………………………… 234
○ 부수 익히기 …………………………… 236
○ 필순 익히기 …………………………… 238
○ 약자 …………………………………… 239
○ 상대어/유의어/모양이 닮은 한자/장단음 ……… 240
○ 한자성어 ……………………………… 252

시험대비

○ 4급 II 기출 예상문제(2회) ……………… 261
○ 4급 기출 예상문제(4회) ………………… 265
○ 답안지양식(6회) ………………………… 273
○ 정답(확인평가 12회, 기출 예상문제6회) ……… 285

한.자.능.력.검.정

한자 배우기

4급 II

제 1강 ~ 6강

街 毒 收 復 盆 察

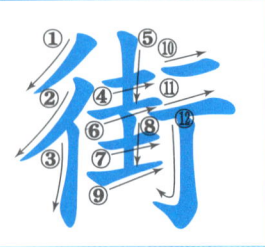

훈 거리　음 가

부수　行(다닐 행)

총획　12획

- 읽기　시청 앞에는 街頭 행진이 있어서 길이 많이 막힌다.
- 쓰임　商街(상가) : 가게가 많은 거리　　市街(시:가) : 도시의 거리
　　　　街頭(가:두) : 길거리　　　　　　街路樹(가로수) : 도로가에 심은 나무
- 유의어　道(길 도), 路(길 로)
- 비슷한 글자　術(재주 술)

거리 가

훈 거짓　음 가

부수　亻(사람 인)

총획　11획

- 읽기　그의 주장이 假令 옳다고 해도 나는 따를 수 없다.
- 쓰임　假名(가:명) : 가짜 이름　　　假象(가:상) : 실제가 아닌 허상
　　　　假令(가:령) : 가정할 때 쓰는 말　假建物(가:건물) : 임시로 지은 건물
- 약자　仮
- 반의어　眞(참 진)

거짓 가

훈 덜　음 감

부수　氵(물 수)

총획　12획

- 읽기　올 해 들어 실업률이 減少하고 있는 추세라고 한다.
- 쓰임　減少(감:소) : 양이 줄어듦　　增減(증감) : 늘어나거나 줄어듦
　　　　減産(감:산) : 생산을 줄임　　減稅(감:세) : 세금을 줄임
- 반의어　加(더할 가), 增(더할 증)
- 유의어　省(덜 생), 損(덜 손)

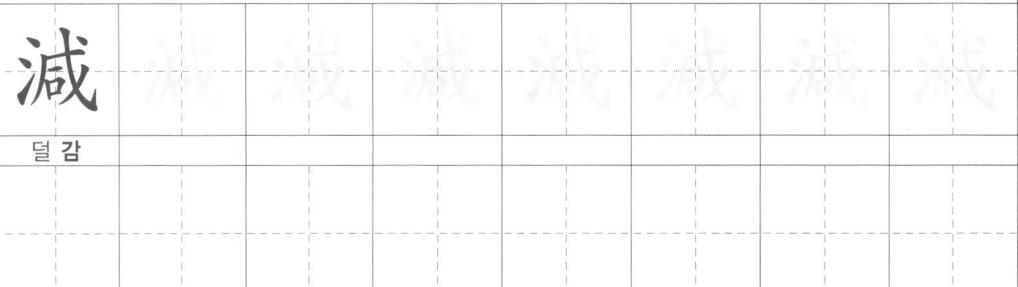

덜 감

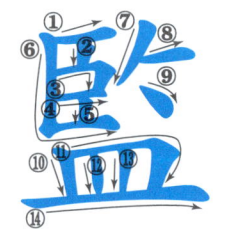

훈 볼　음 감

부수　皿(그릇 명)

총획　14획

- 읽기　개인의 사생활이 監視 당하는 것은 매우 불쾌한 일이다.
- 쓰임　監禁(감금) : 가두어 둠　　　監視(감시) : 살피어 봄
　　　　校監(교:감) : 학교 일을 돌보는 직책　監察(감찰) : 남의 행동을 살핌
- 유의어　察(살필 찰), 覽(볼 람)

볼 감

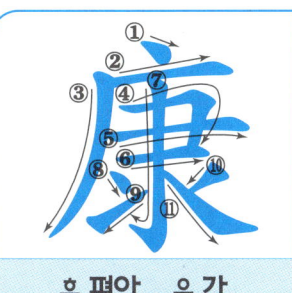

훈 편안 음 강

부수 广(엄 호)

총획 11획

- 읽기 健康하게 오래 산다는 것은 큰 축복이다.
- 쓰임 健康(건:강) : 탈 없이 튼튼함   康健(강건) : 튼튼하고 건강함
  萬康(만:강) : 아주 평안함   康福(강복) : 건강하고 행복함
- 반의어 危(위태할 위)
- 유의어 安(편안 안)

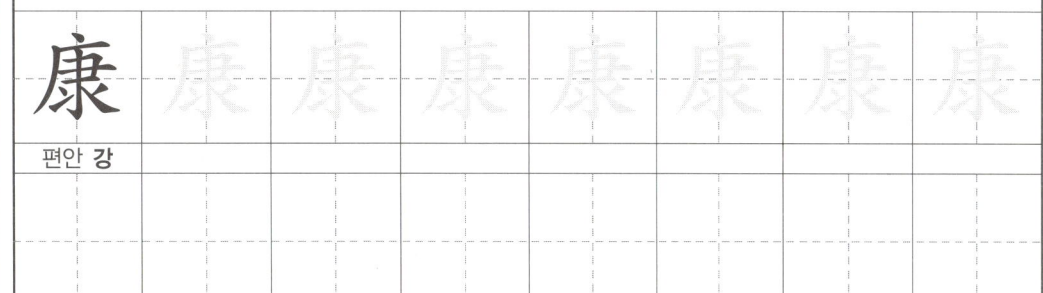
편안 강

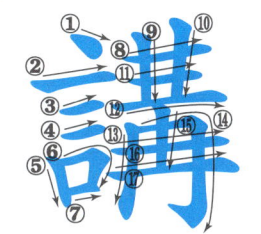

훈 욀 음 강

부수 言(말씀 언)

총획 17획

- 읽기 새로 온 국어 講師의 말이 너무 빨라 알아들을 수 없다.
- 쓰임 講讀(강:독) : 글을 읽고 그 뜻을 밝힘   受講(수강) : 강의를 받음
  講堂(강:당) : 강의를 하는 장소   講師(강:사) : 강의를 하는 사람
- 비슷한 글자 構(얽을 구)

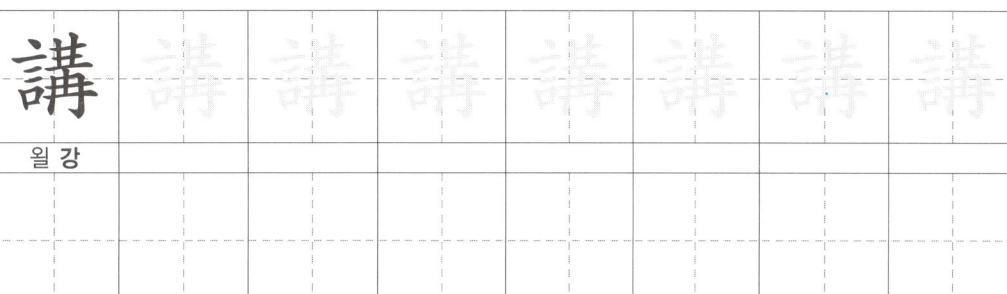
욀 강

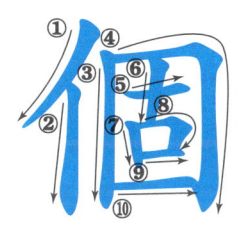

훈 낱 음 개

부수 亻(사람 인)

총획 10획

- 읽기 좋아하는 것과 존경하는 것은 別個이다.
- 쓰임 個別(개:별) : 하나하나 따로따로   個人(개:인) : 각각의 사람
  個性(개:성) : 각각의 남다른 특성   別個(별개) : 서로 다른 것
- 반의어 總(다 총)
- 비슷한 글자 固(굳을 고)

낱 개

훈 검사할 음 검

부수 木(나무 목)

총획 17획

- 읽기 아무리 철저히 계산하더라도 나중에 檢算하는 것을 잊지 말아야 한다.
- 쓰임 檢算(검:산) : 계산하여 검사함   檢問(검:문) : 자세히 따져 물음
  身檢(신검) : 신체검사   檢討(검:토) : 내용을 자세히 따짐
- 유의어 査(조사할 사)
- 비슷한 글자 險(험할 험), 驗(시험 험)

검사할 검

훈 이지러질 **음** 결

부수 缶(장군 부)

총획 10획

- 읽기 자신의 缺點은 보이지 않고 다른 사람의 缺點만 보인다.
- 쓰임 缺席(결석) : 출석하지 않음   缺食(결식) : 끼니를 거름
  缺禮(결례) : 예의에 어긋난 행동을 함   缺點(결점) : 완전하지 못한 점
- 비슷한 글자 決(결단할 결)

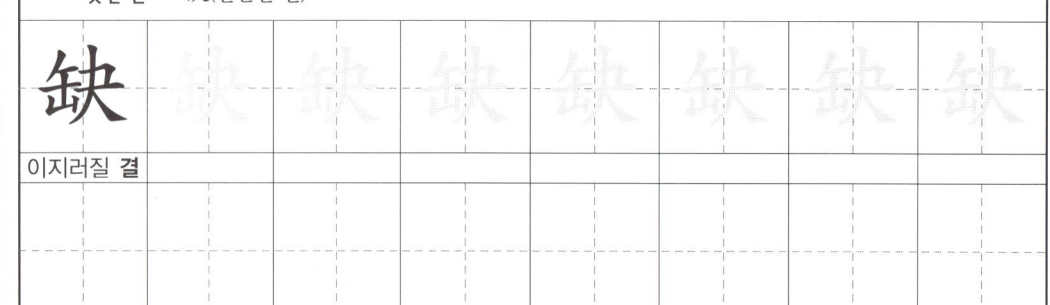

이지러질 결

훈 깨끗할 **음** 결

부수 氵(물 수)

총획 15획

- 읽기 피의자들은 潔白을 주장하지만 알리바이를 증명하지 못하고 있다.
- 쓰임 純潔(순결) : 순수하고 깨끗함   淸潔(청결) : 맑고 깨끗함
  潔白(결백) : 거짓이 없이 깨끗함   簡潔(간결) : 표현이 간단하고 요령이 있음
- 유의어 精(정할 정)

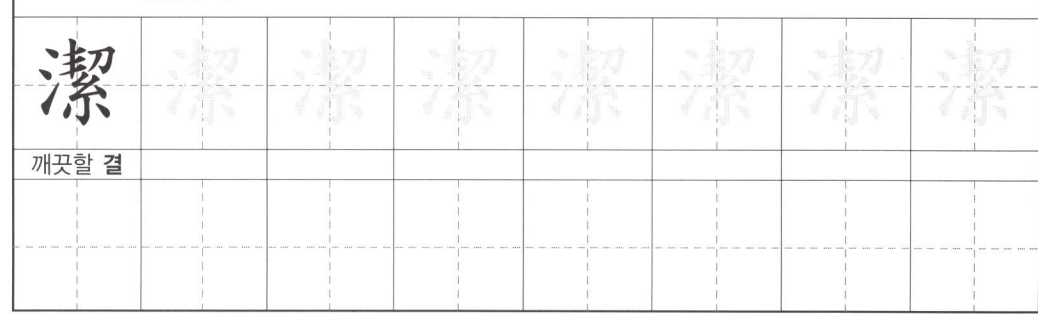

깨끗할 결

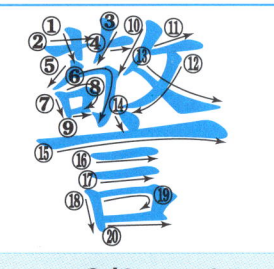

훈 깨우칠 **음** 경

부수 言(말씀 언)

총획 20획

- 읽기 재해 警告를 무시하고 대피를 미루다가 더 큰 피해를 보았다.
- 쓰임 警告(경:고) : 조심하라고 알림   女警(여경) : 여자 경찰관
  警護(경:호) : 경계하고 보호함   警備(경:비) : 경계하여 방비함
- 유의어 覺(깨달을 각)   ✿ 비슷한 글자 驚(놀랄 경)

깨우칠 경

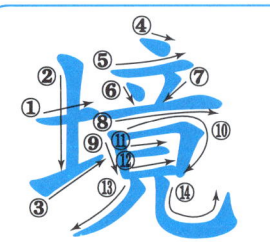

훈 지경 **음** 경

부수 土(흙 토)

총획 14획

- 읽기 중국과 國境을 마주하는 나라는 14개국이나 된다.
- 쓰임 心境(심경) : 마음의 상태   境內(경내) : 일정한 지역의 안
  國境(국경) : 나라 사이의 경계   死境(사경) : 죽을 지경
- 유의어 界(지경 계), 區(지경 구)

지경 경

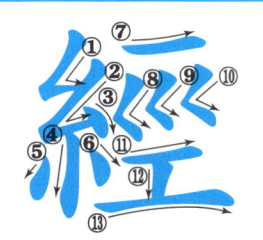

훈 지날(글) **음** 경

부수 糸(실 사)

총획 13획

- 읽기 우리 회사는 經歷보다는 실력을 우선으로 생각합니다.
- 쓰임 經過(경과) : 시간이 지나감   經歷(경력) : 지나온 이력
  經濟(경제) : 재화와 관련된 활동   經費(경비) : 필요한 비용
- 약자 経
- 유의어 文(글월 문), 書(글 서)

經 / 지날 경

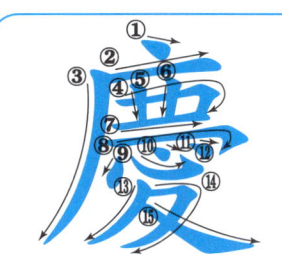

훈 경사 **음** 경

부수 心(마음 심)

총획 15획

- 읽기 지난 달에 우리 집에는 慶事가 연달아 있었다.
- 쓰임 慶事(경:사) : 즐겁고 기쁜 일   慶祝(경:축) : 축하 함
  慶賀(경:하) : 공경하여 축하 함   國慶日(국경일) : 국가에서 정한 경축일
- 비슷한 글자 廣(넓을 광)

慶 / 경사 경

훈 맬 **음** 계

부수 亻(사람 인)

총획 9획

- 읽기 지난 회식 때부터 둘 사이의 關係가 극도로 악화되었다.
- 쓰임 關係(관계) : 둘 이상의 사이   係長(계:장) : 한 계의 책임자
  係員(계:원) : 같은 계에서 일하는 사람
- 비슷한 글자 系(이어 맬 계)

係 / 맬 계

훈 연고 **음** 고

부수 攵(칠 복)

총획 9획

- 읽기 그의 성공은 끊임없는 노력의 緣故이다.
- 쓰임 故意(고:의) : 일부러 함   緣故(연고) : 일의 까닭
  事故(사:고) : 뜻밖의 사건   故鄕(고향) : 자기가 나서 자란 곳
- 유의어 古(예 고)
- 비슷한 글자 告(고할 고)

故 / 연고 고

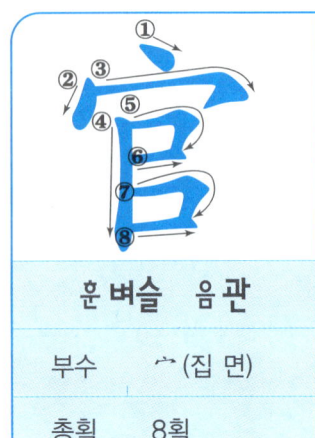

- 읽기 행정자치부 長官의 임명동의안이 가결되었다.
- 쓰임 上官(상:관) : 윗자리의 관리   官職(관직) : 벼슬자리
    官舍(관사) : 관청에서 지어 관리하는 집   長官(장관) : 행정 부서의 장
- 비슷한 글자 宮(집 궁)

官							
벼슬 관							

훈 벼슬 **음** 관
부수 宀(집 면)
총획 8획

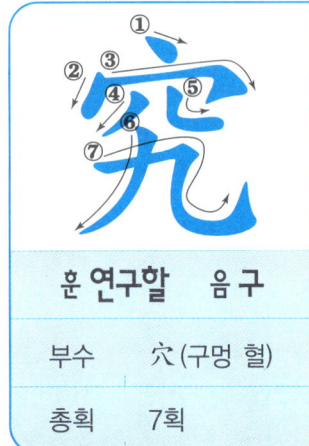

- 읽기 담배와 폐암 사이의 인과관계가 이번 연구로 究明되었다.
- 쓰임 究明(구명) : 밝히어 알아냄   研究(연:구) : 자세히 조사함
    講究(강:구) : 좋은 방안을 연구함   探究(탐구) : 깊이 연구함
- 비슷한 글자 空(빌 공)

究							
연구할 구							

훈 연구할 **음** 구
부수 穴(구멍 혈)
총획 7획

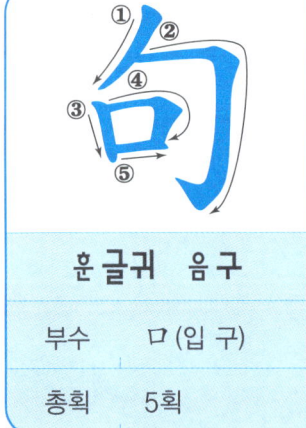

- 읽기 이 문장은 내가 가장 좋아하는 句節이다.
- 쓰임 語句(어:구) : 말의 구절   名句(명구) : 뛰어나게 잘된 글귀
    句節(구절) : 한 토막의 말이나 글   詩句(시구) : 시의 구절
- 비슷한 글자 包(쌀 포)

句							
글귀 구							

훈 글귀 **음** 구
부수 口(입 구)
총획 5획

- 읽기 상대방에게 要求하기에 앞서 먼저 자신의 의무를 생각하여야 한다.
- 쓰임 求人(구인) : 사람을 구함   求道(구도) : 깨달음을 구함
    要求(요구) : 어떤 행위를 구함   求心點(구심점) : 중심이 되는 지점
- 유의어 濟(건질 제), 救(구원할 구)

求							
구할 구							

훈 구할 **음** 구
부수 水(물 수)
총획 7획

훈 집 **음** 궁

부수: 宀(집 면)
총획: 10획

- 읽기: 이번 소풍은 古宮으로 가기로 결정되었습니다.
- 쓰임: 古宮(고:궁) : 옛날 궁전　　子宮(자궁) : 태아가 자라는 곳
　　　　宮女(궁녀) : 궁궐에서 일하는 여자　　王宮(왕궁) : 왕이 사는 궁궐
- 유의어: 屋(집 옥), 宅(집 택)
- 비슷한 글자: 官(벼슬 관)

宮 / 집 궁

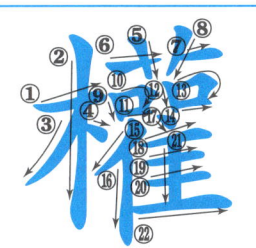

훈 권세 **음** 권

부수: 木(나무 목)
총획: 22획

- 읽기: 대통령의 權限은 헌법에 명시되어 있다.
- 쓰임: 權威(권위) : 권력과 위엄　　權限(권한) : 권리의 범위
　　　　失權(실권) : 권력을 잃음　　父權(부권) : 아버지의 권위
- 약자: 权
- 비슷한 글자: 勸(권할 권)

權 / 권세 권

- 읽기: 새로운 화폐의 제작 작업이 極秘리에 추진되고 있다고 한다.
- 쓰임: 極致(극치) : 최고의 경지　　至極(지극) : 더할 수 없이 극진함
　　　　極秘(극비) : 중요한 비밀　　極端(극단) : 맨 끝
- 유의어: 盡(다할 진)

極 / 극진할 극

훈 극진할(다할) **음** 극

부수: 木(나무 목)
총획: 13획

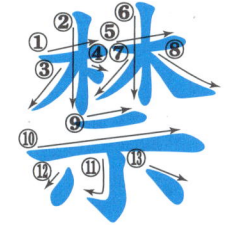

훈 금할 **음** 금

부수: 示(보일 시)
총획: 13획

- 읽기: 1980년대에 들어서 많은 가요가 解禁되었다.
- 쓰임: 禁煙(금:연) : 담배를 못 피게 함　　禁食(금:식) : 음식을 먹지 않음
　　　　解禁(해:금) : 금지했던 것을 품　　禁止(금:지) : 못하게 함
- 반의어: 許(허락할 허)

禁 / 금할 금

한자검정능력 4급 **015**

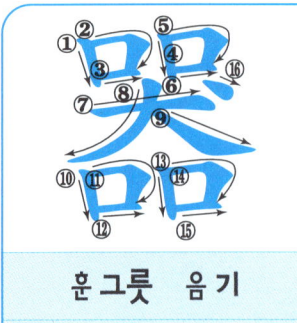

훈 그릇	음 기
부수	口(입 구)
총획	16획

- 읽기　내가 다룰 수 있는 樂器는 피아노와 기타이다.
- 쓰임　器具(기구) : 그릇이나 도구　　武器(무:기) : 전쟁에 쓰이는 기구
　　　　用器(용:기) : 물건을 담는 그릇　　樂器(악기) : 음악을 연주하는 기구

器 그릇 기

훈 일어날	음 기
부수	走(달릴 주)
총획	10획

- 읽기　많은 사람들이 이의를 提起했지만 그 안건은 통과되고 말았다.
- 쓰임　起立(기립) : 일어섬　　　　起動(기동) : 몸을 일으켜 움직임
　　　　提起(제기) : 의견을 내놓음　起床(기상) : 잠에서 깨어 일어남
- 반의어　伏(엎드릴 복), 寢(잘 침)　　유의어　立(설 립)

起 일어날 기

훈 따뜻할	음 난
부수	日(날 일)
총획	13획

- 읽기　3월부터 10월 사이에는 暖流가 흐른다.
- 쓰임　暖房(난:방) : 방을 덥게 함　　暖帶(난:대) : 온난한 지대
　　　　溫暖(온난) : 날씨가 따뜻함　　暖流(난:류) : 따뜻한 해류
- 반의어　冷(찰 랭), 寒(찰 한)　　유의어　溫(따뜻할 온)

暖 따뜻할 난

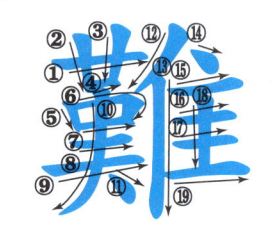

훈 어려울	음 난
부수	隹(새 추)
총획	19획

- 읽기　難民들의 어려운 소식을 듣고 각지에서 성금이 모이고 있다.
- 쓰임　難局(난국) : 어려운 판국　　苦難(고난) : 괴로움과 어려움
　　　　受難(수난) : 재난을 당함　　難民(난민) : 재난을 당한 사람
- 반의어　易(쉬울 이)　　비슷한 글자　歎(탄식할 탄)

難 어려울 난

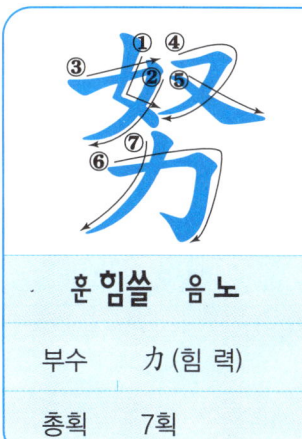

- 훈 힘쓸 음 노
- 부수 力(힘 력)
- 총획 7획

- 읽기 열심히 努力한 결과 목표를 초과달성하게 되었다.
- 쓰임 努力(노력) : 애쓰고 힘들임
  努肉(노육) : 굳은 살
- 유의어 勉(힘쓸 면), 務(힘쓸 무)
- 비슷한 글자 怒(성낼 노)

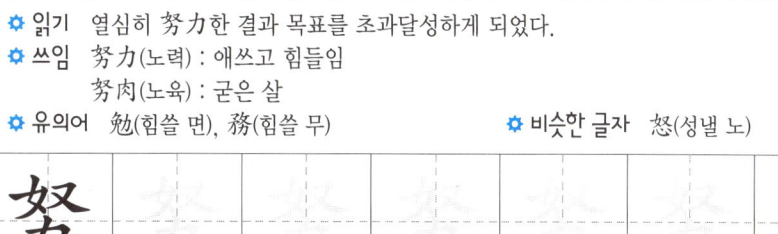

힘쓸 노

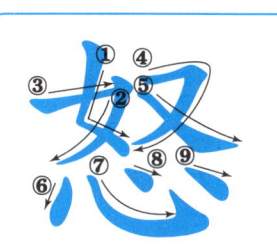

- 훈 성낼 음 노
- 부수 心(마음 심)
- 총획 9획

- 읽기 그 소식을 들으시면 할아버지께서 怒發大發하실 게 뻔하다.
- 쓰임 怒氣(노:기) : 화가 난 기색   憤怒(분:노) : 몹시 화를 냄
  怒聲(노:성) : 성난 목소리   怒發大發(노:발대발) : 대단히 성을 냄
- 유의어 憤(분할 분)

성낼 노

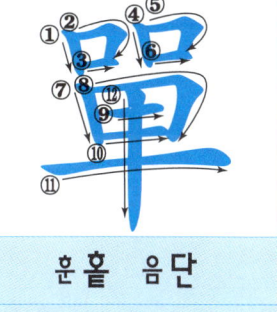

- 훈 홑 음 단
- 부수 口(입 구)
- 총획 12획

- 읽기 그의 디자인은 전반적으로 單純한 것이 특징이다.
- 쓰임 名單(명단) : 이름을 적은 표   簡單(간단) : 간략함
  單色(단색) : 한 가지 색상   單純(단순) : 복잡하지 않고 간단함
- 약자 单
- 반의어 複(겹칠 복)
- 유의어 獨(홀로 독)

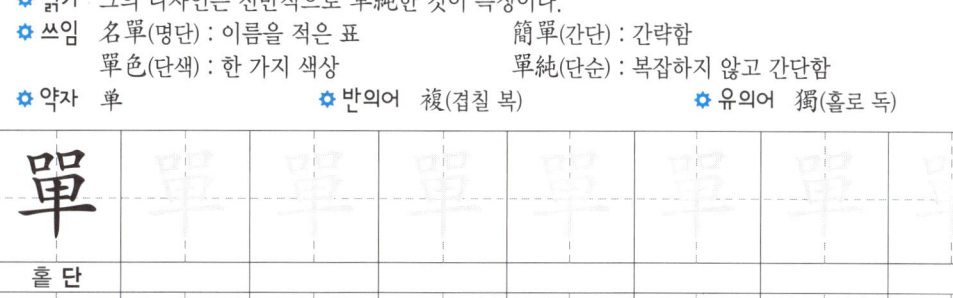

홑 단

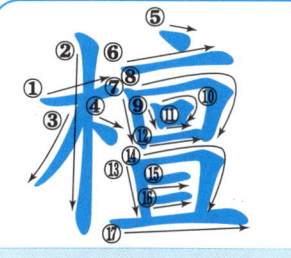

- 훈 박달나무 음 단
- 부수 木(나무 목)
- 총획 17획

- 읽기 우리 나라의 시조는 檀君 할아버지이시다.
- 쓰임 檀君(단군) : 우리 민족의 시조
  檀紀(단기) : 우리 나라의 기원되는 해
  黑檀(흑단) : 나무의 한 종류

박달나무 단

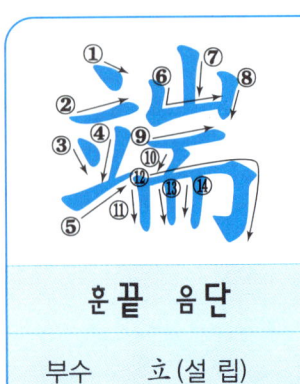

훈	끝	음	단
부수	立(설 립)		
총획	14획		

🌼 읽기 우리는 생각이 너무 極端적이지 않도록 하여야 한다.
🌼 쓰임 極端(극단) : 한 쪽으로 치우침   事端(사:단) : 일의 실마리
　　　　端午(단오) : 음력 5월 5일   端正(단정) : 얌전하고 바름
🌼 반의어 始(비로소 시)   🌼 유의어 末(끝 말), 終(마칠 종)

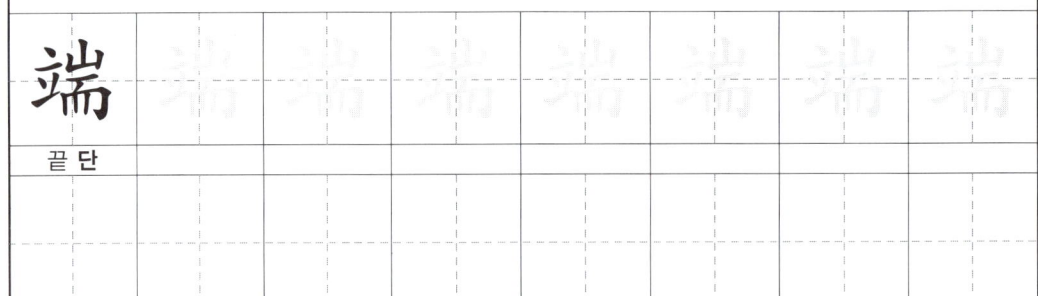

끝 단

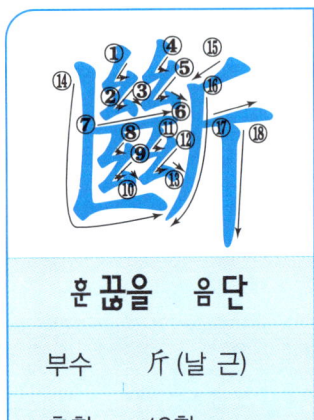

훈	끊을	음	단
부수	斤(날 근)		
총획	18획		

🌼 읽기 노조원들은 모두 斷食을 中斷하고 각자 사업장으로 돌아갔다.
🌼 쓰임 中斷(중단) : 중간에서 끊김   斷交(단:교) : 교제를 끊음
　　　　斷食(단:식) : 음식을 먹지 않음   分斷(분단) : 나뉘어 단절됨
🌼 약자 断   🌼 반의어 連(이을 련), 承(이을 승)

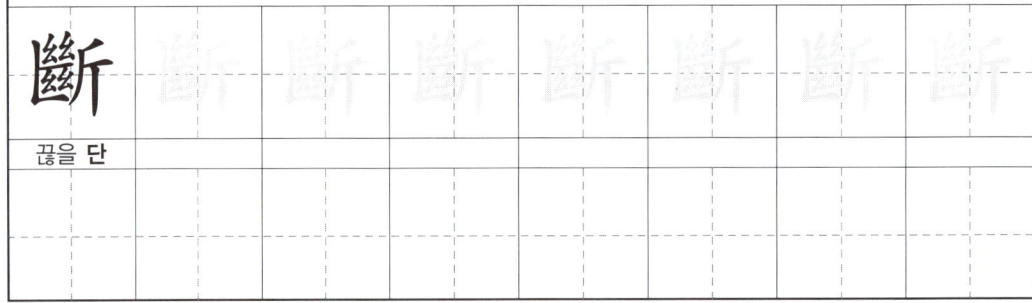

끊을 단

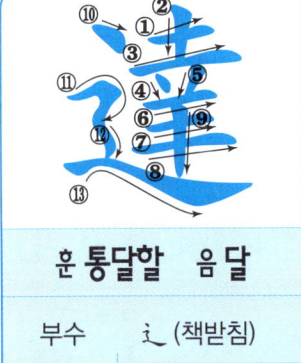

훈	통달할	음	달
부수	辶(책받침)		
총획	13획		

🌼 읽기 그는 바둑의 達人이다.
🌼 쓰임 傳達(전달) : 전하여 이르게 함   速達(속달) : 빠르게 배달함
　　　　達成(달성) : 뜻한 바를 이룸   達人(달인) : 능통한 사람
🌼 유의어 通(통할 통)

통달할 달

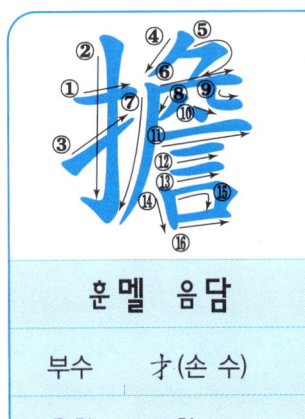

훈	멜	음	담
부수	扌(손 수)		
총획	16획		

🌼 읽기 그 일은 우리가 全擔하기에는 벅찬 일이다.
🌼 쓰임 擔當(담당) : 맡아서 감당함   擔任(담임) : 맡아서 돌봄
　　　　全擔(전담) : 전부 도맡아 함   擔保(담보) : 맡아서 보증함
🌼 약자 担   🌼 유의어 任(맡길 임)

멜 담

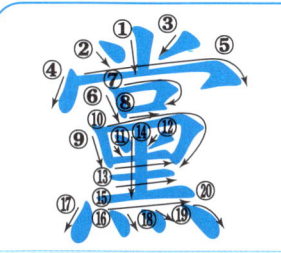

훈 무리 음 당

부수 黑(검을 흑)

총획 20획

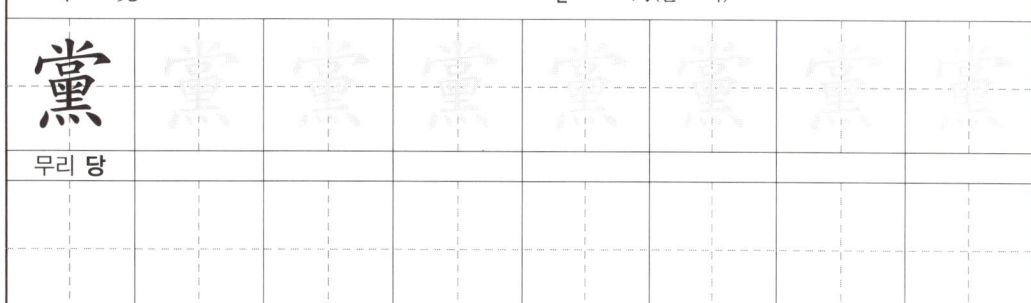

* 읽기 그는 黨論을 따를 것인지 소신을 따를 것인지 고민 중이다.
* 쓰임 黨員(당원) : 정당의 구성원　　　　與黨(여:당) : 집권당
　　　黨論(당론) : 정당의 공식 의견　　　作黨(작당) : 무리를 지음
* 약자 党
* 반의어 獨(홀로 독)

黨 / 무리 당

훈 띠 음 대

부수 巾(수건 건)

총획 11획

* 읽기 革帶를 너무 단단히 묶었더니 허리에 자국이 남았다.
* 쓰임 地帶(지대) : 일정한 지역　　　　帶同(대:동) : 함께 데리고 감
　　　革帶(혁대) : 가죽 허리띠　　　　世帶(세:대) : 주거를 같이하는 집단
* 비슷한 글자 榮(영화 영)

帶 / 띠 대

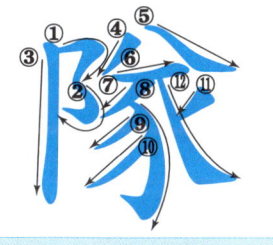

훈 무리 음 대

부수 阝(언덕 부)

총획 12획

* 읽기 시가행진에서 군인들이 隊列의 흐트러짐이 없이 힘차게 행진을 하였다.
* 쓰임 軍隊(군대) : 군인의 집단　　　　隊列(대열) : 늘어선 행렬
　　　入隊(입대) : 군인이 됨　　　　　隊長(대장) : 한 부대의 우두머리
* 반의어 獨(홀로 독)
* 유의어 黨(무리 당), 徒(무리 도)

隊 / 무리 대

훈 인도할 음 도

부수 寸(마디 촌)

총획 16획

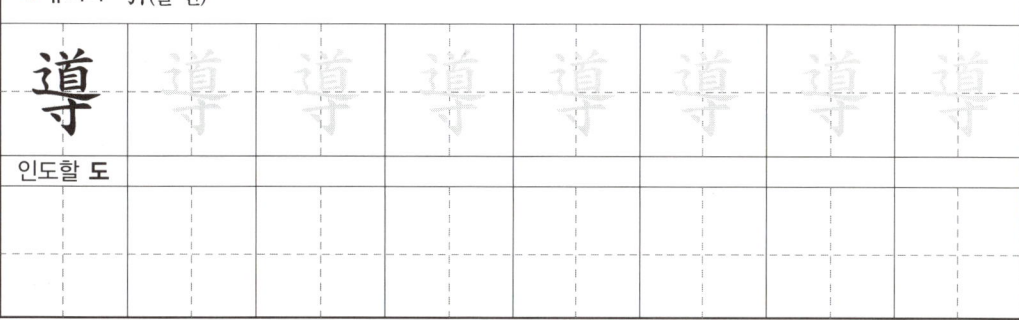

* 읽기 우리 모임을 引導하시던 분이 오늘 빠지셨다.
* 쓰임 導入(도:입) : 인도하여 끌어들임　　引導(인도) : 가르쳐 이끔
　　　善導(선:도) : 옳은 길로 이끔　　　主導(주도) : 주장이 되어 이끔
* 유의어 引(끌 인)

導 / 인도할 도

제1강 확인평가

1 다음 한자의 음을 쓰시오.

(1) 隊 (　　　)　　(2) 講 (　　　)

(3) 努 (　　　)　　(4) 假 (　　　)

(5) 器 (　　　)　　(6) 單 (　　　)

(7) 帶 (　　　)　　(8) 境 (　　　)

(9) 監 (　　　)　　(10) 檀 (　　　)

(11) 求 (　　　)　　(12) 官 (　　　)

2 다음 뜻에 알맞은 한자를 例에서 찾아 번호를 쓰시오.

例
① 假　② 警　③ 黨　④ 經　⑤ 街　⑥ 暖
⑦ 慶　⑧ 姑　⑨ 句　⑩ 起　⑪ 故　⑫ 宮

(1) 거리 (　　　)　　(2) 무리 (　　　)

(3) 따뜻하다 (　　　)　　(4) 경사 (　　　)

(5) 집 (　　　)　　(6) 깨우치다 (　　　)

(7) 글귀 (　　　)　　(8) 일어나다 (　　　)

3 다음 뜻과 음에 맞는 한자를 쓰시오.

(1) 연구할 구 (　　　)　　(2) 끊을 단 (　　　)

(3) 연고 고 (　　　)　　(4) 권세 권 (　　　)

(5) 지경 경 (　　　)　　(6) 어려울 난 (　　　)

4 다음 한자어의 독음을 쓰시오.

(1) 減員 (   )   (2) 怒氣 (   )

(3) 到達 (   )   (4) 高潔 (   )

(5) 係長 (   )   (6) 個體 (   )

(7) 檢査 (   )   (8) 缺如 (   )

(9) 發端 (   )   (10) 擔當 (   )

5 다음 뜻에 맞는 한자어를 例에서 찾아 쓰시오.

> 例   減速   構造   徑路   達成   句節

(1) 뜻한 바를 이룸 (   )

(2) 속도를 줄이다. (   )

(3) 지나는 길 (   )

(4) 토막 글 (   )

6 다음 문장의 밑줄 친 단어를 한자로 쓰시오.

(1) 그는 <u>건강</u>을 위해서 매일 아침 운동을 한다.

(2) 해외에서 새로운 기술을 <u>도입</u>하였다.

(3) 실험에 실패한 그의 연구는 <u>난관</u>에 부딪쳤다.

(4) 공공장소에서 담배를 피우는 것은 <u>금지</u>되어 있다.

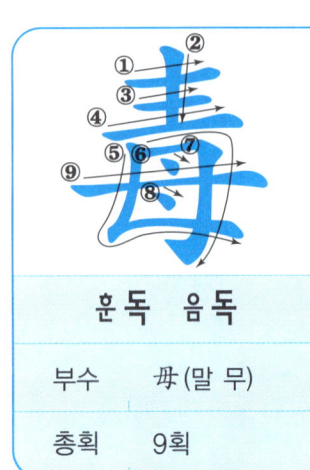

훈 독 음 독

부수 毋(말 무)

총획 9획

- 읽기 화재 현장에 有毒 물질이 쌓여 있어서 접근이 쉽지 않았다.
- 쓰임 毒性(독성) : 독이 들어있는 성분   解毒(해:독) : 독기를 없앰
       有毒(유:독) : 독이 있음   毒藥(독약) : 독성을 가진 약
- 유의어 害(해할 해)
- 비슷한 글자 靑(푸를 청)

毒
독 독

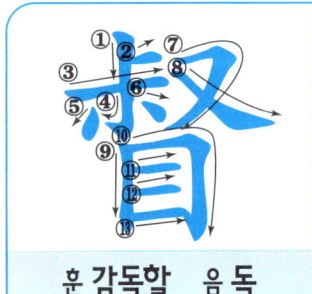

훈 감독할 음 독

부수 目(눈 목)

총획 13획

- 읽기 그는 영화 監督으로서 많은 작품을 남겼다.
- 쓰임 監督(감독) : 보살피고 지도함   提督(제독) : 함대의 사령관
       總督(총:독) : 어느 지역을 통치하는 직책   基督敎(기독교) : 예수를 믿는 종교
- 비슷한 글자 監(볼 감)

督
감독할 독

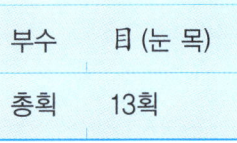

훈 구리 음 동

부수 金(쇠 금)

총획 14획

- 읽기 이번 글짓기 대회에서 銅賞은 3명이 받았다.
- 쓰임 銅錢(동전) : 구리로 만든 동전   銅線(동선) : 구리로 만든 선
       靑銅(청동) : 구리와 주석의 합금   銅賞(동상) : 3위에 해당하는 상
- 유의어 金(쇠 금), 銀(은 은)

銅
구리 동

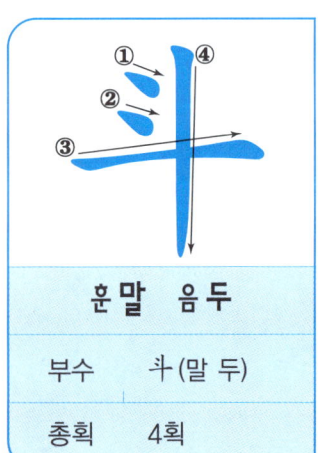

훈 말 음 두

부수 斗(말 두)

총획 4획

- 읽기 오늘 밤엔 北斗七星 자리가 유난히 밝게 빛난다.
- 쓰임 大斗(대:두) : 열 되들이 말
       北斗七星(북두칠성) : 별자리
       斗穀(두곡) : 한 말 가량의 곡식

斗
말 두

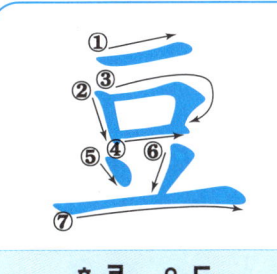

훈 콩 음 두

부수 豆(콩 두)

총획 7획

- 읽기 콩을 다른 말로 大豆라고 한다.
- 쓰임 大豆(대:두) : 콩   綠豆(녹두) : 콩과의 식물
  豆油(두유) : 콩기름   豆太(두태) : 콩과 팥

豆 / 콩 두

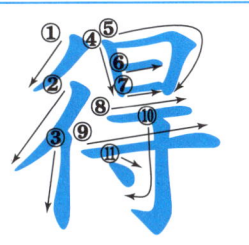

훈 얻을 음 득

부수 彳(두인변)

총획 11획

- 읽기 所得이 많을수록 소득세 비율이 높아진다.
- 쓰임 得點(득점) : 점수를 얻음   利得(이:득) : 이익을 얻음
  得失(득실) : 얻음과 잃음   所得(소:득) : 어떤 일의 결과로 얻는 것
- 반의어 失(잃을 실)

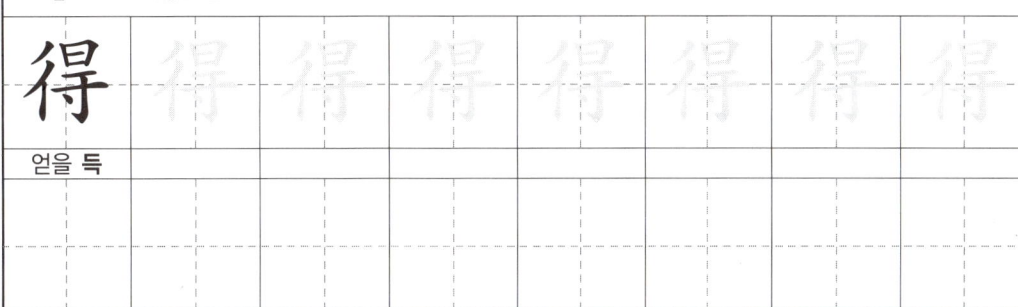

得 / 얻을 득

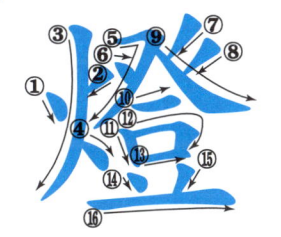

훈 등 음 등

부수 火(불 화)

총획 16획

- 읽기 안전을 위해 새벽 늦게까지 街路燈을 켜두었다.
- 쓰임 電燈(전:등) : 전기로 빛을 내는 등   消燈(소등) : 불을 끔
  燈油(등유) : 난방용 기름   街路燈(가로등) : 길가에 켜둔 등
- 약자 灯   - 비슷한 글자 證(증명할 증)

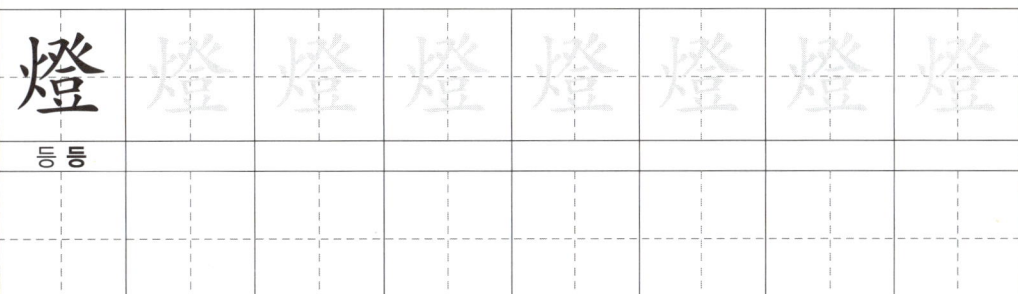

燈 / 등 등

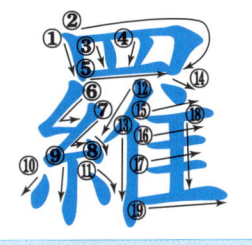

훈 벌릴 음 라

부수 罒(그물 망)

총획 19획

- 읽기 고구려와 백제는 新羅에 의해 흡수되었다.
- 쓰임 新羅(신라) : 삼국의 한 나라   羅列(나열) : 벌려 놓음
  羅城(나성) : 성의 외곽
- 유의어 列(벌릴 렬)

羅 / 벌릴 라

한자검정능력 4급 **023**

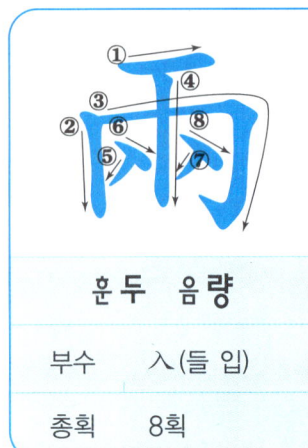

훈	두	음	량
부수	入(들 입)		
총획	8획		

- 읽기 토론을 앞두고 진보와 보수 진영으로 兩分되었다.
- 쓰임 兩面(양:면) : 양쪽의 면 　　兩立(양:립) : 둘이 맞섬
  兩親(양:친) : 아버지와 어머니 　　兩分(양:분) : 둘로 나눔
- 약자 两
- 유의어 二(두 이)

兩
두 량

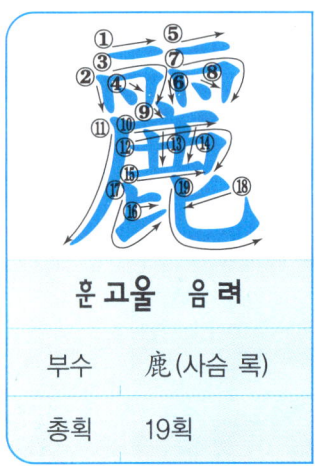

훈	고울	음	려
부수	鹿(사슴 록)		
총획	19획		

- 읽기 벽화에 그려진 한복의 곡선이 매우 秀麗하였다.
- 쓰임 華麗(화려) : 빛나고 아름다움 　　美麗(미려) : 아름답고 고운
  秀麗(수려) : 빼어나게 아름다운 　　高句麗(고구려) : 삼국의 한 나라
- 약자 麗
- 유의어 鮮(고울 선)

麗
고울 려

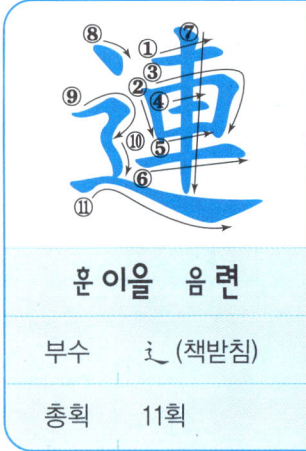

훈	이을	음	련
부수	辶(책받침)		
총획	11획		

- 읽기 우리 팀은 7경기 째 連勝을 이어가고 있다.
- 쓰임 連結(연결) : 이어 맺음 　　連勝(연승) : 잇따라 이김
  連續(연:속) : 끊지 않고 이어짐 　　連休(연휴) : 휴일이 이어짐
- 반의어 切(끊을 절), 絶(끊을 절)
- 유의어 接(이을 접), 續(이을 속)

連
이을 련

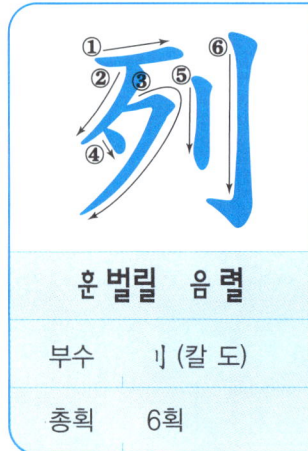

훈	벌릴	음	렬
부수	刂(칼 도)		
총획	6획		

- 읽기 列車를 타려는 사람이 길게 늘어 서 있어 지나갈 수가 없었다.
- 쓰임 一列(일렬) : 하나로 늘어선 줄 　　列車(열차) : 철도 차량
  列擧(열거) : 여러 가지 사실을 늘어놓음 　　序列(서:열) : 일정한 순서
- 유의어 羅(벌릴 라)
- 비슷한 글자 別(다를 별)

列
벌릴 렬

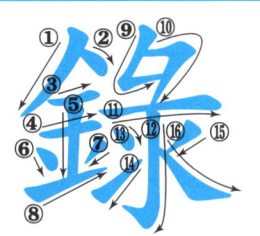

훈 기록할 **음** 록

부수 金(쇠 금)
총획 16획

- 읽기 자세한 내용을 알려면 조선왕조實錄을 찾아보아야 한다.
- 쓰임 錄音(녹음) : 소리를 저장함   實錄(실록) : 사실을 적은 기록
  語錄(어:록) : 위인들의 말을 간추린 것   目錄(목록) : 소장품 따위의 기록
- 유의어 誌(기록할 지)   비슷한 글자 綠(푸를 록)

기록할 록

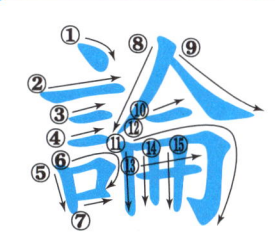

훈 논할 **음** 론

부수 言(말씀 언)
총획 15획

- 읽기 오늘 4대 일간지의 論說은 일제히 그 사건을 비난하였다.
- 쓰임 討論(토:론) : 여러 사람이 의견을 나눔   論說(논설) : 논리를 조리 있게 설명함
  論爭(논쟁) : 말이나 글로 싸움   反論(반:론) : 다른 논리에 반박함
- 유의어 議(의논할 의)   비슷한 글자 輪(바퀴 륜)

논할 론

훈 머무를 **음** 류

부수 田(밭 전)
총획 10획

- 읽기 殘留 농약이 기준치를 초과하는 채소는 반입이 금지되었다.
- 쓰임 保留(보:류) : 일의 처리를 미룸   留宿(유숙) : 남의 집에서 묵음
  留學(유학) : 외국에서 공부함   殘留(잔류) : 남아서 처져 있음
- 유의어 停(머무를 정)

머무를 류

훈 법칙 **음** 률

부수 彳(두인변)
총획 9획

- 읽기 그 律動은 너무 어려워서 따라하기가 힘들었다.
- 쓰임 法律(법률) : 강제적인 규범   自律(자율) : 스스로 조절함
  軍律(군율) : 군대의 규율   律動(율동) : 일정한 규칙에 따라 움직임
- 유의어 法(법 법), 則(법칙 칙)

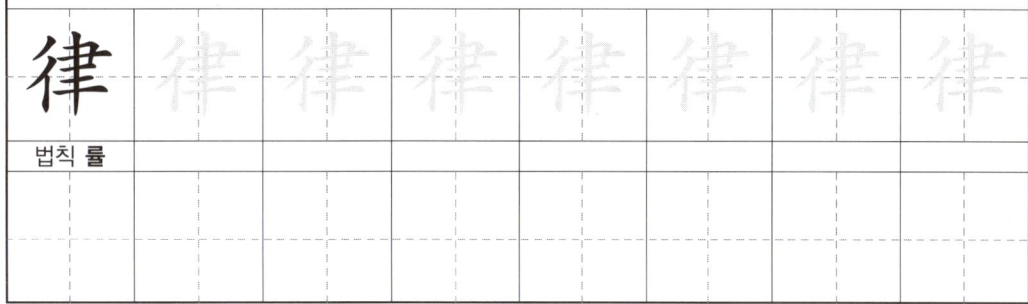

법칙 률

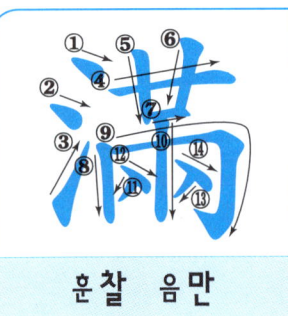

훈 찰 음 만
부수 氵(물 수)
총획 14획

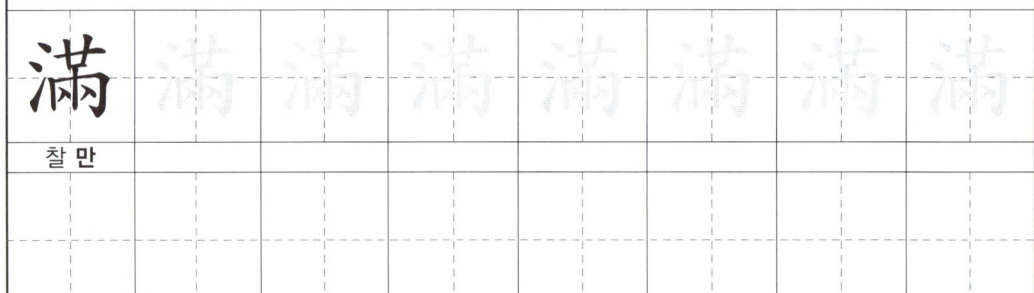

- 읽기 내가 타니 엘리베이터가 갑자기 滿員이 되었다.
- 쓰임 充滿(충만) : 가득하게 참   滿員(만원) : 사람이 꽉 찼음
        滿開(만:개) : 꽃이 활짝 핌   滿足(만족) : 흡족해 함
- 약자 満
- 반의어 虛(빌 허)

滿 / 찰 만

훈 줄기 음 맥
부수 月(고기 육)
총획 10획

- 읽기 그 가게는 어렵게 서점가의 命脈을 이어가고 있다.
- 쓰임 文脈(문맥) : 문장의 줄거리   山脈(산맥) : 길게 이어진 산줄기
        血脈(혈맥) : 혈통   命脈(명:맥) : 생명
- 비슷한 글자 派(갈래 파)

脈 / 줄기 맥

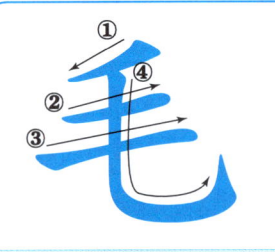

훈 터럭 음 모
부수 毛(터럭 모)
총획 4획

- 읽기 毛布 하나로 산에서 하룻밤을 지냈다.
- 쓰임 毛根(모근) : 털의 뿌리 부분   毛織(모직) : 털실로 짠 직물
        毛皮(모피) : 털가죽   毛布(모포) : 담요
- 유의어 髮(터럭 발)
- 비슷한 글자 手(손 수)

毛 / 터럭 모

훈 칠 음 목
부수 牛(소 우)
총획 8획

- 읽기 언덕 위에는 牧童들이 한가로이 장난을 치고 있었다.
- 쓰임 牧童(목동) : 양치는 아이   牧草(목초) : 가축에게 먹이는 풀
        牧場(목장) : 가축을 기르는 장소 牧畜(목축) : 가축을 기르는 일
- 유의어 育(기를 육)

牧 / 칠 목

훈 힘쓸 **음** 무

부수 力(힘 력)

총획 11획

- 읽기 신성한 국방의 義務를 소홀히 하는 것은 수치이다.
- 쓰임 業務(업무) : 맡아서 하는 일   義務(의:무) : 마땅히 해야 할 일
  休務(휴무) : 하던 일을 잠시 쉼   用務(용:무) : 필요한 임무
- 유의어 勞(일할 로)

務
힘쓸 무

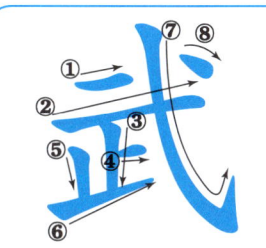

훈 호반 **음** 무

부수 止(그칠 지)

총획 8획

- 읽기 진정한 武人은 생명을 중시한다.
- 쓰임 武術(무:술) : 무도의 기술   武人(무:인) : 무술을 닦은 사람
  武功(무:공) : 전장에서 세운 공적   武裝(무:장) : 무기를 갖춤
- 반의어 文(글월 문)

武
호반 무

훈 맛 **음** 미

부수 口(입 구)

총획 8획

- 읽기 여름에는 삼계탕이 누구나 좋아하는 別味이다.
- 쓰임 味覺(미각) : 맛을 느낌   別味(별미) : 특별히 좋아하는 맛
  加味(가미) : 맛을 더함   意味(의:미) : 사물의 뜻
- 비슷한 글자 未(아닐 미)

味
맛 미

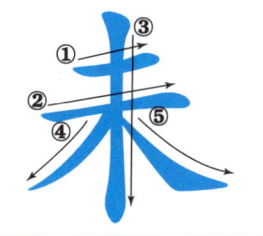

훈 아닐 **음** 미

부수 木(나무 목)

총획 5획

- 읽기 우리들의 未來는 불확실 하지만 희망조차 사라진 것은 아니다.
- 쓰임 未來(미:래) : 아직 오지 않은 앞날   未婚(미:혼) : 결혼 전
  未滿(미:만) : 기준보다 아래   未達(미:달) : 한도에 이르지 못함
- 유의어 否(아닐 부), 非(아닐 비)   ❁ 비슷한 글자 末(끝 말)

未
아닐 미

한자검정능력 4급 027

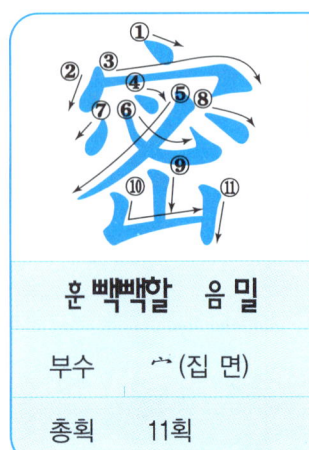

훈 빽빽할 **음** 밀

부수 宀(집 면)
총획 11획

- 읽기: 密閉된 공간에서 오랫동안 있는 것은 위험하다.
- 쓰임: 密度(밀도): 빽빽한 정도　　密閉(밀폐): 꼭 막음
　　　　密林(밀림): 나무가 빽빽이 들어선 숲　　密告(밀고): 몰래 일러바침

密　　　　　　　
빽빽할 밀

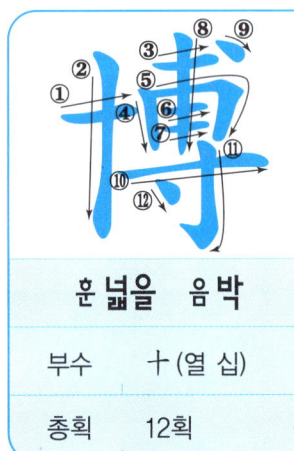

훈 넓을 **음** 박

부수 十(열 십)
총획 12획

- 읽기: 테레사 수녀의 博愛 정신은 영원히 이어질 것이다.
- 쓰임: 博識(박식): 학식이 많음　　博愛(박애): 두루 사랑함
　　　　博士(박사): 학위의 한 종류　　博物館(박물관): 자료를 수집, 전시하는 곳
- 유의어: 普(넓을 보), 廣(넓을 광)

博
넓을 박

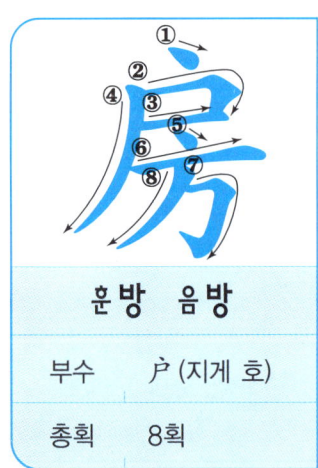

훈 방 **음** 방

부수 戶(지게 호)
총획 8획

- 읽기: 어젯밤엔 暖房 장치가 고장나서 온 가족이 감기에 걸렸다.
- 쓰임: 房門(방문): 출입하는 문　　冊房(책방): 책을 사고파는 가게
　　　　暖房(난방): 방을 따뜻하게 함　　藥房(약방): 약국
- 비슷한 글자: 屋(집 옥)

房
방 방

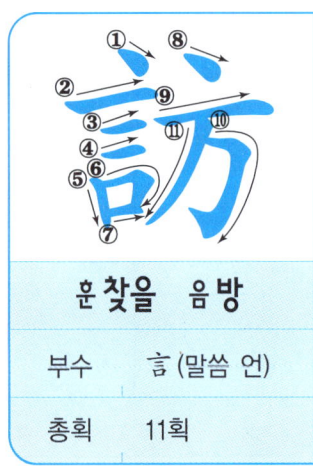

훈 찾을 **음** 방

부수 言(말씀 언)
총획 11획

- 읽기: 12월에는 미국 대통령이 訪韓할 계획이다.
- 쓰임: 訪問(방:문): 남을 찾아봄　　探訪(탐방): 탐문하여 찾아봄
　　　　來訪(내방): 다른 사람이 찾아옴　　訪韓(방:한): 한국을 방문함
- 유의어: 探(찾을 탐)　　　비슷한 글자: 記(기록할 기)

訪
찾을 방

훈 막을 음 방	
부수	阝(언덕 부)
총획	7획

- 읽기 우리 텐트는 防水 처리가 잘 되어 있어서 장마에도 끄떡없었다.
- 쓰임 防水(방수) : 물을 막음   防犯(방범) : 범죄를 방지함
        防風(방풍) : 바람을 막아냄   消防(소방) : 불을 끄는 일
- 반의어 伐(칠 벌), 打(칠 타)   유의어 障(막을 장)

防 / 막을 방

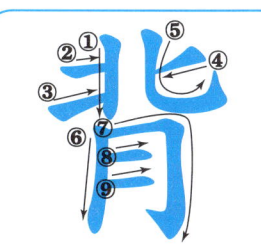

훈 등 음 배	
부수	月(육달 월)
총획	9획

- 읽기 김홍도의 그림을 背景으로 서니 과거로 시간 여행을 온 것 같았다.
- 쓰임 背景(배:경) : 뒷 경치   背信(배:신) : 믿음을 저버림
        背恩(배:은) : 은혜를 배신함   向背(향:배) : 일의 추세

背 / 등 배

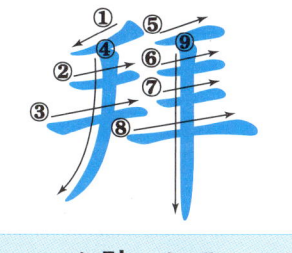

훈 절 음 배	
부수	手(손 수)
총획	9획

- 읽기 어른들을 찾아뵙고 歲拜를 드리니 벌써 정오가 되었다.
- 쓰임 禮拜(예배) : 신을 경배함   崇拜(숭배) : 우러러 공경함
        歲拜(세:배) : 정초에 어른께 절함   拜上(배:상) : 삼가 올림

拜 / 절 배

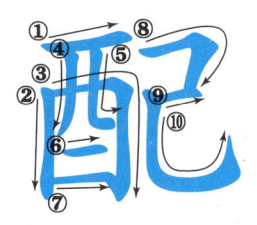

훈 나눌(짝) 음 배	
부수	酉(닭 유)
총획	10획

- 읽기 여러분들의 配慮 덕분에 저희 형제는 어려움을 극복할 수 있었습니다.
- 쓰임 配慮(배:려) : 마음을 씀   配置(배:치) : 자리에 둠
        均配(균배) : 고르게 나눔   配給(배:급) : 물건을 나누어 줌
- 유의어 班(나눌 반), 別(나눌 별)

配 / 나눌 배

한자검정능력 4급

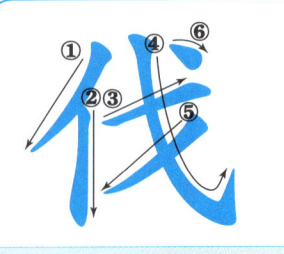

훈 칠 음 벌

부수   亻(사람 인)

총획   6획

- 읽기 할아버지는 무장공비를 討伐하시다가 상처를 입으셨다.
- 쓰임 伐木(벌목) : 나무를 벰   討伐(토벌) : 공격하여 없앰
       殺伐(살벌) : 무시무시함   伐草(벌초) : 잡초를 정리함
- 반의어 守(지킬 수)
- 유의어 討(칠 토), 擊(칠 격)

칠 벌

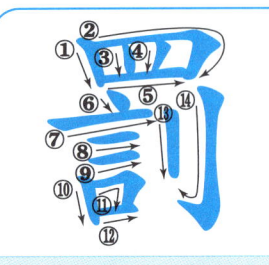

훈 벌할 음 벌

부수   罒(그물 망)

총획   14획

- 읽기 거리에 침을 뱉으면 罰金을 물게 된다.
- 쓰임 刑罰(형벌) : 범죄자에게 가해지는 제재   罰金(벌금) : 범죄의 처벌로 부과되는 돈
       處罰(처:벌) : 벌을 줌   賞罰(상벌) : 상과 벌
- 반의어 賞(상줄 상)

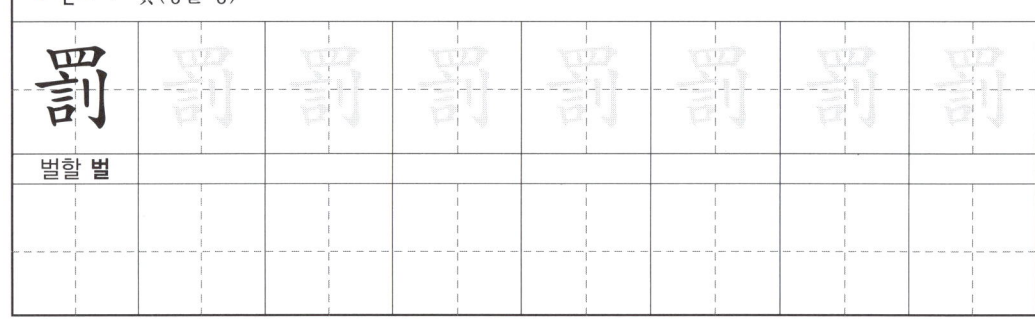

벌할 벌

훈 벽 음 벽

부수   土(흙 토)

총획   16획

- 읽기 선거철이 다가오니 거리는 온통 壁報 투성이다.
- 쓰임 壁報(벽보) : 벽에 써서 알리는 글   壁畵(벽화) : 벽에 그린 그림
       絶壁(절벽) : 낭떠러지   城壁(성벽) : 성곽의 벽

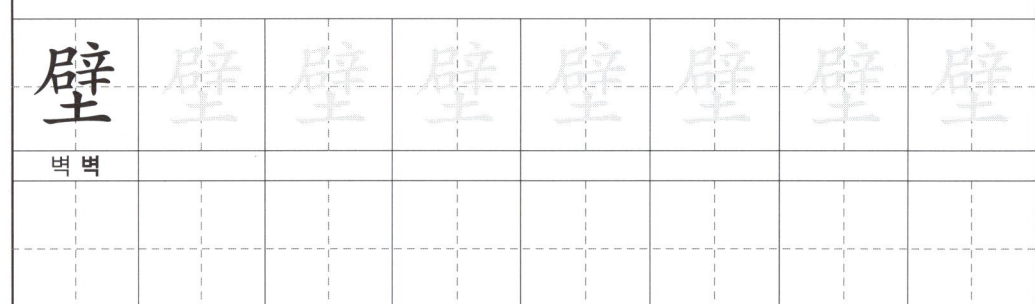

벽 벽

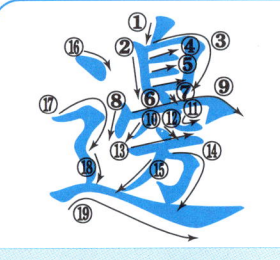

훈 가 음 변

부수   辶(책받침)

총획   19획

- 읽기 우리 집은 江邊에 위치하여 바람이 센 편이다.
- 쓰임 周邊(주변) : 주위의 가장자리   邊方(변방) : 변두리
       江邊(강변) : 강 주위   邊境(변경) : 경계에 있는 땅
- 약자 辺
- 유의어 際(가 제)

가 변

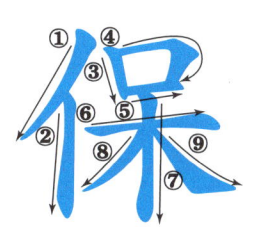

훈 지킬 **음** 보

부수 亻(사람 인)

총획 9획

- 읽기 이번 일은 保安이 무척 중요하다.
- 쓰임 保健(보:건) : 건강을 지킴   保安(보:안) : 안전을 유지함
  留保(유보) : 뒤로 미루어 둠   保溫(보:온) : 온도를 일정하게 지킴
- 반의어 攻(칠 공), 討(칠 토)
- 유의어 衛(지킬 위), 守(지킬 수)

保 / 지킬 보

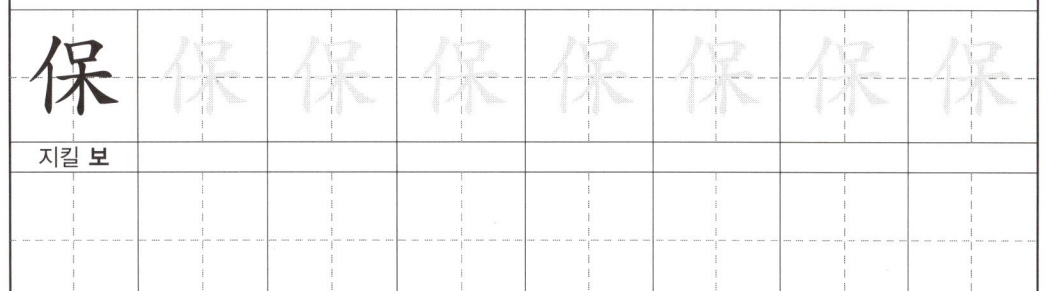

훈 갚을(알릴) **음** 보

부수 土(흙 토)

총획 12획

- 읽기 자세한 것은 상부에 報告를 한 후에나 알 수 있을 것입니다.
- 쓰임 通報(통보) : 통지하여 알림   報告(보:고) : 상부에 알림
  報答(보:답) : 은혜를 갚음   勝報(승보) : 승리한 소식

報 / 갚을 보

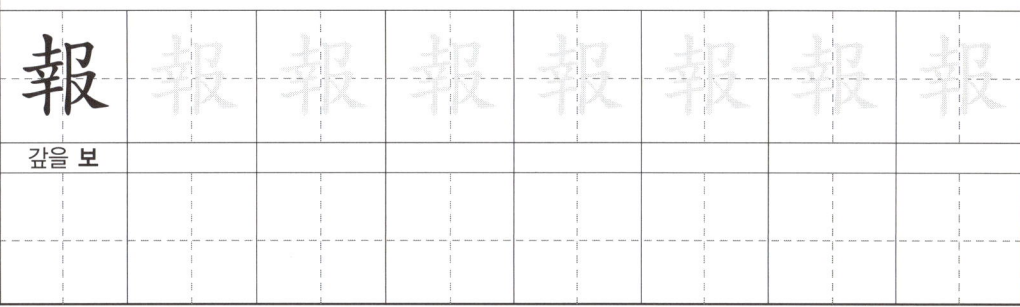

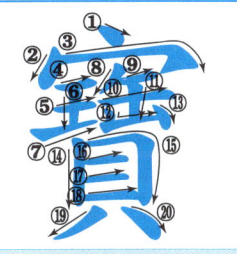

훈 보배 **음** 보

부수 宀(집 면)

총획 20획

- 읽기 이 도자기는 우리 집 家寶입니다.
- 쓰임 寶物(보:물) : 귀한 물건   家寶(가보) : 집안의 보배
  寶石(보:석) : 귀한 광석   國寶(국보) : 나라의 보배
- 약자 宝
- 유의어 珍(보배 진)

寶 / 보배 보

훈 걸음 **음** 보

부수 止(그칠 지)

총획 7획

- 읽기 운전할 때는 讓步하는 마음이 있어야 한다.
- 쓰임 徒步(도보) : 걸어서 감   進步(진:보) : 점차 발전하여 감
  初步(초보) : 처음 행하는 일   讓步(양:보) : 남에게 내줌

步 / 걸음 보

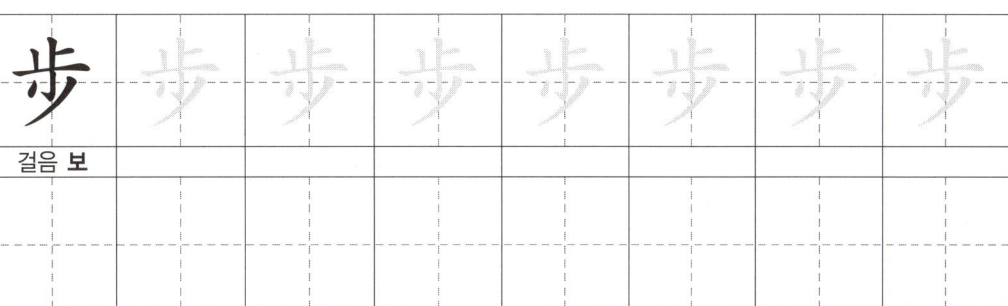

제 2 강 확인평가

1 다음 한자의 음을 쓰시오.

(1) 斗 (　　　　)　　(2) 寶 (　　　　)

(3) 留 (　　　　)　　(4) 壁 (　　　　)

(5) 羅 (　　　　)　　(6) 豆 (　　　　)

(7) 拜 (　　　　)　　(8) 列 (　　　　)

(9) 防 (　　　　)　　(10) 兩 (　　　　)

(11) 密 (　　　　)　　(12) 博 (　　　　)

2 다음 뜻에 알맞은 한자를 例에서 찾아 번호를 쓰시오.

> 例
> ① 報　② 燈　③ 留　④ 牧　⑤ 味　⑥ 毛
> ⑦ 武　⑧ 務　⑨ 罰　⑩ 脈　⑪ 房　⑫ 論

(1) 등 (　　　　)　　(2) 맛 (　　　　)

(3) 터럭 (　　　　)　　(4) 치다 (　　　　)

(5) 벌하다 (　　　　)　　(6) 줄기 (　　　　)

(7) 갚다 (　　　　)　　(8) 호반 (　　　　)

3 다음 뜻과 음에 맞는 한자를 쓰시오.

(1) 찾을 방 (　　　　)　　(2) 구리 동 (　　　　)

(3) 걸음 보 (　　　　)　　(4) 논할 론 (　　　　)

(5) 칠 벌 (　　　　)　　(6) 고울 려 (　　　　)

4 다음 한자어의 독음을 쓰시오.

(1) 監督 (　　　　)　　(2) 暖房 (　　　　)

(3) 訪問 (　　　　)　　(4) 毒藥 (　　　　)

(5) 未聞 (　　　　)　　(6) 武器 (　　　　)

(7) 金脈 (　　　　)　　(8) 留學 (　　　　)

(9) 江邊 (　　　　)　　(10) 安保 (　　　　)

5 다음 뜻에 맞는 한자어를 例에서 찾아 쓰시오.

> 例
> 旣得　　背信　　連結　　利得　　滿足　　報恩

(1) 믿음을 저버림. (　　　　)

(2) 이익을 얻다. (　　　　)

(3) 서로 이어서 맺음. (　　　　)

(4) 부족함이 없이 충분함. (　　　　)

6 다음 문장의 밑줄 친 단어를 한자로 쓰시오.

(1) 물품 목록을 만들어 두면 나중에 필요한 물건을 찾기가 쉽다.

(2) 그의 임무는 학생들을 안전하게 보호하는 것이다.

(3) 저녁에는 피자를 배달시켜서 먹도록 하자.

(4) 정해진 법률에 따라 그는 처벌을 받게 되었다.

훈 회복할 **음** 복(다시 부)

부수: 彳 (두인변)
총획: 12획

- 읽기: 같은 말을 反復하지 않도록 한다.
- 쓰임: 復歸(복귀) : 본래 자리로 돌아감 / 復習(복습) : 배운 것을 다시 익힘
  反復(반:복) : 같은 일을 되풀이 함 / 復活(부:활) : 다시 살아남
- 비슷한 글자: 複(겹칠 복)

회복할 복

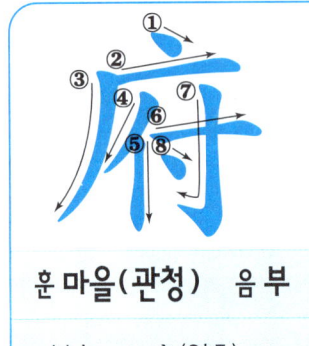

훈 마을(관청) **음** 부

부수: 广 (엄호)
총획: 8획

- 읽기: 이번 일은 政府에서 주관해서 할 일이다.
- 쓰임: 政府(정부) : 국가 기관
  學府(학부) : 학문을 다루는 곳
- 유의어: 村(마을 촌), 廳(관청 청)

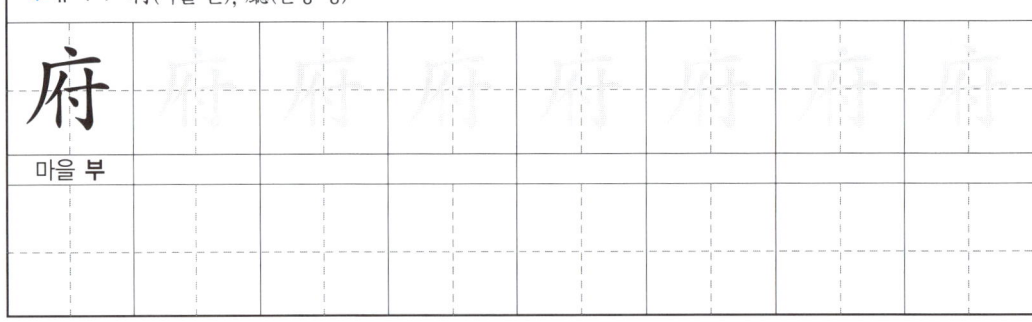
마을 부

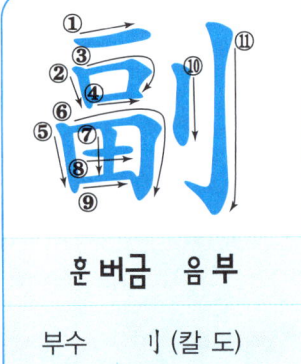

훈 버금 **음** 부

부수: 刂 (칼 도)
총획: 11획

- 읽기: 약을 복용할 때는 항상 副作用을 알아보아야 한다.
- 쓰임: 副業(부:업) : 본업 외에 갖는 직업 / 副食(부:식) : 주식 외의 음식
  副賞(부:상) : 덧붙여 주는 상 / 副作用(부:작용) : 부수하여 일어나는 작용
- 유의어: 次(버금 차)
- 비슷한 글자: 福(복 복)

버금 부

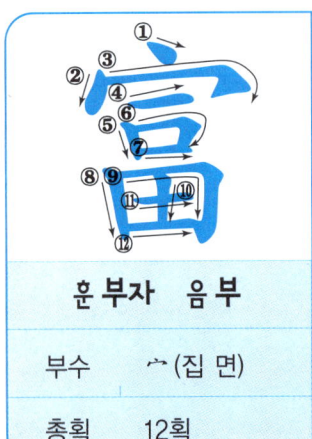

훈 부자 **음** 부

부수: 宀 (집 면)
총획: 12획

- 읽기: 물자가 豊富하여 사는 데는 아무 어려움이 없다.
- 쓰임: 豊富(풍부) : 넉넉하고 많음 / 富貴(부:귀) : 재산이 많고 지위가 높음
  巨富(거:부) : 큰 부자 / 致富(치:부) : 재물을 모아 부자가 됨
- 반의어: 貧(가난할 빈), 困(곤할 곤)

부자 부

훈 며느리 **음** 부
부수 女(계집 녀)
총획 11획

- 읽기 어머니는 主婦로서 부족한 점이 없다.
- 쓰임 夫婦(부부) : 남편과 아내   新婦(신부) : 새로 시집온 색시
        孝婦(효:부) : 효성스러운 며느리   主婦(주부) : 한 집안의 주인인 여성
- 반의어 夫(지아비 부)
- 비슷한 글자 歸(돌아올 귀)

婦
며느리 부

훈 부처 **음** 불
부수 亻(사람 인)
총획 7획

- 읽기 그의 모든 약속은 空念佛이 되었다.
- 쓰임 佛敎(불교) : 석가를 따르는 종교   佛經(불경) : 불교의 경전
        佛心(불심) : 부처의 마음   空念佛(공염불) : 말만 앞세움
- 약자 仏

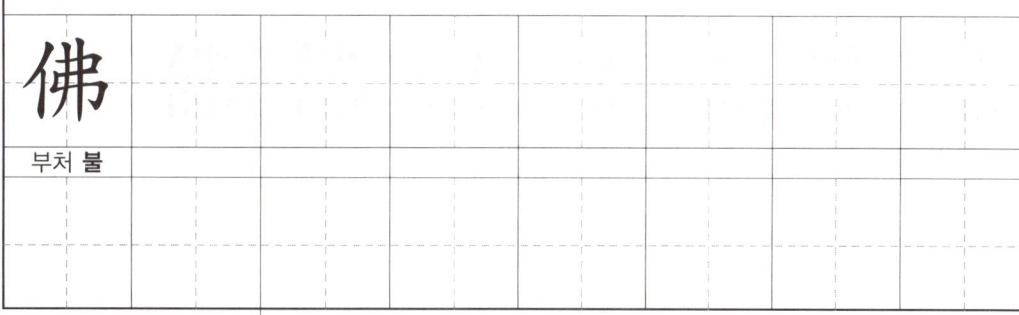

佛
부처 불

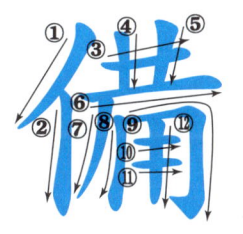

훈 갖출 **음** 비
부수 亻(사람 인)
총획 12획

- 읽기 準備를 소홀히 하는 일이 없었으면 합니다.
- 쓰임 對備(대:비) : 어떤 일에 대응함   準備(준:비) : 미리 마련함
        豫備(예:비) : 미리 준비함   備置(비:치) : 갖추어 둠
- 유의어 具(갖출 구)

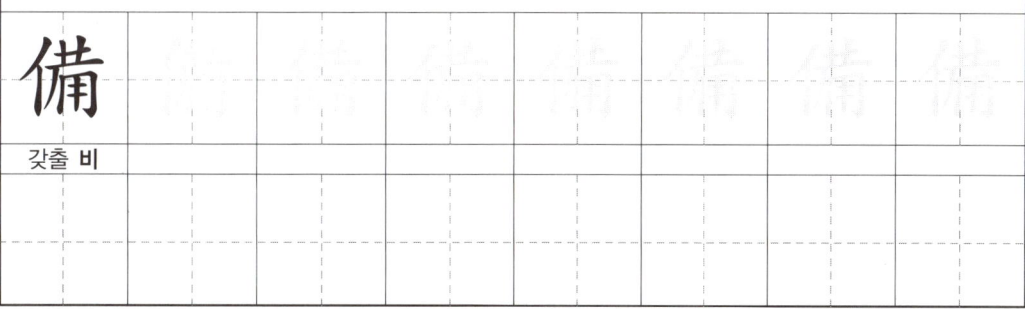

備
갖출 비

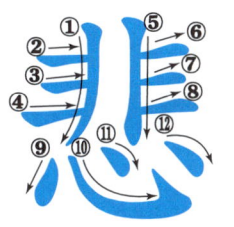

훈 슬플 **음** 비
부수 心(마음 심)
총획 12획

- 읽기 그 사고 소식을 듣고 悲痛한 마음을 금할 수 없었다.
- 쓰임 悲劇(비극) : 슬픈 내용의 극   悲痛(비통) : 매우 슬픔
        悲話(비화) : 슬픈 이야기   喜悲(희비) : 기쁨과 슬픔
- 반의어 喜(기쁠 희), 歡(기쁠 환)
- 유의어 哀(슬플 애)

悲
슬플 비

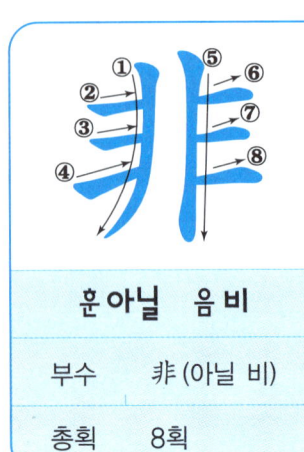

- 읽기 非理가 밝혀진 이상 그가 그 자리를 지키게 할 수는 없는 일이다.
- 쓰임 非難(비:난) : 잘못을 책망함 　　　　非理(비:리) : 도리에 어긋난 일
　　　　非命(비:명) : 뜻밖의 사고로 죽음　　非常(비:상) : 특별한 상황
- 반의어 是(이 시)　　　　　　　　　　유의어 否(아닐 부), 未(아닐 미)

非 　아닐 비

훈 아닐 음 비
부수 非(아닐 비)
총획 8획

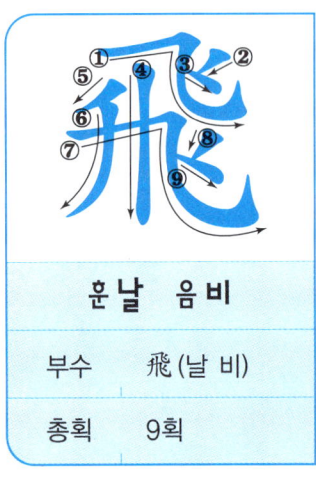

- 읽기 경찰 특공대가 飛虎같이 달려들어 테러를 진압하였다.
- 쓰임 飛行(비행) : 공중으로 날아감　　　飛上(비상) : 날아오름
　　　　雄飛(웅비) : 기운차게 활동함　　　飛虎(비호) : 날쌘 호랑이

飛 　날 비

훈 날 음 비
부수 飛(날 비)
총획 9획

- 읽기 우리 나라도 점차 貧富 격차가 커지고 있다.
- 쓰임 貧困(빈곤) : 가난하고 궁색함　　　清貧(청빈) : 청렴하고 결백함
　　　　貧富(빈부) : 가난과 부유　　　　　貧弱(빈약) : 허약함
- 반의어 富(부자 부)　　　　　　　　　유의어 窮(궁할 궁)

貧 　가난할 빈

훈 가난할 음 빈
부수 貝(조개 패)
총획 11획

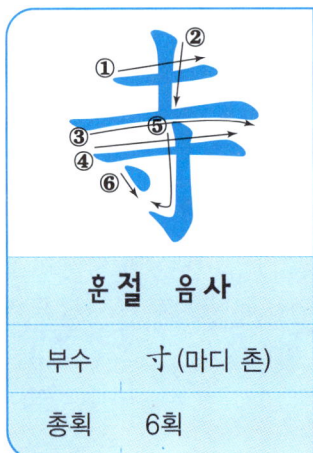

- 읽기 등산길에 山寺에 들러 약수를 얻어마셨다.
- 쓰임 寺院(사원) : 사찰　　　　　　　　山寺(산사) : 산속에 있는 절
　　　　古寺(고:사) : 오래된 절
- 비슷한 글자 待(기다릴 대)

寺 　절 사

훈 절 음 사
부수 寸(마디 촌)
총획 6획

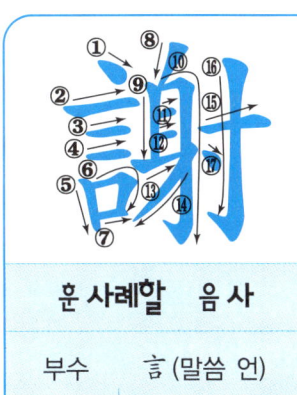

훈 사례할 **음** 사

부수: 言(말씀 언)
총획: 17획

- 읽기: 강아지를 찾아주시는 분께는 謝禮를 하겠습니다.
- 쓰임: 謝絶(사:절): 사양하여 받지 않음 / 感謝(감:사): 고마움을 표시함
  謝過(사:과): 잘못에 대해 용서를 빎 / 謝禮(사:례): 고마워하는 뜻을 나타냄
- 비슷한 글자: 射(쏠 사)

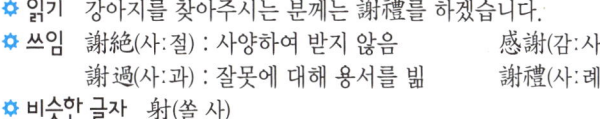

사례할 사

師

훈 스승 **음** 사

부수: 巾(수건 건)
총획: 10획

- 읽기: 이번에는 꼭 恩師님을 찾아뵙도록 하여야겠다.
- 쓰임: 恩師(은사): 은혜를 입은 스승 / 師弟(사제): 스승과 제자
  師道(사도): 스승의 도리 / 講師(강:사): 강의를 맡은 사람
- 약자: 师

師

스승 사

훈 집 **음** 사

부수: 舌(혀 설)
총획: 8획

- 읽기: 공터에 廳舍가 들어서니 주변 땅값이 상승하였다.
- 쓰임: 舍宅(사택): 살림을 하는 집 / 舍監(사감): 기숙사의 감독자
  廳舍(청사): 관청의 건물 / 客舍(객사): 객지의 숙소
- 유의어: 屋(집 옥), 室(집 실)

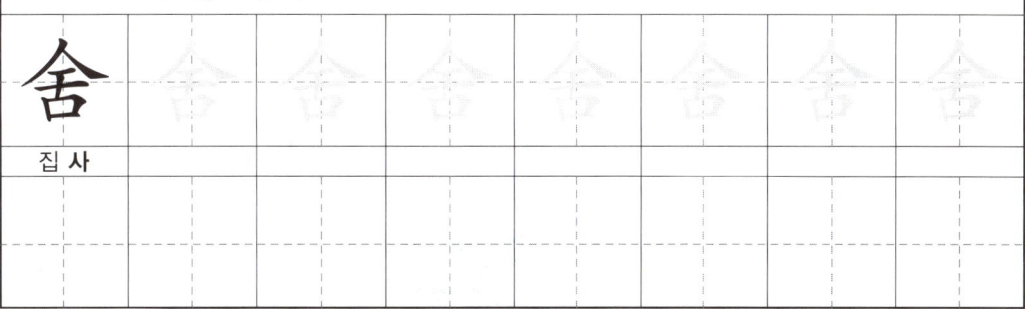

집 사

훈 죽일 **음** 살

부수: 殳(갖은등글월문)
총획: 11획

- 읽기: 그의 얼굴에는 殺氣가 어려 있었다.
- 쓰임: 殺傷(살상): 죽이거나 상처를 입힘 / 殺氣(살기): 무서운 기운
  殺害(살해): 남의 생명을 해침 / 自殺(자살): 스스로 목숨을 끊음
- 반의어: 生(날 생), 活(살 활)
- 유의어: 死(죽을 사)

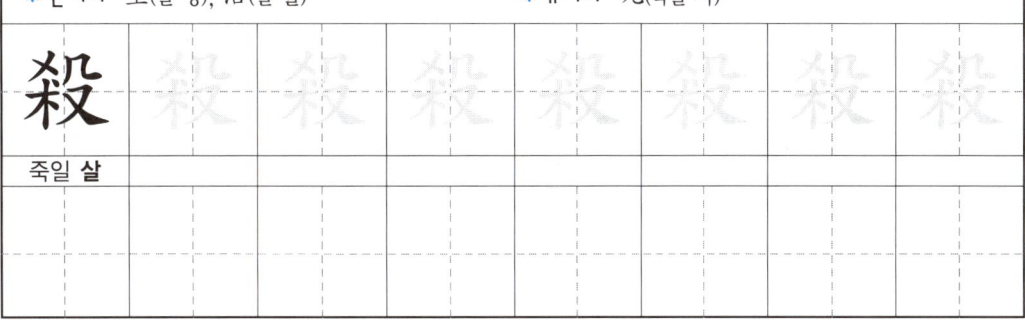

죽일 살

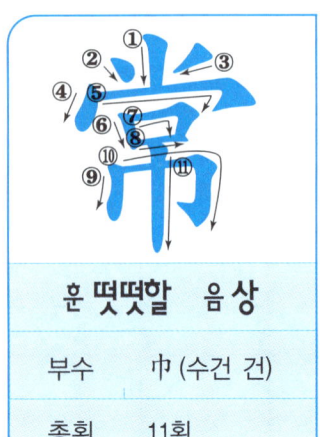

훈 떳떳할 음 상

부수   巾(수건 건)

총획   11획

- 읽기 우리 동네 常設 할인매장에서는 무슨 물건이든 싸게 살 수 있다.
- 쓰임 常用(상용) : 일반적으로 사용됨   常識(상식) : 표준적인 사고
       正常(정:상) : 바른 상태   常設(상설) : 항상 설치하여 둠
- 비슷한 글자 當(마땅 당)

常
떳떳할 상

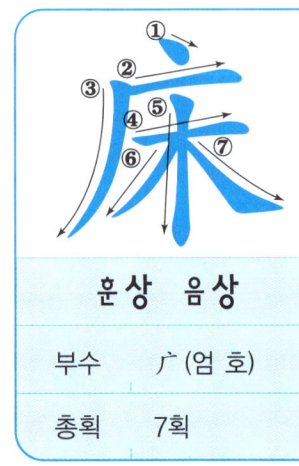

훈 상 음 상

부수   广(엄 호)

총획   7획

- 읽기 起床 나팔소리를 듣고 일어나니 진짜 군인이 된 것 같았다.
- 쓰임 起床(기상) : 자리에서 일어남   病床(병:상) : 병자가 눕는 침상
       册床(책상) : 공부할 때 쓰는 상   溫床(온상) : 보온 설비를 갖춘 장소
- 비슷한 글자 案(책상 안)

床
상 상

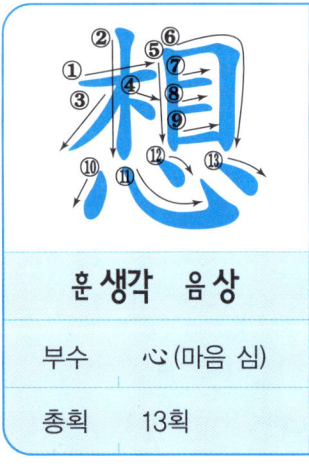

훈 생각 음 상

부수   心(마음 심)

총획   13획

- 읽기 요즘같이 어려울 때는 發想을 전환할 필요가 있다.
- 쓰임 想像(상:상) : 머리 속으로 그려 생각함   感想(감:상) : 마음속으로 느낌
       發想(발상) : 생각이 떠오름   回想(회상) : 돌이켜 생각함
- 유의어 思(생각 사), 念(생각 념)

想
생각 상

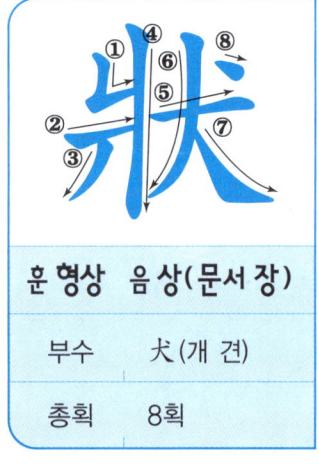

훈 형상 음 상(문서 장)

부수   犬(개 견)

총획   8획

- 읽기 狀況이 좋아질 때까지 피해있는 게 좋을 것 같다.
- 쓰임 狀況(상황) : 일이 되어가는 형편   現狀(현:상) : 현재의 상태
       狀態(상태) : 현재의 모양   答狀(답장) : 회답하여 보내는 편지
- 약자 状
- 비슷한 글자 壯(장할 장)

狀
형상 상

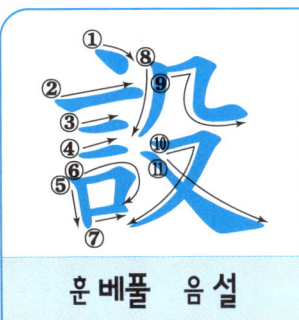

훈 베풀 **음** 설

부수 言(말씀 언)

총획 11획

- 읽기: 이번 다리 建設에는 무엇보다 안전을 우선으로 할 것이다.
- 쓰임: 設計(설계): 계획을 세움 設立(설립): 만들어 세움
  建設(건:설): 건물이나 시설을 만듦 增設(증설): 늘려 설치함
- 유의어: 宣(베풀 선), 施(베풀 시)
- 비슷한 글자: 說(말씀 설)

設 / 베풀 설

훈 재 **음** 성

부수 土(흙 토)

총획 10획

- 읽기: 몽촌 土城의 유적들이 많이 훼손되어 발굴에 어려움이 많다.
- 쓰임: 城壁(성벽): 성곽의 벽 都城(도성): 도읍지
  土城(토성): 흙으로 쌓아올린 성 城門(성문): 성의 출입문
- 비슷한 글자: 誠(정성 성)

城 / 재 성

훈 성할 **음** 성

부수 皿(그릇 명)

총획 12획

- 읽기: 개업식은 盛大하게 했으나 영업이 전혀 되지 않는다.
- 쓰임: 盛業(성:업): 사업이 번창함 豊盛(풍성): 넉넉하고 많음
  盛行(성:행): 매우 유행함 盛大(성대): 크고 장함
- 반의어: 亡(망할 망)

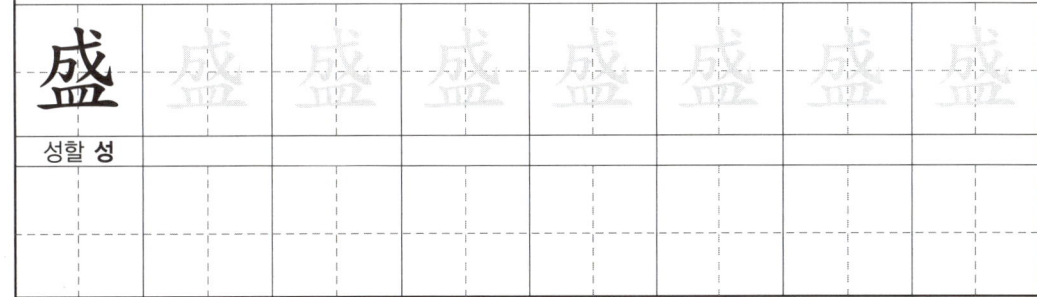

盛 / 성할 성

훈 정성 **음** 성

부수 言(말씀 언)

총획 14획

- 읽기: 우리로서도 최소한의 誠意는 보여야 할 것이다.
- 쓰임: 誠實(성실): 정성스럽고 참됨 至誠(지성): 지극한 정성
  孝誠(효:성): 부모를 섬기는 정성 誠意(성의): 정성스러운 뜻
- 비슷한 글자: 試(시험 시)

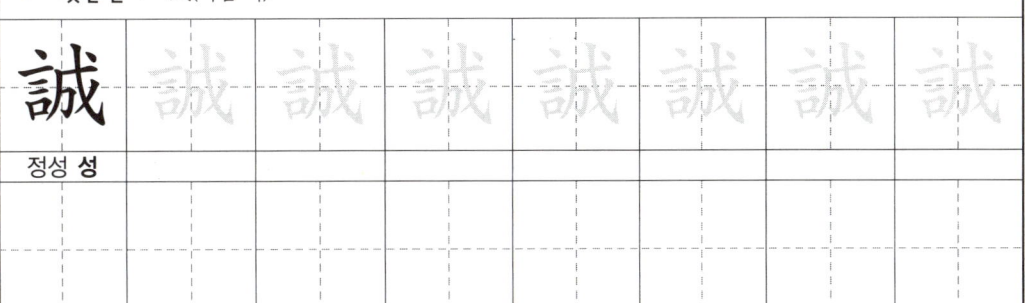

誠 / 정성 성

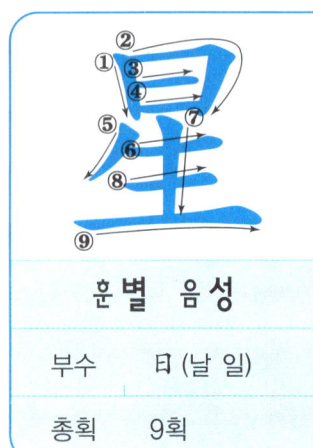

훈 별 음 성
부수 日(날 일)
총획 9획

- 읽기 土星 탐사 우주선에서 보내온 영상이 지금 막 지구에 도착했다.
- 쓰임 流星(유성) : 별똥별   星座(성좌) : 별자리
  將星(장:성) : 장군   土城(토성) : 태양계의 6번째 행성
- 비슷한 글자 是(이 시)

星
별 성

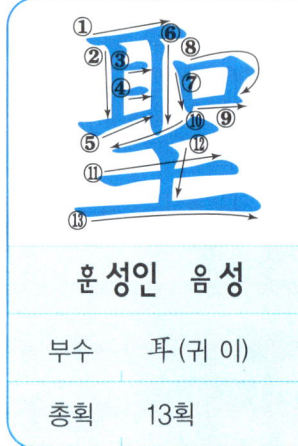

훈 성인 음 성
부수 耳(귀 이)
총획 13획

- 읽기 순례자들은 오랜 고행 끝에 드디어 聖地에 도착했다.
- 쓰임 聖人(성:인) : 위대한 사람   聖歌(성:가) : 성스러운 노래
  聖地(성:지) : 신성한 땅   神聖(신성) : 신과 같이 성스러움
- 비슷한 글자 最(가장 최)

聖
성인 성

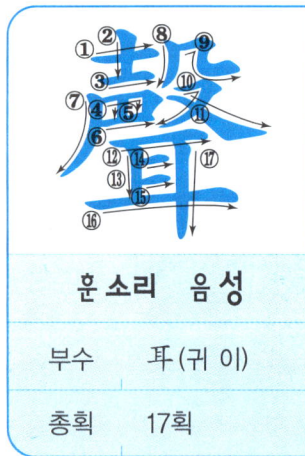

훈 소리 음 성
부수 耳(귀 이)
총획 17획

- 읽기 산에 올라 경치를 보니 歎聲이 절로 나왔다.
- 쓰임 名聲(명성) : 세상에 떨친 이름   歎聲(탄:성) : 감탄하는 소리
  聲優(성우) : 목소리 전문 배우   肉聲(육성) : 직접 듣는 목소리
- 약자 声   유의어 音(소리 음)

聲
소리 성

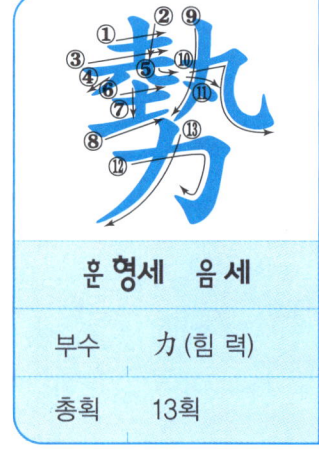

훈 형세 음 세
부수 力(힘 력)
총획 13획

- 읽기 大勢를 따르는 것이 현명한 판단이라고 생각한다.
- 쓰임 大勢(대:세) : 돌아가는 형편   實勢(실세) : 실제 힘을 가진 사람
  權勢(권세) : 권력과 세력   氣勢(기세) : 힘차게 내뿜는 형세
- 유의어 權(권세 권)   비슷한 글자 熱(더울 열)

勢
형세 세

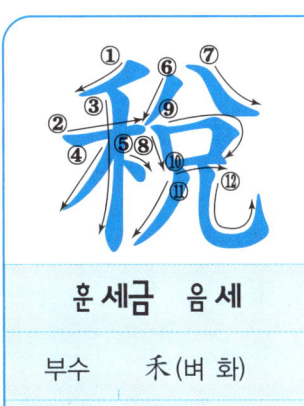

훈 세금 음 세

부수 禾(벼 화)

총획 12획

- 읽기 이번 달 내에 *所得稅* 자진 신고를 해야 한다.
- 쓰임 稅金(세:금) : 조세로 내는 돈   節稅(절세) : 세금을 절약함
  納稅(납세) : 세금을 납부함   所得稅(소:득세) : 소득에 다른 세금
- 비슷한 글자 脫(벗을 탈)

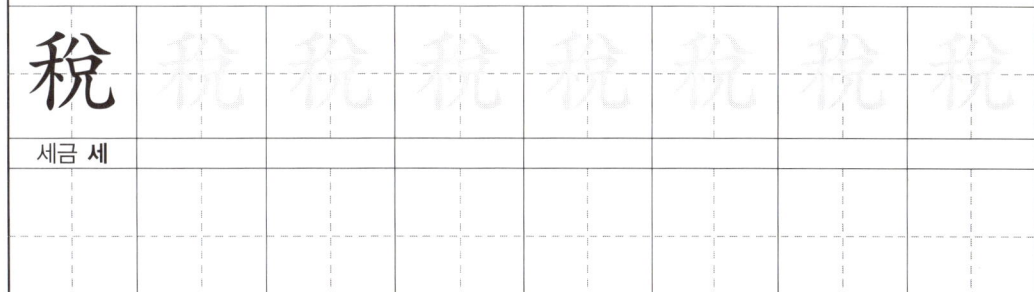

세금 세

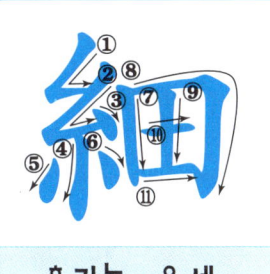

훈 가늘 음 세

부수 糸(실 사)

총획 11획

- 읽기 약관을 細心히 살펴보니 불리한 조항이 한 두 가지가 아니었다.
- 쓰임 細分(세:분) : 잘게 나눔   細則(세:칙) : 자세한 규칙
  細心(세심) : 꼼꼼하게 살핌   明細書(명세서) : 자세히 적은 항목

가늘 세

훈 쓸 음 소

부수 扌(손 수)

총획 11획

- 읽기 구악을 一掃하고 새롭게 일어서는 계기가 되었다.
- 쓰임 淸掃(청소) : 깨끗하게 치움   一掃(일소) : 모조리 쓸어냄
  掃除(소:제) : 쓸어서 깨끗이 함
- 비슷한 글자 婦(며느리 부)

掃

쓸 소

훈 웃을 음 소

부수 竹(대 죽)

총획 10획

- 읽기 그의 모습을 보니 모두들 失笑를 참을 수 없었다.
- 쓰임 談笑(담소) : 웃으며 이야기를 나눔   失笑(실소) : 모르게 나오는 웃음
  爆笑(폭소) : 터져 나오는 웃음   冷笑(냉:소) : 차가운 비웃음
- 비슷한 글자 答(대답 답)

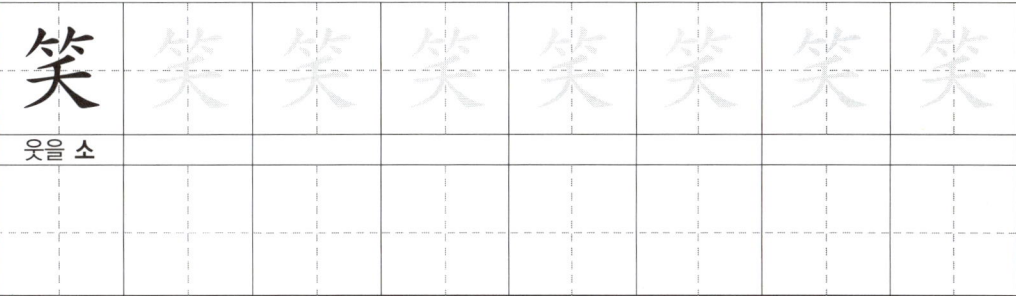

웃을 소

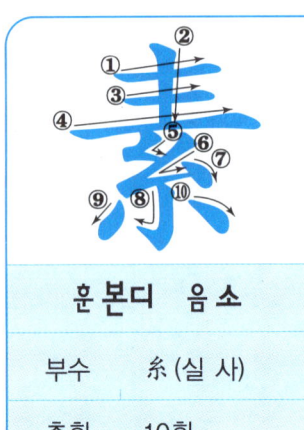

훈 본디 음 소		
부수	糸(실 사)	
총획	10획	

- 읽기　특수한 素材를 사용하여 화재의 위험이 없도록 하였다.
- 쓰임　平素(평소) : 평상시　　　　　素材(소재) : 근본이 되는 자료
　　　　色素(색소) : 색을 띠는 성분　元素(원소) : 물질의 구성 요소

素
본디 소

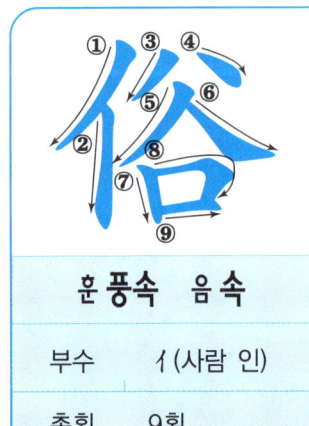

훈 풍속 음 속		
부수	亻(사람 인)	
총획	9획	

- 읽기　여러 지방들의 俗談을 정리해 보니 각기 특색이 있었다.
- 쓰임　俗談(속담) : 전해 내려오는 격언　　俗語(속어) : 저속한 말
　　　　土俗(토속) : 특유의 풍습　　　　　民俗(민속) : 민간의 풍속
- 비슷한 글자　浴(목욕할 욕)

俗
풍속 속

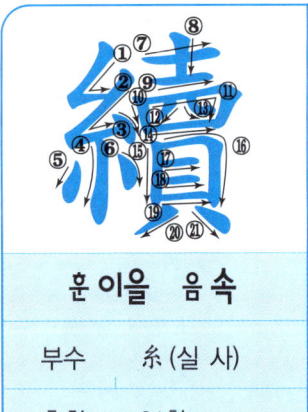

훈 이을 음 속		
부수	糸(실 사)	
총획	21획	

- 읽기　지금까지 繼續된 행사를 지금 멈출 수는 없다.
- 쓰임　續篇(속편) : 원래의 책에 이어 발간된 책　繼續(계:속) : 끊어지지 않고 이어지는
　　　　續行(속행) : 계속 행해 나감　　　　　　存續(존속) : 계속 존재함
- 반의어　切(끊을 절), 絕(끊을 절)　　　　비슷한 글자　讀(읽을 독)

續
이을 속

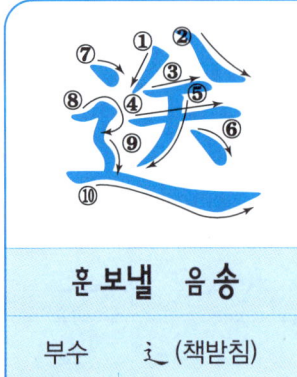

훈 보낼 음 송		
부수	辶(책받침)	
총획	10획	

- 읽기　내가 낙향해 있었던 동안 결코 虛送 세월을 보낸 것은 아니다.
- 쓰임　送舊(송:구) : 묵은해를 보냄　　　發送(발송) : 물건 따위를 보냄
　　　　送信(송:신) : 통신을 보냄　　　　虛送(허송) : 헛되이 보냄
- 반의어　受(받을 수), 迎(맞을 영)　　　비슷한 글자　逆(거스릴 역)

送
보낼 송

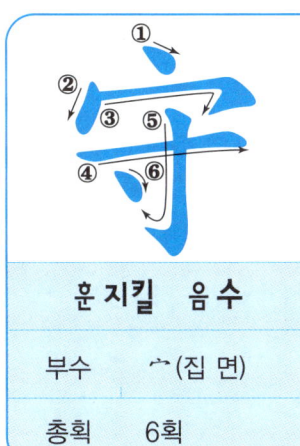

훈	지킬	음	수

부수	宀(집 면)

총획	6획

- 읽기 　어머니가 看守를 잘 하셔서 새것과 거의 다름이 없었다.
- 쓰임 　守備(수비) : 지키어 방어함　　　固守(고수) : 굳게 지킴
  　　　守則(수칙) : 지켜야 할 규칙　　看守(간수) : 보살피고 지킴
- 반의어 　討(칠 토), 打(칠 타)　　　　　유의어 　防(막을 방)

지킬 수

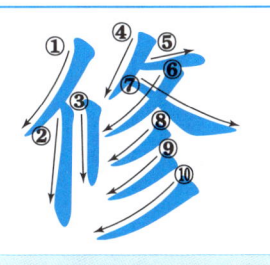

훈	닦을	음	수

부수	亻(사람 인)

총획	10획

- 읽기 　두 나라가 이제 정식으로 修交를 맺어 교역량이 더욱 늘어날 것이다.
- 쓰임 　修交(수교) : 나라 간에 교제를 맺음　　研修(연:수) : 연구하고 닦음
  　　　修身(수신) : 심신을 닦음　　　　　　修正(수정) : 바로 잡아서 고침
- 비슷한 글자 　條(가지 조)

닦을 수

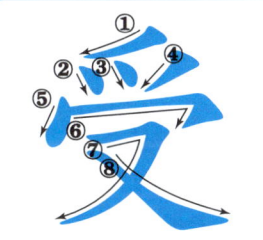

훈	받을	음	수

부수	又(또 우)

총획	8획

- 읽기 　受賞 소감을 밝히는 자리에서 그녀는 눈물만 보였다.
- 쓰임 　引受(인수) : 인도받음　　　　　受容(수용) : 받아들임
  　　　受講(수강) : 강의를 들음　　　受賞(수상) : 상을 받음
- 반의어 　授(줄 수), 與(줄 여)

받을 수

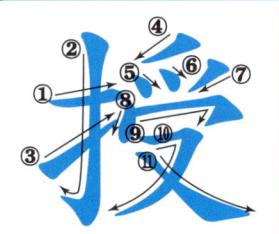

훈	줄	음	수

부수	扌(손 수)

총획	11획

- 읽기 　믿을 만한 사람에게 傳授하여 주어 전통을 이어가도록 하였다.
- 쓰임 　受與(수여) : 상장을 줌　　　　傳授(전수) : 전하여 줌
  　　　授乳(수유) : 젖을 먹임　　　　授業(수업) : 가르쳐 줌
- 유의어 　與(줄 여)

줄 수

제 3 강 확인평가

1 다음 한자의 음을 쓰시오.

(1) 床 (　　　)　　(2) 富 (　　　)

(3) 非 (　　　)　　(4) 常 (　　　)

(5) 舍 (　　　)　　(6) 備 (　　　)

(7) 勢 (　　　)　　(8) 素 (　　　)

(9) 婦 (　　　)　　(10) 狀 (　　　)

(11) 師 (　　　)　　(12) 城 (　　　)

2 다음 뜻에 알맞은 한자를 例에서 찾아 번호를 쓰시오.

例
① 受　② 盛　③ 常　④ 殺　⑤ 婦　⑥ 佛
⑦ 掃　⑧ 貧　⑨ 富　⑩ 寺　⑪ 守　⑫ 續

(1) 떳떳하다 (　　　)　　(2) 쓸다 (　　　)

(3) 죽이다 (　　　)　　(4) 받다 (　　　)

(5) 성하다 (　　　)　　(6) 지키다 (　　　)

(7) 부처 (　　　)　　(8) 가난하다 (　　　)

3 다음 뜻과 음에 맞는 한자를 쓰시오.

(1) 사례할 사 (　　　)　　(2) 웃을 소 (　　　)

(3) 버금 부 (　　　)　　(4) 생각 상 (　　　)

(5) 날 비 (　　　)　　(6) 별 성 (　　　)

4 다음 한자어의 독음을 쓰시오.

(1) 修身 (   )   (2) 政府 (   )

(3) 寺院 (   )   (4) 聖經 (   )

(5) 復元 (   )   (6) 悲觀 (   )

(7) 細密 (   )   (8) 風俗 (   )

(9) 誠實 (   )   (10) 續開 (   )

5 다음 뜻에 맞는 한자어를 例에서 찾아 쓰시오.

> 例   謝過   學業   設計   音聲   授業   設置

(1) 계획을 세우다. (   )

(2) 목소리 (   )

(3) 학업을 가르쳐 줌. (   )

(4) 잘못에 대하여 용서를 빎. (   )

6 다음 문장의 밑줄 친 단어를 한자로 쓰시오.

(1) 어머니는 세금을 내기 위해서 은행에 가셨다.

(2) 공자, 맹자 등을 우리는 성인이라고 부른다.

(3) 유학을 떠나는 영희를 위해 송별회를 열기로 했다.

(4) 예습과 복습을 철저히 하는 것이 성적 향상의 지름길이다.

훈 거둘 **음** 수

부수	攵(칠 복)
총획	6획

- 읽기 이번 공연의 收益은 모두 불우이웃 돕기에 쓰여 질 것이다.
- 쓰임 收集(수집) : 거두어 모음   收益(수익) : 이익을 거두어들임
  收錄(수록) : 기록하여 넣음   未收(미:수) : 아직 거두어들이지 못함
- 반의어 支(지탱할(지불할) 지)   비슷한 글자 攻(칠 공)

거둘 수

훈 순수할 **음** 순

부수	糸(실 사)
총획	10획

- 읽기 그의 淸純한 이미지가 시청률에 많은 영향을 끼쳤다.
- 쓰임 純金(순금) : 순수한 황금   純度(순도) : 순수한 정도
  淸純(청순) : 맑고 순수함   純眞(순진) : 마음이 순박하고 진실함
- 유의어 潔(깨끗한 결)

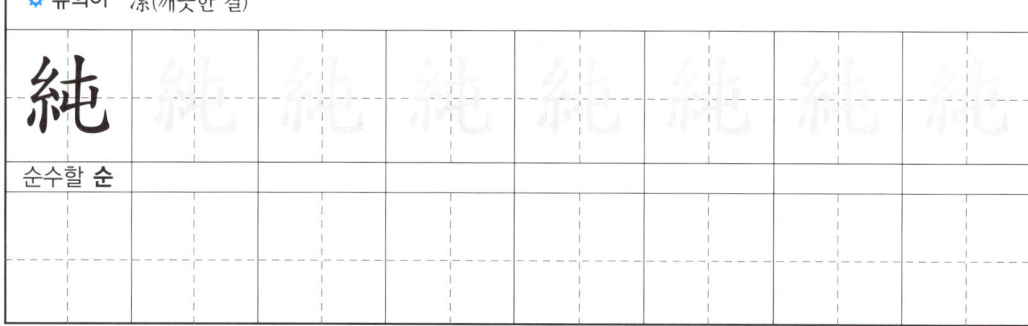

순수할 순

훈 이을 **음** 승

부수	手(손 수)
총획	8획

- 읽기 그 제안은 결코 承服할 수 없었다.
- 쓰임 承認(승인) : 정당하거나 사실임을 인정함   傳承(전승) : 전하여 승계함
  繼承(계:승) : 이어 받음   承服(승복) : 납득하여 받아들임
- 반의어 切(끊을 절), 絶(끊을 절)   유의어 接(이을 접), 續(이을 속)

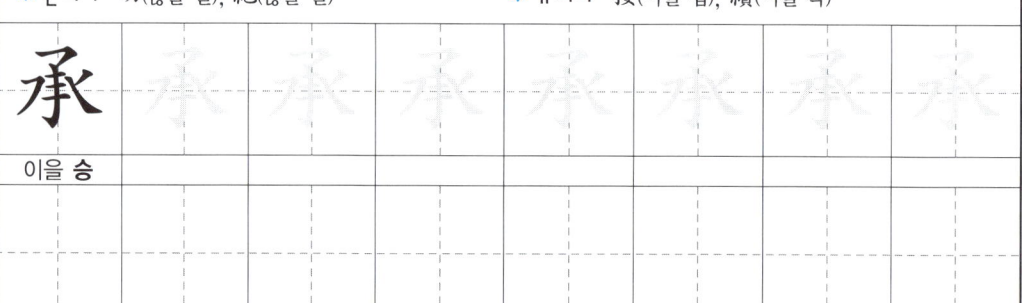

이을 승

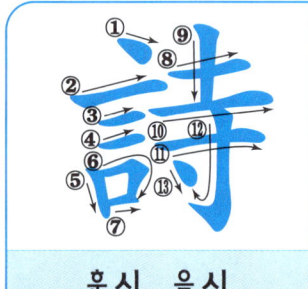

훈 시 **음** 시

부수	言(말씀 언)
총획	13획

- 읽기 바다를 보니 詩想이 절로 떠올랐다.
- 쓰임 詩題(시제) : 시의 제목   童詩(동:시) : 어린이를 위한 시
  序詩(서:시) : 첫머리에 쓰인 시   詩想(시상) : 시의 구상
- 비슷한 글자 時(때 시)

시 시

훈 베풀 음 시

부수 方(모 방)

총획 9획

- 읽기 새로 제정된 법의 施行이 보류되었다.
- 쓰임 施行(시:행) : 실제로 행함   施工(시:공) : 공사를 맡아서 함
  施設(시:설) : 도구나 장치를 차림   施賞(시:상) : 상을 수여함
- 유의어 張(베풀 장)
- 비슷한 글자 旅(나그네 려)

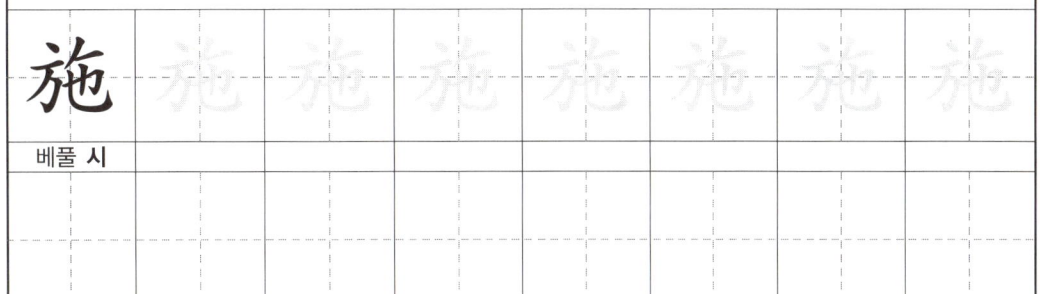

베풀 시

훈 이(옳을) 음 시

부수 日(날 일)

총획 9획

- 읽기 그의 이상한 행동에는 必是 이유가 있을 것이다.
- 쓰임 是認(시:인) : 옳다고 인정함   是正(시:정) : 잘못된 것을 바로 잡음
  是非(시:비) : 옳고 그름   必是(필시) : 반드시 그렇게 됨
- 반의어 非(아닐 비)

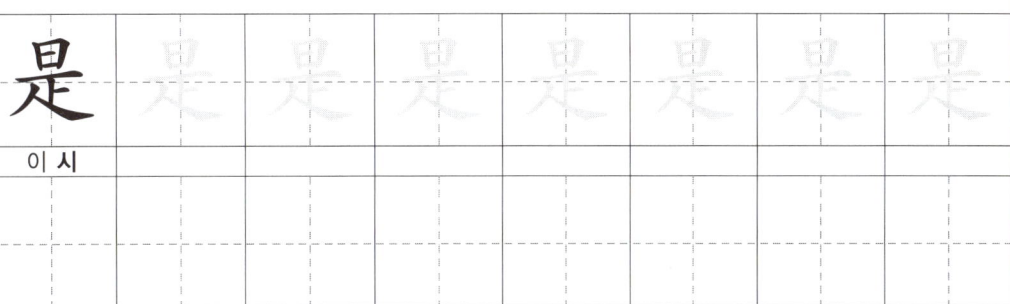

이 시

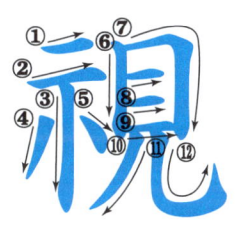

훈 볼 음 시

부수 見(볼 견)

총획 12획

- 읽기 視力 검사를 해보니 눈이 많이 나빠져 있었다.
- 쓰임 視野(시:야) : 볼 수 있는 한도   視力(시:력) : 눈으로 보는 능력
  視察(시:찰) : 실지 사정을 알아봄   無視(무시) : 눈여겨보지 않음
- 유의어 見(볼 견), 示(보일 시)
- 비슷한 글자 親(친할 친)

視

볼 시

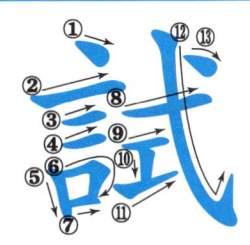

훈 시험 음 시

부수 言(말씀 언)

총획 13획

- 읽기 피자 試食 행사에 참여하면 상품을 준다고 한다.
- 쓰임 入試(입시) : 입학시험   應試(응:시) : 시험을 치름
  試食(시:식) : 시험 삼아 먹어봄   試合(시합) : 서로 재주를 겨루어 다툼
- 유의어 驗(시험할 험)
- 비슷한 글자 誠(정성 성)

시험 시

훈 쉴 음 식	
부수	心(마음 심)
총획	10획

✿ 읽기　休息 시간을 잘 활용하면 가능할 것이다.
✿ 쓰임　休息(휴식) : 일하는 중간에 잠깐 쉼　　安息(안식) : 몸과 마음을 편안히 쉼
　　　　歎息(탄:식) : 한탄하여 한숨을 쉼　　　子息(자식) : 아들과 딸을 함께 말함
✿ 반의어　勞(일할 로)　　　　　　　　　　✿ 유의어　休(쉴 휴)

息
쉴 식

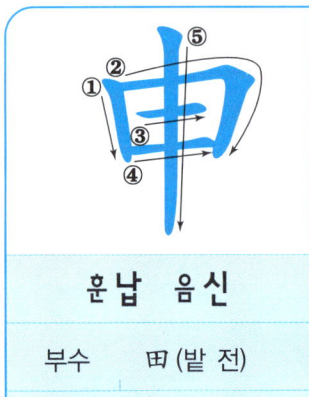

훈 납 음 신	
부수	田(밭 전)
총획	5획

✿ 읽기　비리를 申告하는 것은 결코 잘못된 것이 아니다.
✿ 쓰임　申請(신청) : 신고하여 청구함　　　申告(신고) : 사실을 보고하거나 알림
　　　　上申(상:신) : 윗사람에게 의견을 여쭘
✿ 유의어　告(알릴 고)　　　　　　　　　　✿ 비슷한 글자　甲(갑옷 갑)

申
납 신

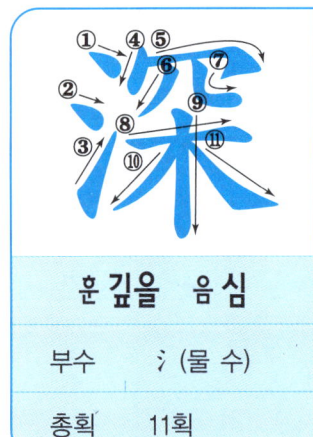

훈 깊을 음 심	
부수	氵(물 수)
총획	11획

✿ 읽기　오염 상태가 점점 深化되고 있다.
✿ 쓰임　深海(심:해) : 깊은 바다　　　　　深刻(심:각) : 아주 중대하고 절실함
　　　　深夜(심:야) : 아주 깊은 밤　　　　深化(심:화) : 상태가 아주 깊어 감
✿ 비슷한 글자　探(찾을 탐)

深
깊을 심

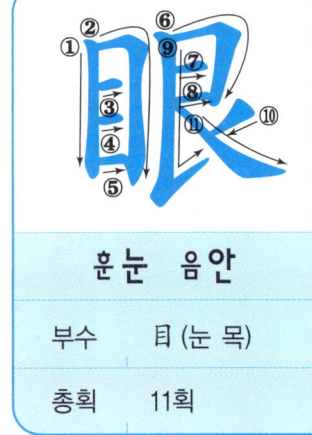

훈 눈 음 안	
부수	目(눈 목)
총획	11획

✿ 읽기　상대의 약점을 밝히려 血眼이 되어 있었다.
✿ 쓰임　眼目(안:목) : 사물을 바르게 보는 능력　血眼(혈안) : 기를 쓰고 덤벼들다.
　　　　開眼(개안) : 눈을 뜨게 함　　　　　　眼鏡(안:경) : 눈을 보호하기 위해 쓰는 도구
✿ 유의어　目(눈 목)　　　　　　　　　　　✿ 비슷한 글자　根(뿌리 근)

眼
눈 안

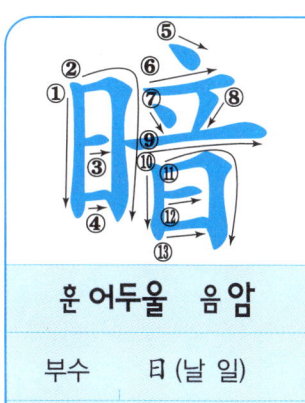

훈 어두울 음 암

부수 日(날 일)
총획 13획

- 읽기 총선 결과 양 당의 明暗이 엇갈렸다.
- 쓰임 暗黑(암:흑) : 캄캄한 어두움 暗算(암:산) : 머리 속으로 계산함
  暗記(암:기) : 머리 속에 기억해 둠 明暗(명암) : 밝고 어두움
- 반의어 明(밝을 명)

暗
어두울 암

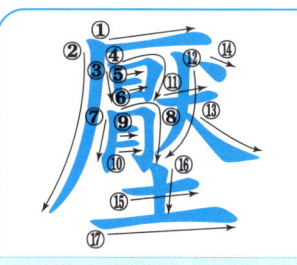

훈 누를 음 압

부수 土(흙 토)
총획 17획

- 읽기 마지막 장면이 壓卷이었다.
- 쓰임 壓力(압력) : 다른 물체를 누르는 힘 氣壓(기압) : 공기의 압력
  壓卷(압권) : 가장 뛰어난 부분 强壓(강:압) : 강한 힘으로 누름
- 약자 圧
- 반의어 解(풀 해)

壓
누를 압

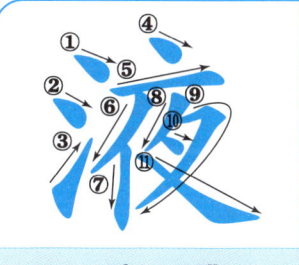

훈 진 음 액

부수 氵(물 수)
총획 11획

- 읽기 적십자사에서 血液 검사를 무료로 받았다.
- 쓰임 液體(액체) : 물과 같은 형체의 물질 樹液(수액) : 나무에서 추출한 물
  液化(액화) : 기체가 액체로 변하는 현상 血液(혈액) : 혈관 속을 흐르는 체액
- 비슷한 글자 夜(밤 야)

液
진 액

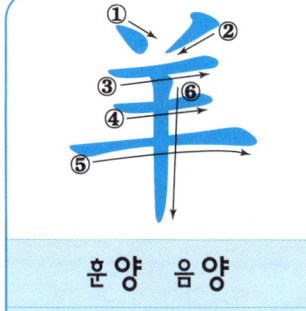

훈 양 음 양

부수 羊(양 양)
총획 6획

- 읽기 동물보호단체에서는 羊皮의 생산과 사용을 금하고 있다.
- 쓰임 羊毛(양모) : 양의 털 羊皮(양피) : 양의 가죽
  山羊(산양) : 솟과의 동물
- 비슷한 글자 美(아름다울 미)

羊
양 양

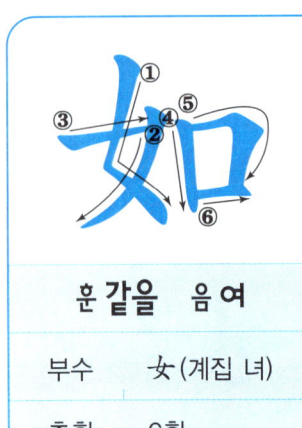

- 훈 같을　음 여
- 부수　女(계집 녀)
- 총획　6획

🌸 읽기　보기에는 먹음직하였으나 영양분이 缺如되어 있다.
🌸 쓰임　如前(여전) : 전과 같음　　如干(여간) : 보통으로
　　　　　缺如(결여) : 빠져서 없음　如一(여일) : 한결같음
🌸 반의어　異(다를 이), 差(다를 차)

如 | 같을 여

- 훈 남을　음 여
- 부수　食(밥 식)
- 총획　16획

🌸 읽기　할머니의 餘生은 내가 보살펴 드리고 싶다고 말씀드렸다.
🌸 쓰임　餘力(여력) : 남아 있는 힘　　餘生(여생) : 생명이 남아 있는 동안
　　　　　餘波(여파) : 주위에 끼치는 영향　餘白(여백) : 남아 있는 공간
🌸 약자　余
🌸 유의어　遺(남길 유), 殘(남을 잔)

餘 | 남을 여

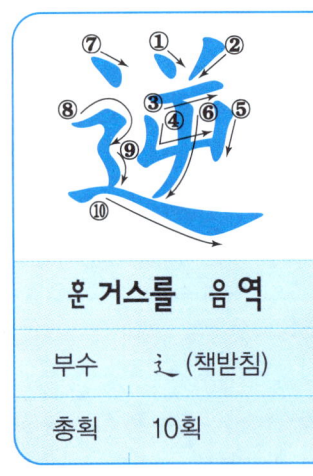

- 훈 거스를　음 역
- 부수　辶(책받침)
- 총획　10획

🌸 읽기　바닷물이 逆流하여 큰 피해를 입혔다.
🌸 쓰임　逆流(역류) : 거꾸로 흐름　　逆境(역경) : 일이 뜻대로 되지 않음
　　　　　拒逆(거:역) : 명령에 거스름　逆行(역행) : 거슬러 나아감
🌸 반의어　順(순할 순)

逆 | 거스를 역

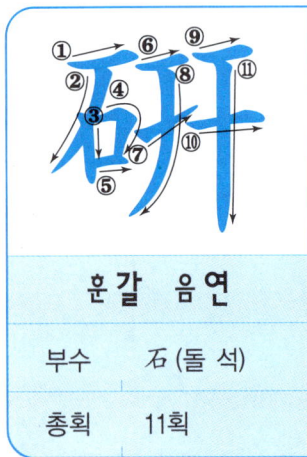

- 훈 갈　음 연
- 부수　石(돌 석)
- 총획　11획

🌸 읽기　研究 결과 많은 문제점이 있음을 알게 되었다.
🌸 쓰임　研究(연:구) : 사물에 대해 조사함　　研修(연:수) : 학문을 연구하고 닦음
　　　　　研考(연:고) : 연구하고 궁리함
🌸 유의어　究(연구할 구)

研 | 갈 연

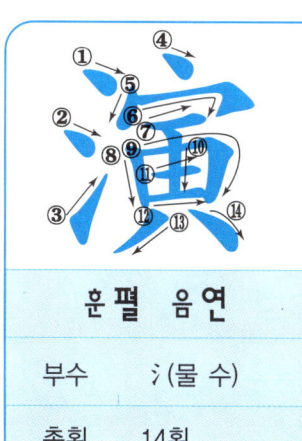

- 읽기 그의 熱演에 많은 사람들이 감명을 받았다.
- 쓰임 講演(강:연) : 청중 앞에서 주제를 발표함   演劇(연:극) : 대본에 따라 연기함
        助演(조:연) : 주연을 보조하는 역할   熱演(열연) : 열렬하게 연기함
- 유의어 展(펼 전)

훈 펼 음 연
부수 氵(물 수)
총획 14획

演
펼 연

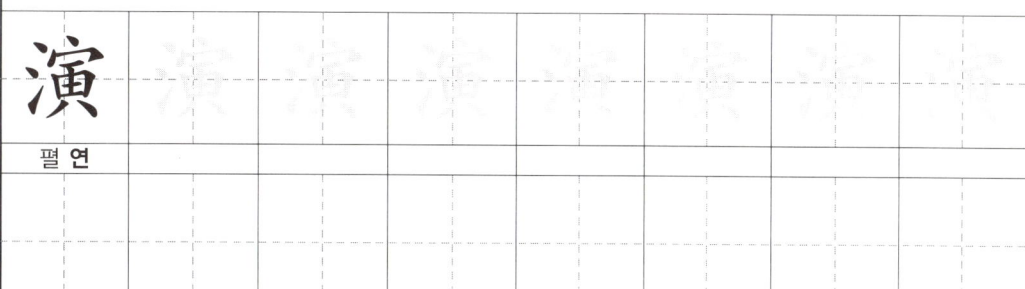

- 읽기 담배 값을 올리자 禁煙하는 사람이 늘었다.
- 쓰임 煙氣(연기) : 물체를 태울 때 나는 기체   黑煙(흑연) : 검은 연기
        煙草(연초) : 담배   禁煙(금:연) : 담배를 피우지 못하게 함

훈 연기 음 연
부수 火(불 화)
총획 13획

煙
연기 연

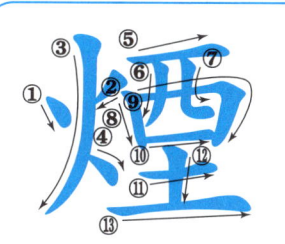

- 읽기 이번에 이사로 榮轉되어 갔다.
- 쓰임 榮華(영화) : 빛나는 명예   榮轉(영전) : 더 좋은 자리로 나감
        虛榮(허영) : 겉치레   榮光(영광) : 빛나는 영예
- 약자 栄

훈 영화 음 영
부수 木(나무 목)
총획 14획

榮
영화 영

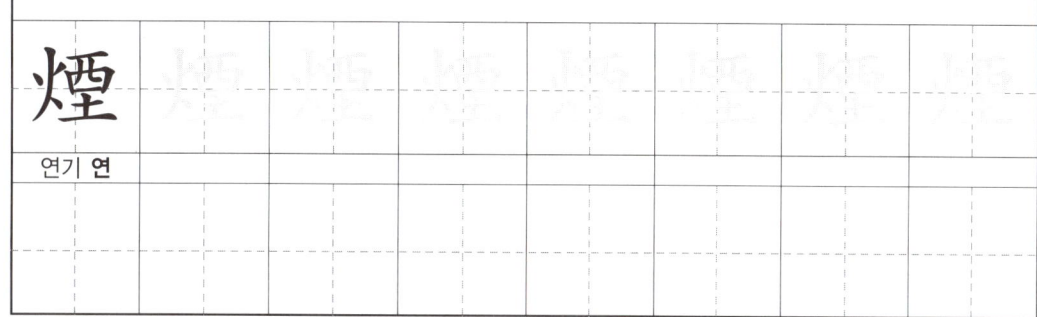

- 읽기 나는 書藝에는 아무래도 소질이 없는 모양이다.
- 쓰임 藝術(예:술) : 미를 추구하는 활동   藝能(예:능) : 예술과 기능
        文藝(문예) : 학문과 예술   書藝(서예) : 붓글씨
- 약자 芸   - 유의어 術(재주 술), 才(재주 재)

훈 재주 음 예
부수 艹(풀 초)
총획 19획

藝
재주 예

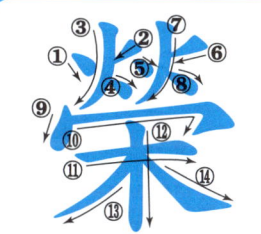

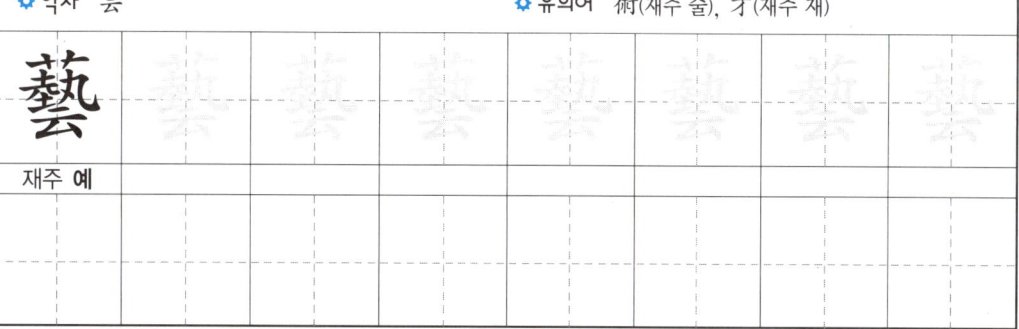

한자검정능력 4급 **051**

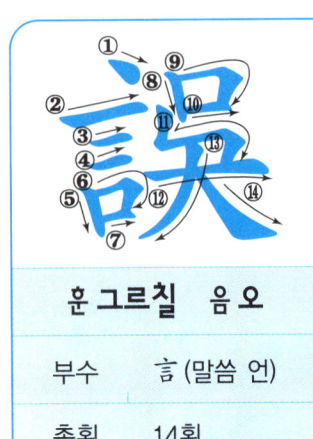

훈 그르칠 음 오		
부수	言 (말씀 언)	
총획	14획	

- 읽기　상황을 誤判하여 많은 피해가 있었다.
- 쓰임　誤解(오:해) : 잘못 이해함　　誤差(오:차) : 실제와의 차이
　　　　誤判(오:판) : 잘못된 판단　　誤認(오:인) : 잘못 보거나 판단함
- 반의어　正(바를 정)

誤 | 그르칠 오

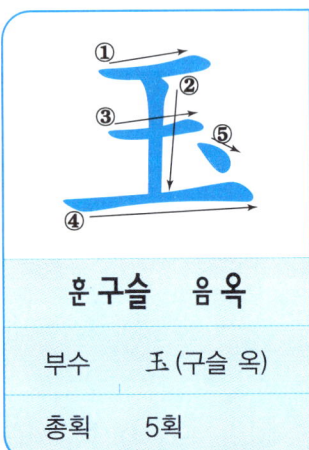

훈 구슬 음 옥		
부수	玉 (구슬 옥)	
총획	5획	

- 읽기　아무리 해도 玉石을 가릴 수가 없었다.
- 쓰임　玉篇(옥편) : 한자 사전　　　　玉石(옥석) : 진짜와 가짜를 가림
　　　　玉體(옥체) : 임금의 몸을 높여 이르는 말　　玉童子(옥동자) : 잘생긴 남자 아이
- 반의어　石(돌 석)　　　　　　　　　유의어　珠(구슬 주)

玉 | 구슬 옥

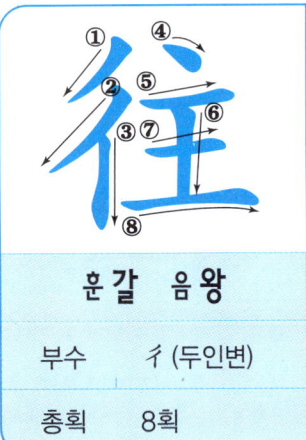

훈 갈 음 왕		
부수	彳 (두인변)	
총획	8획	

- 읽기　의사는 往診을 나가고 자리에 없었다.
- 쓰임　往復(왕:복) : 갔다가 돌아옴　　往年(왕:년) : 지나간 해
　　　　往診(왕:진) : 의사가 환자를 보러 나감　　往來(왕:래) : 가고 오고 함
- 반의어　來(올 래)

往 | 갈 왕

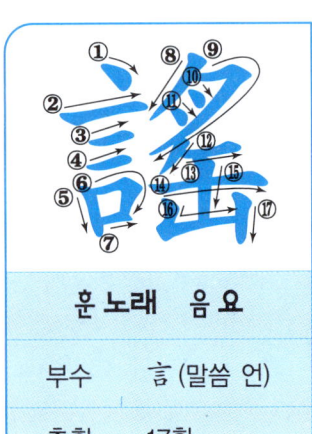

훈 노래 음 요		
부수	言 (말씀 언)	
총획	17획	

- 읽기　요즈음엔 아이들이 童謠를 별로 부르지 않는 것 같다.
- 쓰임　民謠(민요) : 전해 내려오는 노래　　童謠(동:요) : 아이들을 위한 노래
　　　　歌謠(가요) : 대중들이 부르는 노래　　農謠(농요) : 농사와 관련된 노래
- 유의어　歌(노래 가)

謠 | 노래 요

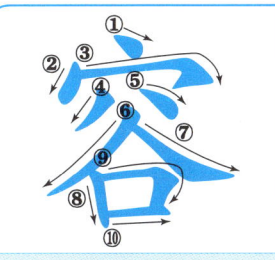

- 훈 얼굴 음 용
- 부수 宀(집 면)
- 총획 10획

- 읽기 거북선의 威容이 한 눈에 나타났다.
- 쓰임 容器(용기) : 물건을 담는 그릇   威容(위용) : 위엄 있는 모습
        美容(미:용) : 용모를 아름답게 단장함   受容(수용) : 받아들임
- 유의어 面(낯 면)

얼굴 용

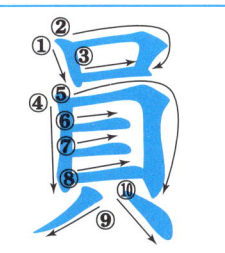

- 훈 인원 음 원
- 부수 口(입 구)
- 총획 10획

- 읽기 엘리베이터가 滿員이어서 더 이상 탈 수가 없었다.
- 쓰임 社員(사원) : 회사에 근무하는 사람   減員(감:원) : 조직의 인원을 줄임
        定員(정:원) : 규정에 따라 정해진 인원   滿員(만원) : 정원이 다 참
- 비슷한 글자 音(소리 음)

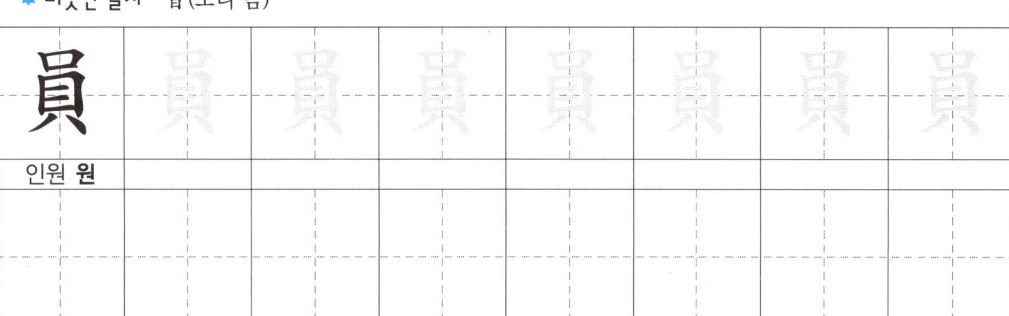

인원 원

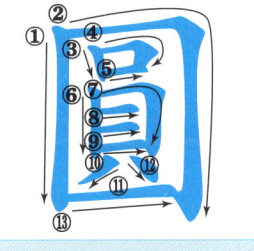

- 훈 둥글 음 원
- 부수 口(큰입 구)
- 총획 13획

- 읽기 그의 성격은 圓滿하지 못해서 항상 문제이다.
- 쓰임 圓形(원형) : 둥근 형상   圓滿(원만) : 모난 데가 없음
        圓卓(원탁) : 둥근 탁자   圓周(원주) : 원둘레
- 유의어 團(둥글 단)   ✽ 비슷한 글자 園(동산 원)

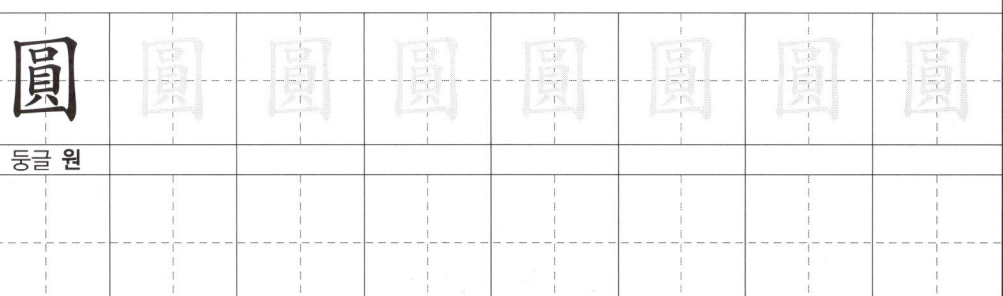

둥글 원

- 훈 지킬 음 위
- 부수 行(다닐 행)
- 총획 15획

- 읽기 그녀는 항상 護衛하는 사람을 대동하고 다녔다.
- 쓰임 衛生(위생) : 질병의 예방에 힘씀   防衛(방위) : 적을 막아서 지킴
        護衛(호:위) : 곁에서 보호하고 지킴   守衛(수위) : 경비를 맡아보는 사람
- 반의어 攻(칠 공)

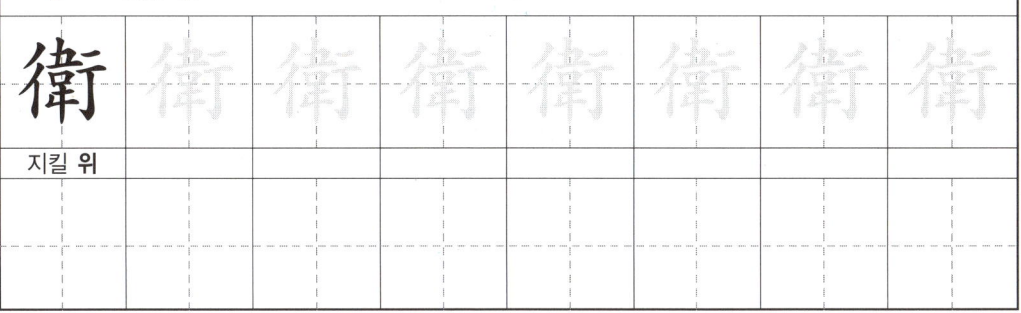

지킬 위

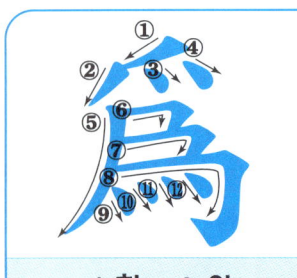

훈 할 **음** 위
부수 爪(손톱 조)
총획 12획

- 읽기: 너의 行爲가 정당했다고 생각하지 않는다.
- 쓰임: 行爲(행위) : 의지를 가지고 하는 행동   營爲(영위) : 일을 경영함
  當爲(당위) : 마땅히 있어야 할 것   爲政者(위정자) : 정치를 하는 사람

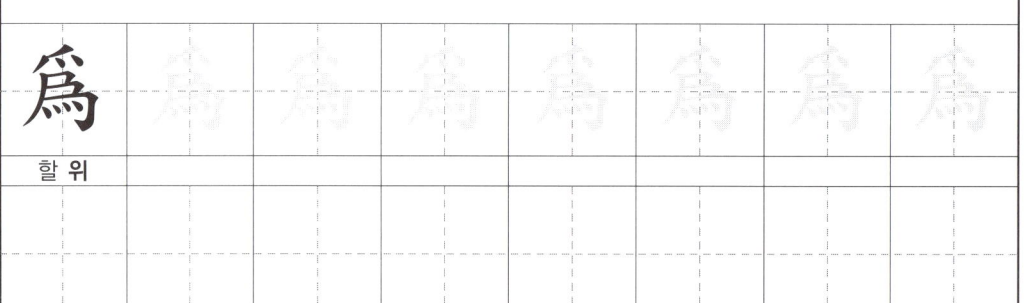
할 위

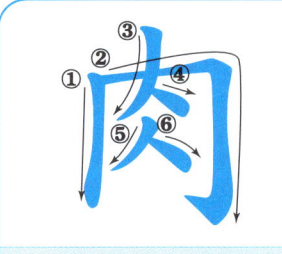

훈 고기 **음** 육
부수 肉(고기 육)
총획 6획

- 읽기: 영혼과 肉體가 분리되는 순간 죽음을 맞이한다.
- 쓰임: 血肉(혈육) : 피와 살   肉類(육류) : 먹을 수 있는 고기
  肉體(육체) : 사람의 몸   肉眼(육안) : 직접 눈으로 봄
- 반의어: 骨(뼈 골)

肉 肉 肉 肉 肉 肉 肉
고기 육

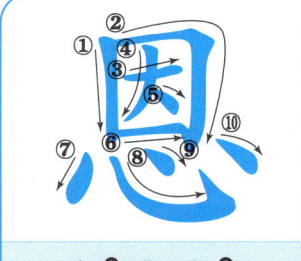

훈 은혜 **음** 은
부수 心(마음 심)
총획 10획

- 읽기: 나는 그 분의 恩惠를 배신할 수 없었다.
- 쓰임: 恩人(은인) : 신세를 진 사람   恩惠(은혜) : 베풀어 주는 혜택
  恩功(은공) : 은혜와 공로   恩師(은사) : 은혜를 베풀어 준 스승
- 반의어: 怨(원망할 원)
- 유의어: 惠(은혜 혜)

은혜 은

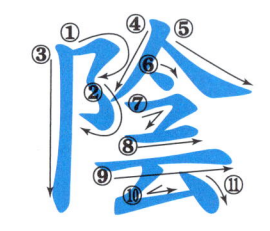

훈 그늘 **음** 음
부수 阝(언덕 부)
총획 11획

- 읽기: 寸陰을 아껴 열심히 공부하여 성공을 이루었다.
- 쓰임: 陰地(음지) : 그늘진 곳   陰刻(음각) : 글씨 따위를 안으로 파이게 새김
  陰德(음덕) : 숨은 덕행   寸陰(촌:음) : 얼마 안 되는 시간
- 반의어: 陽(볕 양)

陰 陰 陰 陰 陰 陰 陰
그늘 음

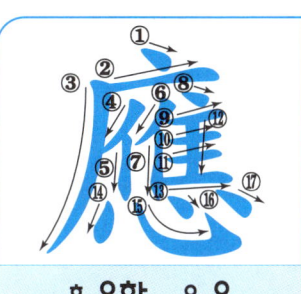

훈	응할	음	응
부수	心(마음 심)		
총획	17획		

- 읽기 이번에는 應當 내가 나서야 할 것 같다.
- 쓰임 應援(응:원) : 곁들어 도와 줌　　應試(응:시) : 시험에 응함
  應當(응:당) : 지극히 마땅함　　呼應(호응) : 부름에 대응함
- 약자 応

應 응할 응

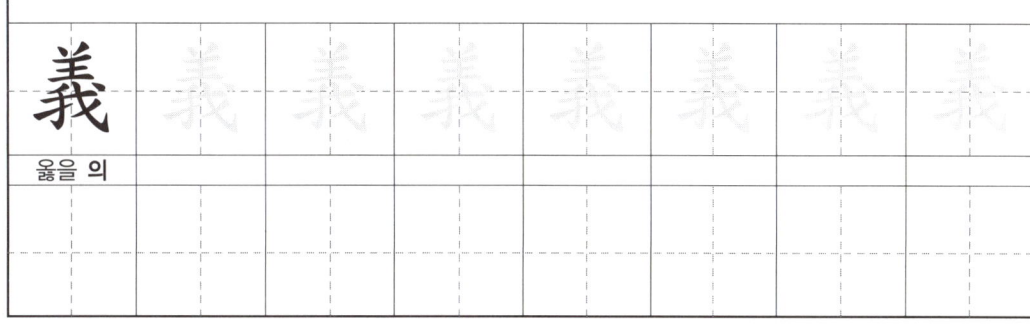

훈	옳을	음	의
부수	羊(양 양)		
총획	13획		

- 읽기 안중근 義士를 주인공으로 한 영화가 개봉되었다.
- 쓰임 義理(의:리) : 사람으로서 지켜야 할 도리　　義務(의:무) : 맡아서 해야 할 일
  主義(주의) : 굳게 지키는 생각　　義士(의:사) : 의로운 행동으로 목숨을 바친 사람

義 옳을 의

훈	의논할	음	의
부수	言(말씀 언)		
총획	20획		

- 읽기 나는 그 의견에 선뜻 同議할 수가 없었다.
- 쓰임 議決(의결) : 의논하여 결정함　　同議(동의) : 뜻을 같이 함
  相議(상의) : 서로 의논함　　議長(의장) : 회의를 주재하는 사람
- 유의어 論(논할 논)

議 의논할 의

훈	옮길	음	이
부수	禾(벼 화)		
총획	11획		

- 읽기 적의 눈을 피하기 위하여 야간에 移動하였다.
- 쓰임 移動(이동) : 움직여 자리를 바꿈　　移轉(이전) : 다른 데로 옮김
  移民(이민) : 다른 나라로 가서 사는 것　　移植(이식) : 옮겨 심음
- 유의어 利(이할 리)

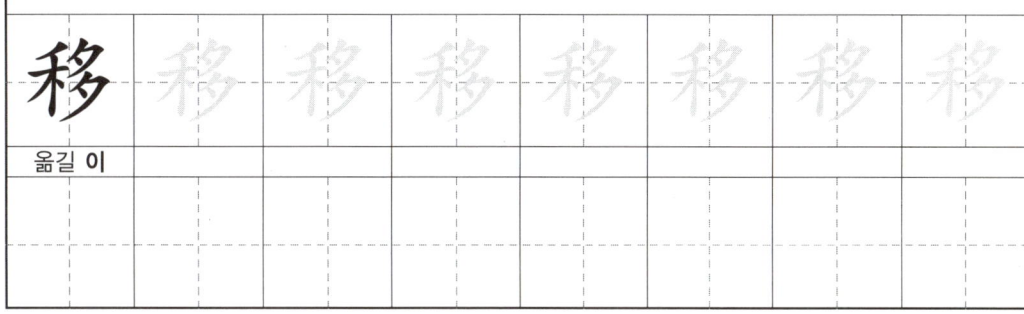

移 옮길 이

한자검정능력 4급

제 4 강 확인평가

1 다음 한자의 음을 쓰시오.

(1) 玉 (　　　)　　(2) 煙 (　　　)

(3) 羊 (　　　)　　(4) 純 (　　　)

(5) 爲 (　　　)　　(6) 衛 (　　　)

(7) 容 (　　　)　　(8) 演 (　　　)

(9) 視 (　　　)　　(10) 申 (　　　)

(11) 餘 (　　　)　　(12) 液 (　　　)

2 다음 뜻에 알맞은 한자를 例에서 찾아 번호를 쓰시오.

> 例
> ① 眼　② 息　③ 施　④ 誤　⑤ 恩　⑥ 園
> ⑦ 移　⑧ 如　⑨ 議　⑩ 圓　⑪ 原　⑫ 應

(1) 베풀다 (　　　)　　(2) 눈 (　　　)

(3) 그르치다 (　　　)　　(4) 같다 (　　　)

(5) 의논하다 (　　　)　　(6) 은혜 (　　　)

(7) 둥글다 (　　　)　　(8) 쉬다 (　　　)

3 다음 뜻과 음에 맞는 한자를 쓰시오.

(1) 시 시 (　　　)　　(2) 고기 육 (　　　)

(3) 갈 왕 (　　　)　　(4) 이 시 (　　　)

(5) 시험 시 (　　　)　　(6) 영화 영 (　　　)

4 다음 한자어의 독음을 쓰시오.

(1) 深海 (   )   (2) 外壓 (   )

(3) 逆風 (   )   (4) 正義 (   )

(5) 應答 (   )   (6) 議題 (   )

(7) 藝術 (   )   (8) 秋收 (   )

(9) 陰氣 (   )   (10) 歌謠 (   )

5 다음 뜻에 맞는 한자어를 例에서 찾아 쓰시오.

> 例   休息   定員   研究   明暗   滿員   硏句

(1) 사물을 깊이 생각하거나 조사함. (   )

(2) 쉬는 일 (   )

(3) 밝음과 어두움. (   )

(4) 정한 인원이 다 참. (   )

6 다음 문장의 밑줄 친 단어를 한자로 쓰시오.

(1) 기존의 상품을 <u>응용</u>하여 새로운 상품을 만들어 낼 수 있다.

(2) 박물관까지는 버스로 <u>이동</u>할 계획이다.

(3) 그녀는 할머니로부터 승무를 <u>전승</u>받고 있다.

(4) 고사리는 햇볕이 잘 들지 않는 <u>음지</u>에서 잘 자란다.

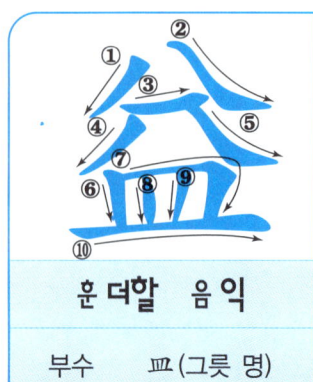

훈 더할 **음** 익

부수 皿(그릇 명)

총획 10획

- 읽기 노동자들의 權益을 보호하기 위해 설립되었다.
- 쓰임 公益(공익) : 공공의 이익   權益(권익) : 권리와 이익
  收益(수익) : 이익을 거둠   有益(유:익) : 이익이 있음
- 반의어 除(덜 제)
- 유의어 增(더할 증)

더할 익

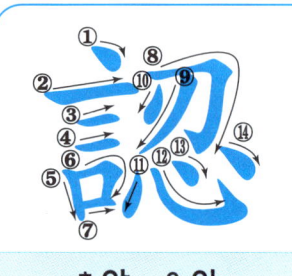

훈 알 **음** 인

부수 言(말씀 언)

총획 14획

- 읽기 사실을 確認하고 나서 태도가 돌연 바뀌었다.
- 쓰임 承認(승인) : 옳다고 인정함   認識(인식) : 깨달아 아는 것
  容認(용인) : 용납하여 인정함   確認(확인) : 확실히 인정함
- 유의어 知(알 지)
- 비슷한 글자 調(고를 조)

알 인

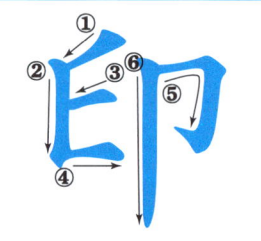

훈 도장 **음** 인

부수 卩(병부 절)

총획 6획

- 읽기 檢印 표시가 없는 수입품은 모두 밀수품이다.
- 쓰임 印章(인장) : 도장   檢印(검:인) : 검사의 표시로 찍는 도장
  印稅(인세) : 저작권의 사용료   印象(인상) : 깊이 남는 형상

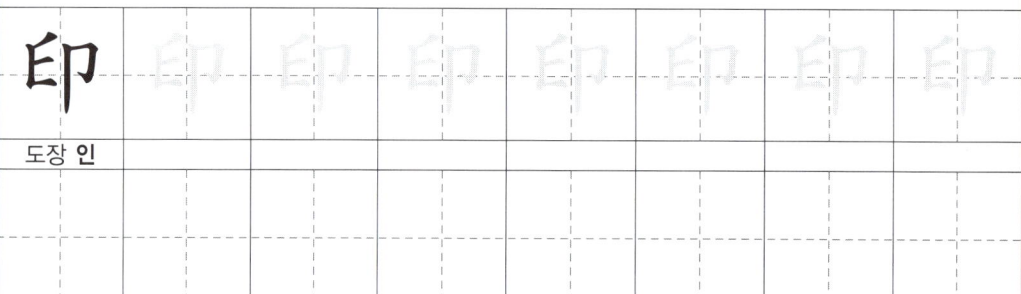

도장 인

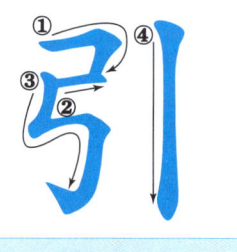

훈 끌 **음** 인

부수 弓(활 궁)

총획 4획

- 읽기 지구와 달 사이에는 서로 引力이 작용한다.
- 쓰임 引出(인출) : 예금을 찾아냄   引上(인상) : 가격을 올림
  引力(인력) : 서로 끌어당기는 힘   引用(인용) : 끌어다 씀
- 반의어 推(밀 추)
- 유의어 提(끌 제)

끌 인

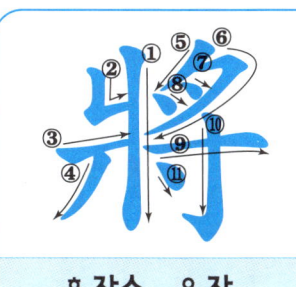

훈 장수 음 장

부수 寸(마디 촌)

총획 11획

- 읽기 이순신 장군은 세계적으로 손꼽히는 名將이었다.
- 쓰임 將軍(장군) : 군을 통솔하는 무관   將校(장:교) : 소위급 이상의 무관
  將來(장래) : 앞으로 닥쳐올 때   名將(명장) : 뛰어난 장수
- 약자 将
- 반의어 卒(마칠(군사) 졸)

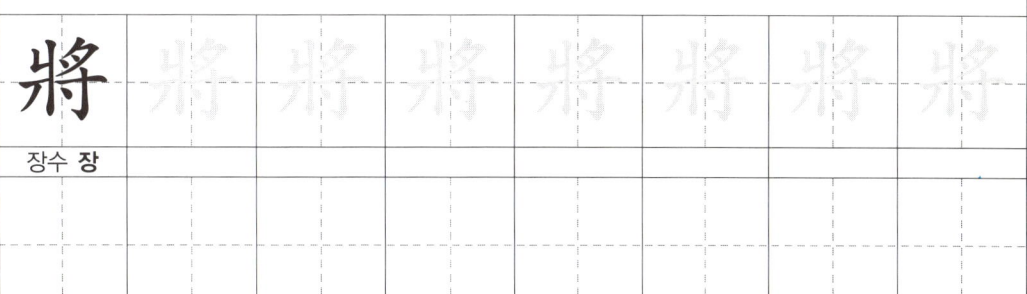

장수 장

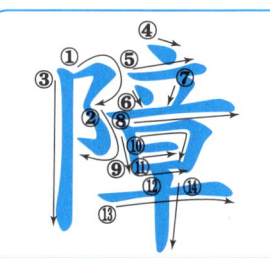

훈 막을 음 장

부수 阝(언덕 부)

총획 14획

- 읽기 안전을 保障하는 어떤 대책도 없었다.
- 쓰임 障壁(장벽) : 밖을 가려 막은 벽   故障(고:장) : 기능에 탈이 생김
  障害(장해) : 일을 막아 방해함   保障(보:장) : 장애가 없음을 보증함
- 반의어 攻(칠 공)
- 유의어 防(막을 방)

막을 장

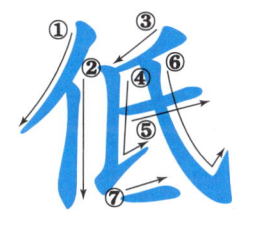

훈 낮을 음 저

부수 亻(사람 인)

총획 7획

- 읽기 우리 우유는 低溫에서 살균하여 영양분이 파괴되지 않는다.
- 쓰임 低價(저:가) : 낮은 가격   低溫(저:온) : 낮은 온도
  低空(저:공) : 고도가 낮은 공중   低速(저:속) : 느린 속도
- 반의어 尊(높을 존), 卓(높을 탁)
- 비슷한 글자 底(밑 저)

낮을 저

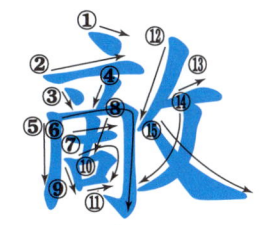

훈 대적할 음 적

부수 攵(칠 복)

총획 15획

- 읽기 태권도에 관한한 그는 無敵이다.
- 쓰임 敵對(적대) : 적으로 맞섬   敵陣(적진) : 적의 진영
  強敵(강적) : 강한 적수   無敵(무적) : 겨룰만한 적이 없음
- 반의어 親(친할 친)

대적할 적

훈 밭 음 전

부수 田(밭 전)

총획 5획

- 읽기 아버지는 퇴직하시면 田園에서 살고 싶어 하신다.
- 쓰임 田園(전원) : 논밭과 동산   油田(유전) : 석유가 나는 곳
  火田民(화:전민) : 산에서 땅을 일구어 사는 사람
- 비슷한 글자 甲(갑옷 갑)

田
밭 전

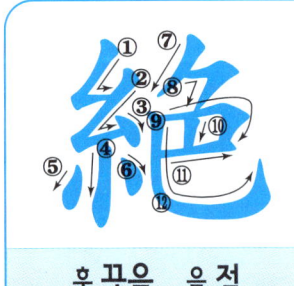

훈 끊을 음 절

부수 糸(실 사)

총획 12획

- 읽기 낙심과 絶望 속에서 무의미한 시간이 지나가고 있었다.
- 쓰임 絶望(절망) : 희망을 버림   斷絶(단:절) : 관계를 끊음
  謝絶(사:절) : 사양하고 받지 아니함   絶壁(절벽) : 험한 낭떠러지
- 반의어 繼(이을 계), 接(이을 접)
- 유의어 切(끊을 절), 斷(끊을 단)

絶
끊을 절

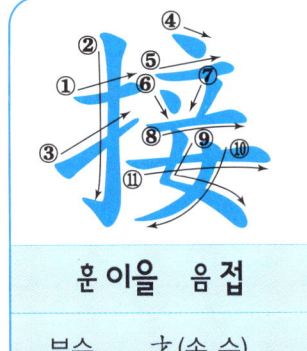

훈 이을 음 접

부수 扌(손 수)

총획 11획

- 읽기 이번 面接에서는 자신 있는 모습을 보이도록 해야겠다.
- 쓰임 接近(접근) : 가까이 감   接境(접경) : 경계가 서로 접함
  接待(접대) : 손님을 대접함   面接(면:접) : 서로 대면하여 만남
- 반의어 切(끊을 절), 斷(끊을 단)
- 유의어 續(이을 속)

接
이을 접

훈 정사 음 정

부수 攴(칠 복)

총획 9획

- 읽기 경제 문제를 政治적인 원리로 풀어서는 안 된다.
- 쓰임 政治(정치) : 나라를 다스림   政權(정권) : 정치를 행하는 권력
  政黨(정당) : 같은 이념으로 모인 단체   行政府(행정부) : 정치를 하는 부처
- 비슷한 글자 效(본받을 효)

政
정사 정

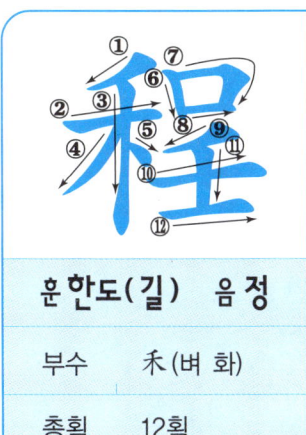

훈 한도(길) 음 정
부수 禾(벼 화)
총획 12획

- 읽기 日程이 촉박하여 방문하기는 힘들 것이다.
- 쓰임 程度(정도) : 알맞은 한도   過程(과:정) : 일이 되어가는 경로
       日程(일정) : 그 날에 할 일   上程(상:정) : 의제를 내어 놓음
- 유의어 路(길 로)

程 한도 정

훈 정할 음 정
부수 米(쌀 미)
총획 14획

- 읽기 나는 삼국지를 3번이나 精讀하였다.
- 쓰임 精神(정신) : 마음이나 생각   精誠(정성) : 참되고 성실한 마음
       精潔(정결) : 순수하고 깨끗함   精讀(정독) : 자세히 읽음
- 비슷한 글자 情(뜻 정)

精 정할 정

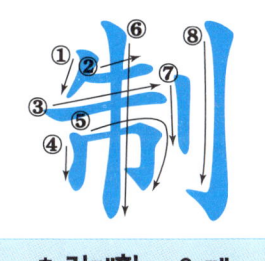

훈 절제할 음 제
부수 刂(칼 도)
총획 8획

- 읽기 상대의 기선을 먼저 制壓하는 것이 중요하다.
- 쓰임 制動(제:동) : 움직임을 멈추게 함   制定(제:정) : 제도나 규정을 만듦
       自制(자제) : 스스로 억제함   制壓(제:압) : 제어하여 누름
- 비슷한 글자 製(지을 제)

制 절제할 제

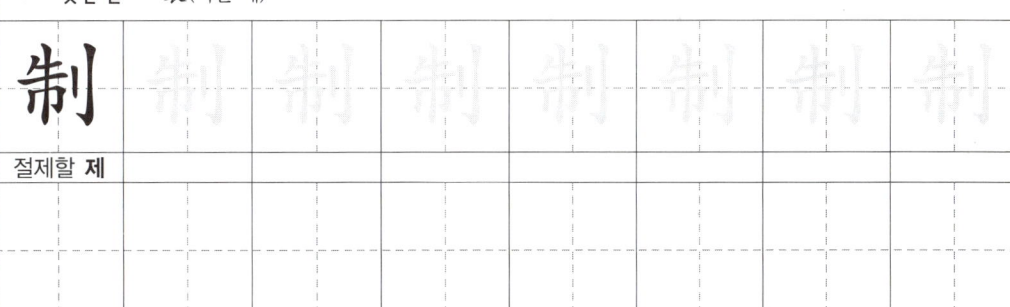

훈 끌 음 제
부수 手(손 수)
총획 12획

- 읽기 그가 새로 提起한 의견에는 속셈이 따로 있었다.
- 쓰임 提起(제기) : 의논할 것을 내놓음   提示(제시) : 의사를 드러내 보임
       前提(전제) : 논의에서 기본이 되는 것 提供(제공) : 갖다 줌
- 반의어 推(밀 추)   - 유의어 引(끌 인)

提 끌 제

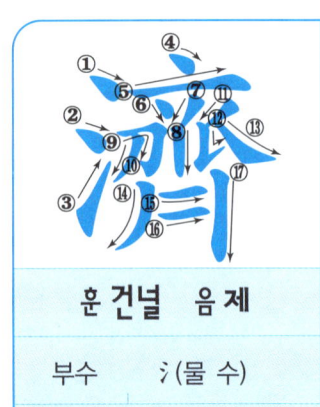

훈 건널 음 제

부수 氵(물 수)

총획 17획

- 읽기 나는 힘이 자라는 대로 救濟와 봉사에 힘쓰고자 한다.
- 쓰임 救濟(구:제) : 구하여 건짐   經濟(경제) : 재화와 관련된 활동
  決濟(결제) : 일을 처리하여 끝냄
- 약자 済

濟
건널 제

훈 제사 음 제

부수 示(보일 시)

총획 11획

- 읽기 이번 祝祭 기간에는 사물놀이를 하였다.
- 쓰임 祭禮(제:례) : 제사의 예절   祝祭(축제) : 경축하여 벌이는 행사
  祭器(제:기) : 제사에서 쓰는 그릇   藝術祭(예:술제) : 예술의 제전
- 비슷한 글자 察(살필 찰)

祭
제사 제

훈 지을 음 제

부수 衣(옷 의)

총획 14획

- 읽기 명품 중에는 手製品이 많다.
- 쓰임 製作(제:작) : 물건을 만듦   製造(제:조) : 제품을 만듦
  手製品(수제품) : 손으로 만든 물건
- 유의어 作(지을 작), 造(지을 조)

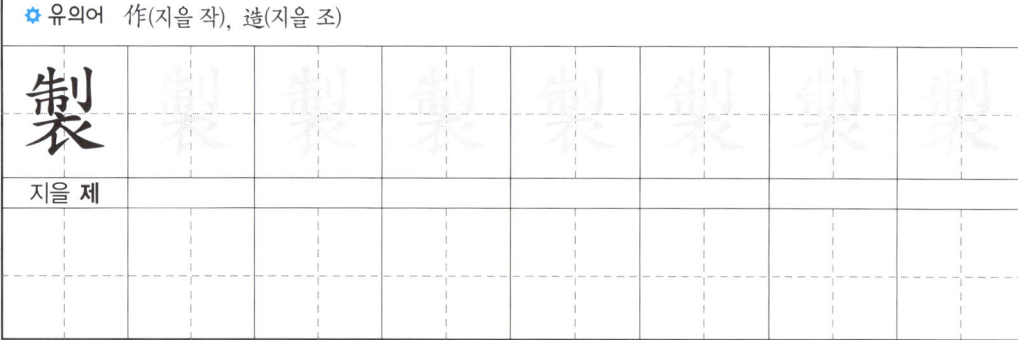

지을 제

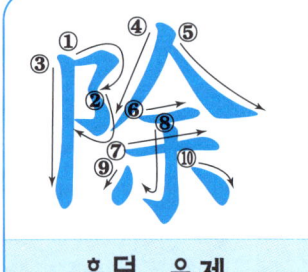

훈 덜 음 제

부수 阝(언덕 부)

총획 10획

- 읽기 그는 명부에서 즉시 除名되었다.
- 쓰임 除去(제거) : 덜어 없앰   除隊(제대) : 현역병의 복무가 해제됨
  除外(제외) : 범위 밖에 둠   除名(제명) : 이름을 삭제함
- 반의어 益(더할 익), 加(더할 가)   - 유의어 省(덜 생), 損(덜 손)

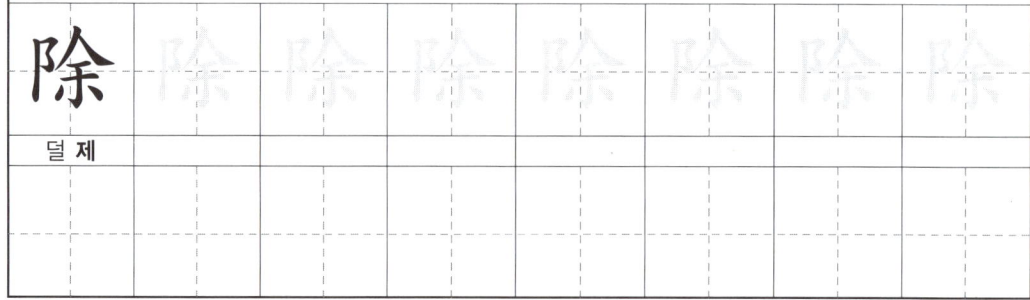

덜 제

훈 즈음(가)　**음** 제

부수　阝(언덕 부)

총획　14획

- 읽기　그의 實際 나이는 25살이다.
- 쓰임　交際(교제) : 서로 사귐
　　　　實際(실제) : 사실의 형편
　　　　國際(국제) : 나라와 나라의 관계

즈음 제

훈 도울　**음** 조

부수　力(힘 력)

총획　7획

- 읽기　주변 사람들의 助言을 소중히 생각하여야 한다.
- 쓰임　助言(조:언) : 도움을 주는 말　　助手(조:수) : 보조를 하는 사람
　　　　協助(협조) : 서로 도와줌　　　　內助(내:조) : 아내가 남편을 도움
- 유의어　護(도울 호)

助　助　助　助　助　助　助

도울 조

훈 이를　**음** 조

부수　日(날 일)

총획　6획

- 읽기　몸이 너무 아파서 早退를 하였다.
- 쓰임　早期(조:기) : 이른 시기　　　　早朝(조:조) : 이른 아침
　　　　早退(조:퇴) : 중간에 물러나옴　早産(조:산) : 기간이 차기 전에 출산함

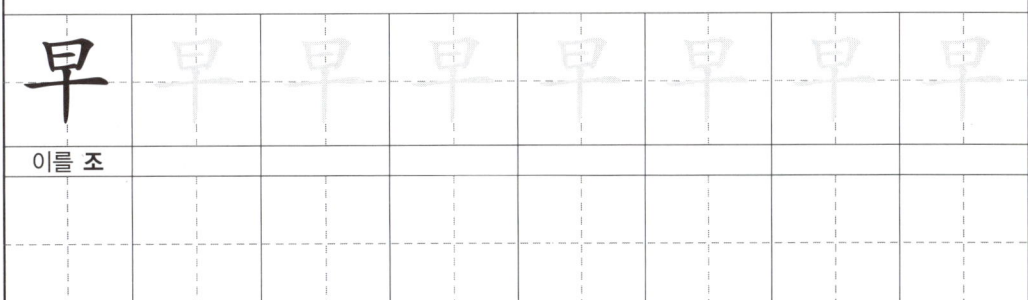

이를 조

훈 지을　**음** 조

부수　辶(책받침)

총획　11획

- 읽기　造花가 너무 정밀하여 생화인줄 알았다.
- 쓰임　造林(조:림) : 숲을 꾸며 만듦　　造花(조:화) : 사람이 만든 꽃
　　　　造景(조:경) : 경치를 아름답게 꾸밈　造作(조:작) : 일부러 꾸밈
- 유의어　作(지을 작)

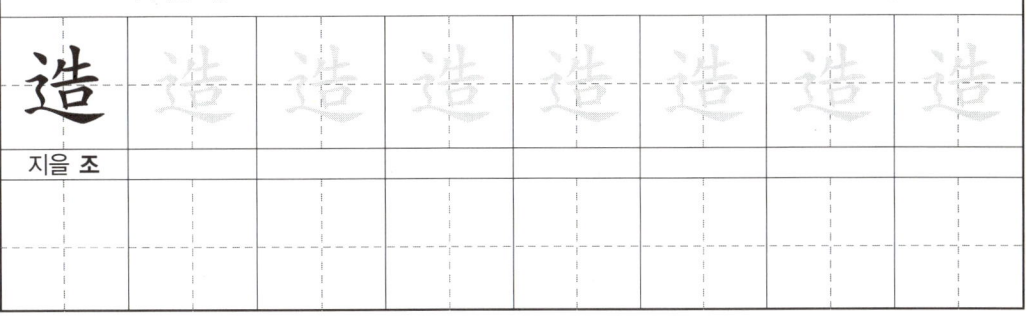

지을 조

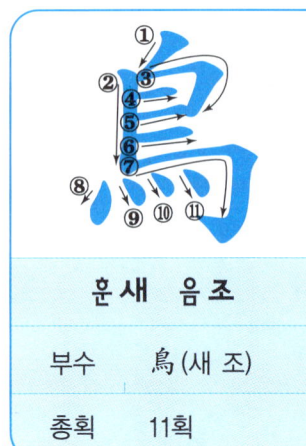

훈 새 음 조

부수   鳥(새 조)

총획   11획

- 읽기 전쟁터에서 그의 별명은 不死鳥였다.
- 쓰임 吉鳥(길조) : 좋은 일을 알려주는 새   白鳥(백조) : 오리과의 새
       鳥類(조류) : 새의 종류들   不死鳥(불사조) : 죽지 않는 새
- 비슷한 글자 島(섬 도)

鳥
새 조

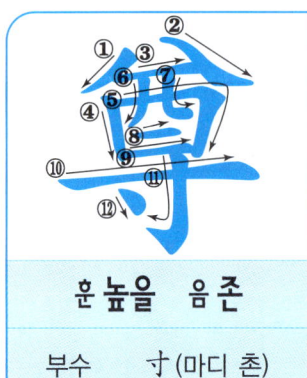

훈 높을 음 존

부수   寸(마디 촌)

총획   12획

- 읽기 민주주의는 서로를 尊重하는 것이다.
- 쓰임 尊敬(존경) : 높여 공경함   尊重(존중) : 높이고 중히 여김
       尊貴(존귀) : 지위가 높고 귀함   尊稱(존칭) : 높여 부르는 호칭
- 반의어 低(낮을 저)   - 유의어 卓(높을 탁)

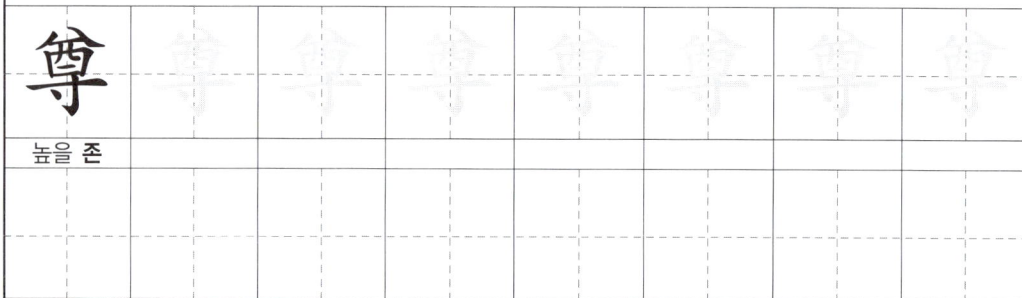

높을 존

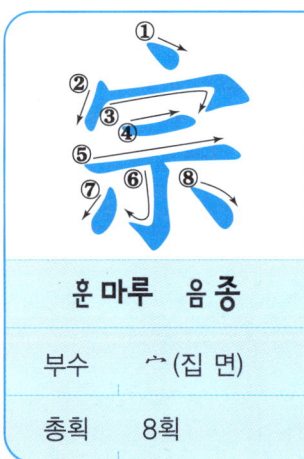

훈 마루 음 종

부수   宀(집 면)

총획   8획

- 읽기 부모님의 宗敎는 불교이지만 나는 무신론자이다.
- 쓰임 宗敎(종교) : 신을 섬기는 정신   宗團(종단) : 종교의 단체
       改宗(개:종) : 종교를 바꿈   宗家(종가) : 맏이로 이어오는 집안
- 비슷한 글자 完(완전할 완)

宗
마루 종

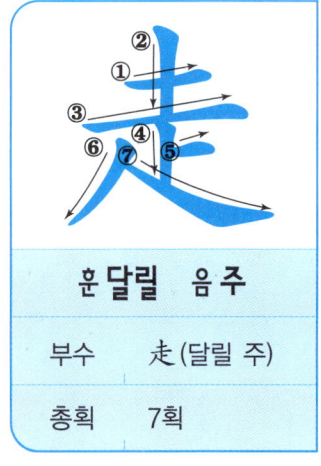

훈 달릴 음 주

부수   走(달릴 주)

총획   7획

- 읽기 고등학교 때까지 나는 100m를 13초에 走破하였다.
- 쓰임 走者(주:자) : 달리는 사람   獨走(독주) : 남을 앞질러 혼자 달림
       走破(주파) : 끝까지 달림   力走(역주) : 힘껏 달림

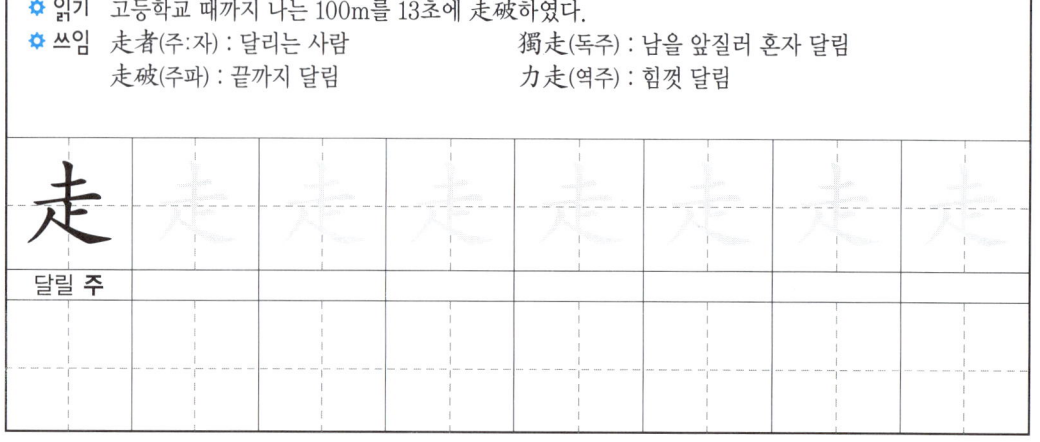

달릴 주

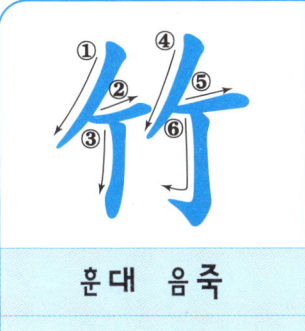

훈 대 **음** 죽

부수 竹(대 죽)
총획 6획

- 읽기: 검도부에 들어가자마자 나는 竹刀로 머리를 맞았다.
- 쓰임: 竹刀(죽도) : 대나무로 만든 칼
  松竹(송죽) : 소나무와 대나무
  竹夫人(죽부인) : 대오리로 길고 둥글게 만든 제구

대 죽

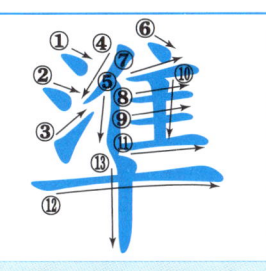

훈 준할 **음** 준

부수 氵(물 수)
총획 13획

- 읽기: 이번 시험은 準備를 철저히 하여 자신 있었다.
- 쓰임: 基準(기준) : 기본이 되는 표준　　準備(준:비) : 미리 마련하여 갖춤
  準則(준:칙) : 기준이 되는 규칙　　準據(준:거) : 표준을 삼음

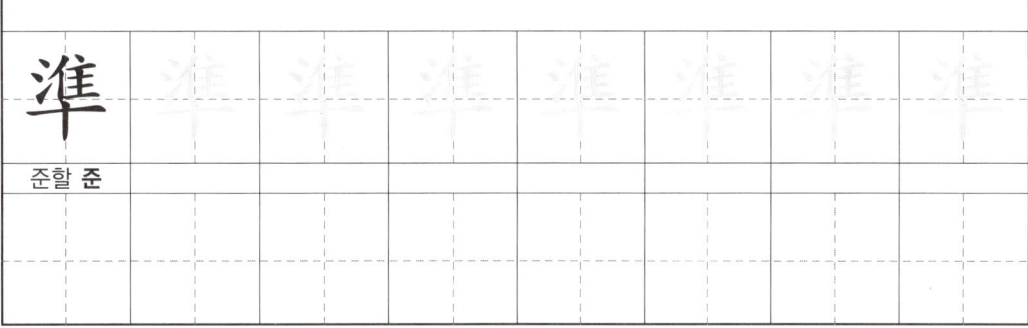

준할 준

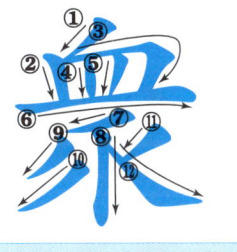

훈 무리 **음** 중

부수 血(피 혈)
총획 12획

- 읽기: 그를 사면하여야 한다는 것이 衆論이다.
- 쓰임: 聽衆(청중) : 강연을 듣는 군중　　衆論(중:론) : 여러 사람의 의견
  大衆(대:중) : 수가 많은 군중　　出衆(출중) : 여러 사람 중에 뛰어남
- 유의어: 群(무리 군)

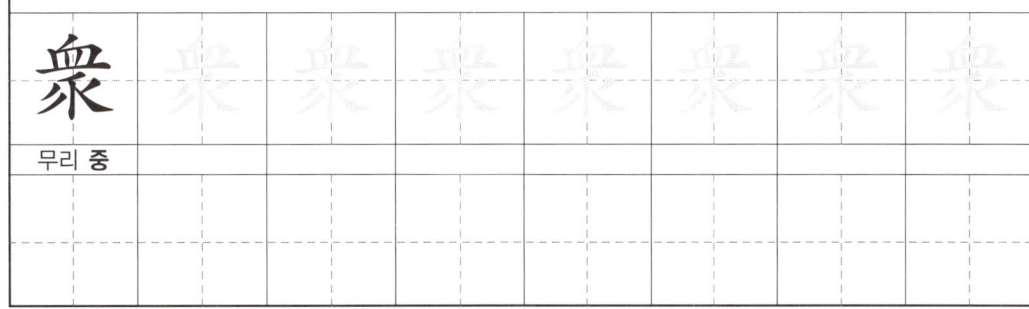

무리 중

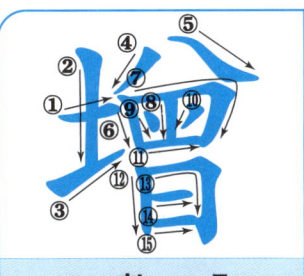

훈 더할 **음** 증

부수 土(흙 토)
총획 15획

- 읽기: 만일의 경우에 대비하여 소방대원의 수를 增員하였다.
- 쓰임: 增加(증가) : 수나 양이 많아짐　　增員(증원) : 사람을 늘림
  急增(급증) : 갑자기 증가함　　增設(증설) : 설비를 늘림
- 반의어: 除(덜 제), 損(덜 손)

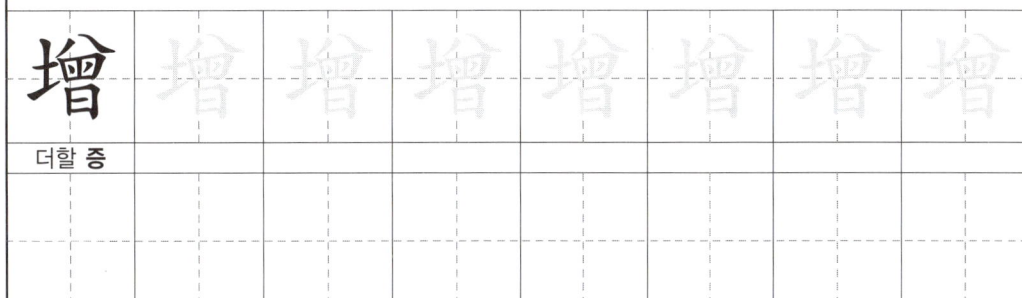

더할 증

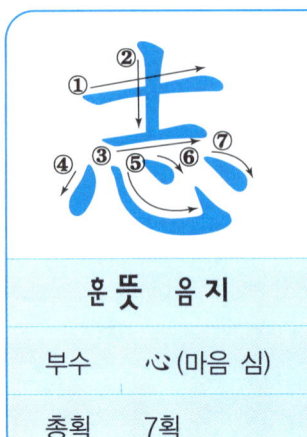

- 읽기　志願하는 사람들이 많아서 경쟁이 치열하였다.
- 쓰임　意志(의:지) : 실행하려는 의지　　立志(입지) : 뜻을 세움
　　　　志向(지향) : 뜻이 향하는 방향　　志願(지원) : 스스로 바람
- 유의어　情(뜻 정)

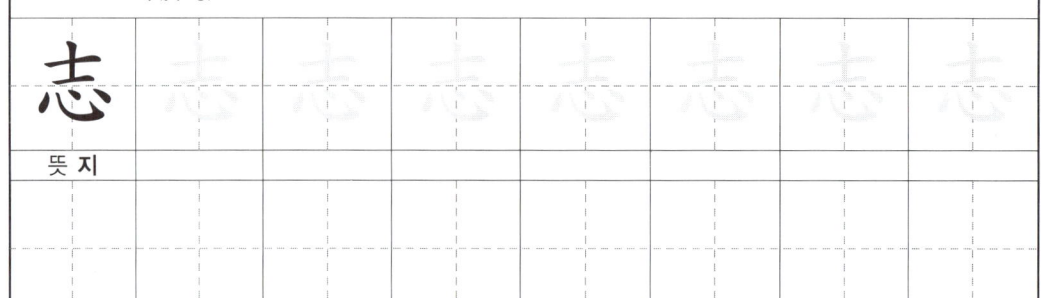

훈 뜻　음 지

부수　心(마음 심)

총획　7획

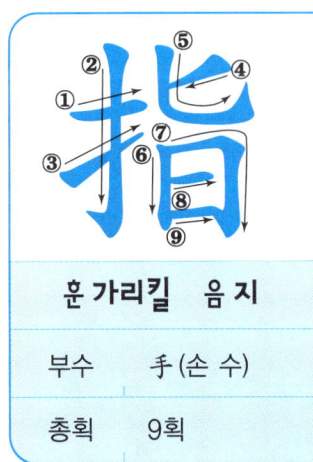

- 읽기　별도의 指示가 있을 때까지 대기하였다.
- 쓰임　指定(지정) : 가리켜 정함　　指示(지시) : 가리켜 보임
　　　　指令(지령) : 지시 명령　　指導(지도) : 가리켜 이끔

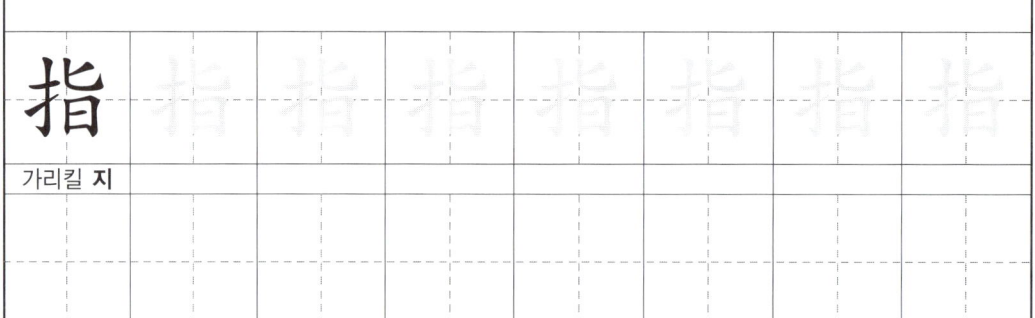

훈 가리킬　음 지

부수　手(손 수)

총획　9획

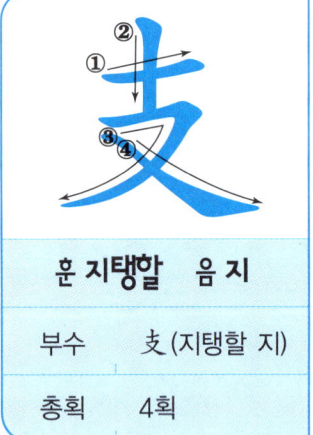

- 읽기　정부는 언론을 支配하려고 해서는 안 된다.
- 쓰임　支給(지급) : 돈이나 물건을 치름　　支配(지배) : 거느려 부림
　　　　支持(지지) : 의견이나 정책에 동조함　　支店(지점) : 본점에서 갈라져 나온 가게

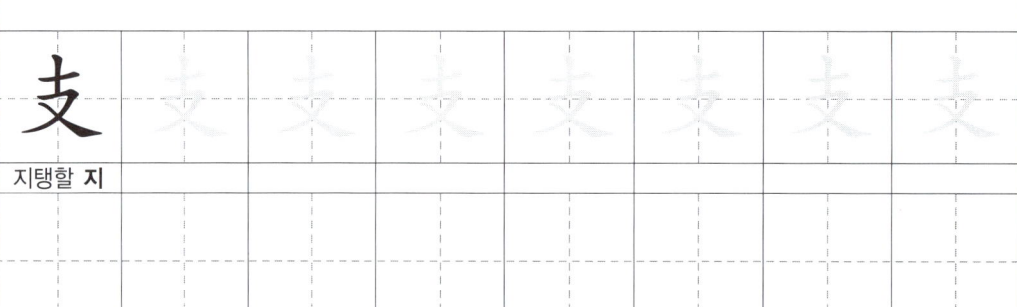

훈 지탱할　음 지

부수　支(지탱할 지)

총획　4획

- 읽기　한자는 우리 나라 말에 至大한 영향을 끼쳤다.
- 쓰임　至大(지대) : 더 없이 큼　　至尊(지존) : 더 없이 존귀함
　　　　至當(지당) : 아주 당연함　　至誠(지성) : 지극한 정성
- 유의어　極(다할 극), 到(이를 도)

훈 이를　음 지

부수　至(이를 지)

총획　6획

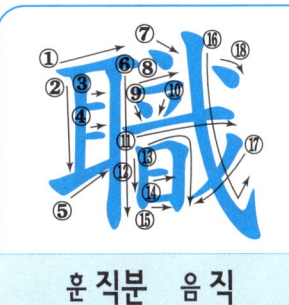

훈 직분	음 직
부수	耳(귀 이)
총획	18획

- 읽기　이번 일을 평생 職業으로 생각하였다.
- 쓰임　職務(직무) : 담당해 맡은 일　　退職(퇴:직) : 현직에서 물러남
　　　　職場(직장) : 급여를 받고 근무하는 곳　職業(직업) : 생계를 위해 하는 일
- 비슷한 글자　識(알 식)

직분 직

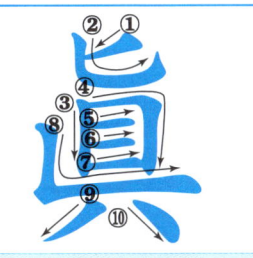

훈 참	음 진
부수	目(눈 목)
총획	10획

- 읽기　그녀의 純眞한 눈매에 많은 사람들이 속았다.
- 쓰임　眞價(진가) : 참된 값어치　　寫眞(사진) : 카메라로 찍은 형상
　　　　眞理(진리) : 참된 이치　　　純眞(순진) : 순박하고 진실함
- 약자　真
- 반의어　假(거짓 가)

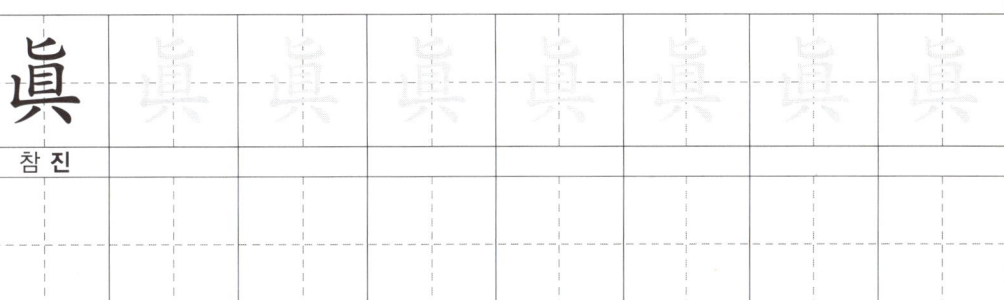

참 진

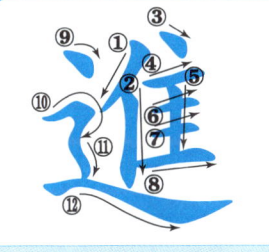

훈 나아갈	음 진
부수	辶(책받침)
총획	12획

- 읽기　계속 行進하기에는 모두들 너무 지쳐보였다.
- 쓰임　推進(추진) : 밀고 나아감　　進路(진:로) : 앞으로 나아갈 길
　　　　進步(진:보) : 점차 발전함　　行進(행진) : 앞으로 나아감
- 반의어　退(물러날 퇴)
- 유의어　就(나아갈 취)

나아갈 진

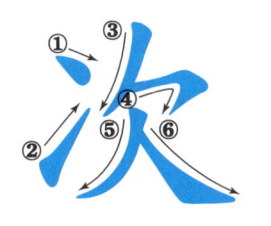

훈 버금	음 차
부수	欠(하품 흠)
총획	6획

- 읽기　將次 나의 꿈은 장군이 되는 것이다.
- 쓰임　次善(차선) : 버금가는 좋은 방안　次例(차례) : 일의 순서
　　　　席次(석차) : 성적의 차례　　　　將次(장차) : 앞으로
- 유의어　副(버금 부)

버금 차

제 5 강 확인평가

1 다음 한자의 음을 쓰시오.

(1) 接 (　　　)　　(2) 印 (　　　)

(3) 竹 (　　　)　　(4) 鳥 (　　　)

(5) 障 (　　　)　　(6) 程 (　　　)

(7) 際 (　　　)　　(8) 支 (　　　)

(9) 田 (　　　)　　(10) 絶 (　　　)

(11) 眞 (　　　)　　(12) 提 (　　　)

2 다음 뜻에 알맞은 한자를 例에서 찾아 번호를 쓰시오.

> 例
> ① 準　② 精　③ 引　④ 宗　⑤ 定　⑥ 助
> ⑦ 絶　⑧ 濟　⑨ 志　⑩ 政　⑪ 眞　⑫ 際

(1) 돕다 (　　　)　　(2) 건너다 (　　　)

(3) 뜻 (　　　)　　(4) 끌다 (　　　)

(5) 준하다 (　　　)　　(6) 정하다 (　　　)

(7) 마루 (　　　)　　(8) 정사 (　　　)

3 다음 뜻과 음에 맞는 한자를 쓰시오.

(1) 알 인 (　　　)　　(2) 무리 중 (　　　)

(3) 덜 제 (　　　)　　(4) 대적할 적 (　　　)

(5) 이를 조 (　　　)　　(6) 제사 제 (　　　)

4 다음 한자어의 독음을 쓰시오.

(1) 低空 (   )   (2) 政敵 (   )

(3) 藥指 (   )   (4) 次官 (   )

(5) 將軍 (   )   (6) 共助 (   )

(7) 制度 (   )   (8) 至極 (   )

(9) 改造 (   )   (10) 製作 (   )

5 다음 뜻에 맞는 한자어를 例에서 찾아 쓰시오.

> 例
> 利益   增價   尊敬   增加   求職   利得

(1) 받들어 공경함 (   )

(2) 일자리를 구함. (   )

(3) 수나 양이 많아짐. (   )

(4) 이롭고 도움이 되는 일 (   )

6 다음 문장의 밑줄 친 단어를 한자로 쓰시오.

(1) 이 방은 관계자를 제외한 다른 사람의 접근이 금지되어 있다.

(2) 기술의 진보만이 국제적인 경쟁에서 살아남을 수 있는 길이다.

(3) 장거리 경주 선수에게는 지구력이 필요하다.

(4) 이번 공연의 소품을 준비하는 것은 너의 몫이다.

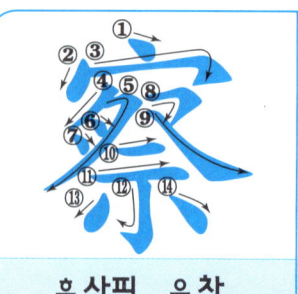

훈 살필 음 찰	
부수	宀(집 면)
총획	14획

- 읽기 대통령님은 지방 공단을 視察중이시다.
- 쓰임 省察(성찰) : 반성하여 살핌   査察(사찰) : 조사하여 살핌
  觀察(관찰) : 사물을 주의하여 살핌   視察(시:찰) : 돌아다니며 살펴봄
- 유의어 省(살필 성)

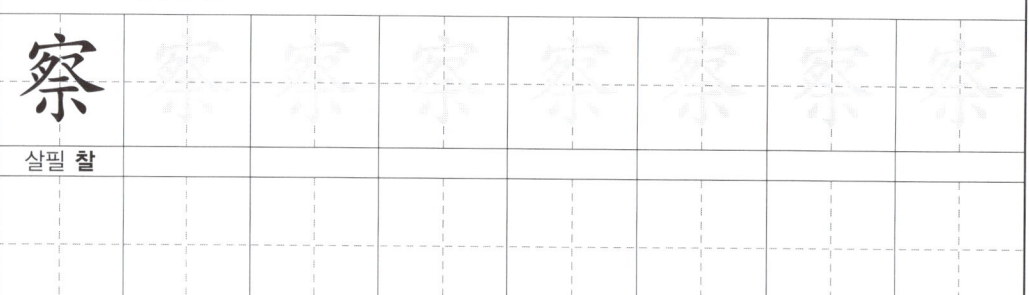

살필 찰

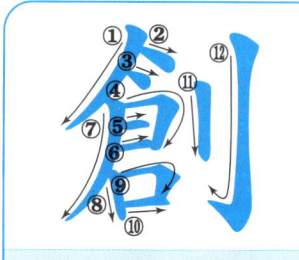

훈 비롯할 음 창	
부수	刂(칼 도)
총획	12획

- 읽기 소자본 創業 열풍이 불고 있다.
- 쓰임 創造(창:조) : 처음으로 만듦   創業(창:업) : 사업을 시작함
  創建(창:건) : 처음으로 세움   創刊(창:간) : 정기 간행물을 처음 만듦

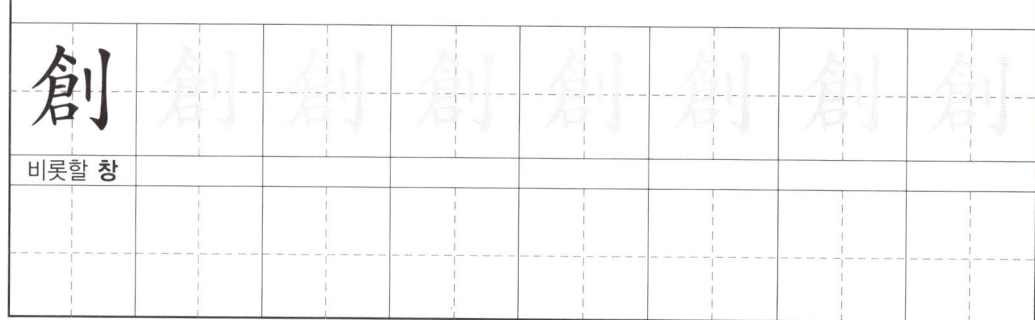

비롯할 창

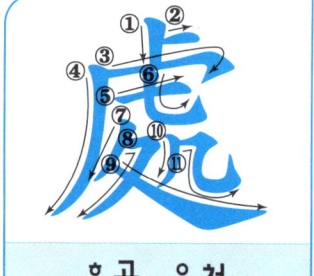

훈 곳 음 처	
부수	虍(범호 엄)
총획	11획

- 읽기 出處가 의심되는 음식을 함부로 먹어서는 안 된다.
- 쓰임 處理(처:리) : 일을 마무리 지음   出處(출처) : 사물이 나온 근거
  處地(처:지) : 자기가 처해 있는 상황   近處(근:처) : 가까운 곳
- 약자 処   - 비슷한 글자 虎(범 호)

處

곳 처

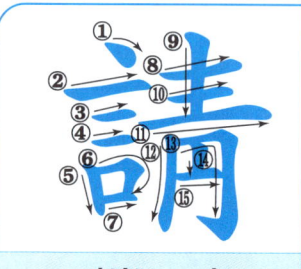

훈 청할 음 청	
부수	言(말씀 언)
총획	15획

- 읽기 인기 가수를 招請하여 성대하게 거행되었다.
- 쓰임 請求(청구) : 청하여 구함   請婚(청혼) : 결혼을 청함
  招請(초청) : 청하여 부름   聽聞會(청문회) : 증언을 듣는 절차
- 비슷한 글자 淸(맑을 청)

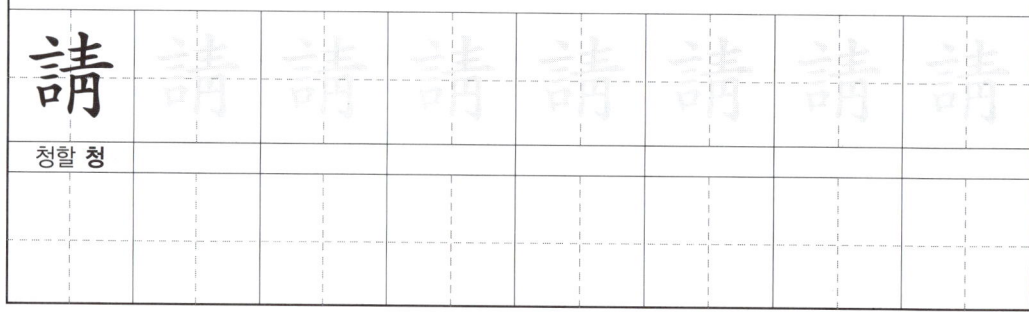

청할 청

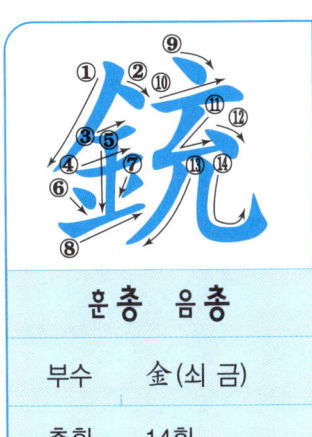

- 훈 총 음 총
- 부수 金(쇠 금)
- 총획 14획

- 읽기 새벽녘 두 발의 銃聲이 고요를 뚫고 들려왔다.
- 쓰임 銃傷(총상) : 총에 맞은 상처   銃器(총기) : 소총, 권총 등의 화기
  長銃(장총) : 긴 총   銃聲(총성) : 총소리
- 비슷한 글자 統(거느릴 통)

총 총

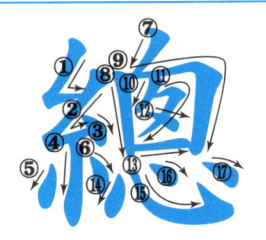

- 훈 다 음 총
- 부수 糸(실 사)
- 총획 17획

- 읽기 후반전에 역전을 위해 總力을 기울여야 한다.
- 쓰임 總力(총:력) : 모든 힘   總計(총:계) : 통틀어 계산한 합계
  總理(총:리) : 총괄하여 다스림   總動員(총:동원) : 모든 힘을 동원함
- 반의어 個(낱 개)

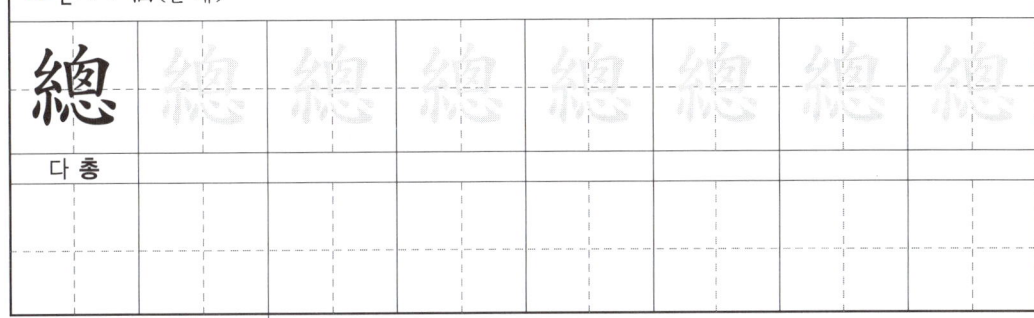
다 총

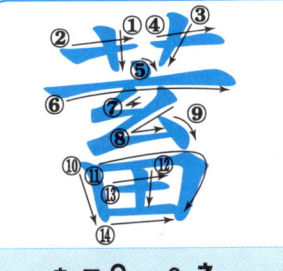

- 훈 모을 음 축
- 부수 艹(풀 초)
- 총획 14획

- 읽기 개인적으로 蓄財한 돈은 모두 몰수되어 사회에 환원되었다.
- 쓰임 蓄積(축적) : 많이 쌓아 둠   備蓄(비:축) : 만일에 대비하여 모아 둠
  貯蓄(저:축) : 절약하여 모아 둠   蓄財(축재) : 재물을 모음
- 반의어 散(흩을 산)

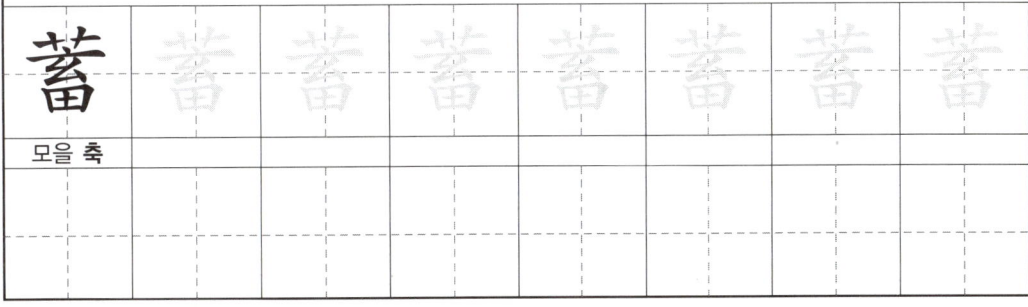
모을 축

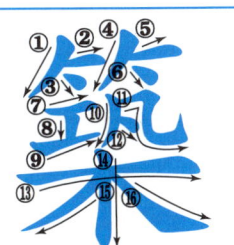

- 훈 쌓을 음 축
- 부수 竹(대 죽)
- 총획 16획

- 읽기 우리 집은 新築 건물이어서 환경호르몬에 많이 노출된 것 같다.
- 쓰임 新築(신축) : 새로 건축함   構築(구축) : 만들어 올림
  築城(축성) : 성을 쌓음   築造(축조) : 쌓아서 만듦
- 유의어 積(쌓을 적)

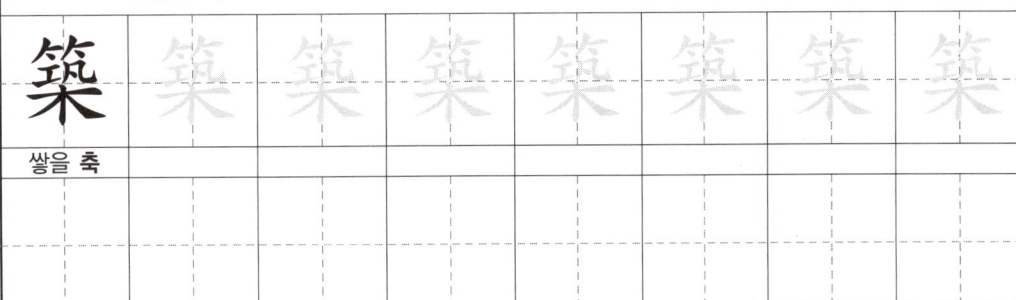
쌓을 축

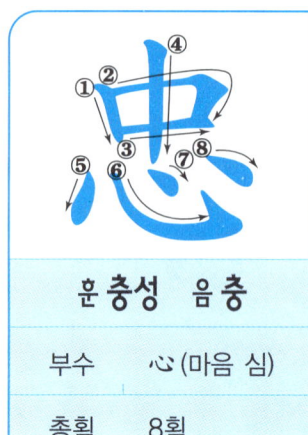

- 읽기: 다른 사람의 忠告를 잘 받아들여야 실패할 확률이 낮다.
- 쓰임: 忠實(충실) : 충직하고 성실함 忠告(충고) : 남의 잘못을 지적함
  忠孝(충효) : 충성과 효도 忠臣(충신) : 충성된 신하
- 비슷한 글자: 患(근심 환)

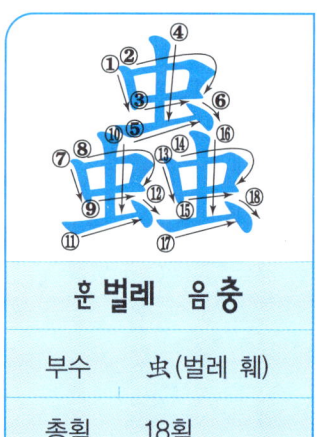

- 읽기: 치과에 가서 검사를 해보니 蟲齒가 두 개나 발견되었다.
- 쓰임: 蟲齒(충치) : 벌레 먹은 이 害蟲(해:충) : 해로운 벌레
  毒蟲(독충) : 독이 있는 벌레 成蟲(성충) : 다 성장한 벌레
- 약자: 虫

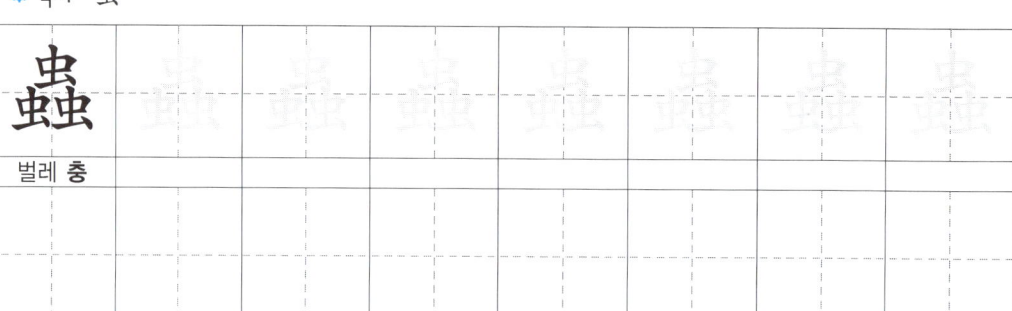

- 읽기: 7일 이내에 取消한 경우엔 수수료가 면제된다.
- 쓰임: 取得(취:득) : 자기의 소유로 함 取材(취:재) : 기삿거리를 얻음
  取消(취:소) : 효력을 소멸함 爭取(쟁취) : 빼앗아 가짐
- 유의어: 持(가질 지)

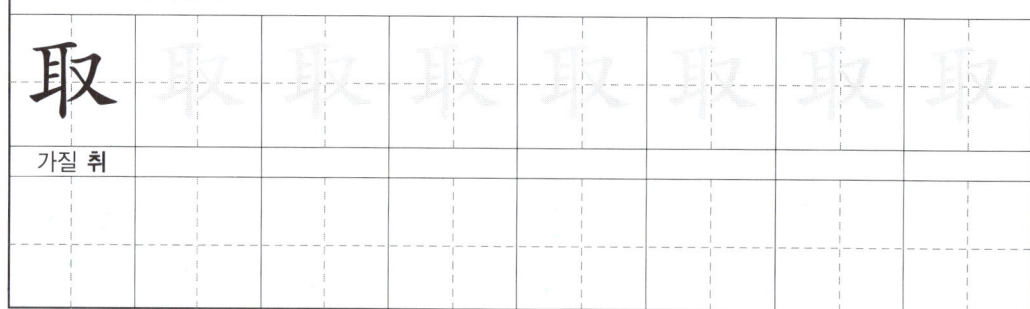

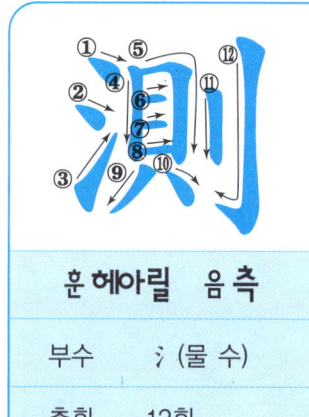

- 읽기: 온갖 推測이 난무하는 가운데 그의 행방은 끝내 알 수 없었다.
- 쓰임: 豫測(예:측) : 미리 짐작함 測定(측정) : 헤아려서 정함
  推測(추측) : 미루어 헤아림 觀測(관측) : 관찰하여 헤아림
- 유의어: 量(헤아릴 양)

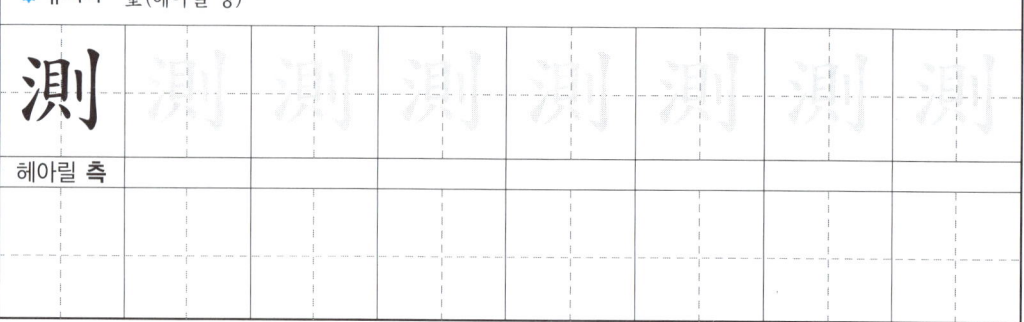

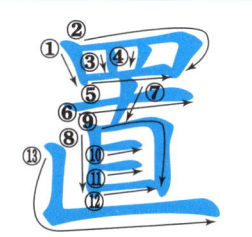

훈 둘 음 치

부수 罒(그물 망)

총획 13획

- 읽기 강아지를 삼일동안 放置해 두었더니 거의 굶어죽을 지경이었다.
- 쓰임 置重(치:중) : 어떤 일에 중점을 둠   放置(방:치) : 그대로 버려둠
  備置(비:치) : 갖추어 마련하여 둠   位置(위치) : 사물이 있는 자리
- 비슷한 글자 直(곧을 직)

置 | 둘 치

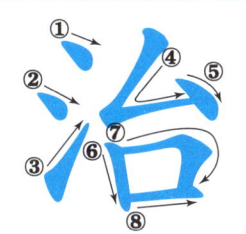

훈 다스릴 음 치

부수 氵(물 수)

총획 8획

- 읽기 병이 完治되기도 전에 그는 퇴원을 하였다.
- 쓰임 統治(통:치) : 전체를 다스림   完治(완치) : 병을 완전히 고침
  治安(치안) : 안전하게 지킴   治水(치수) : 물을 다스려 해를 막음
- 유의어 理(다스릴 리)

治 | 다스릴 치

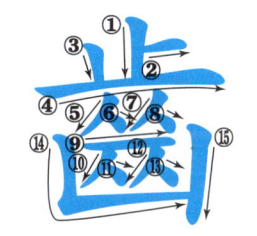

훈 이 음 치

부수 齒(이 치)

총획 15획

- 읽기 어제부터 齒痛이 심하여 무척 고생하였다.
- 쓰임 齒痛(치통) : 이가 쑤시거나 아픔   齒藥(치약) : 이를 닦는 데 쓰는 약
  義齒(의:치) : 보충해 만든 이   齒石(치석) : 치아 사이에 붙은 물질
- 약자 歯

齒 | 이 치

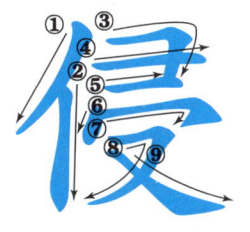

훈 침노할 음 침

부수 亻(사람 인)

총획 9획

- 읽기 우리 나라는 모든 侵略 전쟁을 부인한다.
- 쓰임 侵攻(침:공) : 침범하여 공격함   侵略(침:략) : 남의 나라를 빼앗음
  侵入(침:입) : 침범해 들어감   侵害(침:해) : 침범하여 손해를 끼침
- 유의어 擊(칠 격)

侵 | 침노할 침

훈 쾌할 음 쾌

부수 忄(마음 심)

총획 7획

- 읽기 그의 모습을 보니 한편 痛快하기도 했지만 측은한 마음도 들었다.
- 쓰임 快差(쾌차) : 병이 완전히 나음   快適(쾌적) : 몸과 마음이 썩 좋음
  痛快(통:쾌) : 아주 유쾌함   輕快(경쾌) : 가볍고 상쾌함
- 비슷한 글자 決(결단할 결)

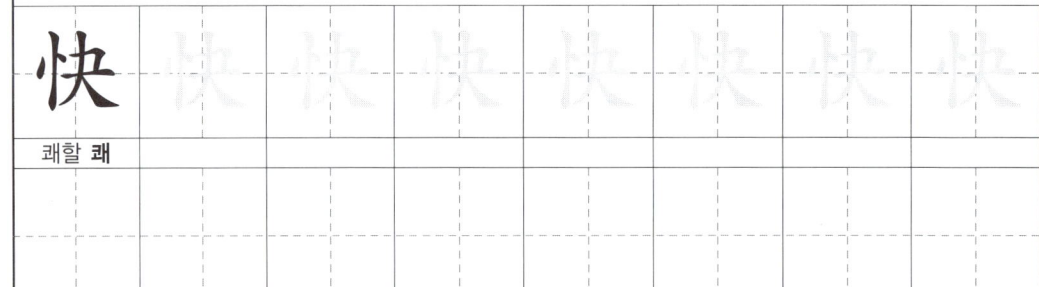

쾌할 쾌

훈 모습 음 태

부수 心(마음 심)

총획 14획

- 읽기 적의 動態를 살핀 결과 특이한 징후는 보이지 않았다.
- 쓰임 態度(태:도) : 몸가짐이나 맵시   動態(동태) : 움직이는 상태
  實態(실태) : 그대로의 상태   形態(형태) : 사물의 생김새
- 유의어 樣(모양 양)   비슷한 글자 能(능할 능)

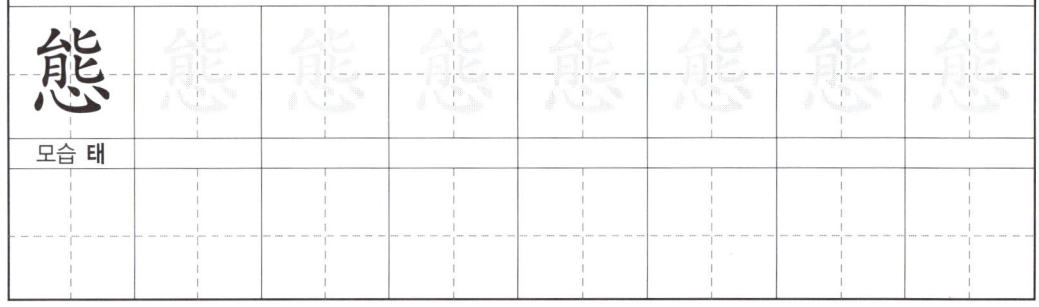

모습 태

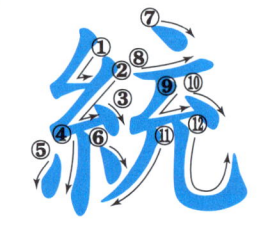

훈 거느릴 음 통

부수 糸(실 사)

총획 12획

- 읽기 남과 북의 統一의 길은 멀고 험하다.
- 쓰임 統合(통:합) : 통일하여 합침   血統(혈통) : 타고난 핏줄
  統一(통:일) : 하나로 합침   傳統(전통) : 전해 내려오는 것
- 유의어 領(거느릴 령)   비슷한 글자 銃(총 총)

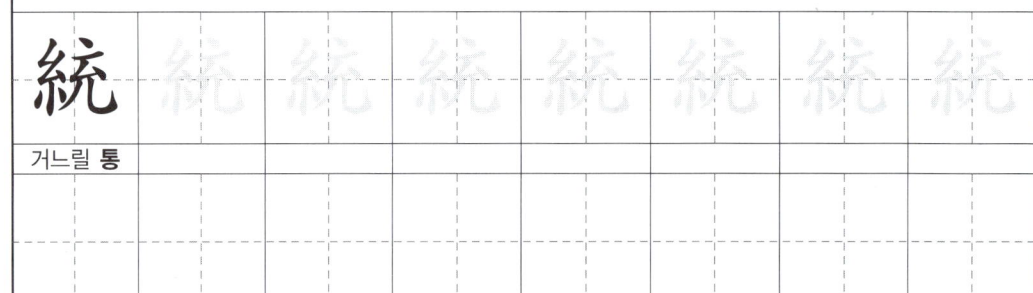

거느릴 통

훈 물러날 음 퇴

부수 辶(책받침)

총획 10획

- 읽기 그녀는 隱退를 번복하고 다시 복귀하였다.
- 쓰임 退場(퇴:장) : 무대에서 물러나옴   後退(후:퇴) : 뒤로 물러섬
  隱退(은퇴) : 현직에서 물러남   減退(감:퇴) : 기력이 쇠퇴함
- 반의어 進(나아갈 진)   유의어 去(갈 거)

물러날 퇴

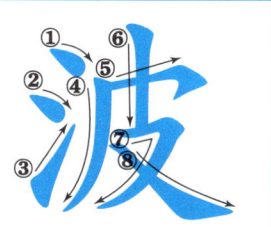

훈 물결　음 파

부수　氵(물 수)

총획　8획

- 읽기　올림픽의 경제적 波及 효과는 매우 크다.
- 쓰임　波動(파동) : 변동을 가져오는 움직임　　波及(파급) : 전하여 널리 퍼짐
　　　　餘波(여파) : 주위에 미치는 영향　　　風波(풍파) : 세찬 바람과 물결
- 비슷한 글자　派(갈래 파)

물결 파

훈 깨뜨릴　음 파

부수　石(돌 석)

총획　10획

- 읽기　주인의 속셈을 看破한 그는 서둘러 그 자리를 떴다.
- 쓰임　破損(파:손) : 깨어져 못쓰게 됨　　破産(파:산) : 가산을 모두 잃어버림
　　　　破格(파:격) : 격식을 깨뜨림　　　看破(간파) : 내용을 빨리 알아차림
- 비슷한 글자　波(물결 파)

깨뜨릴 파

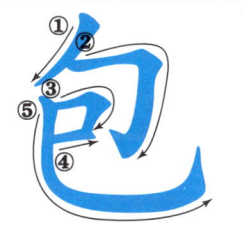

훈 쌀　음 포

부수　勹(쌀 포)

총획　5획

- 읽기　우체국에 小包를 붙이러 갔다.
- 쓰임　包裝(포장) : 물건을 싸서 꾸밈　　內包(내:포) : 속성이나 뜻을 포함함
　　　　包容(포용) : 남의 잘못을 감싸줌　　小包(소:포) : 조그마하게 싼 물건
- 비슷한 글자　句(글귀 구)

쌀 포

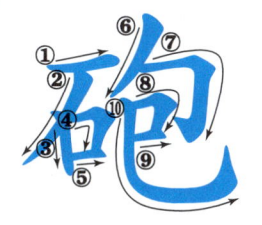

훈 대포　음 포

부수　石(돌 석)

총획　10획

- 읽기　움직이는 모든 물체에 대해 發砲하라는 명령이 내렸다.
- 쓰임　砲彈(포탄) : 대포알　　　　　　砲聲(포성) : 대포를 쏠 때 나는 소리
　　　　發砲(발포) : 총이나 대포를 쏨　　砲門(포문) : 대포에서 포탄이 나가는 문
- 비슷한 글자　胞(세포 포)

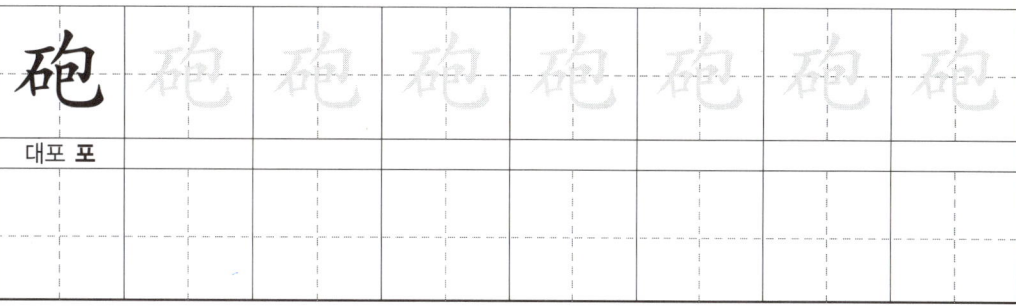

대포 포

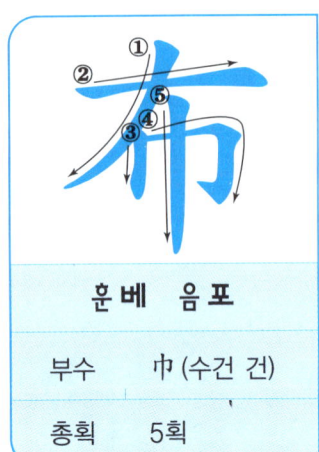

훈 베 음 포

부수   巾(수건 건)

총획   5획

- 읽기 유언비어를 流布하는 자에게는 벌금을 물린다고 하였다.
- 쓰임 分布(분포) : 흩어져 퍼져 있음   流布(유포) : 널리 퍼짐
         公布(공포) : 사람들에게 널리 알림   毛布(모포) : 담요
- 비슷한 글자 在(있을 재)

布
베 포

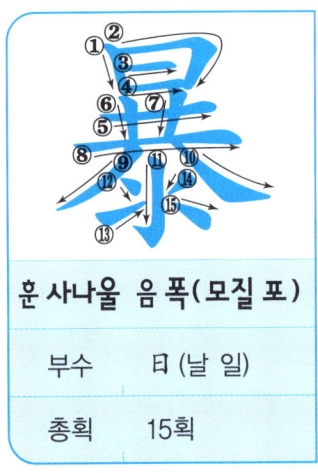

훈 사나울 음 폭(모질 포)

부수   日(날 일)

총획   15획

- 읽기 인도네시아에 暴動이 일어나 현재 경찰과 대치중이라고 한다.
- 쓰임 暴言(폭언) : 난폭하게 하는 말   暴發(폭발) : 갑작스럽게 터짐
         暴動(폭동) : 난폭한 집단 행동   暴利(폭리) : 한도가 넘는 과도한 이익
- 반의어 順(순할 순)   ✿ 비슷한 글자 爆(불터질 폭)

暴
사나울 폭

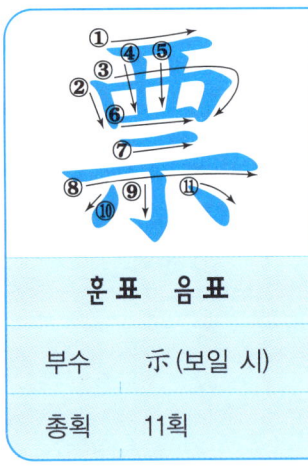

훈 표 음 표

부수   示(보일 시)

총획   11획

- 읽기 그 안건을 국회에서 票決로 처리하기로 하였다.
- 쓰임 開票(개표) : 투표함을 열고 조사함   郵票(우표) : 우편물에 부치는 증표
         票決(표결) : 투표로 가부를 결정함   手票(수표) : 유가 증권

票
표 표

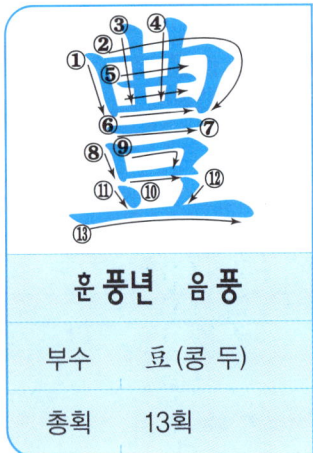

훈 풍년 음 풍

부수   豆(콩 두)

총획   13획

- 읽기 물질은 부족해도 마음은 豊足하다.
- 쓰임 豊年(풍년) : 농사가 잘된 해   豊盛(풍성) : 넉넉하고 많음
         豊富(풍부) : 물건이 넉넉함   豊足(풍족) : 부족함이 없음
- 반의어 凶(흉할 흉년) : 흉)

豊
풍년 풍

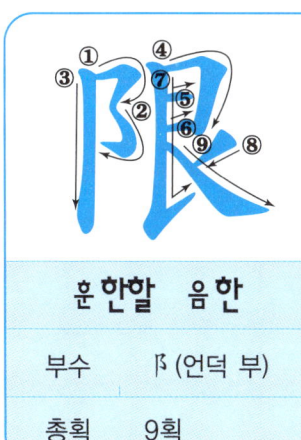

훈 한할 음 한

부수 阝(언덕 부)

총획 9획

- 읽기 정해진 期限 내에 처리하려고 노력중이다.
- 쓰임 限度(한:도) : 일정한 정도 期限(기한) : 미리 약속하여 놓은 때
  局限(국한) : 어느 범위에 한정함 無限大(무한대) : 한없이 큼
- 비슷한 글자 根(뿌리 근)

限 限 限 限 限 限 限
한할 한

훈 배 음 항

부수 舟(배 주)

총획 10획

- 읽기 이번 航海에는 크고 작은 사고가 많았다.
- 쓰임 航海(항:해) : 배를 타고 바다를 건넘 難航(난항) : 항해가 어려움
  航路(항:로) : 배가 다니는 길 出航(출항) : 배가 출발함
- 비슷한 글자 船(배 선)

航 航 航 航 航 航 航
배 항

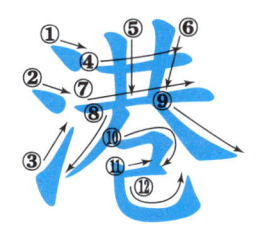

훈 항구 음 항

부수 氵(물 수)

총획 12획

- 읽기 신 空港은 영종도에 있다.
- 쓰임 港口(항:구) : 배가 정박하는 곳 開港(개항) : 항구를 개방함
  空港(공항) : 비행기가 이착륙하는 곳 軍港(군항) : 군사 시설이 있는 항구

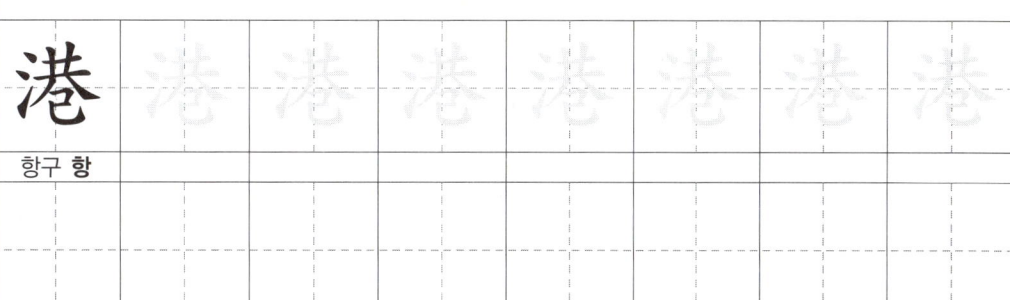

港 港 港 港 港 港 港
항구 항

훈 풀 음 해

부수 角(뿔 각)

총획 13획

- 읽기 解說을 보아도 그 문제를 잘 알 수 없었다.
- 쓰임 解明(해:명) : 잘 풀어 설명함 解決(해:결) : 어려운 문제를 풂
  和解(화해) : 다투던 일을 풂 解說(해:설) : 풀어서 설명함
- 반의어 結(맺을 결)

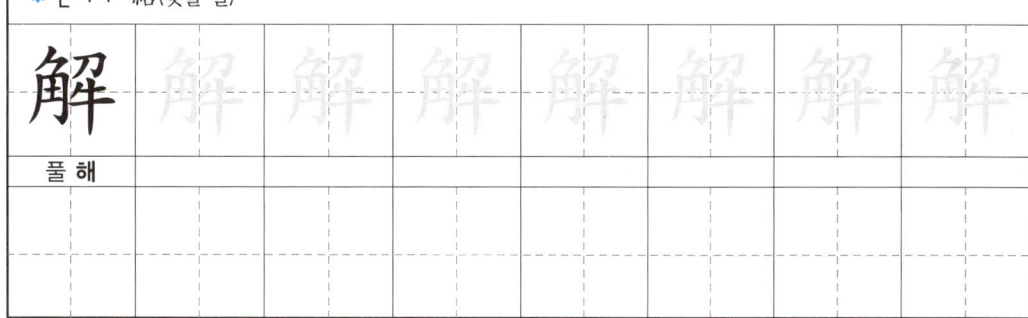

解 解 解 解 解 解 解
풀 해

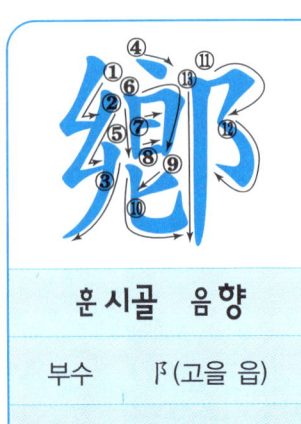

- 훈 시골 음 향
- 부수   ⻏(고을 읍)
- 총획   13획

- 읽기 3년 만에 故鄕에 돌아오니 아는 사람이 거의 없었다.
- 쓰임 故鄕(고향) : 나서 자란 곳   望鄕(망:향) : 고향을 생각함
       歸鄕(귀:향) : 고향으로 돌아감   鄕歌(향가) : 신라시대 가요
- 반의어 都(도읍 도), 市(저자 시)

鄕 시골 향

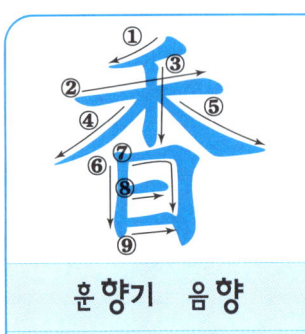

- 훈 향기 음 향
- 부수   香(향기 향)
- 총획   9획

- 읽기 香水를 엎질러 온 방안이 냄새로 가득 찼다.
- 쓰임 香氣(향기) : 좋은 냄새   香水(향수) : 향기가 나는 물
       梅香(매향) : 매화의 향기   香料(향료) : 향을 만드는 물질
- 비슷한 글자 春(봄 춘)

香 향기 향

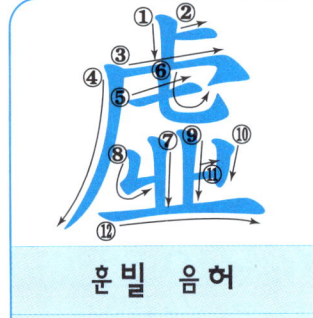

- 훈 빌 음 허
- 부수   虍(범호 엄)
- 총획   12획

- 읽기 사람들 앞에서 虛勢를 부리다가 망신을 당하였다.
- 쓰임 虛空(허공) : 텅 빈 공간   虛費(허비) : 헛되게 없앰
       虛勢(허세) : 거짓된 기세   虛榮(허영) : 실속 없는 영화
- 반의어 滿(찰 만), 實(열매 실)

虛 빌 허

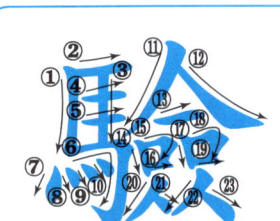

- 훈 시험 음 험
- 부수   馬(말 마)
- 총획   23획

- 읽기 버섯과 인삼을 써서 效驗을 보았다.
- 쓰임 受驗(수험) : 시험을 봄   實驗(실험) : 실제로 시험함
       效驗(효:험) : 일의 좋은 결과 經驗(경험) : 실제로 겪어봄
- 비슷한 글자 檢(검사할 검)

驗 시험 험

훈 어질 **음** 현
부수 貝(조개 패)
총획 15획

- 읽기: 옛 先賢들의 말씀을 깊이 새겨볼 필요가 있다.
- 쓰임: 賢明(현명) : 어질고 영리함　　先賢(선현) : 옛날의 어진 선비
  賢母(현모) : 어진 어머니　　賢人(현인) : 어진 사람
- 유의어: 良(어질 량)

賢 / 어질 현

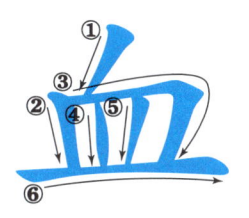

훈 피 **음** 혈
부수 血(피 혈)
총획 6획

- 읽기: 포도당은 血管을 통해 몸속으로 영양분을 전달한다.
- 쓰임: 血管(혈관) : 피가 흐르는 관　　止血(지혈) : 피가 나지 않게 함
  出血(출혈) : 피가 나옴　　血緣(혈연) : 피로 이어진 관계

血 / 피 혈

훈 화할 **음** 협
부수 十(열 십)
총획 8획

- 읽기: 모든 문제는 서로 協議해서 처리하기로 하였다.
- 쓰임: 協助(협조) : 힘을 모아 서로 도움　　協議(협의) : 서로 상의함
  協同(협동) : 서로 도와 일을 함　　協約(협약) : 함께 맺은 조약
- 반의어: 鬪(싸움 투)

協 / 화할 협

훈 은혜 **음** 혜
부수 心(마음 심)
총획 12획

- 읽기: 지난 1년간의 恩惠에 감사하는 편지를 썼다.
- 쓰임: 恩惠(은혜) : 베풀어 준 혜택　　天惠(천혜) : 하늘이 베푼 은혜
  互惠(호:혜) : 서로 혜택을 주고받음　　施惠(시:혜) : 은혜를 베풂
- 유의어: 恩(은혜 은)

惠 / 은혜 혜

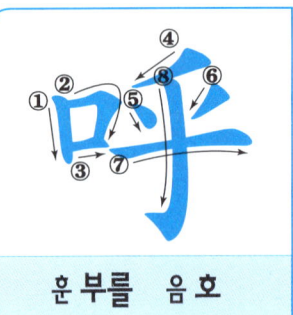

훈 부를	음 호
부수	口(입 구)
총획	8획

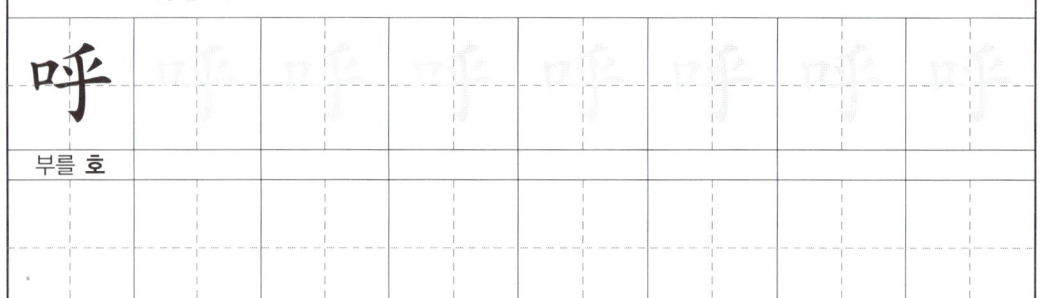

- 읽기 자기의 이름을 呼出할 때마다 큰 소리로 대답하였다.
- 쓰임 呼稱(호칭) : 부르는 이름   呼名(호명) : 이름을 부름
       呼出(호출) : 불러 냄   呼價(호가) : 가격을 부름
- 유의어 招(부를 초)

呼
부를 호

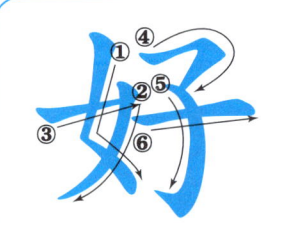

훈 좋을	음 호
부수	女(계집 녀)
총획	6획

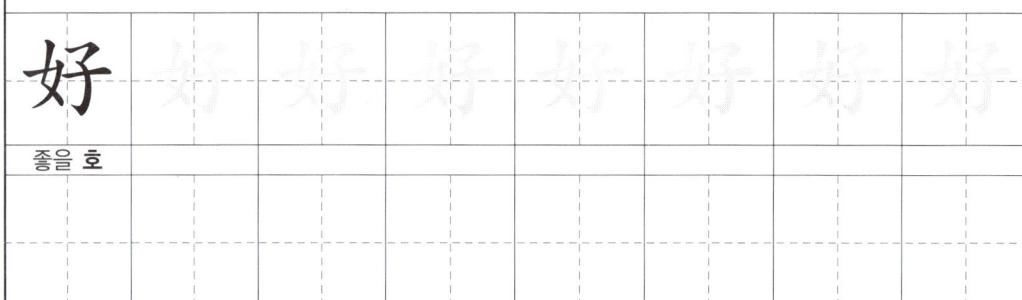

- 읽기 그의 얼굴은 별로 好感가는 형태가 아니다.
- 쓰임 好感(호:감) : 좋은 감정   友好(우:호) : 서로 사이가 좋음
       好況(호:황) : 상황이 좋음   好調(호:조) : 사물의 상태들이 좋음
- 반의어 惡(미워할 오)

好
좋을 호

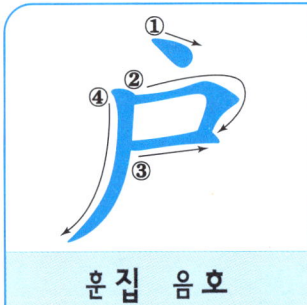

훈 집	음 호
부수	戶(집 호)
총획	4획

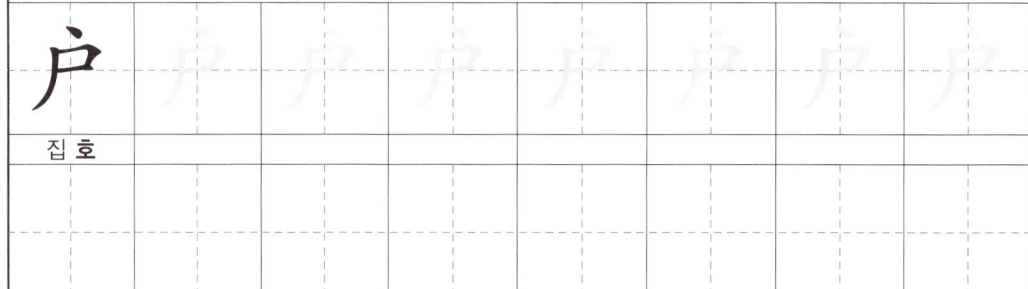

- 읽기 정기적으로 戶口 조사를 실시하여 관련 대책을 세워야 한다.
- 쓰임 戶主(호:주) : 집안의 주인   戶口(호:구) : 호수와 식구
       戶籍(호:적) : 가족관계를 기록한 장부   門戶(문호) : 집으로 드나드는 문
- 유의어 宅(집 택), 家(집 가)

戶
집 호

훈 도울	음 호
부수	言(말씀 언)
총획	21획

- 읽기 형의 保護를 받으며 나는 학교를 다녔다.
- 쓰임 護國(호:국) : 나라를 지킴   護衛(호:위) : 따라 다니며 보호함
       保護(보:호) : 돌보아 지킴   辯護士(변:호사) : 법적 절차를 도와주는 사람
- 유의어 助(도울 조)

護
도울 호

훈 재물 음 화

부수 貝(조개 패)

총획 11획

- ◎ 읽기 국내 경제가 어려워지자 外貨 보유량도 급속히 줄어들었다.
- ◎ 쓰임 通貨(통화) : 일반에 유통되는 화폐 外貨(외:화) : 다른 나라의 돈
  金貨(금화) : 금으로 만든 돈 寶貨(보:화) : 보물
- ◎ 유의어 財(재물 재) ◎ 비슷한 글자 資(재물 자)

貨 재물 화

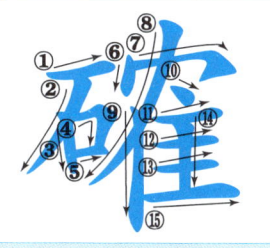

훈 굳을 음 확

부수 石(돌 석)

총획 15획

- ◎ 읽기 일에 대한 確信은 없었지만 피할 수도 없었다.
- ◎ 쓰임 確立(확립) : 굳게 세움 精確(정확) : 자세하고 확실함
  確信(확신) : 확실히 믿음 明確(명확) : 분명하고 확실함
- ◎ 유의어 堅(굳을 견)

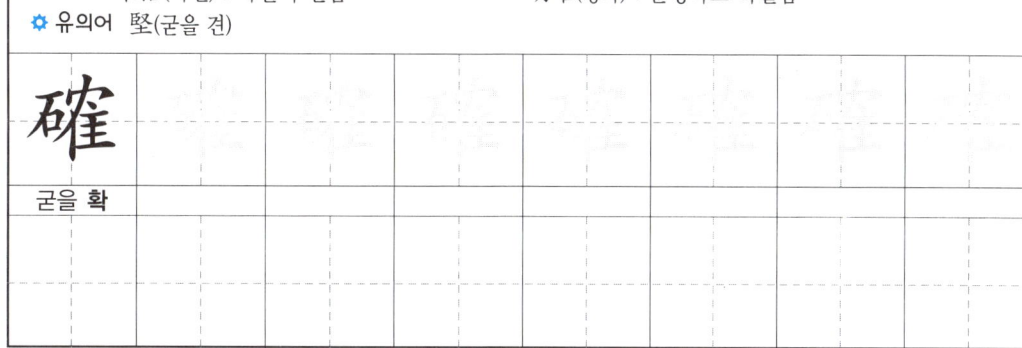

굳을 확

훈 돌아올 음 회

부수 口(큰입 구)

총획 6획

- ◎ 읽기 건강이 回復되기를 바랐지만 별로 가망이 없어 보였다.
- ◎ 쓰임 回信(회신) : 편지 등의 회답 回歸(회귀) : 원래 자리로 돌아옴
  回復(회복) : 이전 상태로 돌이킴 回覽(회람) : 여러 사람이 차례로 돌려봄
- ◎ 유의어 反(돌이킬 반) ◎ 비슷한 글자 固(굳을 고)

回 돌아올 회

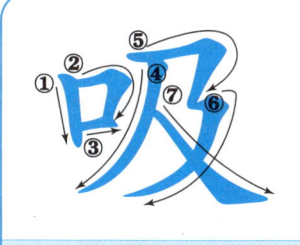

훈 마실 음 흡

부수 口(입 구)

총획 7획

- ◎ 읽기 呼吸과 맥박이 일정하지 않은 것을 보니 그는 흥분한 게 틀림없었다.
- ◎ 쓰임 吸收(흡수) : 빨아들임 吸入(흡입) : 빨아들여 넣음
  呼吸(호흡) : 숨쉬는 것 吸煙(흡연) : 담배를 핌
- ◎ 유의어 飮(마실 음)

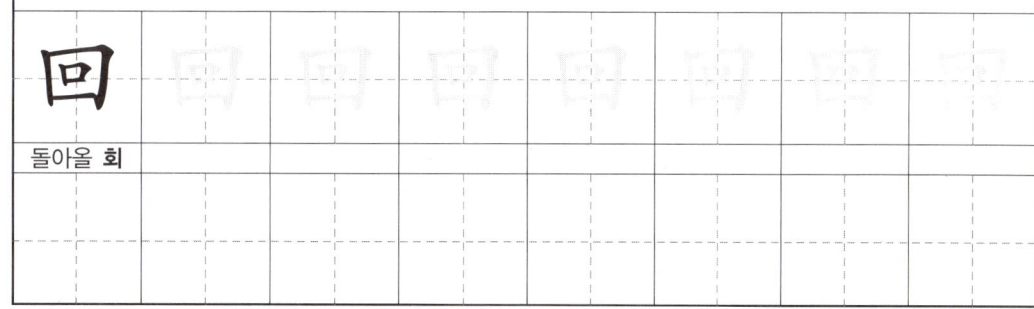

마실 흡

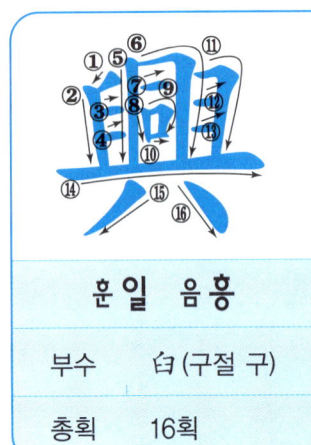

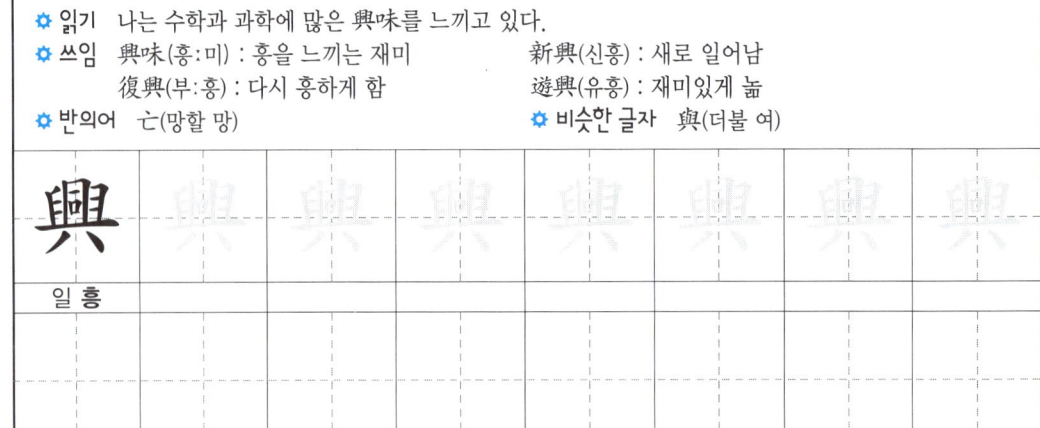

- 읽기　나는 수학과 과학에 많은 興味를 느끼고 있다.
- 쓰임　興味(흥:미) : 흥을 느끼는 재미　　新興(신흥) : 새로 일어남
　　　　復興(부:흥) : 다시 흥하게 함　　遊興(유흥) : 재미있게 놂
- 반의어　亡(망할 망)
- 비슷한 글자　與(더불 여)

훈 일　음 흥

부수	臼(구절 구)
총획	16획

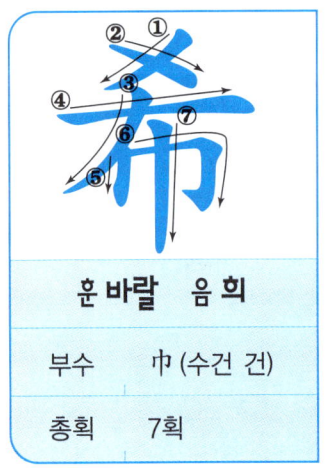

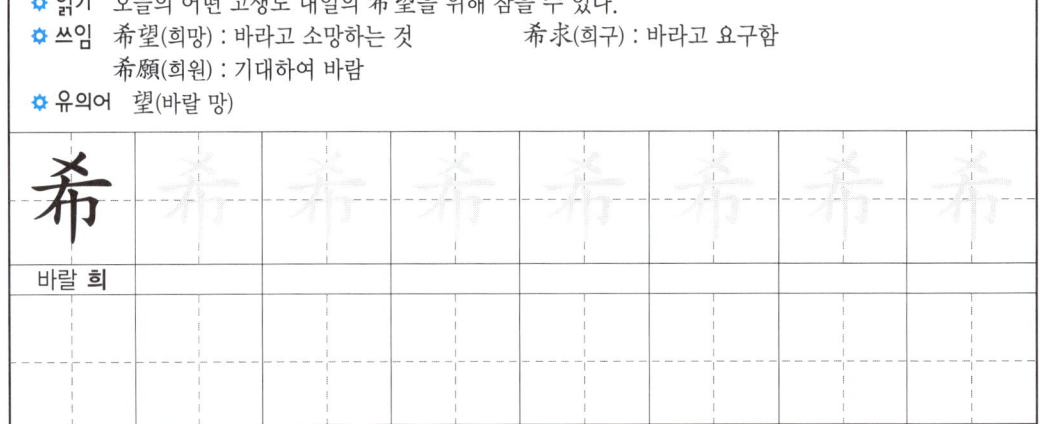

- 읽기　오늘의 어떤 고생도 내일의 希望을 위해 참을 수 있다.
- 쓰임　希望(희망) : 바라고 소망하는 것　　希求(희구) : 바라고 요구함
　　　　希願(희원) : 기대하여 바람
- 유의어　望(바랄 망)

훈 바랄　음 희

부수	巾(수건 건)
총획	7획

1 다음 한자의 음을 쓰시오.

(1) 總 (　　　　)　　(2) 處 (　　　　)

(3) 快 (　　　　)　　(4) 忠 (　　　　)

(5) 鄕 (　　　　)　　(6) 暴 (　　　　)

(7) 解 (　　　　)　　(8) 戶 (　　　　)

(9) 包 (　　　　)　　(10) 港 (　　　　)

(11) 態 (　　　　)　　(12) 齒 (　　　　)

(13) 砲 (　　　　)　　(14) 航 (　　　　)

2 다음 뜻에 알맞은 한자를 例에서 찾아 번호를 쓰시오.

例
① 創　② 血　③ 票　④ 波　⑤ 護　⑥ 虛
⑦ 測　⑧ 總　⑨ 退　⑩ 包　⑪ 築　⑫ 解

(1) 바다 (　　　　)　　(2) 물러나다 (　　　　)

(3) 돕다 (　　　　)　　(4) 헤아리다 (　　　　)

(5) 피 (　　　　)　　(6) 표 (　　　　)

(7) 쌓다 (　　　　)　　(8) 비롯하다 (　　　　)

(9) 물결 (　　　　)

3 다음 뜻과 음에 맞는 한자를 쓰시오.

(1) 모을 축 (　　　　)　　(2) 총 총 (　　　　)

(3) 향기 향 (　　　　)　　(4) 깨뜨릴 파 (　　　　)

(5) 재물 화 (　　　　)　　(6) 베 포 (　　　　)

제6강 - 확인평가

4 다음 한자어의 독음을 쓰시오.

(1) 回送 (　　　　　)　　(2) 強請 (　　　　　)

(3) 取材 (　　　　　)　　(4) 恩惠 (　　　　　)

(5) 局限 (　　　　　)　　(6) 豊年 (　　　　　)

(7) 配置 (　　　　　)　　(8) 確認 (　　　　　)

(9) 侵害 (　　　　　)　　(10) 統制 (　　　　　)

(11) 賢明 (　　　　　)

5 다음 뜻에 맞는 한자어를 例에서 찾아 쓰시오.

> 例
>
> 經驗　　配置　　好感　　政治　　備置　　共感　　害蟲

(1) 해가 되는 벌레 (　　　　　　)

(2) 좋은 감정 (　　　　　　)

(3) 갖추어 마련하여 둠. (　　　　　　)

(4) 나라를 다스리는 일 (　　　　　　)

(5) 실지로 보고 듣고 겪은 일 (　　　　　　)

6 다음 문장의 밑줄 친 단어를 한자로 쓰시오.

(1) 올챙이를 관찰한 결과 뒷다리가 먼저 나오는 것을 알 수 있었다.

(2) 줄다리기에서는 팀원들 간의 협동이 가장 중요하다.

(3) 그의 희망은 백두산에 올라보는 것이다.

(4) 환자의 호흡이 불안정하여 인공호흡을 실시하였다.

한 . 자 . 능 . 력 . 검 . 정

한자 배우기

4급

제 7강~12강

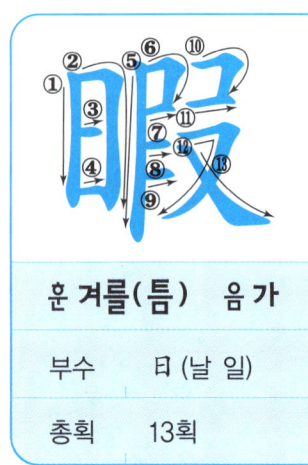

훈	겨를(틈)	음	가
부수	日(날 일)		
총획	13획		

- 읽기 이번 休暇 동안에는 외국에 나갈 계획이다.
- 쓰임 餘暇(여가) : 쉬는 틈　　休暇(휴가) : 일정 기간 쉼
   　　病暇(병:가) : 병 때문에 얻은 휴가　　閑暇(한가) : 바쁘지 않음
- 약자 昄
- 비슷한 글자 假(거짓 가)

暇
겨를 가

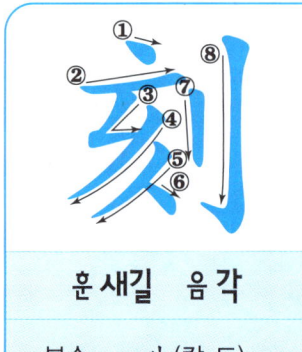

훈	새길	음	각
부수	刂(칼 도)		
총획	8획		

- 읽기 매일 같은 時刻에 알람이 울리도록 하였다.
- 쓰임 刻骨(각골) : 마음속에 깊이 새김　　刻印(각인) : 도장을 새김
   　　刻苦(각고) : 고생을 견디며 애씀　　時刻(시각) : 특정한 시점
- 비슷한 글자 核(씨 핵)

刻
새길 각

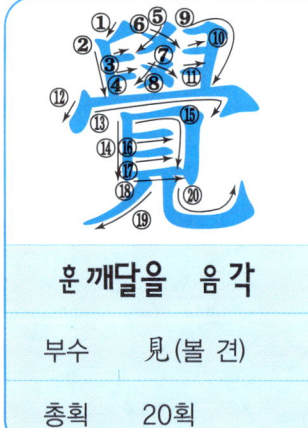

훈	깨달을	음	각
부수	見(볼 견)		
총획	20획		

- 읽기 사람이 느낄 수 있는 기본적인 味覺은 네 가지이다.
- 쓰임 視覺(시:각) : 눈을 통해 느끼는 감각　　感覺(감:각) : 자극에 반응하는 느낌
   　　味覺(미각) : 맛을 느끼는 감각　　發覺(발각) : 숨겼던 것이 드러남
- 약자 覚
- 유의어 警(깨우칠 경)

覺
깨달을 각

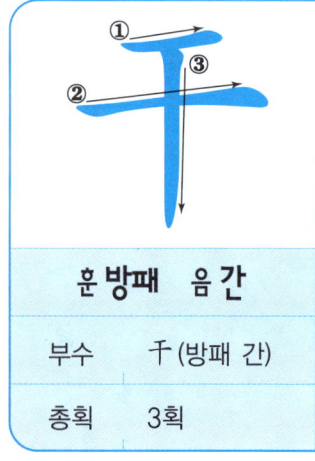

훈	방패	음	간
부수	干(방패 간)		
총획	3획		

- 읽기 두 사람 사이에 干與하여 원만하게 처리되도록 할 생각이다.
- 쓰임 干滿(간만) : 간조와 만조　　若干(약간) : 얼마 되지 않음
   　　干與(간여) : 간섭하여 참여함　　干潮(간조) : 바닷물이 빠져나감
- 비슷한 글자 千(일천 천), 牛(소 우)

干
방패 간

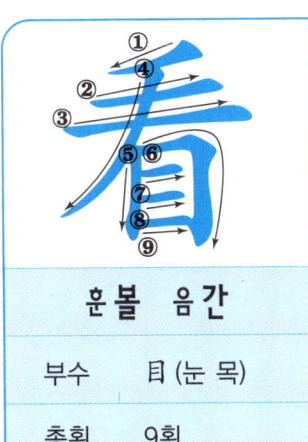

훈	볼	음	간
부수	目(눈 목)		
총획	9획		

- 읽기 그의 표정을 보니 속셈을 看破할 수 있을 것 같았다.
- 쓰임 看守(간수) : 교도관 　　看病(간병) : 환자를 돌봄
　　　　看過(간과) : 대충 보아 넘김 看破(간파) : 속내를 알아냄
- 유의어 見(볼 견), 視(볼 시)

볼 간

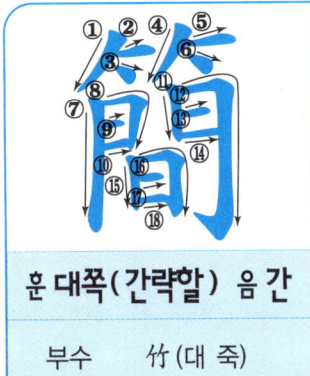

훈	대쪽(간략할)	음	간
부수	竹(대 죽)		
총획	18획		

- 읽기 사용법이 簡便하여 누구나 쉽게 이용할 수 있다.
- 쓰임 簡便(간편) : 간단하고 편리함 　簡易(간:이) : 간단하고 쉽게
　　　　書簡(서간) : 편지 　　　　　　簡潔(간결) : 간단하고 깔끔함
- 유의어 略(간략할 략)

대쪽 간

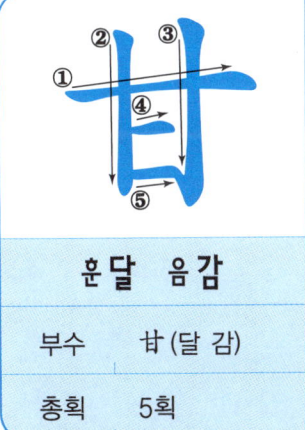

훈	달	음	감
부수	甘(달 감)		
총획	5획		

- 읽기 어떤 희생을 甘受하고서라도 반드시 그 목표를 달성해야 한다.
- 쓰임 甘受(감수) : 불만 없이 달게 받음 　甘草(감초) : 단 맛이 나는 풀
　　　　甘言(감언) : 듣기 좋게 꾸민 말 　甘酒(감주) : 단 맛이 나는 음료
- 반의어 苦(쓸 고)

달 감

훈	감히(구태여)	음	감
부수	攵(칠 복)		
총획	12획		

- 읽기 어려움이 있었지만 기습공격을 敢行하였다.
- 쓰임 果敢(과감) : 과단성이 있고 용감함 　勇敢(용감) : 씩씩하고 겁이 없음
　　　　敢行(감:행) : 결단성 있게 행함 　　敢鬪(감:투) : 용감하게 싸움
- 비슷한 글자 散(흩을 산)

감히 감

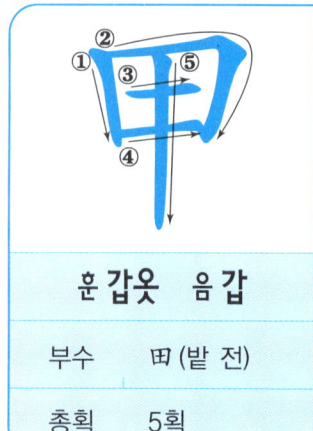

훈 갑옷 **음** 갑

부수	田(밭 전)
총획	5획

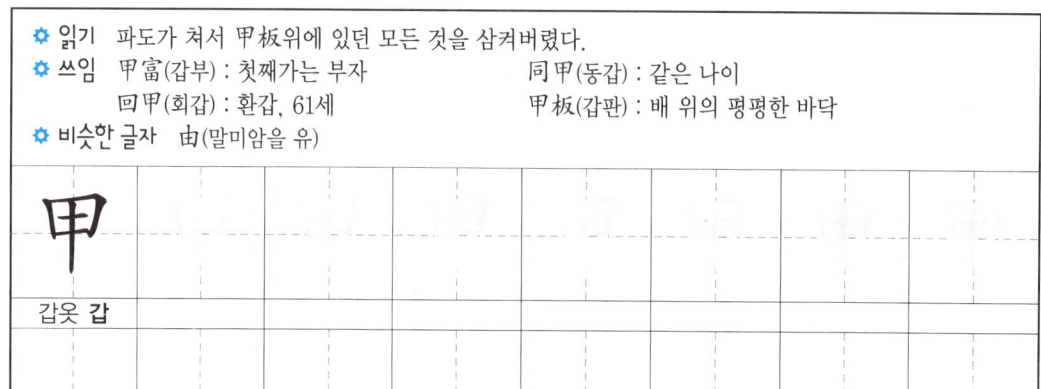

- 읽기　파도가 쳐서 甲板위에 있던 모든 것을 삼켜버렸다.
- 쓰임　甲富(갑부) : 첫째가는 부자　　　同甲(동갑) : 같은 나이
　　　　回甲(회갑) : 환갑, 61세　　　　甲板(갑판) : 배 위의 평평한 바닥
- 비슷한 글자　由(말미암을 유)

甲
갑옷 갑

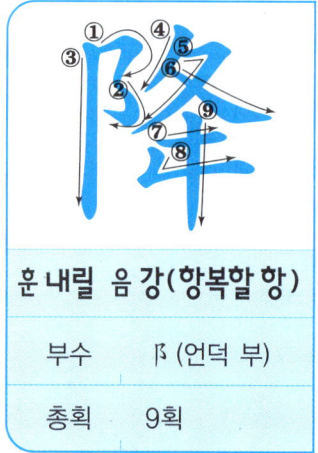

훈 내릴 **음** 강(항복할 항)

부수	阝(언덕 부)
총획	9획

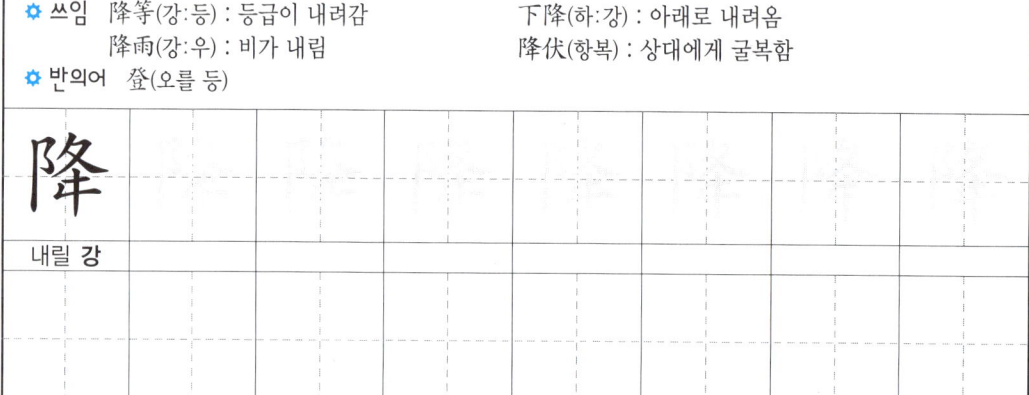

- 읽기　군법회의에서 그의 계급은 이등병으로 降等되는 것으로 결정되었다.
- 쓰임　降等(강:등) : 등급이 내려감　　下降(하:강) : 아래로 내려옴
　　　　降雨(강:우) : 비가 내림　　　　降伏(항복) : 상대에게 굴복함
- 반의어　登(오를 등)

降
내릴 강

훈 다시 **음** 갱(고칠 경)

부수	曰(가로 왈)
총획	7획

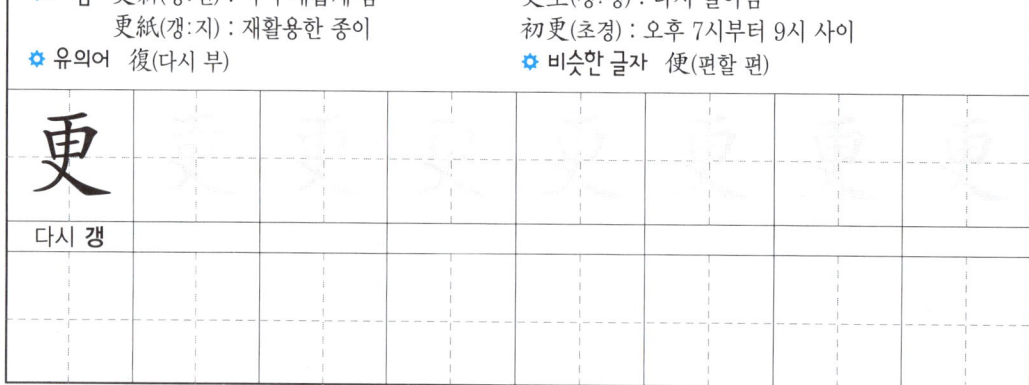

- 읽기　주민등록증을 更新하려면 동사무소로 가야 한다.
- 쓰임　更新(갱:신) : 다시 새롭게 함　　更生(갱:생) : 다시 살아남
　　　　更紙(갱:지) : 재활용한 종이　　初更(초경) : 오후 7시부터 9시 사이
- 유의어　復(다시 부)　　　　　　　　- 비슷한 글자　便(편할 편)

更
다시 갱

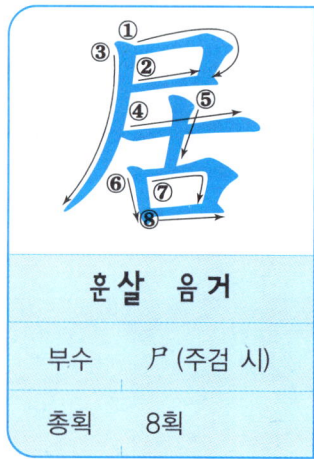

훈 살 **음** 거

부수	尸(주검 시)
총획	8획

- 읽기　온 가족이 居室에 모여 이야기를 나누었다.
- 쓰임　居室(거실) : 거처하는 방　　　同居(동거) : 한 집에서 같이 삶
　　　　居住(거주) : 한 곳에 머물러 삶　隱居(은거) : 세상을 피해 숨어 삶
- 유의어　住(살 주)　　　　　　　　- 비슷한 글자　屈(굽힐 굴)

居
살 거

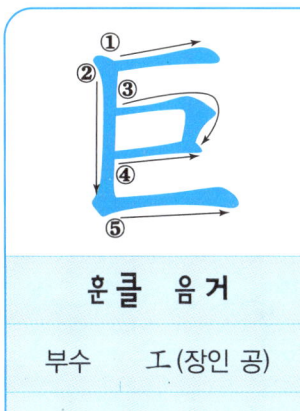

- 읽기 그는 정치계에서는 巨物이어서 함부로 할 수 없었다.
- 쓰임 巨金(거:금) : 거액의 돈   巨木(거:목) : 큰 나무
       巨人(거:인) : 몸이 아주 큰 사람   巨物(거:물) : 중요한 위치에 있는 사람
- 반의어 小(작을 소)
- 유의어 大(큰 대), 偉(클 위)

훈 클 음 거

부수 工(장인 공)
총획 5획

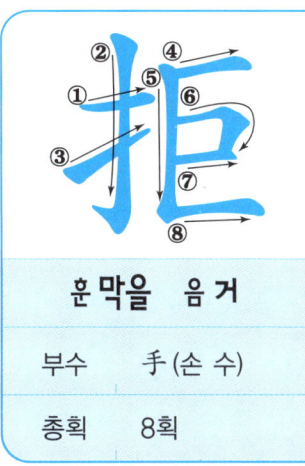

- 읽기 그 제의를 拒否하는 것은 곧 전쟁을 의미하는 것이다.
- 쓰임 拒絶(거:절) : 응낙하지 않음   拒否(거:부) : 거절하여 물리침
       抗拒(항:거) : 맞서서 겨룸   拒逆(거:역) : 항거하여 거스름
- 유의어 障(막을 장), 防(막을 방)

훈 막을 음 거

부수 手(손 수)
총획 8획

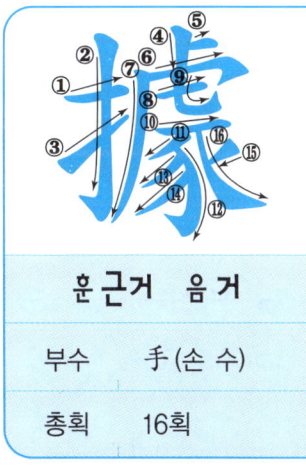

- 읽기 시청 앞에는 농민들이 거리를 占據하고 농성중이다.
- 쓰임 根據(근거) : 사물의 토대   占據(점거) : 자리를 차지하여 잡음
       證據(증거) : 증명할 수 있는 근거 據點(거점) : 활동의 근거가 되는 지점
- 약자 拠
- 비슷한 글자 劇(심할 극)

훈 근거 음 거

부수 手(손 수)
총획 16획

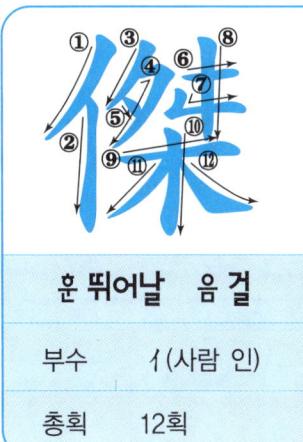

- 읽기 무술 실력이 傑出하여 한 번에 합격하였다.
- 쓰임 傑作(걸작) : 썩 훌륭한 작품   傑出(걸출) : 남보다 훨씬 뛰어남
       人傑(인걸) : 뛰어난 인재   女傑(여걸) : 여장부
- 약자 杰
- 유의어 秀(빼어날 수)

훈 뛰어날 음 걸

부수 亻(사람 인)
총획 12획

- 훈 검소할 음 검
- 부수 亻(사람 인)
- 총획 15획

✿ 읽기 어머니는 평소 생활이 매우 儉素하셨다.
✿ 쓰임 儉素(검:소) : 사치하지 않고 수수함 勤儉(근:검) : 부지런하고 알뜰함
　　　 儉約(검:약) : 낭비하지 않고 아낌
✿ 약자 倹 ✿ 비슷한 글자 檢(검사할 검)

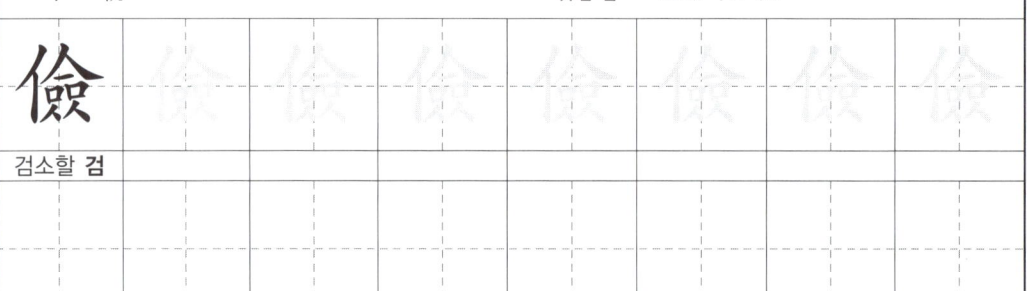

검소할 검

- 훈 격할 음 격
- 부수 氵(물 수)
- 총획 16획

✿ 읽기 지난 해 매출이 激減하여 올해에는 긴축 재정이 필요하다.
✿ 쓰임 激憤(격분) : 몹시 분개함 過激(과격) : 지나치게 격렬함
　　　 激減(격감) : 급격히 줆 激流(격류) : 사납고 빠르게 흐르는 물
✿ 반의어 順(순할 순)

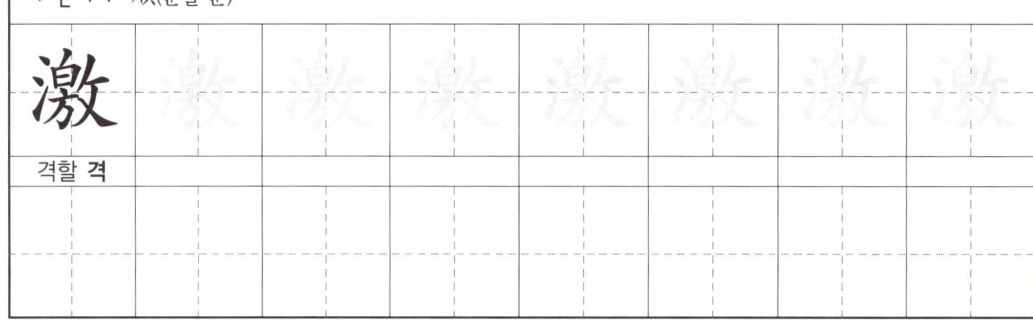

격할 격

- 훈 칠 음 격
- 부수 手(손 수)
- 총획 17획

✿ 읽기 장군께서는 오늘 중으로 왜적을 擊退하기를 명령하였다.
✿ 쓰임 出擊(출격) : 적을 공격하러 출동함 擊退(격퇴) : 적을 쳐서 물리침
　　　 攻擊(공:격) : 적을 침 射擊(사격) : 총이나 대포를 쏨
✿ 반의어 守(지킬 수) ✿ 유의어 打(칠 타)

칠 격

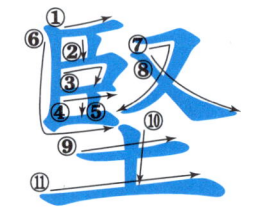

- 훈 굳을 음 견
- 부수 土(흙 토)
- 총획 11획

✿ 읽기 성곽이 매우 堅固하여 쉽게 무너뜨릴 수 없었다.
✿ 쓰임 堅固(견고) : 매우 튼튼함 堅果(견과) : 밤, 호도 등 굳은 열매
　　　 中堅(중견) : 단체의 중심이 되는 사람 堅實(견실) : 튼튼하고 충실함
✿ 약자 坚 ✿ 유의어 固(굳을 고)

굳을 견

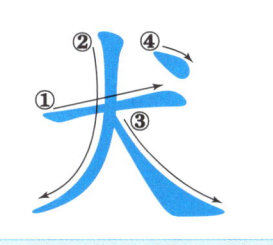

훈 개 **음** 견

부수 犬(개 견)

총획 4획

- 읽기 한 눈에 보기에도 名犬임을 알 수 있었다.
- 쓰임 愛犬(애:견) : 개를 사랑함　　　名犬(명견) : 혈통이 좋은 개
  　　　犬馬(견마) : 개와 말　　　　　鬪犬(투견) : 개끼리 싸움을 붙임
- 비슷한 글자 太(클 태)

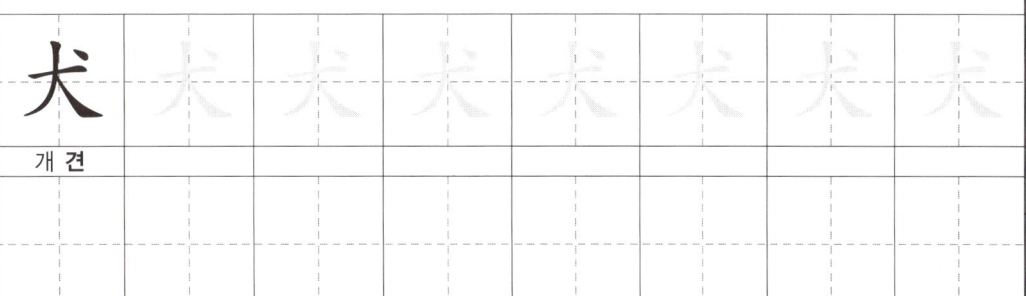

개 견

훈 기울 **음** 경

부수 亻(사람 인)

총획 13획

- 읽기 서울의 傾度는 약 127도이다.
- 쓰임 傾聽(경청) : 주의하여 들음　　　左傾(좌:경) : 왼쪽으로 기울음
  　　　傾向(경향) : 한쪽으로 기울어지는 기세　　傾度(경도) : 기울어진 정도
- 반의어 正(바를 정)

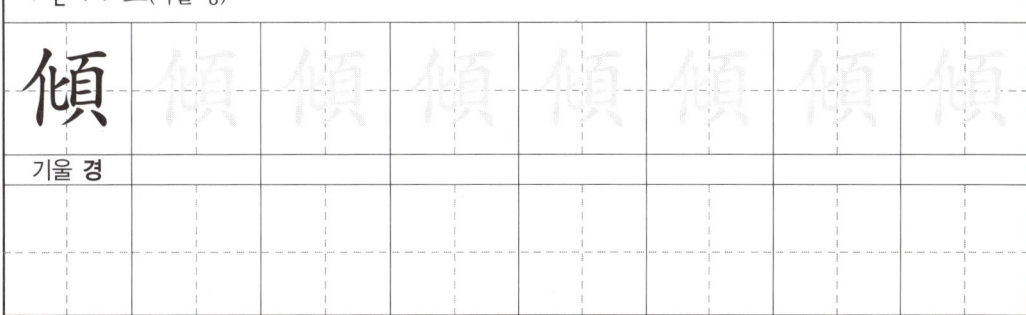

기울 경

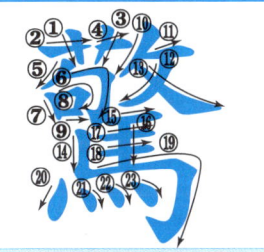

훈 놀랄 **음** 경

부수 馬(말 마)

총획 23획

- 읽기 동물의 세계는 알면 알수록 驚異롭다.
- 쓰임 驚歎(경탄) : 몹시 감탄함　　　驚異(경이) : 놀랍도록 이상함
  　　　大驚(대:경) : 크게 놀람
- 비슷한 글자 警(깨우칠 경)

놀랄 경

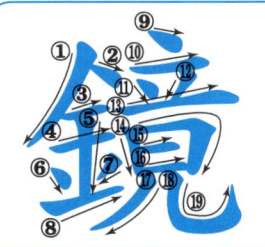

훈 거울 **음** 경

부수 金(쇠 금)

총획 19획

- 읽기 벌써 돋보기 眼鏡을 써야 하다니 마음이 울적하였다.
- 쓰임 明鏡(명경) : 아주 맑은 거울　　　眼鏡(안:경) : 시력 보정을 위해 쓰는 것
  　　　水鏡(수경) : 물 속에서 쓰는 안경　　破鏡(파:경) : 부부가 헤어짐
- 비슷한 글자 境(지경 경)

거울 경

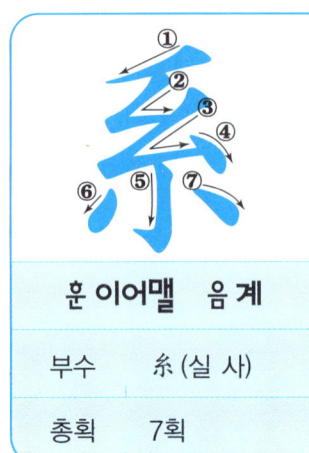

훈 이어맬 음 계

부수　糸(실 사)

총획　7획

- 읽기　우리 집의 直系 가족은 모두 6명이다.
- 쓰임　家系(가계) : 한 집안의 계통　　　直系(직계) : 혈연관계로 이어진 계통
　　　　父系(부계) : 아버지 쪽의 계통　　體系(체계) : 계통을 따라 통일한 조직
- 유의어　係(맬 계)　　　　　　　　　　비슷한 글자　糸(실 사)

系
이어맬 계

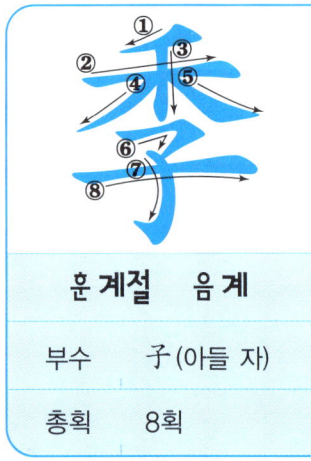

훈 계절 음 계

부수　子(아들 자)

총획　8획

- 읽기　비발디의 四季 중 나는 가을을 가장 좋아한다.
- 쓰임　四季(사:계) : 봄, 여름, 가을, 겨울　季節(계:절) : 일년을 4계절로 나눈 한 철
　　　　春季(춘계) : 봄철　　　　　　　　冬季(동:계) : 겨울철
- 비슷한 글자　李(오얏 리), 秀(빼어날 수)

季
계절 계

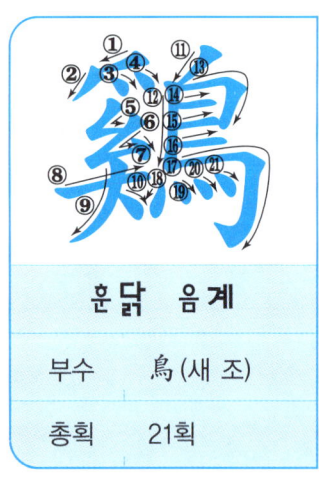

훈 닭 음 계

부수　鳥(새 조)

총획　21획

- 읽기　삶은 鷄卵을 볼 때마다 어머니가 생각난다.
- 쓰임　鷄卵(계란) : 닭의 알, 달걀　　　養鷄(양:계) : 닭을 기름
　　　　鷄鳴(계명) : 닭이 우는 소리　　鷄林(계림) : 신라의 옛 이름
- 약자　鶏

鷄
닭 계

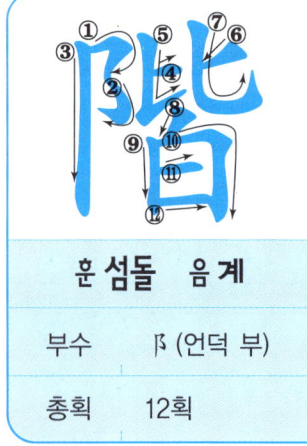

훈 섬돌 음 계

부수　阝(언덕 부)

총획　12획

- 읽기　일을 시작하는 段階에서부터 차질이 생겼다.
- 쓰임　階層(계층) : 사회를 형성하는 여러 층　　階級(계급) : 지위의 등급
　　　　段階(단계) : 일의 순서　　　　　　　　音階(음계) : 음정의 순서
- 유의어　段(층계 단), 層(층 층)

階
섬돌 계

훈 경계할 **음** 계

부수: 戈(창 과)
총획: 7획

- 읽기: 아버지의 訓戒를 잘 따라야 한다.
- 쓰임: 訓戒(훈:계) : 타일러서 경계함
  警戒(경:계) : 미리 조심함
  戒律(계:율) : 중이 지켜야 할 법
- 비슷한 글자: 成(이룰 성)

戒 경계할 계

훈 이을 **음** 계

부수: 糸(실 사)
총획: 20획

- 읽기: 400m 繼走에서 우리는 대회 신기록을 세웠다.
- 쓰임: 繼續(계:속) : 끊이지 않고 이어감
  繼承(계:승) : 전임자를 이어 받음
  繼走(계:주) : 이어 달리기
  繼母(계:모) : 의붓어머니
- 약자: 継
- 반의어: 切(끊을 절), 斷(끊을 단)

繼 이을 계

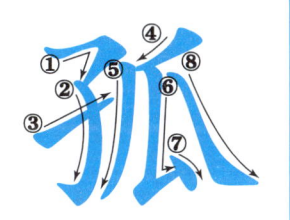

훈 외로울 **음** 고

부수: 子(아들 자)
총획: 8획

- 읽기: 孤兒로 자랐지만 원장님 덕분에 가족의 사랑을 알 수 있었다.
- 쓰임: 孤兒(고아) : 부모가 없는 아이
  孤立(고립) : 홀로 차단됨
  孤獨(고독) : 외로움
  孤島(고도) : 외딴 섬
- 유의어: 獨(홀로 독)

孤 외로울 고

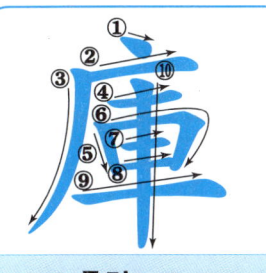

훈 곳집 **음** 고

부수: 广(엄호)
총획: 10획

- 읽기: 어제 주문한 물건은 모두 出庫하였다.
- 쓰임: 在庫(재:고) : 물건이 있음
  國庫(국고) : 나라의 창고
  出庫(출고) : 물건을 꺼냄
  金庫(금고) : 귀중품을 보관하는 곳
- 유의어: 堂(집 당), 宮(집 궁)
- 비슷한 글자: 康(편안 강)

庫 곳집 고

훈 곡식 음 곡
부수 禾(벼 화)
총획 15획

- 읽기 쌀밥만 먹는 것보다는 雜穀밥을 먹는 것이 좋다.
- 쓰임 穀類(곡류) : 쌀, 보리 등의 곡식   秋穀(추곡) : 가을에 수확한 곡식
  雜穀(잡곡) : 여러 가지 곡식   米穀(미곡) : 쌀 등의 곡식
- 유의어 糧(양식 량)

穀
곡식 곡

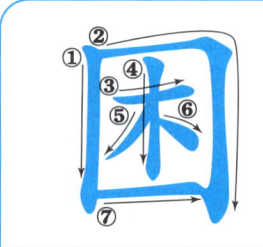

훈 곤할 음 곤
부수 口(큰입구)
총획 7획

- 읽기 너무 疲困하여 일어날 수가 없었다.
- 쓰임 困境(곤:경) : 어려운 경우나 처지   貧困(빈곤) : 가난하여 궁색함
  疲困(피곤) : 지쳐서 고단함   春困(춘곤) : 봄에 느끼는 나른함
- 반의어 富(부자 부)   - 유의어 疲(피곤할 피)

곤할 곤

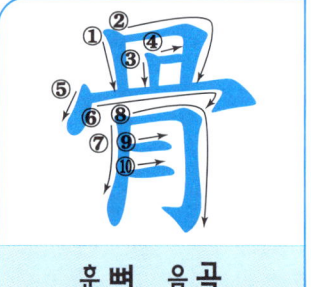

훈 뼈 음 골
부수 骨(뼈 골)
총획 10획

- 읽기 철사로 骨格을 만들고 찰흙을 붙여나갔다.
- 쓰임 骨格(골격) : 뼈대   骨折(골절) : 뼈가 부러짐
  遺骨(유골) : 화장하고 남은 뼈   頭骨(두골) : 머리뼈
- 반의어 肉(고기 육)

뼈 골

훈 구멍 음 공
부수 子(아들 자)
총획 4획

- 읽기 지렁이는 표피의 氣孔을 통하여 숨을 쉰다.
- 쓰임 氣孔(기공) : 몸에 있는 숨구멍   孔子(공자) : 중국 고대 사상가
  眼孔(안:공) : 눈구멍   毛孔(모공) : 털구멍
- 비슷한 글자 乳(젖 유)

구멍 공

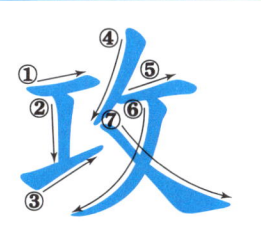

훈 칠 음 공	
부수	攴(칠 복)
총획	7획

- 읽기 후반전에는 양 팀의 攻防이 매우 격렬하였다.
- 쓰임 攻擊(공:격) : 적을 쳐서 가격함   速攻(속공) : 재빠르게 공격함
    專攻(전공) : 전문적으로 연구함   攻防(공:방) : 공격하고 막음
- 반의어 守(지킬 수), 防(막을 방)

칠 공

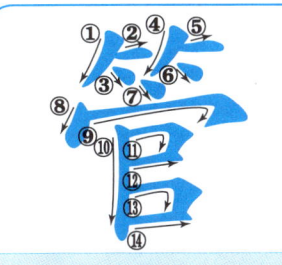

훈 대롱(주관할) 음 관	
부수	竹(대 죽)
총획	14획

- 읽기 保管된 물건 중에는 내가 잃어버린 것은 없었다.
- 쓰임 保管(보:관) : 물건을 보호하며 간직함   管理(관리) : 일을 맡아 처리함
    主管(주관) : 주장하여 관리함   血管(혈관) : 혈액이 통과하는 관
- 비슷한 글자 官(벼슬 관)

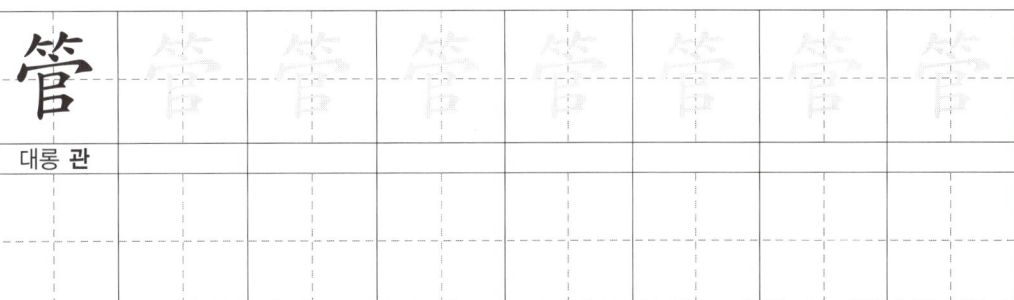

대롱 관

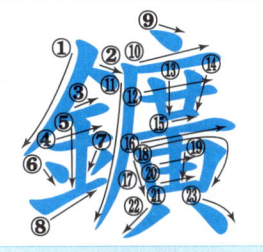

훈 쇳돌 음 광	
부수	金(쇠 금)
총획	23획

- 읽기 鑛業에 종사하는 사람의 비율이 많이 줄었다.
- 쓰임 鑛山(광:산) : 광물을 캐내는 산   鑛業(광:업) : 광물을 캐내는 업
    金鑛(금광) : 금을 캐내는 광산   採鑛(채:광) : 광석을 캐냄
- 약자 鉱

쇳돌 광

훈 얽을 음 구	
부수	木(나무 목)
총획	14획

- 읽기 이야기의 構成이 탄탄하여 관객이 많이 들었다.
- 쓰임 構想(구상) : 생각을 얽어 놓음   構造(구조) : 꾸미어 만듦
    虛構(허구) : 사실이 아닌 것을 꾸며냄   構成(구성) : 얽어 만듦
- 비슷한 글자 講(욀 강)

얽을 구

제 7 강 확인평가

1 다음 한자의 음을 쓰시오.

(1) 鑛 (　　　)　　(2) 覺 (　　　)

(3) 系 (　　　)　　(4) 居 (　　　)

(5) 更 (　　　)　　(6) 傑 (　　　)

(7) 傾 (　　　)　　(8) 巨 (　　　)

(9) 孤 (　　　)　　(10) 堅 (　　　)

(11) 構 (　　　)　　(12) 季 (　　　)

2 다음 뜻에 알맞은 한자를 例에서 찾아 번호를 쓰시오.

例
① 庫　② 敢　③ 驚　④ 鷄　⑤ 午　⑥ 儉
⑦ 干　⑧ 車　⑨ 管　⑩ 檢　⑪ 答　⑫ 甲

(1) 닭 (　　　)　　(2) 검소하다 (　　　)

(3) 방패 (　　　)　　(4) 감히 (　　　)

(5) 갑옷 (　　　)　　(6) 대롱 (　　　)

(7) 곳집 (　　　)　　(8) 놀라다 (　　　)

3 다음 뜻과 음에 맞는 한자를 쓰시오.

(1) 구멍 공 (　　　)　　(2) 볼 간 (　　　)

(3) 막을 거 (　　　)　　(4) 뼈 골 (　　　)

(5) 거울 경 (　　　)　　(6) 새길 각 (　　　)

4 다음 한자어의 독음을 쓰시오.

(1) 貧困 (　　　　)　　(2) 音階 (　　　　)

(3) 簡潔 (　　　　)　　(4) 攻擊 (　　　　)

(5) 根據 (　　　　)　　(6) 休暇 (　　　　)

(7) 激怒 (　　　　)　　(8) 警戒 (　　　　)

(9) 愛犬 (　　　　)　　(10) 降雨量 (　　　　)

5 다음 뜻에 맞는 한자어를 例에서 찾아 쓰시오.

> 例　　構造　　改良　　自覺　　更生　　堅固　　根幹

(1) 스스로 깨달음 (　　　　)

(2) 굳고 튼튼함 (　　　　)

(3) 다시 살아남 (　　　　)

(4) 사물의 부분들이 결합하여 전체를 이루고 있는 짜임새 (　　　　)

6 다음 문장의 밑줄 친 단어를 한자로 쓰시오.

(1) 봄, 여름, 가을, 겨울 중 어느 계절을 가장 좋아하세요?

(2) 정월대보름이 되면 오곡밥을 해 먹는다.

(3) 우리의 전통 문화를 계승해야 한다.

(4) 약방의 감초.

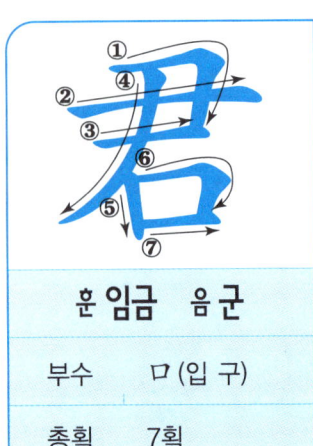

훈 임금 **음** 군

부수 口(입 구)

총획 7획

- ✿ 읽기 세종대왕은 우리 나라 최고의 聖君으로 손꼽힌다.
- ✿ 쓰임 君子(군자) : 학식과 덕이 뛰어난 사람   聖君(성:군) : 어진 임금
  君臣(군신) : 임금과 신하   暴君(폭군) : 포악한 임금
- ✿ 반의어 臣(신하 신), 民(백성 민)
- ✿ 유의어 王(임금 왕), 帝(임금 제)

임금 군

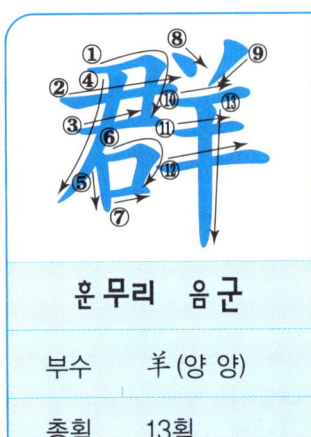

훈 무리 **음** 군

부수 羊(양 양)

총획 13획

- ✿ 읽기 겨울에는 철새들이 群落을 이루어 사는 곳이다.
- ✿ 쓰임 群衆(군중) : 수많은 사람들   魚群(어:군) : 물고기 떼
  群落(군락) : 모여 생활하는 부락   群舞(군무) : 무리지어 추는 춤
- ✿ 반의어 獨(홀로 독)
- ✿ 비슷한 글자 郡(고을 군)

무리 군

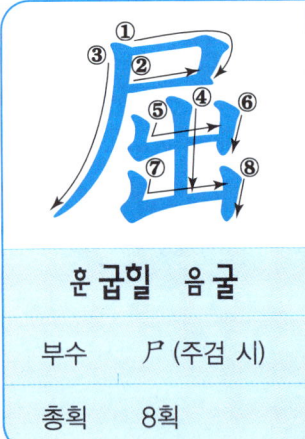

훈 굽힐 **음** 굴

부수 尸(주검 시)

총획 8획

- ✿ 읽기 내 사전에 屈服이란 있을 수 없다.
- ✿ 쓰임 屈服(굴복) : 굽히어 복종함   屈曲(굴곡) : 꺾이고 굽음
  屈折(굴절) : 휘어서 꺾임   不屈(불굴) : 굽히지 않음
- ✿ 반의어 直(곧을 직)
- ✿ 유의어 曲(굽을 곡)

굽힐 굴

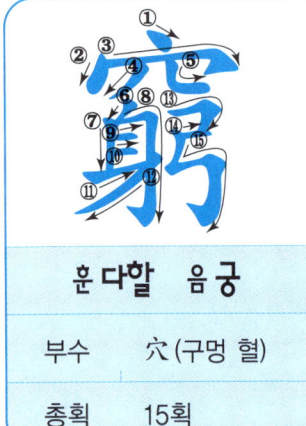

훈 다할 **음** 궁

부수 穴(구멍 혈)

총획 15획

- ✿ 읽기 경제적으로 窮地에 몰렸지만 내색을 하지 않았다.
- ✿ 쓰임 窮理(궁리) : 깊이 연구함   窮地(궁지) : 어려운 일을 당한 처지
  窮色(궁색) : 곤궁한 모습   窮極(궁극) : 극도에 달함
- ✿ 반의어 富(부자 부)
- ✿ 유의어 貧(가난할 빈)

다할 궁

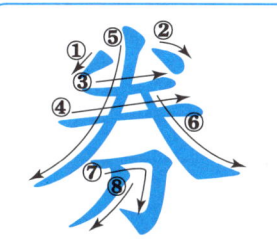

훈 문서 음 권
부수 刀(칼 도)
총획 8획

- ❄ 읽기 1시간 넘게 줄을 섰으나 이미 入場券은 매진이 되었다고 한다.
- ❄ 쓰임 旅券(여권) : 여행자의 국적을 증명하는 표   食券(식권) : 음식과 교환하는 표
  入場券(입장권) : 입장하기 위해 사는 표
- ❄ 유의어 籍(문서 적)

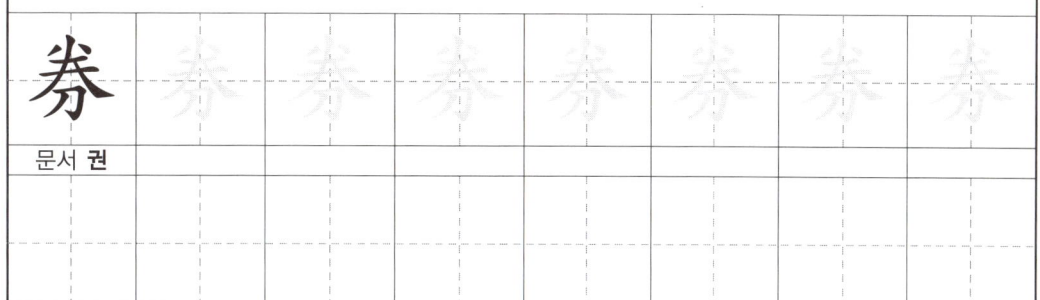

문서 권

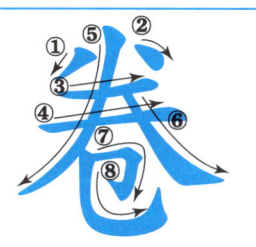

훈 책 음 권
부수 㔾(병부 절)
총획 8획

- ❄ 읽기 이번 시즌의 상은 모두 席卷하였다.
- ❄ 쓰임 卷頭(권두) : 책의 앞머리   卷數(권수) : 책의 수
  席卷(석권) : 자리를 차지함   通卷(통권) : 책의 전체에 걸친 권수
- ❄ 유의어 篇(책 편)

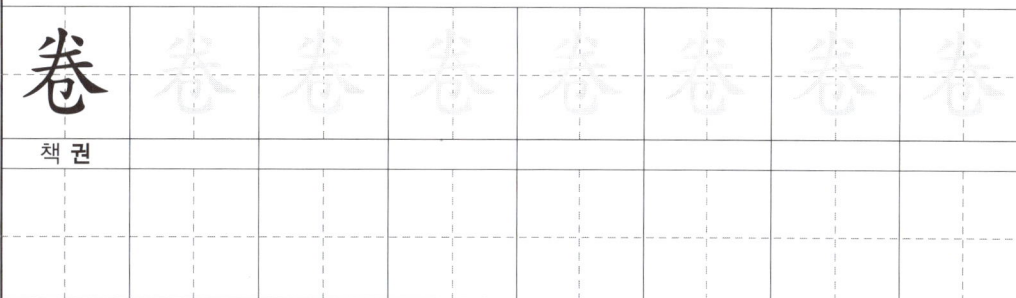

책 권

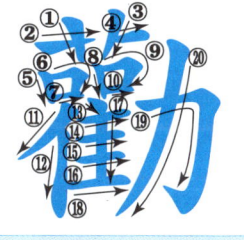

훈 권할 음 권
부수 力(힘 력)
총획 20획

- ❄ 읽기 경영난으로 인하여 사직을 勸告하였다.
- ❄ 쓰임 強勸(강:권) : 억지로 권함   勸告(권:고) : 권유함
  勸農(권:농) : 농사를 장려함   勸獎(권:장) : 권하고 장려함
- ❄ 약자 勧
- ❄ 유의어 勉(힘쓸 면)

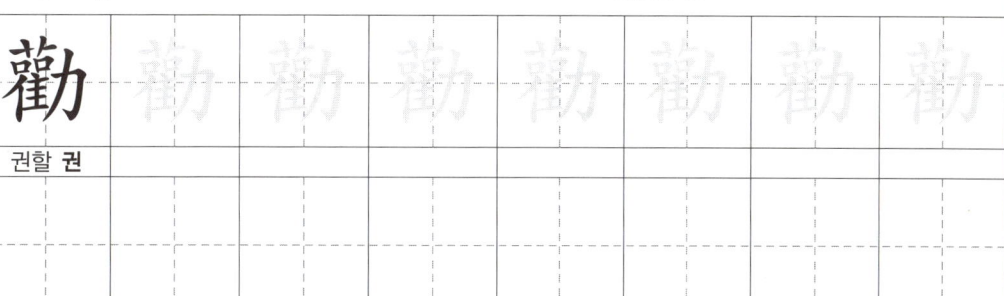

권할 권

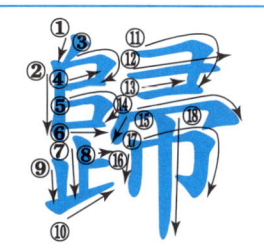

훈 돌아갈 음 귀
부수 止(그칠 지)
총획 18획

- ❄ 읽기 歸家 시간이 넘어서자 마음이 초조하였다.
- ❄ 쓰임 歸國(귀:국) : 자기 나라로 돌아감   歸京(귀:경) : 서울로 돌아옴
  歸家(귀:가) : 집으로 돌아옴   復歸(복귀) : 원래 자리로 돌아옴
- ❄ 약자 帰
- ❄ 유의어 回(돌아올 회)

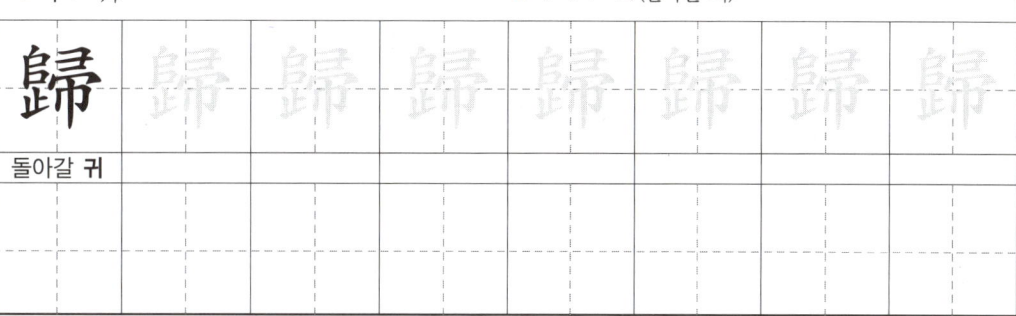

돌아갈 귀

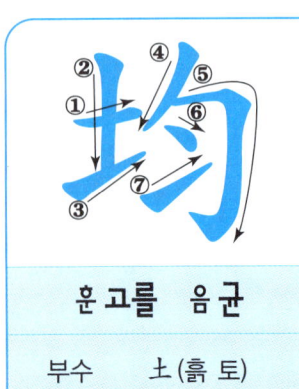

훈 고를 음 균

부수 土(흙 토)

총획 7획

- ✿ 읽기 수익금은 세 명이 똑같이 均配하였다.
- ✿ 쓰임 均配(균배) : 고르게 나눔   均等(균등) : 차별이 없음
  平均(평균) : 중간치   均分(균분) : 똑같은 비로 나눔
- ✿ 유의어 調(고를 조)

均						
고를 균						

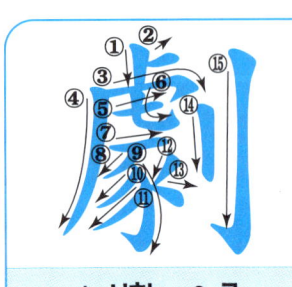

훈 심할 음 극

부수 刂(칼 도)

총획 15획

- ✿ 읽기 햄릿은 셰익스피어의 4대 悲劇 중 하나이다.
- ✿ 쓰임 劇本(극본) : 대본, 각본   悲劇(비:극) : 매우 슬픈 일
  演劇(연:극) : 관객 앞에서 연기 함   劇場(극장) : 연극을 상영하는 곳
- ✿ 비슷한 글자 據(근거 거)

劇						
심할 극						

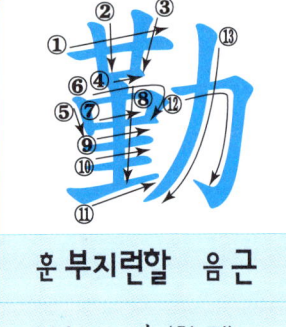

훈 부지런할 음 근

부수 力(힘 력)

총획 13획

- ✿ 읽기 退勤하는 길에 백화점을 들렀다.
- ✿ 쓰임 勤勉(근:면) : 부지런하게 힘씀   勤務(근:무) : 일에 종사함
  退勤(퇴:근) : 근무를 마치고 나옴   常勤(상근) : 매일 일정한 시간 근무함
- ✿ 유의어 勉(힘쓸 면)

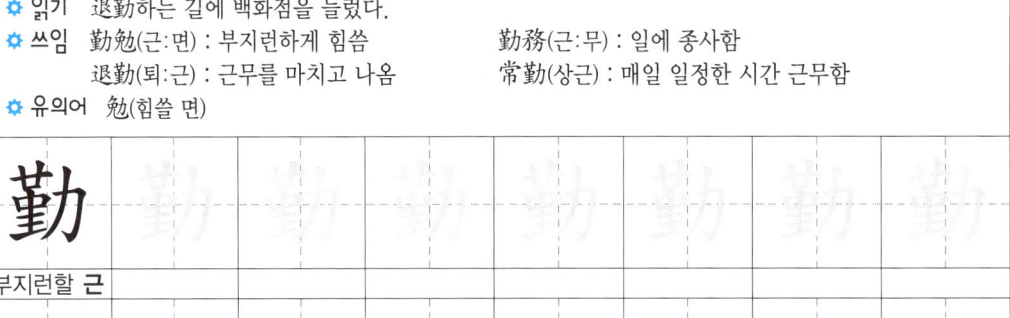

부지런할 근

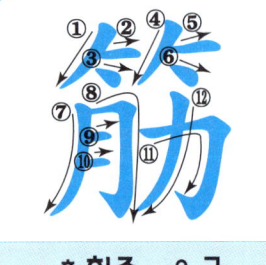

훈 힘줄 음 근

부수 竹(대 죽)

총획 12획

- ✿ 읽기 헬스클럽에 3개월 다녔더니 筋肉이 멋있게 만들어졌다.
- ✿ 쓰임 筋力(근력) : 근육의 힘
  鐵筋(철근) : 건물의 뼈대로 삼는 쇠막대기
  筋肉(근육) : 힘줄과 살

힘줄 근

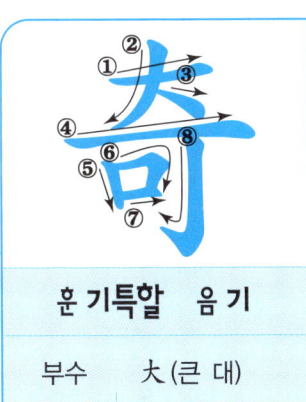

훈 기특할	음 기
부수	大(큰 대)
총획	8획

- 읽기 奇智를 발휘하여 위험에서 벗어났다.
- 쓰임 奇異(기이) : 기괴하고 이상함   奇人(기인) : 특이한 사람
  奇智(기지) : 기발하고 특출한 지혜   新奇(신기) : 새롭고 기이함
- 비슷한 글자 寄(부칠 기)

奇 奇 奇 奇 奇 奇 奇 奇
기특할 기

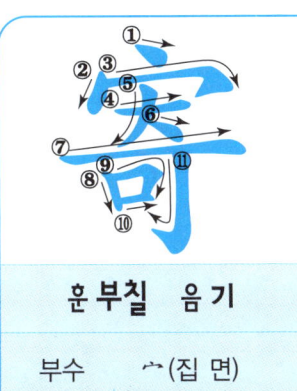

훈 부칠	음 기
부수	宀(집 면)
총획	11획

- 읽기 국가에 寄與한 공을 인정하여 훈장을 수여했다.
- 쓰임 寄與(기여) : 남에게 이바지함   寄附(기부) : 남을 위해 재물을 내어놓음
  寄生(기생) : 다른 생물에 붙어 삶   寄居(기거) : 일정한 곳에 붙어 삶

寄 寄 寄 寄 寄 寄 寄 寄
부칠 기

훈 틀	음 기
부수	木(나무 목)
총획	16획

- 읽기 危機에는 항상 기회가 있는 법이다.
- 쓰임 機構(기구) : 얽혀 세운 구조   危機(위기) : 위험한 고비
  動機(동:기) : 직접적인 원인   機長(기장) : 비행기 내의 장

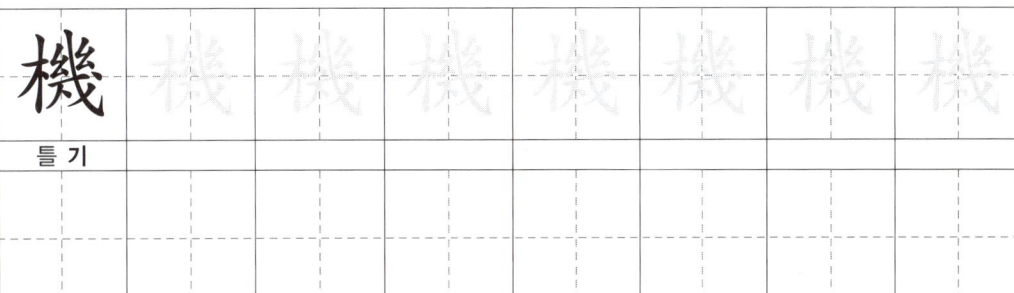

틀 기

훈 벼리	음 기
부수	糸(실 사)
총획	9획

- 읽기 결혼을 紀念하여 나무를 심었다.
- 쓰임 紀念(기념) : 잊지 않도록 상기함   世紀(세:기) : 백년 단위의 시대 구분
  風紀(풍기) : 풍속에 관한 기율   軍紀(군기) : 군대의 규율
- 비슷한 글자 紅(붉을 홍)

紀 紀 紀 紀 紀 紀 紀 紀
벼리 기

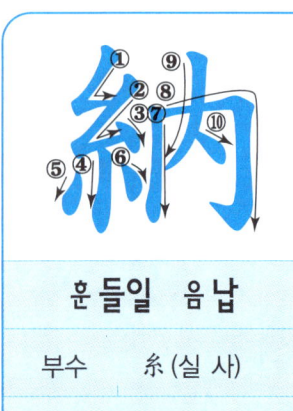

훈 들일 **음** 납

부수: 糸(실 사)
총획: 10획

- 읽기: 이번에도 納入 기한을 어기게 될 것 같다.
- 쓰임: 納得(납득) : 말이나 행동을 이해함 未納(미:납) : 아직 내지 않음
  納入(납입) : 세금이나 공과금을 냄 納稅(납세) : 세금을 냄
- 비슷한 글자: 結(맺을 결)

納 納 納 納 納 納 納
들일 납

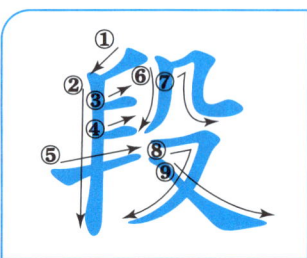

훈 층계 **음** 단

부수: 殳(갖은등글월문)
총획: 9획

- 읽기: 온갖 手段을 다 동원하였지만 실패하였다.
- 쓰임: 段階(단계) : 나아가는 과정 段數(단수) : 등급을 매긴 수
  手段(수단) : 목적을 이루기 위한 방법 段落(단락) : 일의 다 된 끝
- 유의어: 階(계단 계)

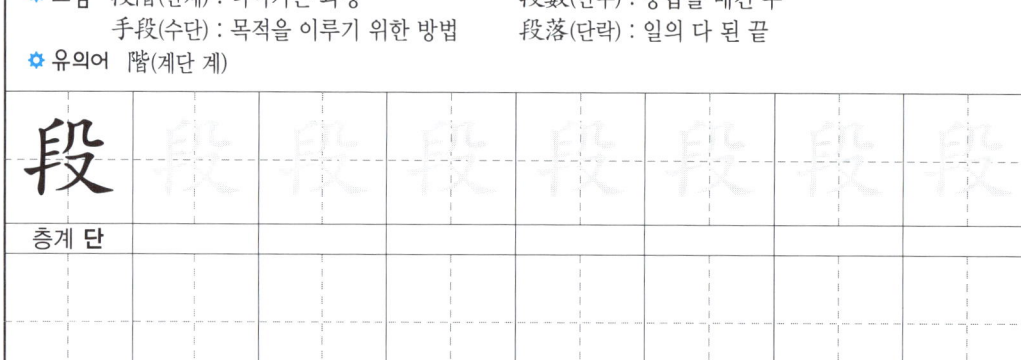
층계 단

훈 무리 **음** 도

부수: 彳(두인변)
총획: 10획

- 읽기: 生徒를 대표하여 축사를 하였다.
- 쓰임: 徒步(도보) : 걸어감 信徒(신:도) : 일정 종교에 속한 사람
  生徒(생도) : 사관학교의 학생 徒黨(도당) : 불순한 사람의 무리
- 반의어: 獨(홀로 독)
- 유의어: 衆(무리 중), 類(무리 류)

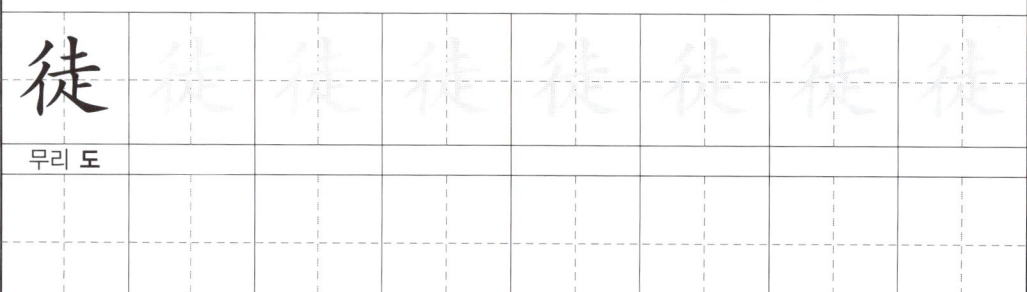
무리 도

훈 도망 **음** 도

부수: 辶(책받침)
총획: 10획

- 읽기: 逃避 기간이 길어질수록 마음이 더욱 황폐해졌다.
- 쓰임: 逃亡(도망) : 피하여 달아남 逃避(도피) : 도망하여 몸을 피함
  逃走(도주) : 쫓겨서 달아남
- 유의어: 避(피할 피)

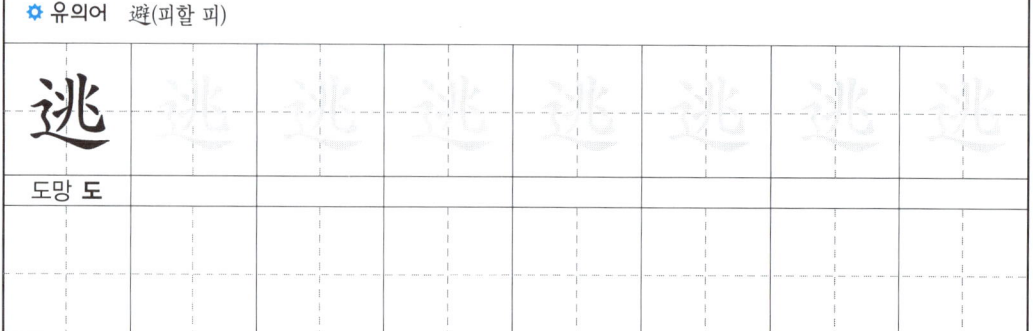
도망 도

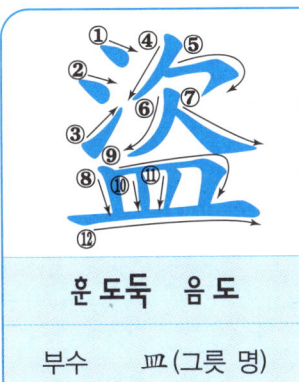

훈 도둑	음 도
부수	皿(그릇 명)
총획	12획

- 읽기 남의 이름을 盜用하는 것도 범죄이다.
- 쓰임 盜難(도난) : 도둑을 맞음 強盜(강:도) : 강제로 물건을 빼앗음
        盜用(도용) : 남의 것을 몰래 씀 大盜(대:도) : 큰 도둑
- 유의어 賊(도적 적)

盜 / 도둑 도

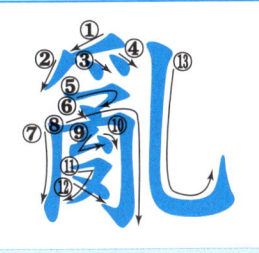

훈 어지러울	음 란
부수	乙(새 을)
총획	13획

- 읽기 곳곳에서 民亂이 일어나 나라는 더욱 어지러웠다.
- 쓰임 亂世(난:세) : 어지러운 세상 心亂(심란) : 마음이 어지러움
        亂打(난:타) : 마구 때림 民亂(민란) : 백성들에 의한 반란
- 약자 乱
- 비슷한 글자 辭(말씀 사)

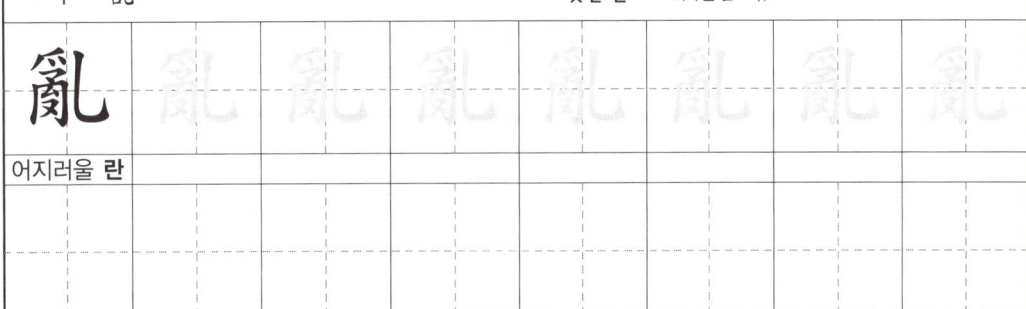

亂 / 어지러울 란

훈 알	음 란
부수	卩(병부 절)
총획	7획

- 읽기 계란 중에서도 有情卵은 비싸게 팔린다.
- 쓰임 明卵(명란) : 명태의 알 産卵(산:란) : 알을 낳음
        卵子(난:자) : 성숙한 난세포 有情卵(유정란) : 교미하여 낳은 알

卵 / 알 란

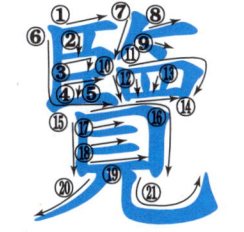

훈 볼	음 람
부수	見(볼 견)
총획	21획

- 읽기 식사 후에는 연극을 觀覽할 예정이다.
- 쓰임 觀覽(관람) : 연극 등을 관람함 回覽(회람) : 여러 사람이 돌려봄
        遊覽(유람) : 돌아다니며 구경함 一覽(일람) : 한 번 훑어봄
- 약자 覧
- 유의어 視(볼 시)

覽 / 볼 람

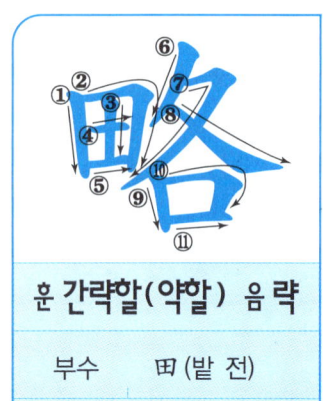

훈 간략할(약할) 음 략
부수 田(밭 전)
총획 11획

- 읽기 略圖가 잘 되어 있어서 찾기가 쉬웠다.
- 쓰임 省略(생략) : 간단하게 줄임   略稱(약칭) : 생략해서 일컬음
  略圖(약도) : 간단하게 그린 도면   智略(지략) : 슬기로운 꾀
- 유의어 簡(대쪽(간략할) 간)

略						
간략할 략						

훈 양식 음 량
부수 米(쌀 미)
총획 18획

- 읽기 軍糧米를 옮기다가 습격을 당하여 태반을 빼앗겼다.
- 쓰임 糧食(양식) : 먹을거리   糧穀(양곡) : 식량으로 쓰는 곡식
  食糧(식량) : 먹을거리   軍糧米(군량미) : 군대에서 먹을 식량
- 비슷한 글자 精(정할 정)

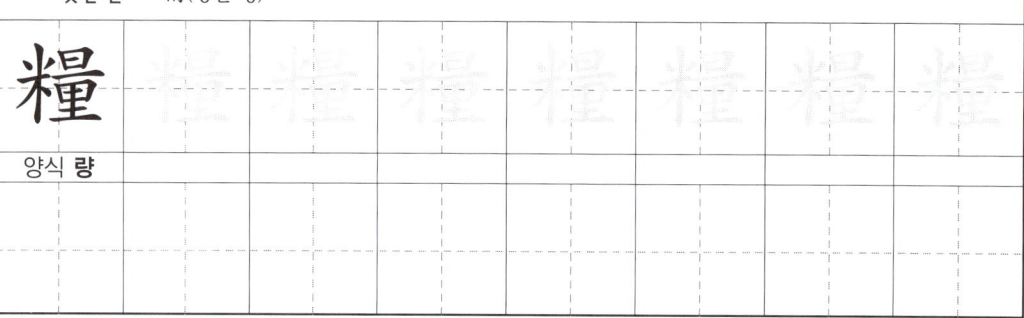

훈 생각할 음 려
부수 心(마음 심)
총획 15획

- 읽기 아버지께 心慮를 끼치지 않도록 조심하였다.
- 쓰임 考慮(고려) : 생각하여 헤아림   配慮(배:려) : 마음을 씀
  心慮(심려) : 마음속의 근심   思慮(사려) : 신중하게 생각함
- 유의어 思(생각 사)

慮						
생각할 려						

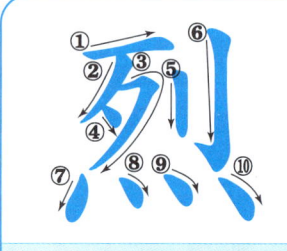

훈 매울 음 렬
부수 灬(연화발)
총획 10획

- 읽기 나는 아직도 그의 強烈한 첫인상을 잊을 수 없다.
- 쓰임 強烈(강렬) : 강하고 세참   烈火(열화) : 맹렬하게 타는 불
  烈女(열녀) : 절개가 굳은 여자   壯烈(장렬) : 씩씩하고 열렬함
- 비슷한 글자 列(벌릴 렬)

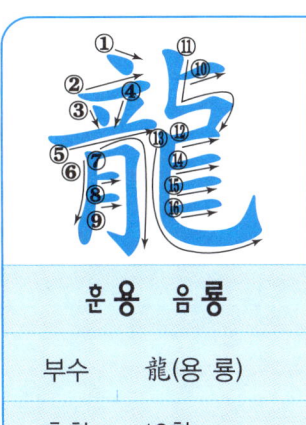

훈 용 음 룡

부수 龍(용 룡)

총획 16획

- 읽기: 龍宮에 가면 네가 원하는 것을 다 가질 수 있다.
- 쓰임: 龍宮(용궁): 바다 속의 궁전   龍王(용왕): 용궁의 임금
  土龍(토룡): 지렁이   登龍門(등용문): 어려운 관문
- 약자: 竜

龍 / 용 룡

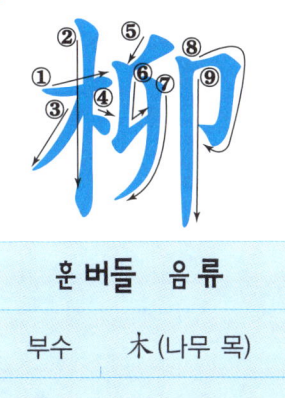

훈 버들 음 류

부수 木(나무 목)

총획 9획

- 읽기: 柳器는 옷가지를 담아두기에 안성맞춤이다.
- 쓰임: 花柳(화류): 꽃과 버들   細柳(세:류): 가늘고 긴 버들
  柳器(유:기): 버들가지로 만든 그릇

柳 / 버들 류

훈 바퀴 음 륜

부수 車(수레 거)

총획 15획

- 읽기: 해가 갈수록 年輪이 쌓였다.
- 쓰임: 輪番(윤번): 돌아가는 차례   年輪(연륜): 한 해 한 해 쌓아올린 역사
  輪作(윤작): 작물을 돌아가며 재배함   車輪(차륜): 수레바퀴
- 비슷한 글자: 論(논할 론)

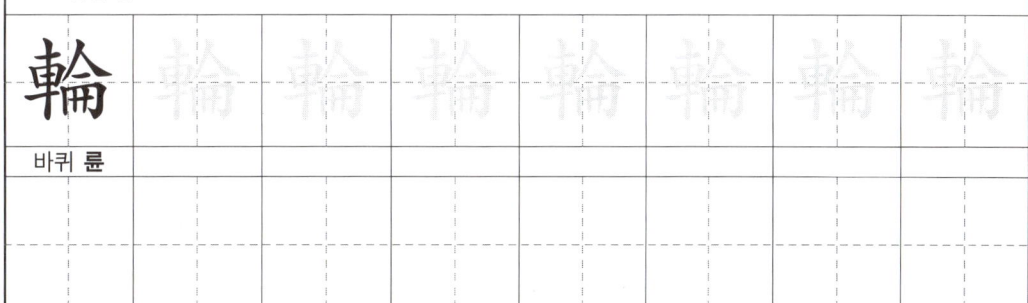

바퀴 륜

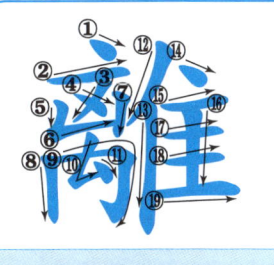

훈 떠날 음 리

부수 隹(새 추)

총획 19획

- 읽기: 만난지 3년 만에 두 사람은 離別하였다.
- 쓰임: 離陸(이륙): 비행기가 떠오름   離脫(이:탈): 떨어져 나감
  分離(분리): 나뉘어 떨어짐   離別(이:별): 서로 헤어짐
- 반의어: 會(모일 회)

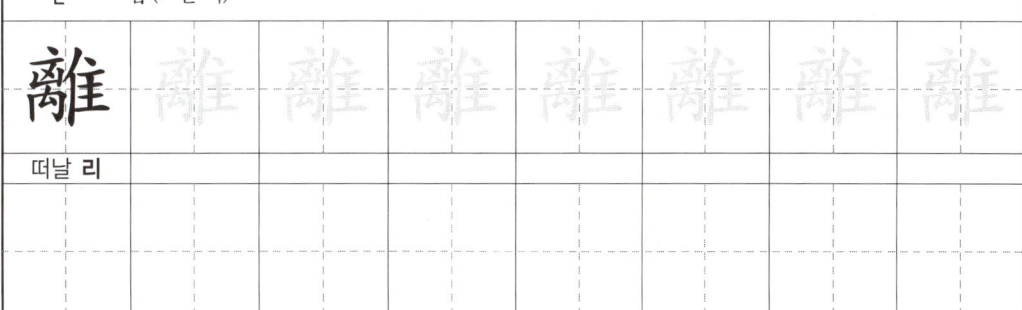

떠날 리

한자검정능력 4급

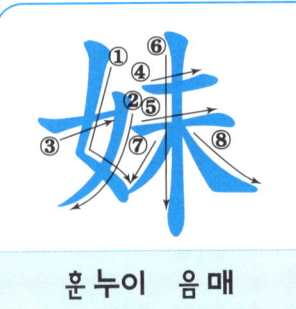

훈 누이 **음** 매

부수 女(계집 녀)

총획 8획

- ✿ 읽기 두 姉妹는 서로를 열심히 의지하며 살았다.
- ✿ 쓰임 妹夫(매부) : 누이의 남편　　　男妹(남매) : 오라비와 누이
　　　　姉妹(자매) : 언니와 동생　　　妹弟(매제) : 여동생의 남편
- ✿ 유의어 姉(손위누이 자)

妹 — 누이 매

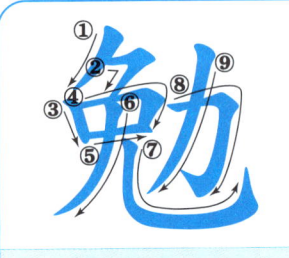

훈 힘쓸 **음** 면

부수 力(힘 력)

총획 9획

- ✿ 읽기 좋은 일은 서로 勤勉하여야 한다.
- ✿ 쓰임 勤勉(근:면) : 부지런히 힘씀　　　勉學(면:학) : 학문에 힘씀
　　　　勸勉(권:면) : 타일러 힘쓰게 함
- ✿ 유의어 務(힘쓸 무)

勉 — 힘쓸 면

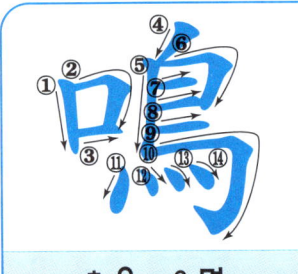

훈 울 **음** 명

부수 鳥(새 조)

총획 14획

- ✿ 읽기 어디선가 悲鳴 소리가 적막을 깨며 들려왔다.
- ✿ 쓰임 悲鳴(비:명) : 공포에 지르는 소리　　　共鳴(공:명) : 남의 의견에 공감
　　　　自鳴鐘(자명종) : 미리 정하여 놓은 시각이 되면 스스로 울려서 알려 주는 시계
- ✿ 반의어 笑(웃을 소)

鳴 — 울 명

훈 본뜰 **음** 모

부수 木(나무 목)

총획 15획

- ✿ 읽기 다른 학생들에게 模範이 되도록 힘썼다.
- ✿ 쓰임 模範(모범) : 본보기　　　規模(규모) : 사물의 구조나 구상의 크기
　　　　模樣(모양) : 생김새나 형상　　　模造(모조) : 본떠서 만듦

模 — 본뜰 모

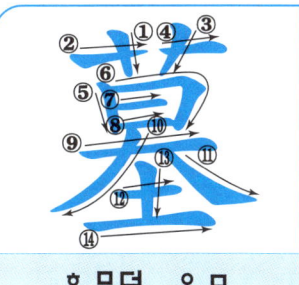

훈 무덤 음 묘

부수 土(흙 토)
총획 14획

* 읽기 이번 추석에는 省墓를 일찍 다녀왔다.
* 쓰임 墓碑(묘:비): 무덤 앞에 세우는 지석   省墓(성묘): 조상의 묘를 살핌
  墓地(묘:지): 무덤으로 쓰는 땅   墓所(묘:소): 산소

무덤 묘

훈 묘할 음 묘

부수 女(계집 녀)
총획 7획

* 읽기 우리 생각이 絶妙하게 맞아 떨어졌다.
* 쓰임 妙技(묘:기): 교묘한 기술과 재주   絶妙(절묘): 아주 교묘함
  妙案(묘:안): 뛰어난 생각   妙藥(묘:약): 신통하게 듣는 약
* 비슷한 글자 妨(방해할 방)

묘할 묘

훈 춤출 음 무

부수 舛(어그러질 천)
총획 14획

* 읽기 舞臺에 올라서니 갑자기 다리가 저려왔다.
* 쓰임 歌舞(가무): 노래하고 춤을 춤   舞曲(무:곡): 춤추기 위한 악곡
  亂舞(난:무): 어지럽게 춤을 춤   舞臺(무:대): 공연을 위한 자리
* 비슷한 글자 無(없을 무)

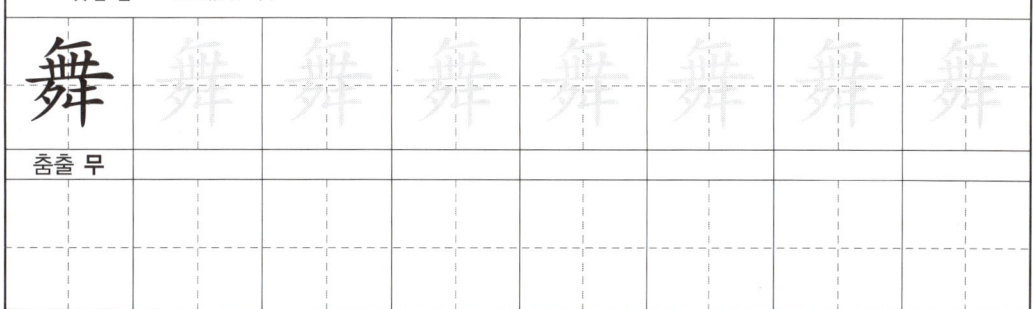

춤출 무

훈 칠 음 박

부수 手(손 수)
총획 8획

* 읽기 무역수지 흑자를 위해 더욱 拍車를 가하였다.
* 쓰임 拍手(박수): 손뼉을 침   拍子(박자): 곡조의 빠르기
  拍車(박차): 일의 촉진을 위해 더하는 힘
* 반의어 守(지킬 수)   * 유의어 討(칠 토), 伐(칠 벌)

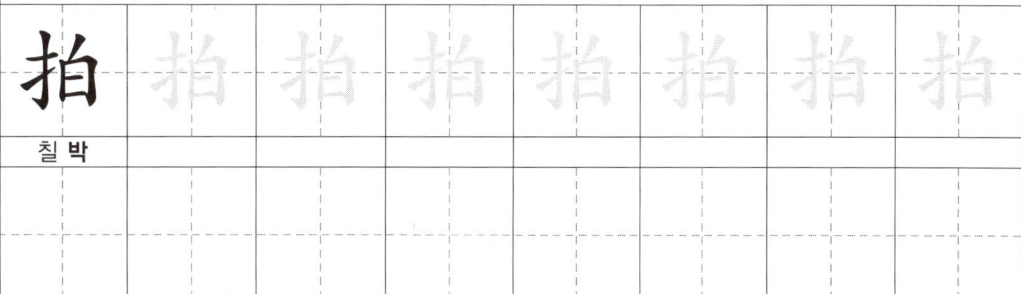

칠 박

제 8 강 확인평가

1 다음 한자의 음을 쓰시오.

(1) 離 (　　　)　　(2) 模 (　　　)

(3) 徒 (　　　)　　(4) 寄 (　　　)

(5) 烈 (　　　)　　(6) 窮 (　　　)

(7) 亂 (　　　)　　(8) 筋 (　　　)

(9) 劇 (　　　)　　(10) 券 (　　　)

(11) 紀 (　　　)　　(12) 段 (　　　)

2 다음 뜻에 알맞은 한자를 例에서 찾아 번호를 쓰시오.

> 例
> ① 每　② 糧　③ 群　④ 機　⑤ 卷　⑥ 無
> ⑦ 逃　⑧ 郡　⑨ 量　⑩ 舞　⑪ 妹　⑫ 慮

(1) 틀 (　　　)　　(2) 책 (　　　)

(3) 누이 (　　　)　　(4) 도망 (　　　)

(5) 양식 (　　　)　　(6) 무리 (　　　)

(7) 생각 (　　　)　　(8) 춤추다 (　　　)

3 다음 뜻과 음에 맞는 한자를 쓰시오.

(1) 굽힐 굴 (　　　)　　(2) 권할 권 (　　　)

(3) 버들 류 (　　　)　　(4) 알 란 (　　　)

(5) 울 명 (　　　)　　(6) 부지런할 근 (　　　)

4 다음 한자어의 독음을 쓰시오.

(1) 規模 (   )   (2) 觀覽 (   )

(3) 回歸 (   )   (4) 奇特 (   )

(5) 均等 (   )   (6) 檀君 (   )

(7) 勉學 (   )   (8) 拍手 (   )

(9) 納得 (   )   (10) 五輪旗 (   )

5 다음 뜻에 맞는 한자어를 例에서 찾아 쓰시오.

| 例 | 妙機   省略   妙技   龍虎   盜用   度量 |

(1) 용과 호랑이 (   )

(2) 훔쳐서 사용함 (   )

(3) 덜어서 줄임 (   )

(4) 절묘한 재주 (   )

6 다음 문장의 밑줄 친 단어를 한자로 쓰시오.

(1) 어려운 상황을 이겨내려는 그의 불굴의 의지를 높이 평가한다.

(2) 설날이나 추석과 같은 명절에는 차례를 지내고 성묘를 한다.

(3) 공동체 사회에서는 다른 사람을 배려할 줄 아는 마음이 필요하다.

(4) 그 소식을 듣자 그는 열화같이 화를 냈다.

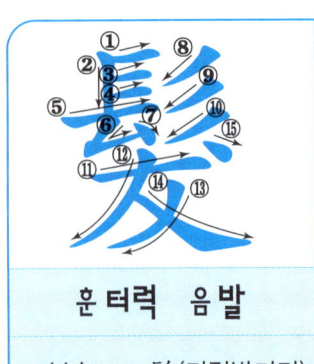

| 훈 | 터럭 | 음 | 발 |

부수　髟(터럭발머리)

총획　15획

- ✿ 읽기　여러 가지 색상의 假髮이 진열되어 있었다.
- ✿ 쓰임　頭髮(두발) : 머리털　　　散髮(산:발) : 머리를 풀어헤침
　　　　白髮(백발) : 흰 머리털　　假髮(가:발) : 가짜 머리털
- ✿ 유의어　毛(털 모)

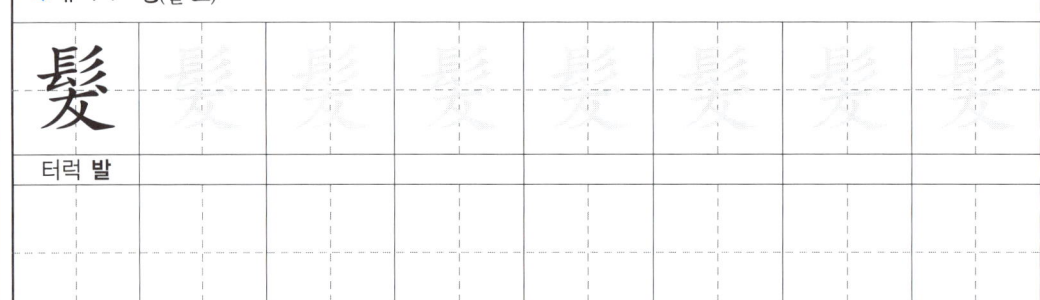

터럭 발

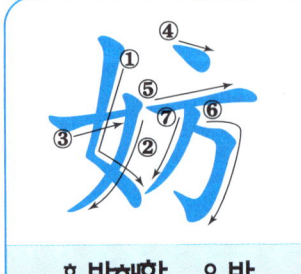

| 훈 | 방해할 | 음 | 방 |

부수　女(계집 녀)

총획　7획

- ✿ 읽기　두 가지 중 어떤 방법으로 해도 無妨하다.
- ✿ 쓰임　妨害(방해) : 훼방을 놓음　　無妨(무방) : 지장이 없음
　　　　相妨(상방) : 서로 방해함
- ✿ 비슷한 글자　放(놓을 방)

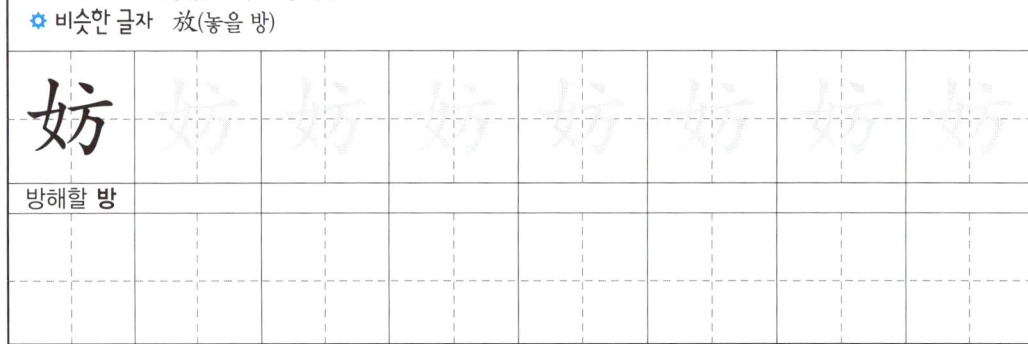

방해할 방

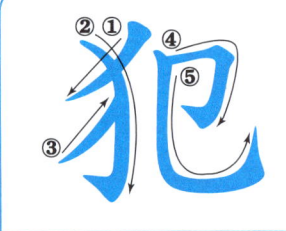

| 훈 | 범할 | 음 | 범 |

부수　犭(개 견)

총획　5획

- ✿ 읽기　犯人이 아직 잡히지 않아 모두 불안해한다.
- ✿ 쓰임　犯法(범:법) : 법을 어김　　犯人(범:인) : 죄를 지은 사람
　　　　再犯(재:범) : 다시 죄를 지음　防犯(방범) : 범죄를 방지함

범할 범

| 훈 | 법 | 음 | 범 |

부수　竹(대 죽)

총획　15획

- ✿ 읽기　조교의 示範에 따라 모두 훈련에 열중하였다.
- ✿ 쓰임　規範(규범) : 본보기　　　示範(시:범) : 모범을 보임
　　　　範圍(범:위) : 힘이 미치는 한계　模範(모범) : 본받아 배울만함
- ✿ 유의어　度(법도 도), 法(법 법)

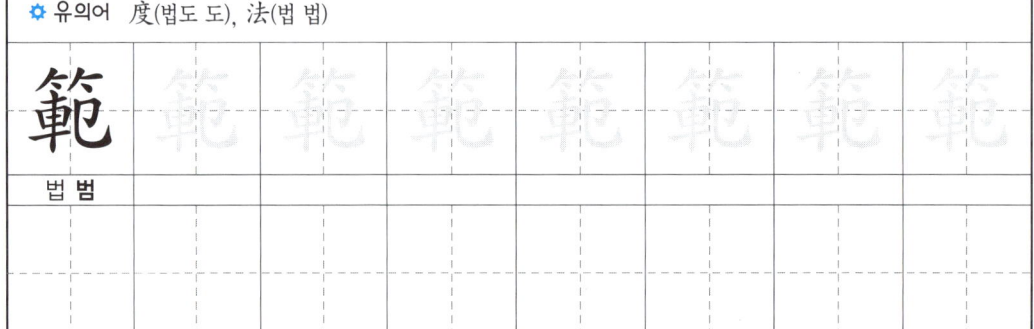

법 범

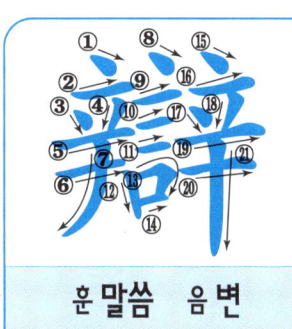

훈 말씀	음 변
부수	辛(매울신)
총획	21획

- 읽기 상관에게 抗辯해 보았지만 소용이 없었다.
- 쓰임 言辯(언변) : 말재주   辯論(변:론) : 옳고 그름을 말함
       抗辯(항:변) : 서로 대항하여 변론함   雄辯(웅변) : 조리 있게 힘차게 말함
- 유의어 辭(말씀 사), 話(말씀 화)

辯 / 말씀 변

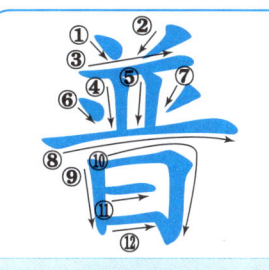

훈 넓을	음 보
부수	日(날 일)
총획	12획

- 읽기 곧 새로운 품종을 개발해 普及할 것이다.
- 쓰임 普及(보:급) : 세상에 널리 퍼지게 함
       普通(보통) : 예사로움
- 반의어 特(특별할 특)
- 유의어 博(넓을 박)

普 / 넓을 보

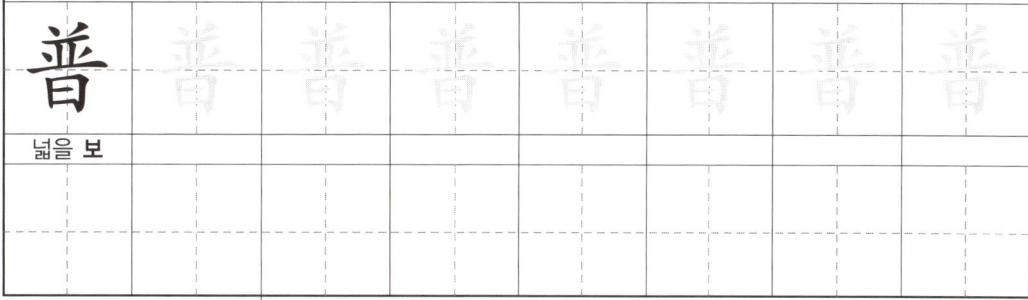

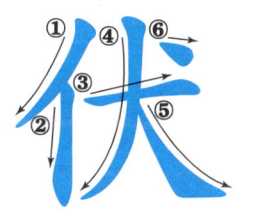

훈 엎드릴	음 복
부수	亻(사람 인)
총획	6획

- 읽기 살아남은 적군은 모두 降伏하였다.
- 쓰임 降伏(항복) : 진 것을 인정함   屈伏(굴복) : 머리를 숙여 엎드림
       起伏(기복) : 일어났다 엎드렸다 함
- 반의어 起(일어날 기)

伏 / 엎드릴 복

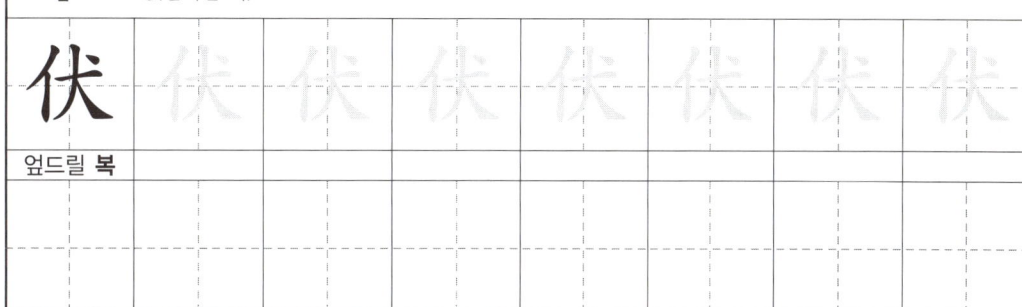

훈 겹칠	음 복
부수	衤(옷 의)
총획	14획

- 읽기 인간 複製는 법으로 엄격히 금하고 있다.
- 쓰임 複數(복수) : 둘 이상의 수   複製(복제) : 똑같이 만듦
       複線(복선) : 겹줄   複寫(복사) : 같은 문서를 여러 벌 만듦
- 반의어 單(홀 단)

複 / 겹칠 복

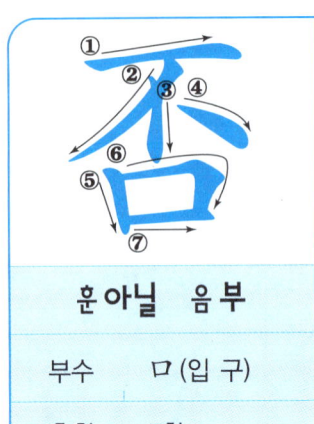

훈 아닐 음 부
- 부수: 口(입 구)
- 총획: 7획

- 읽기: 용의자는 범행 일체를 否定하였다.
- 쓰임: 否定(부:정): 그렇지 않다고 함
  否認(부:인): 인정하지 않음
  拒否(거:부): 승낙하지 않고 물리침
  安否(안부): 편안한지 여부
- 반의어: 可(옳을 가)
- 유의어: 非(아닐 비)

否 / 아닐 부

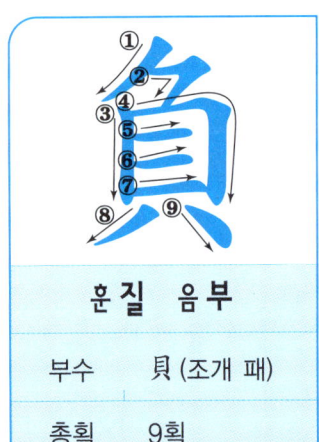

훈 질 음 부
- 부수: 貝(조개 패)
- 총획: 9획

- 읽기: 국가에 대한 自負心이 대단한 민족이다.
- 쓰임: 勝負(승부): 이김과 짐
  負擔(부:담): 책임을 맡음
  負傷(부:상): 상처를 입음
  自負心(자부심): 자기의 가치를 믿음
- 반의어: 勝(이길 승)
- 유의어: 敗(패할 패)

負 / 질 부

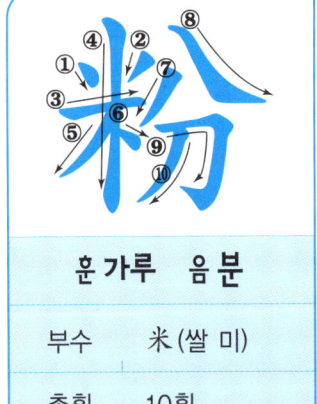

훈 가루 음 분
- 부수: 米(쌀 미)
- 총획: 10획

- 읽기: 우유 가격이 오르자 粉乳값도 동반하여 올랐다.
- 쓰임: 粉末(분말): 가루
  粉乳(분유): 가루우유
  粉食(분식): 가루음식
  製粉(제분): 가루를 만듦

粉 / 가루 분

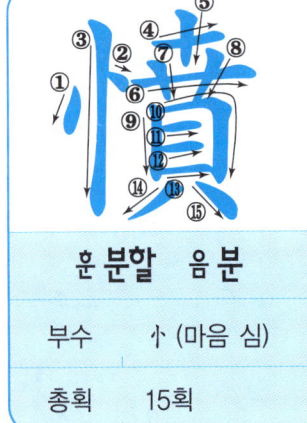

훈 분할 음 분
- 부수: 忄(마음 심)
- 총획: 15획

- 읽기: 뉴스를 듣고 온 국민이 憤痛을 터뜨렸다.
- 쓰임: 憤怒(분:노): 매우 성냄
  憤敗(분:패): 안타깝게 짐
  激憤(격분): 몹시 분개함
  憤痛(분:통): 몹시 분하여 마음이 쓰림
- 유의어: 怒(성낼 노)

憤 / 분할 분

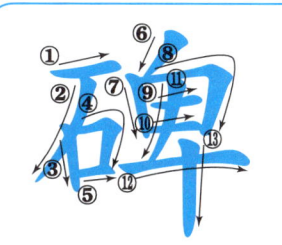

훈 비석 **음** 비
부수 石(돌 석)
총획 13획

- 읽기: 할아버지의 墓碑에는 우리 집 가훈이 새겨져 있다.
- 쓰임: 碑文(비문) : 비에 새긴 글 / 詩碑(시비) : 시를 새긴 비
  墓碑(묘:비) : 무덤에 새긴 비석 / 記念碑(기념비) : 기념하기 위해 세운 비

碑 비석 비

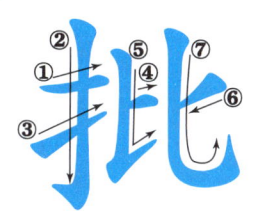

훈 비평할 **음** 비
부수 手(손 수)
총획 7획

- 읽기: 그의 批評에는 감정이 실려 있었다.
- 쓰임: 批判(비:판) : 비평하여 판단함
  批評(비:평) : 옳고 그름을 평가함
- 유의어: 評(평할 평)

批 비평할 비

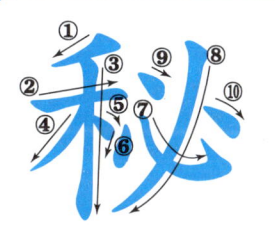

훈 숨길 **음** 비
부수 禾(벼 화)
총획 10획

- 읽기: 모든 연구 활동은 極秘로 진행되었다.
- 쓰임: 秘話(비:화) : 드러나지 않은 이야기 / 秘境(비:경) : 신비스러운 경치
  極秘(극비) : 극도의 보안을 요함 / 秘法(비:법) : 비밀스러운 방법

秘 숨길 비

훈 쏠 **음** 사
부수 寸(마디 촌)
총획 10획

- 읽기: 射擊 명령이 떨어지자 일제히 총을 쏘기 시작했다.
- 쓰임: 射擊(사격) : 총이나 대포를 쏨 / 射手(사수) : 총이나 화살을 쏘는 사람
  投射(투사) : 빛을 쏘아 상을 나타냄 / 射殺(사살) : 활이나 총으로 쏘아 죽임
- 비슷한 글자: 謝(사례할 사)

射 쏠 사

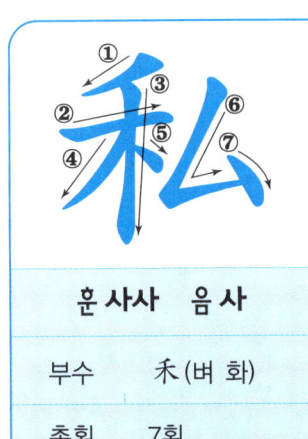

훈 사사 음 사

부수 禾(벼 화)

총획 7획

- 읽기 私見임을 전제로 농산물 개방을 지지하였다.
- 쓰임 私見(사견) : 개인의 의견   私心(사심) : 사사로운 욕심
       私談(사담) : 사사로운 이야기   私席(사석) : 개인적인 자리
- 반의어 公(공평할 공)

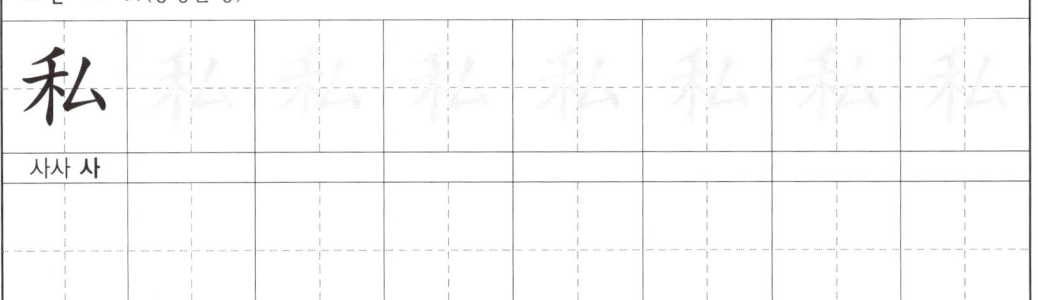

사사 사

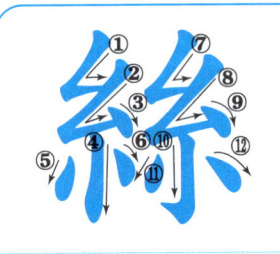

훈 실 음 사

부수 糸(실 사)

총획 12획

- 읽기 原絲의 생산이 줄자 옷 가격이 상승하였다.
- 쓰임 原絲(원사) : 직물의 원료가 되는 실   綿絲(면사) : 무명실
       鐵絲(철사) : 철로 만든 가는 줄
- 약자 糸

실 사

훈 말씀 음 사

부수 辛(매울 신)

총획 19획

- 읽기 사태의 책임을 지고 전격 辭任하였다.
- 쓰임 祝辭(축사) : 축하하는 말이나 글   答辭(답사) : 회답하는 말
       辭典(사전) : 낱말을 해설한 책   辭任(사임) : 일자리를 내놓고 물러남
- 유의어 說(말씀 설), 話(말씀 화), 辯(말씀 변)

말씀 사

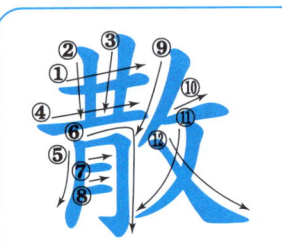

훈 흩을 음 산

부수 攵(칠 복)

총획 12획

- 읽기 추위 때문에 거리는 閑散하였다.
- 쓰임 散發(산:발) : 때때로 일어남   解散(해:산) : 모인 사람이 헤어짐
       閑散(한산) : 한가하고 적적함   散文(산:문) : 자유롭게 쓴 문장
- 반의어 集(모을 집), 蓄(모을 축)

흩을 산

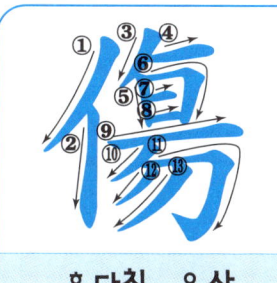

훈 다칠 **음** 상

부수 亻(사람 인)

총획 13획

- ✿ 읽기 傷處가 더 커지기 전에 병원에 가는 게 낫다.
- ✿ 쓰임 傷處(상처) : 다친 자리   火傷(화:상) : 불 때문에 상처를 입음
          傷心(상심) : 마음 아파함   負傷(부:상) : 몸에 상처를 입음
- ✿ 비슷한 글자 場(마당 장)

傷	傷	傷	傷	傷	傷	傷
다칠 상						

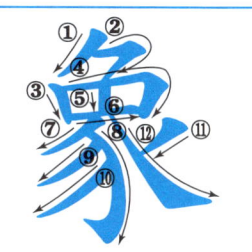

훈 코끼리 **음** 상

부수 豕(돼지 시)

총획 12획

- ✿ 읽기 그의 말에 깊은 印象을 받았다.
- ✿ 쓰임 對象(대:상) : 목표가 되는 것   印象(인상) : 깊이 새겨놓은 일
          象牙(상아) : 코끼리의 어금니   現象(현:상) : 사물의 모양이나 상태
- ✿ 비슷한 글자 像(형상 상)

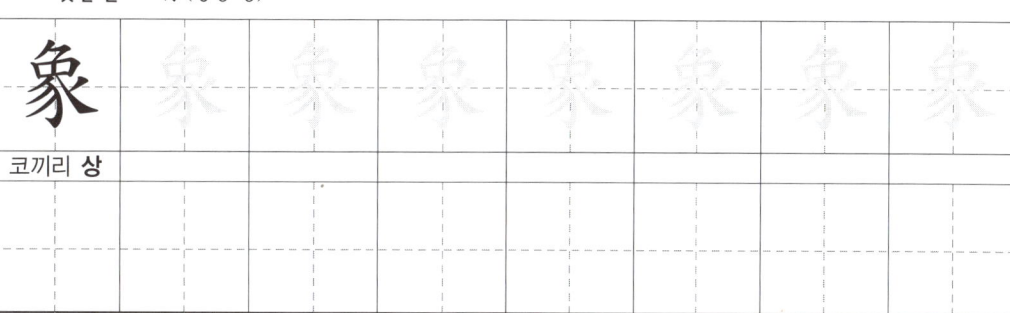

훈 베풀 **음** 선

부수 宀(집 면)

총획 9획

- ✿ 읽기 세계만방에 대한제국의 독립을 宣布하였다.
- ✿ 쓰임 宣言(선언) : 널리 펴서 말함   宣布(선포) : 세상에 널리 알림
          宣傳(선전) : 말하여 전함   宣敎(선교) : 종교를 널리 알림
- ✿ 유의어 施(베풀 시), 張(베풀 장)

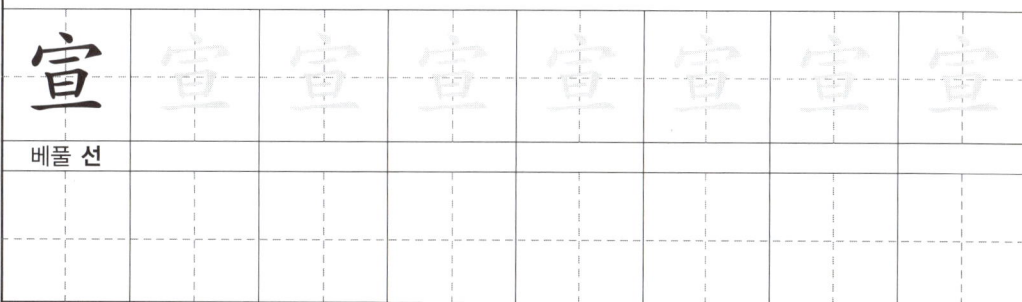

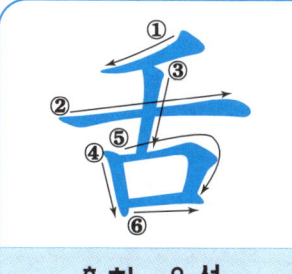

훈 혀 **음** 설

부수 舌(혀 설)

총획 6획

- ✿ 읽기 그는 말버릇 때문에 여러 번 口舌數에 올랐다.
- ✿ 쓰임 舌戰(설전) : 말다툼   毒舌(독설) : 남을 해치는 말
          口舌數(구:설수) : 구설을 들을 운수
- ✿ 비슷한 글자 活(살 활)

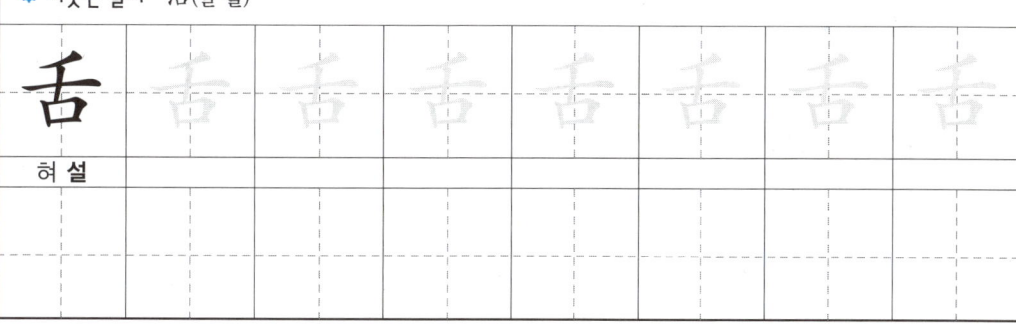

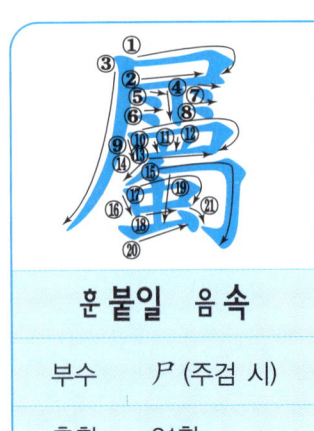

훈 붙일 **음** 속

부수　尸(주검 시)
총획　21획

- 읽기　정치적으로는 독립국이지만 경제적으로는 屬國이다.
- 쓰임　所屬(소:속) : 어떤 기관에 딸림　　從屬(종속) : 주된 것에 딸려 붙음
　　　　金屬(금속) : 쇠붙이　　　　　　屬國(속국) : 다른 나라에 매인 나라
- 약자　属
- 유의어　着(붙을 착)

屬 / 붙일 속

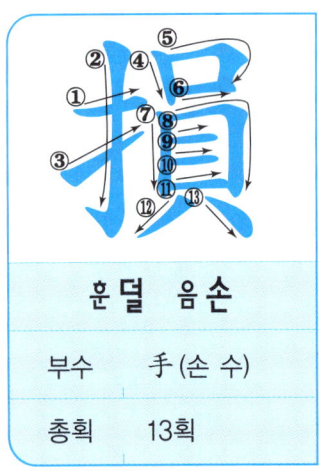

훈 덜 **음** 손

부수　手(손 수)
총획　13획

- 읽기　범죄의 예방을 위해 缺損 가정에 관심을 기울여야 한다.
- 쓰임　損害(손:해) : 밑지거나 해가 됨　　缺損(결손) : 축이 남
　　　　破損(파:손) : 깨어져 못쓰게 됨　　損益(손:익) : 손실과 이익
- 반의어　加(더할 가), 益(더할 익)
- 유의어　除(덜 제)

損 / 덜 손

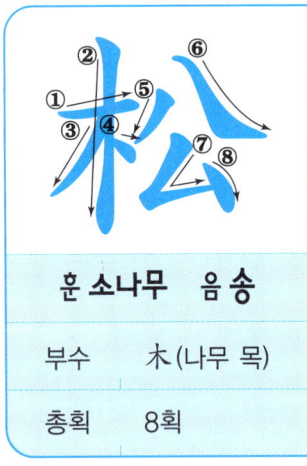

훈 소나무 **음** 송

부수　木(나무 목)
총획　8획

- 읽기　승단 시험에서 松板을 맨손으로 부셔야 합격할 수 있다.
- 쓰임　老松(노:송) : 늙은 소나무　　　松板(송판) : 소나무 널빤지
　　　　松花(송화) : 소나무의 꽃　　　青松(청송) : 푸른 소나무
- 비슷한 글자　私(사사 사)

松 / 소나무 송

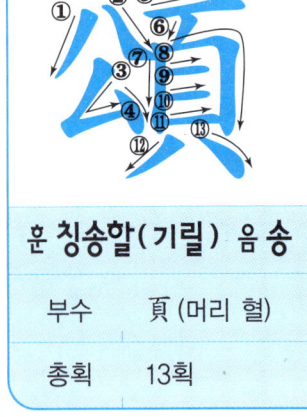

훈 칭송할(기릴) **음** 송

부수　頁(머리 혈)
총획　13획

- 읽기　식순에 따라 애국지사들에 대한 頌辭가 이어졌다.
- 쓰임　讚頌(찬:송) : 미덕을 칭찬함　　頌辭(송:사) : 공덕을 기리는 말
　　　　頌祝(송:축) : 칭송하여 축하함
- 유의어　讚(기릴 찬)

頌 / 칭송할 송

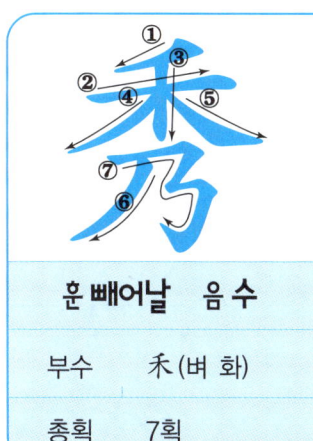

훈 빼어날	음 수
부수	禾(벼 화)
총획	7획

- 읽기 優秀한 성적에도 불구하고 그는 인기가 없었다.
- 쓰임 秀才(수재) : 빼어난 재주   優秀(우수) : 뛰어나고 빼어남
  秀作(수작) : 뛰어난 작품
- 비슷한 글자 季(계절 계)

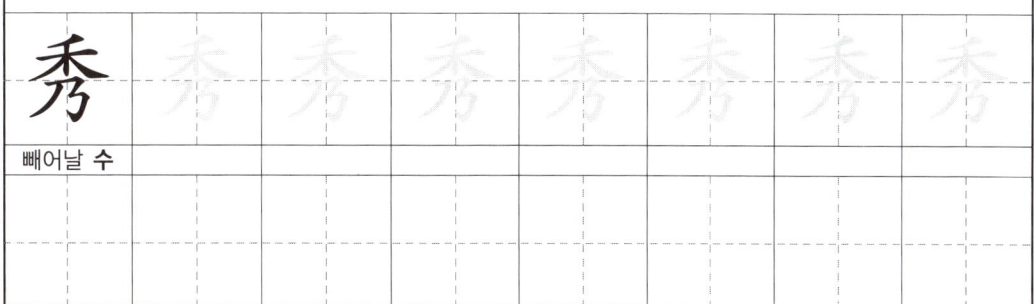

빼어날 수

훈 아재비	음 숙
부수	又(또 우)
총획	8획

- 읽기 막내 叔父는 나보다 10살 더 많다.
- 쓰임 叔父(숙부) : 아버지의 남동생
  叔母(숙모) : 숙부의 아내
  堂叔(당숙) : 아버지의 사촌 형제

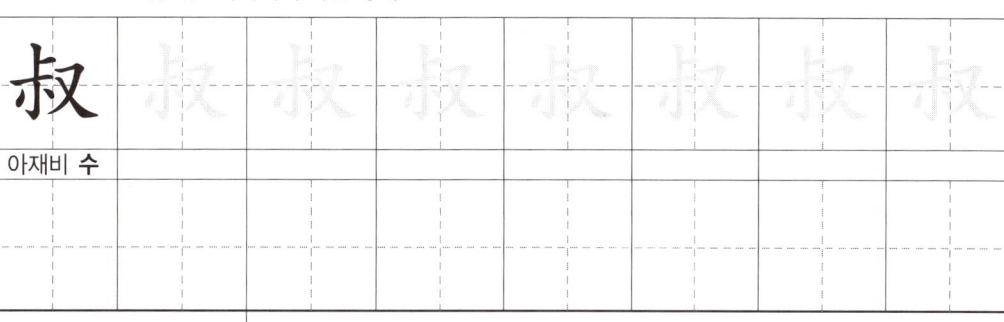

아재비 수

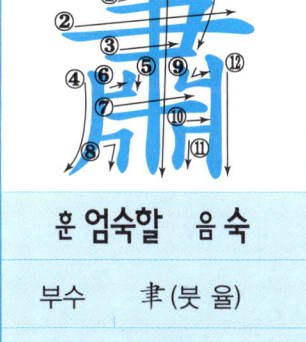

훈 엄숙할	음 숙
부수	聿(붓 율)
총획	13획

- 읽기 애국가가 울려 퍼지자 주위는 갑자기 嚴肅해졌다.
- 쓰임 嚴肅(엄숙) : 엄하고 정숙함   自肅(자숙) : 스스로 삼감
  肅然(숙연) : 고요하고 엄숙함
- 약자 甫

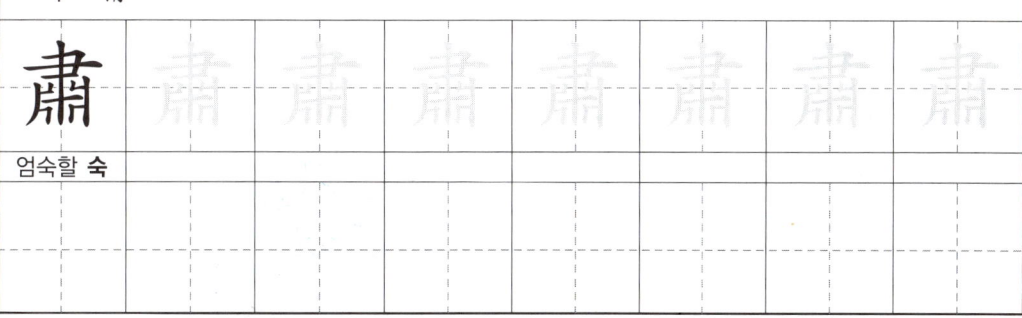

엄숙할 숙

훈 높을	음 숭
부수	山(메 산)
총획	11획

- 읽기 조상들의 崇高한 정신을 이어받아야 한다.
- 쓰임 崇高(숭고) : 숭엄하고 고상함   崇拜(숭배) : 우러러 공경함
  崇尙(숭상) : 높여 소중히 여김
- 반의어 底(낮을 저)
- 유의어 尊(높을 존), 卓(높을 탁)

높을 숭

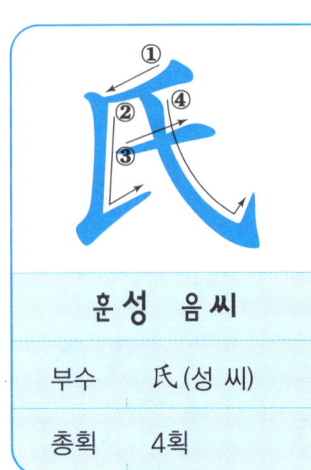

- 읽기: 우리나라에서 가장 흔한 姓氏는 김씨이다.
- 쓰임: 氏族(씨족): 같은 조상에서 나온 일족   姓氏(성씨): 성의 높임말
  宗氏(종씨): 먼 일가 사이
- 유의어: 名(이름 명)

훈 성 음 씨
부수 氏(성 씨)
총획 4획

氏 / 성씨

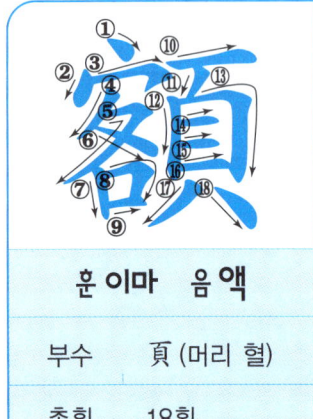

- 읽기: 결산을 해보니 總額이 조금 부족하였다.
- 쓰임: 額面(액면): 표면에 내세운 사물의 가치   額數(액수): 돈의 머릿수
  殘額(잔액): 나머지 금액   總額(총:액): 전체의 액수

훈 이마 음 액
부수 頁(머리 혈)
총획 18획

額 / 이마 액

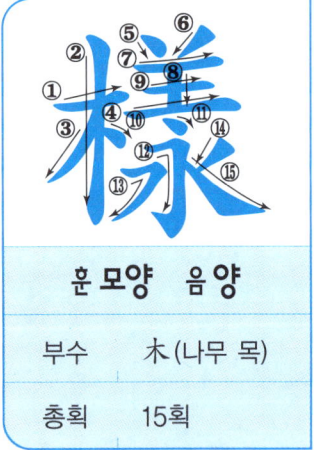

- 읽기: 종류는 多樣하였으나 눈에 들어오는 것은 없었다.
- 쓰임: 樣相(양상): 생김새   多樣(다양): 여러 가지 모양
  樣式(양식): 정해진 형식이나 방식   模樣(모양): 겉으로 드러난 형태
- 유의어: 姿(모양 자), 形(모양 형)

훈 모양 음 양
부수 木(나무 목)
총획 15획

樣 / 모양 양

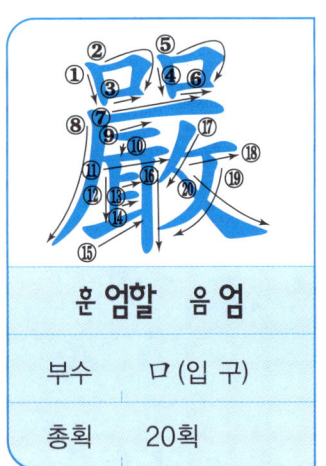

- 읽기: 嚴選된 재료만 사용하여 맛이 뛰어났다.
- 쓰임: 嚴禁(엄금): 엄하게 금함   嚴守(엄수): 엄격히 지킴
  嚴選(엄선): 엄중히 가려냄   尊嚴(존엄): 높고 엄숙함

훈 엄할 음 엄
부수 口(입 구)
총획 20획

嚴 / 엄할 엄

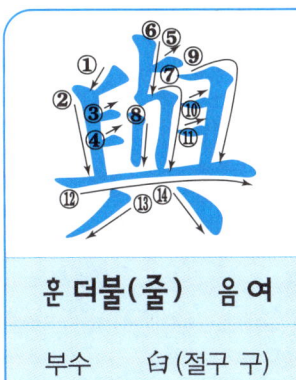

훈 더불(줄) **음** 여

부수 臼(절구 구)

총획 14획

- 읽기 도와줄 與件이 안되어 마음이 아팠다.
- 쓰임 與件(여:건) : 주어진 조건
  貸與(대:여) : 빌려 줌
  寄與(기여) : 이바지하여 줌
  賞與金(상여금) : 보너스
- 약자 与
- 반의어 受(받을 수)

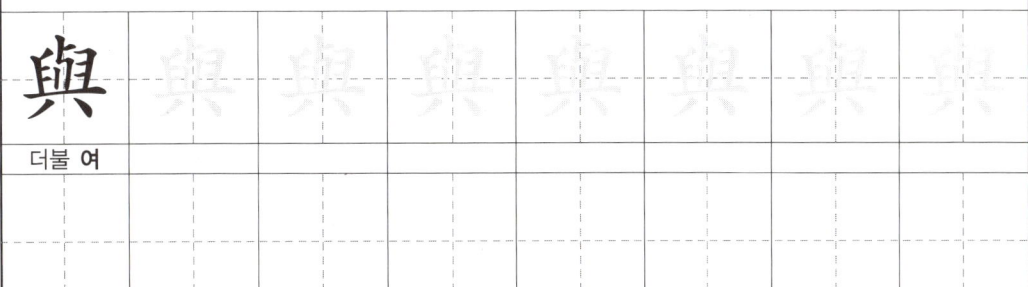

더불 여

훈 지경 **음** 역

부수 土(흙 토)

총획 11획

- 읽기 도시 全域에 걸쳐 소독이 실시되었다.
- 쓰임 區域(구역) : 갈라놓은 지역
  聖域(성:역) : 신성한 장소
  全域(전역) : 구역의 전부
  領域(영역) : 일정한 범위
- 유의어 區(지경 구)

지경 역

훈 바꿀 **음** 역(쉬울 이)

부수 日(날 일)

총획 8획

- 읽기 올해 들어 貿易 수지가 적자로 돌아섰다고 한다.
- 쓰임 交易(교역) : 물건을 서로 교환함
  簡易(간:이) : 간단하고 쉬움
  貿易(무:역) : 상품을 서로 사고 팜
  容易(용이) : 어렵지 않음
- 반의어 難(어려울 난)
- 비슷한 글자 場(마당 장)

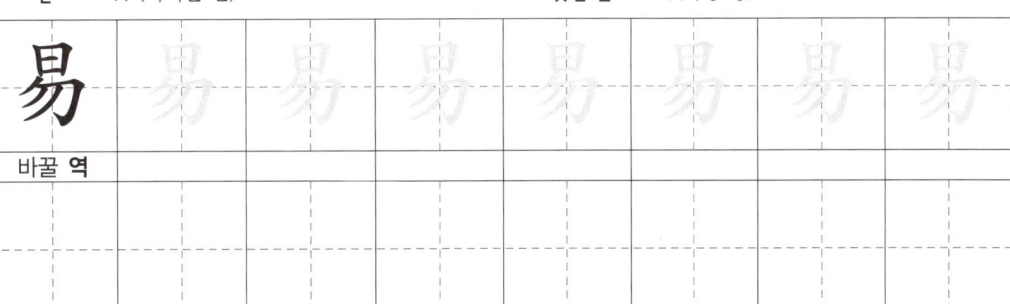

바꿀 역

훈 늘일 **음** 연

부수 廴(민책받침)

총획 7획

- 읽기 공연이 1시간 延期되자 환불 소동이 벌어졌다.
- 쓰임 延期(연기) : 기한을 늘임
  延長(연장) : 길이 또는 시간을 늘림
  延命(연명) : 목숨을 이어감
  延着(연착) : 예정보다 늦게 도착함
- 반의어 縮(줄일 축)

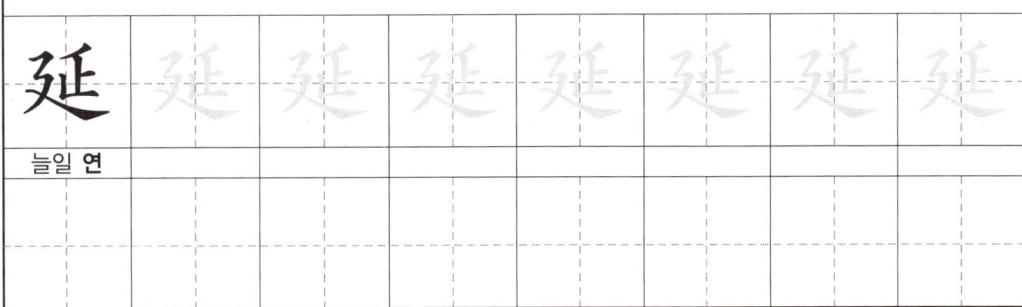

늘일 연

제 9 강 확인평가

1 다음 한자의 음을 쓰시오.

(1) 負 (　　　)　　(2) 肅 (　　　)

(3) 樣 (　　　)　　(4) 碑 (　　　)

(5) 普 (　　　)　　(6) 松 (　　　)

(7) 辯 (　　　)　　(8) 髮 (　　　)

(9) 犯 (　　　)　　(10) 崇 (　　　)

(11) 私 (　　　)　　(12) 額 (　　　)

2 다음 뜻에 알맞은 한자를 例에서 찾아 번호를 쓰시오.

> 例
> ① 益　② 舌　③ 域　④ 氏　⑤ 精　⑥ 粉
> ⑦ 象　⑧ 分　⑨ 範　⑩ 古　⑪ 損　⑫ 批

(1) 법 (　　　)　　(2) 지경 (　　　)

(3) 가루 (　　　)　　(4) 덜다 (　　　)

(5) 혀 (　　　)　　(6) 성 (　　　)

(7) 코끼리 (　　　)　　(8) 비평하다 (　　　)

3 다음 뜻과 음에 맞는 한자를 쓰시오.

(1) 베풀 선 (　　　)　　(2) 흩을 산 (　　　)

(3) 쏠 사 (　　　)　　(4) 늘일 연 (　　　)

(5) 칭송할 송 (　　　)　　(6) 겹칠 복 (　　　)

4 다음 한자어의 독음을 쓰시오.

(1) 歸屬 (   )   (2) 與否 (   )

(3) 傷處 (   )   (4) 嚴禁 (   )

(5) 妨害 (   )   (6) 鐵絲 (   )

(7) 降伏 (   )   (8) 堂叔 (   )

(9) 神秘 (   )   (10) 憤怒 (   )

5 다음 뜻에 맞는 한자어를 例에서 찾아 쓰시오.

> 例
> 手才   交易   額子   秀才   犯人   犯罪

(1) 머리가 좋고 재주가 뛰어난 사람 (   )

(2) 죄를 지음 (   )

(3) 물건을 서로 사고 파는 일 (   )

(4) 그림·사진 따위를 넣어 벽에 걸기 위한 틀 (   )

6 다음 문장의 밑줄 친 단어를 한자로 쓰시오.

(1) 나는 커서 변호사가 되고 싶다.

(2) 인천, 광주, 대구, 대전, 부산, 울산은 모두 광역시다.

(3) 글을 읽다가 뜻을 모르는 단어가 나오면 사전을 찾아본다.

(4) 남대문의 원래 이름은 숭례문이다.

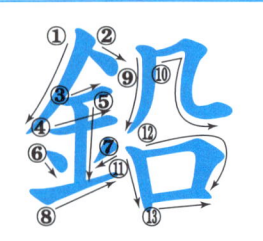

훈 납	음 연
부수	金(쇠 금)
총획	13획

- 읽기 여러 가지 모양의 鉛筆을 팔고 있다.
- 쓰임 鉛筆(연필) : 필기구의 한 가지
  黑鉛(흑연) : 연필심
  鉛鐵(연철) : 납과 철을 섞은 광물

납 연

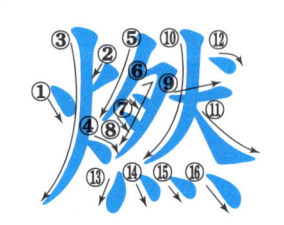

훈 탈	음 연
부수	火(불 화)
총획	16획

- 읽기 재료로 可燃性 물질을 사용하여 화재의 위험이 높다.
- 쓰임 燃料(연료) : 태워 에너지를 얻는 물질   可燃性(가:연성) : 타는 성질
  不燃(불연) : 불에 타지 않는
- 비슷한 글자 然(그럴 연)

탈 연

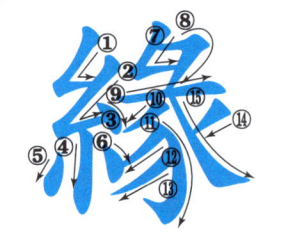

훈 인연	음 연
부수	糸(실 사)
총획	15획

- 읽기 가족은 血緣의 관계이므로 쉽게 끊어질 수 없다.
- 쓰임 血緣(혈연) : 피로 맺어진 인연   因緣(인연) : 서로 맺어지는 관계
  緣分(연분) : 하늘에서 맺어준 인연   結緣(결연) : 인연을 맺음
- 비슷한 글자 綠(푸를 록)

인연 연

훈 비칠	음 영
부수	日(날 일)
총획	9획

- 읽기 우리들의 뜻이 反映되기를 부탁드립니다.
- 쓰임 反映(반:영) : 반사하여 비침   上映(상:영) : 영화를 보여줌
  放映(방:영) : 텔레비전으로 방송함   終映(종영) : 상영이 끝남
- 유의어 曜(빛날 요)

비칠 영

훈 경영할 음 영	
부수	火(불 화)
총획	17획

- 읽기   시립 도서관은 營利를 목적으로 운영되지는 않는다.
- 쓰임   營爲(영위) : 일을 경영함   運營(운:영) : 조직을 경영해감
         營利(영리) : 이익을 도모함   民營(민영) : 민간에서 운영함
- 약자   営
- 비슷한 글자   榮(영화 영)

營 경영할 영

훈 맞을 음 영	
부수	辶(책받침)
총획	8획

- 읽기   공항에는 축구 선수들을 歡迎하는 사람들이 넘쳐난다.
- 쓰임   迎入(영입) : 환영하여 맞아들임   迎接(영접) : 손님을 맞아 접대함
         歡迎(환영) : 즐거이 맞음
- 반의어   送(보낼 송)
- 유의어   適(맞을 적)

迎 맞을 영

훈 미리 음 예	
부수	豕(돼지 시)
총획	16획

- 읽기   영화표를 豫買해두지 않아서 한참을 기다려야 했다.
- 쓰임   豫算(예:산) : 비용을 미리 계산함   豫買(예:매) : 미리 사둠
         豫行(예:행) : 연습으로 행함   豫言(예:언) : 미래의 일을 말함
- 약자

豫 미리 예

훈 만날 음 우	
부수	辶(책받침)
총획	13획

- 읽기   두 가지 境遇를 모두 염두에 두어야 한다.
- 쓰임   待遇(대:우) : 예의를 갖추어 대함   境遇(경우) : 놓여있는 조건
         禮遇(예우) : 정중히 대함   處遇(처:우) : 조처하여 대우함
- 비슷한 글자   過(지날 과)

遇 만날 우

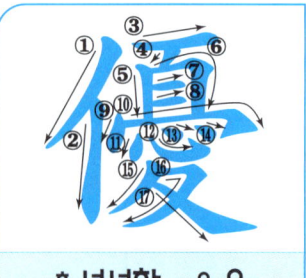

훈 넉넉할 **음** 우

부수 亻(사람 인)

총획 17획

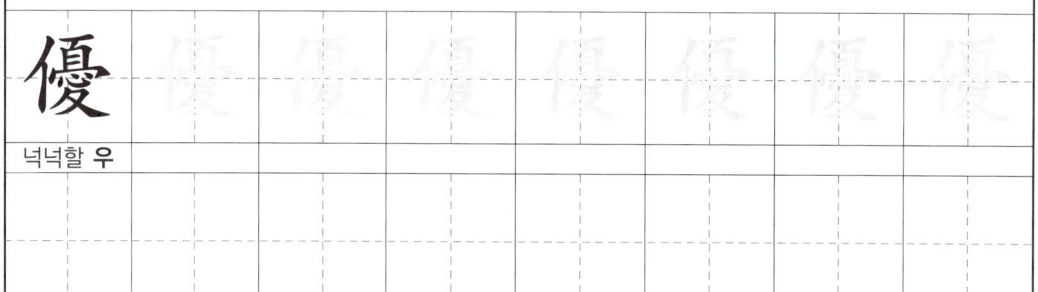

- 읽기 신입도 채용하지만 경력자는 優待한다.
- 쓰임 優等(우등) : 빼어난 등급   優良(우량) : 품질이 좋음
  優待(우대) : 잘 대우함   優勢(우세) : 실력이나 형세가 좋음

優 넉넉할 우

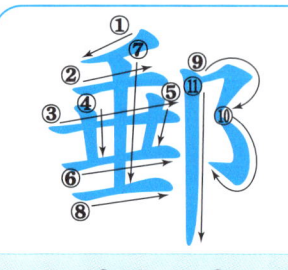

훈 우편 **음** 우

부수 阝(고을 읍)

총획 11획

- 읽기 편지 봉투에 郵票를 부치지 않아서 반송되었다.
- 쓰임 郵送(우송) : 우편으로 보냄
  郵票(우표) : 우편물에 부치는 증표
  郵便(우편) : 편지 등을 전국 또는 전세계로 보냄

郵 우편 우

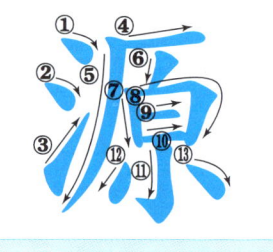

훈 근원 **음** 원

부수 氵(물 수)

총획 13획

- 읽기 우주의 起源에 대해서는 여러 가지 학설이 있다.
- 쓰임 語源(어:원) : 단어가 성립된 근원   起源(기원) : 사물이 생긴 근원
  資源(자원) : 생산에 이용되는 것   源泉(원천) : 물이 흐르는 근원
- 비슷한 글자 原(언덕 원)

源 근원 원

훈 도울 **음** 원

부수 手(손 수)

총획 12획

- 읽기 여러분들의 전폭적인 支援을 촉구하는 바입니다.
- 쓰임 援助(원:조) : 도와줌   救援(구:원) : 위험에 빠진 사람을 구해줌
  應援(응:원) : 편들어 격려하거나 도움   支援(지원) : 지지해 도움
- 유의어 助(도울 조), 護(도울 호)

援 도울 원

훈 원망할 **음** 원

부수: 心(마음 심)
총획: 9획

- 읽기: 마을 사람들 사이에 그를 怨望하는 소리가 커지고 있다.
- 쓰임: 怨望(원:망): 불평을 하거나 미워함　　怨聲(원:성): 원망하는 소리
  怨恨(원:한): 원망스럽고 한이 됨　　宿怨(숙원): 오래 묵은 원한
- 유의어: 恨(한 한)

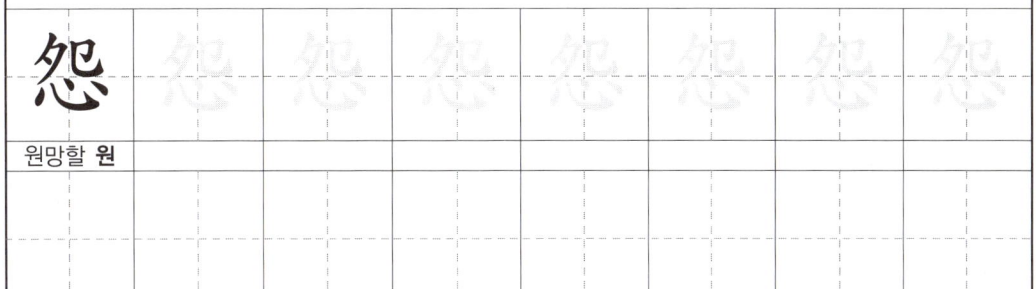

원망할 원

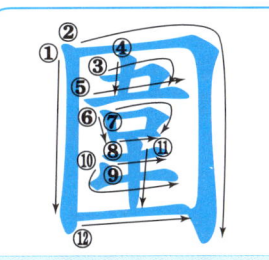

훈 에워쌀 **음** 위

부수: 囗(큰입구)
총획: 12획

- 읽기: 적들에게 10일 동안이나 包圍 당하여 고립되니 식량 문제가 가장 심했다.
- 쓰임: 周圍(주위): 바깥 둘레　　範圍(범:위): 힘이 미치는 한계
  包圍(포:위): 둘러 에워 쌈
- 약자: 囲
- 비슷한 글자: 園(동산 원)

에워쌀 위

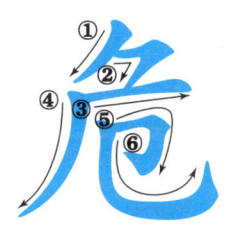

훈 위태할 **음** 위

부수: 卩(병부절)
총획: 6획

- 읽기: 이 危機를 잘 극복한다면 반드시 성공할 수 있을 것이다.
- 쓰임: 危機(위기): 위험한 고비　　危重(위중): 병이 위험함
  危急(위급): 위태롭고 급함　　危難(위난): 매우 어려운 경우
- 반의어: 安(편안 안)
- 유의어: 險(험할 험)

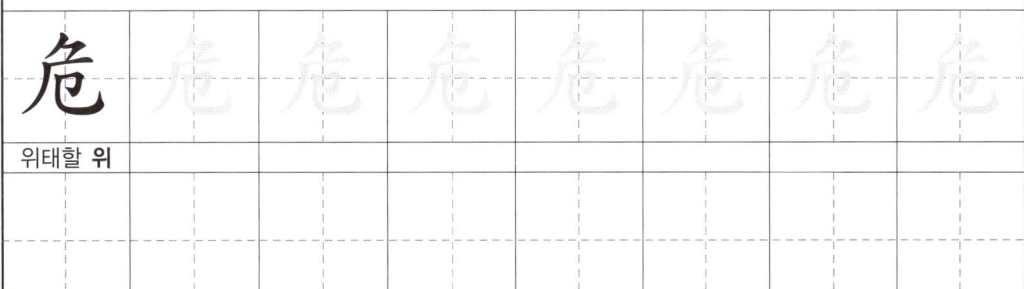

위태할 위

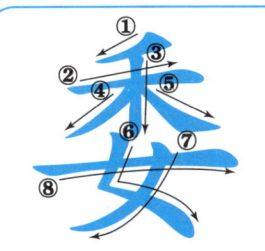

훈 맡길 **음** 위

부수: 女(계집 녀)
총획: 8획

- 읽기: 委員들 사이에 열띤 토론이 있었지만 결론을 얻지는 못했다.
- 쓰임: 委任(위임): 일을 맡김　　常委(상위): 상임 위원회
  委員(위원): 위임받은 사람
- 유의어: 任(맡길 임)

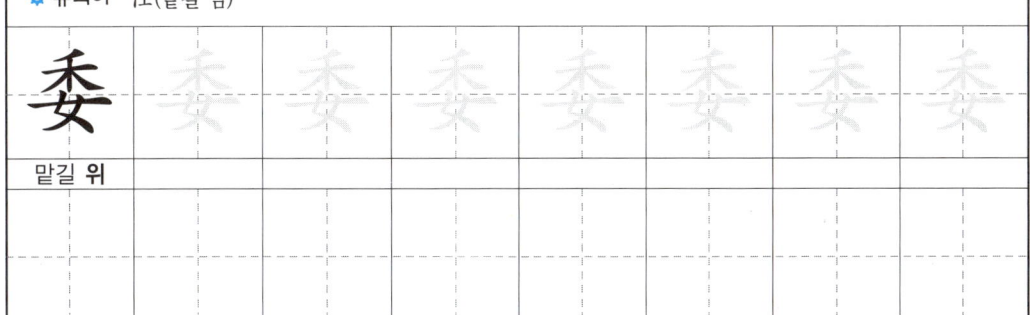

맡길 위

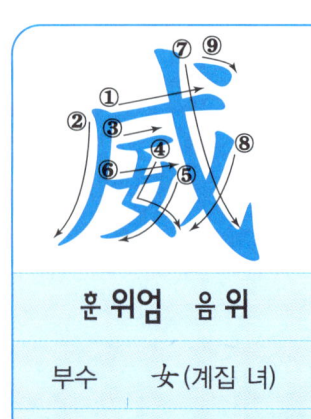

훈 위엄 음 위

부수 女(계집 녀)

총획 9획

- 읽기 단상에 서니 그의 어깨에는 威嚴이 있어 보였다.
- 쓰임 威信(위신) : 위엄과 신용 威勢(위세) : 위엄이 있는 기세
  威嚴(위엄) : 의젓하고 엄숙함 權威(권위) : 권력과 위엄
- 비슷한 글자 成(이룰 성)

威

위엄 위

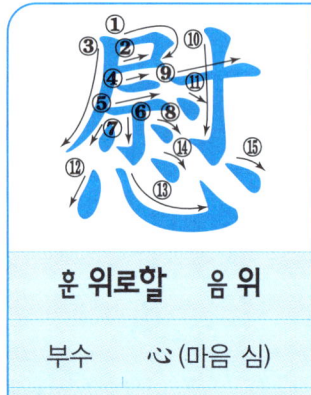

훈 위로할 음 위

부수 心(마음 심)

총획 15획

- 읽기 정성이 담긴 한 통의 慰問 편지를 받으니 마음에 慰勞가 되었다.
- 쓰임 慰問(위문) : 방문하여 위로함 慰安(위안) : 위로하여 안심시킴
  慰樂(위락) : 위안과 즐거움 慰勞(위로) : 괴로움을 어루만져 잊게 함

慰

위로할 위

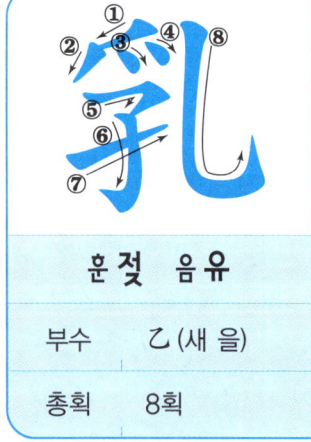

훈 젖 음 유

부수 乙(새 을)

총획 8획

- 읽기 3세 미만의 乳兒는 입장료가 면제이다.
- 쓰임 乳兒(유아) : 젖먹이 아이 授乳(수유) : 아이에게 젖을 먹임
  牛乳(우유) : 소의 젖 乳業(유업) : 우유와 관련된 사업

乳

젖 유

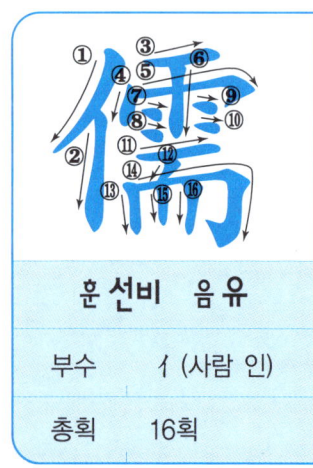

훈 선비 음 유

부수 亻(사람 인)

총획 16획

- 읽기 儒敎는 조선 시대에 가장 번성하였다.
- 쓰임 儒敎(유교) : 공자를 원조로 한 교학 儒學(유학) : 유교의 학문
  儒生(유생) : 유도를 닦는 선비 儒林(유림) : 유도를 닦는 학자들
- 유의어 士(선비 사)

儒

선비 유

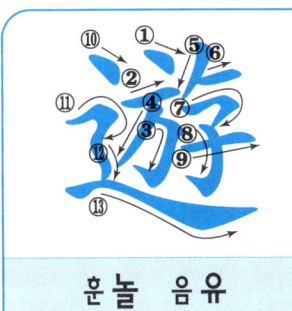

훈 놀 **음** 유

부수 辶(책받침)

총획 13획

- 읽기 　이번 遊說에서는 청중들의 관심이 아주 높았다.
- 쓰임 　遊覽(유람) : 구경하며 돌아다님　　遊說(유세) : 주장을 설파하며 돌아다님
  　　　外遊(외:유) : 외국에 여행함　　交遊(교유) : 서로 사귀어 왕래함
- 비슷한 글자 　旅(나그네 려)

遊 　놀 유

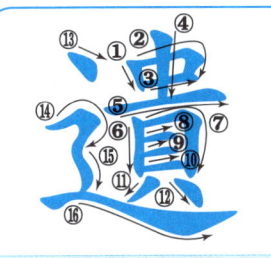

훈 남길 **음** 유

부수 辶(책받침)

총획 16획

- 읽기 　遺族들의 반발로 합동 장례는 무산되었다.
- 쓰임 　遺言(유언) : 죽으며 남기는 말　　遺産(유산) : 남겨놓은 재산
  　　　遺傳(유전) : 끼치어 내려옴　　遺族(유족) : 죽은 사람의 남은 가족
- 유의어 　殘(남을 잔)

遺 　남길 유

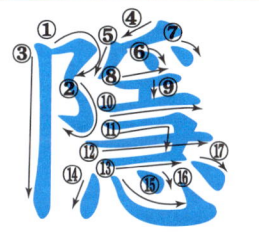

훈 숨을 **음** 은

부수 阝(언덕 부)

총획 17획

- 읽기 　워낙 중요한 사안이라 隱密하게 진행할 수밖에 없었다.
- 쓰임 　隱身(은신) : 몸을 숨김　　隱居(은거) : 사람들의 눈을 피해 삶
  　　　隱密(은밀) : 숨어 있어 드러나지 않음　　隱然中(은연중) : 남모르게
- 약자 　隱
- 반의어 　現(나타날 현)

隱 　숨을 은

훈 의지할 **음** 의

부수 亻(사람 인)

총획 8획

- 읽기 　나이는 어렸지만 그의 행동에는 依然함이 있었다.
- 쓰임 　依支(의지) : 몸을 기대고 있음　　依然(의연) : 전과 다름이 없음
  　　　依存(의존) : 남에게 의지하고 있음　　依他(의타) : 남에게 의지함
- 비슷한 글자 　衣(옷 의)

依 　의지할 의

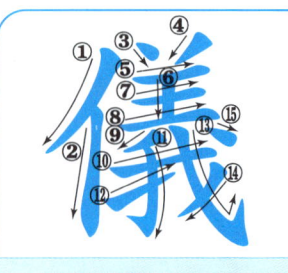

훈 거동 **음** 의

부수 亻(사람 인)

총획 15획

- 읽기 장례 儀式이 진행되는 동안 엄숙한 분위기가 이어졌다.
- 쓰임 儀禮(의례) : 형식을 갖춘 예의   儀典(의전) : 의식
  儀式(의식) : 예식을 갖춘 행사
- 비슷한 글자 義(옳을 의)

거동 의

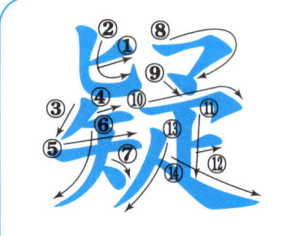

훈 의심할 **음** 의

부수 疋(필 필)

총획 14획

- 읽기 마음속으로 疑心이 일어났지만 일단 믿어보기로 하였다.
- 쓰임 疑心(의심) : 믿지 못하는 마음   疑問(의문) : 의심스러운 생각
  質疑(질의) : 의심나는 점을 물어 밝힘   容疑者(용의자) : 의심되는 사람
- 비슷한 글자 將(장수 장)

의심할 의

훈 다를 **음** 이

부수 田(밭 전)

총획 11획

- 읽기 특별히 異見이 없어서 회의는 빨리 마무리 되었다.
- 쓰임 異變(이:변) : 예상 밖의 사태   奇異(기이) : 기괴하고 이상함
  異國(이:국) : 다른 나라   異見(이:견) : 다른 의견
- 반의어 如(같을 여)   ✿ 유의어 他(다를 타)

다를 이

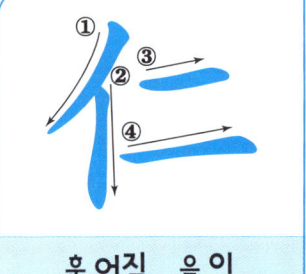

훈 어질 **음** 인

부수 亻(사람 인)

총획 4획

- 읽기 농촌 봉사 활동을 통해 사람들에게 仁術을 베풀었다.
- 쓰임 仁義(인의) : 어질고 의로움   仁術(인술) : 어진 덕을 베푸는 기술
  仁者(인자) : 어진 사람
- 유의어 良(어질 량)

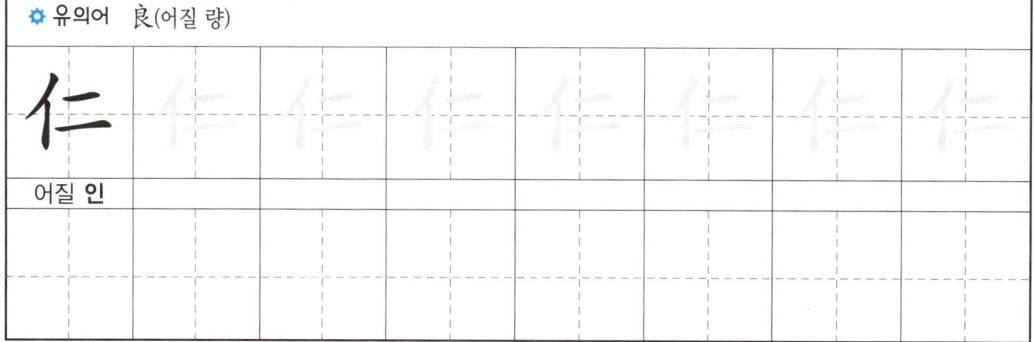

어질 인

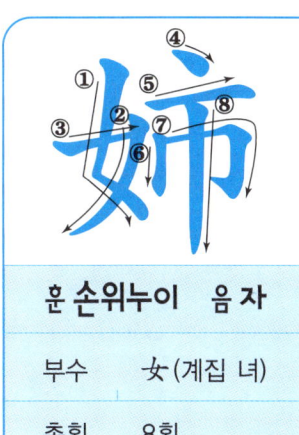

훈 손위누이	음 자
부수	女(계집 녀)
총획	8획

- 읽기 어제까지는 친구였는데 오늘부터는 姉兄이라고 불러야 한다.
- 쓰임 姉妹(자매) : 언니와 동생   姉兄(자형) : 누나의 남편
  姉夫(자부) : 자형
- 비슷한 글자 妹(누이 매)

姉   손위누이 자

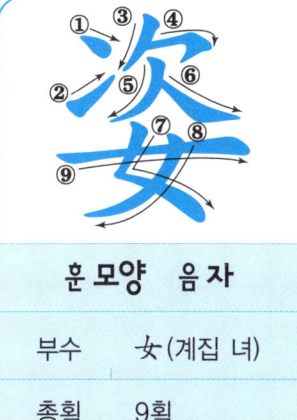

훈 모양	음 자
부수	女(계집 녀)
총획	9획

- 읽기 그녀의 오만한 姿勢가 마음을 상하게 하였다.
- 쓰임 姿態(자태) : 몸가짐과 맵시   姿勢(자세) : 몸을 가누는 모양
  高姿勢(고자세) : 거만하게 버티는 자세
- 유의어 態(모양 태), 形(모양 형)

姿   모양 자

훈 재물	음 자
부수	貝(조개 패)
총획	13획

- 읽기 그에게는 학자로서의 資質이 없어보였다.
- 쓰임 資質(자질) : 타고난 성품과 바탕   物資(물자) : 물건, 물품
  資料(자료) : 바탕이 되는 재료   資本(자본) : 사업의 기본이 되는 돈
- 유의어 財(재물 재)

資   재물 자

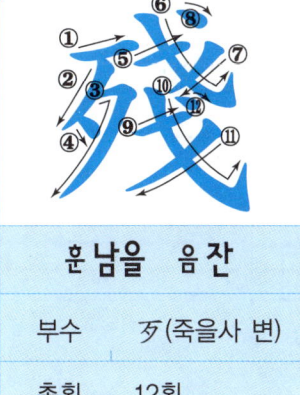

훈 남을	음 잔
부수	歹(죽을사 변)
총획	12획

- 읽기 殘留 농약이 기준치의 10배나 넘어섰다.
- 쓰임 殘額(잔액) : 나머지 액수   殘金(잔금) : 남은 돈
  殘留(잔류) : 남아서 처져 있음   殘高(잔고) : 잔액
- 약자 残
- 유의어 遺(남길 유)

殘   남을 잔

한자검정능력 4급

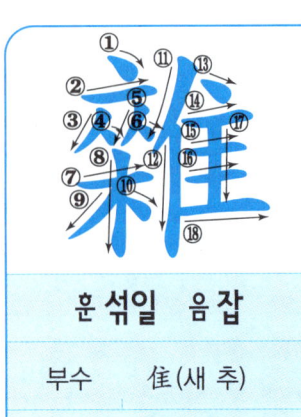

- 읽기: 연말을 맞아 거리는 온통 사람들로 混雜하였다.
- 쓰임: 雜音(잡음) : 시끄러운 소리 雜念(잡념) : 쓸데없는 생각
  雜多(잡다) : 여러 가지가 섞여 있음 混雜(혼잡) : 복잡함
- 약자: 雑
- 유의어: 混(섞을 혼)

훈 섞일 음 잡
부수 隹(새 추)
총획 18획

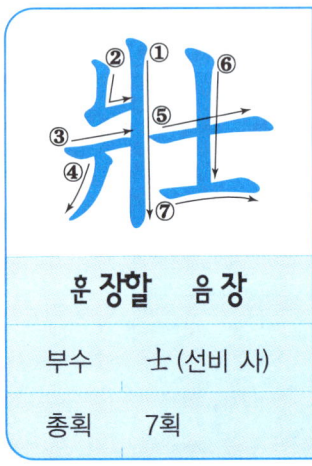

- 읽기: 조국을 위해 壯烈히 목숨을 바친 애국 열사들에게 헌화하였다.
- 쓰임: 壯談(장:담) : 확신에 차서 하는 말 健壯(건장) : 크고 굳셈
  壯丁(장:정) : 혈기 왕성한 남자 壯烈(장렬) : 씩씩하고 열렬함
- 약자: 壮

훈 장할 음 장
부수 士(선비 사)
총획 7획

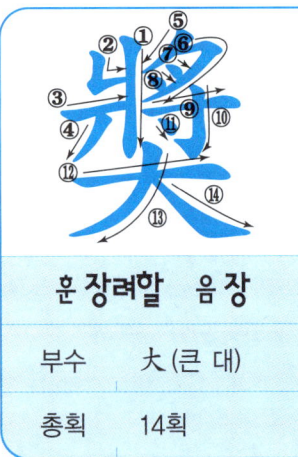

- 읽기: 4년 내내 奬學金을 놓친 적이 없었다.
- 쓰임: 勸奬(권:장) : 권하고 장려함
  奬學金(장:학금) : 학자 보조금
- 약자: 奨
- 비슷한 글자: 將(장수 장)

훈 장려할 음 장
부수 大(큰 대)
총획 14획

- 읽기: 다음 달에는 해외로 出張을 갈 계획이다.
- 쓰임: 主張(주장) : 자기 의견을 내세움 出張(출장) : 용무를 위해 외부로 나감
  冊張(책장) : 책의 낱낱의 장 張本人(장본인) : 물의를 일으킨 사람
- 유의어: 施(베풀 시), 宣(베풀 선)

훈 베풀 음 장
부수 弓(활 궁)
총획 11획

훈 장막 음 장

부수 巾(수건 건)

총획 11획

* 읽기 通帳에 있는 돈을 모두 인출하였다.
* 쓰임 通帳(통장) : 예금 따위를 기록한 장부
  日記帳(일기장) : 일기를 쓰는 공책
* 비슷한 글자 張(베풀 장)

帳 帳 帳 帳 帳 帳 帳
장막 장

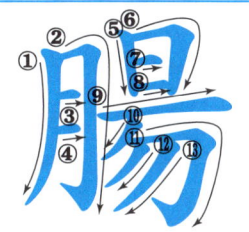

훈 창자 음 장

부수 肉(고기 육)

총획 13획

* 읽기 CT 촬영을 해보니 大腸에 종양이 생겼다고 한다.
* 쓰임 大腸(대:장) : 큰창자   小腸(소:장) : 작은창자
  直腸(직장) : 장의 끝 부분
* 비슷한 글자 場(마당 장)

창자 장

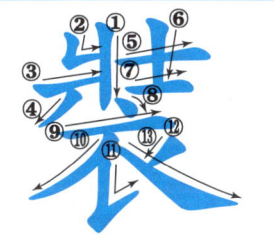

훈 꾸밀 음 장

부수 衣(옷 의)

총획 13획

* 읽기 적군의 항복을 받고 武裝을 완전 해제하였다.
* 쓰임 裝備(장비) : 갖추어 차림   服裝(복장) : 옷차림
  假裝(가:장) : 거짓으로 꾸밈   武裝(무:장) : 전투태세를 갖춤
* 약자 装

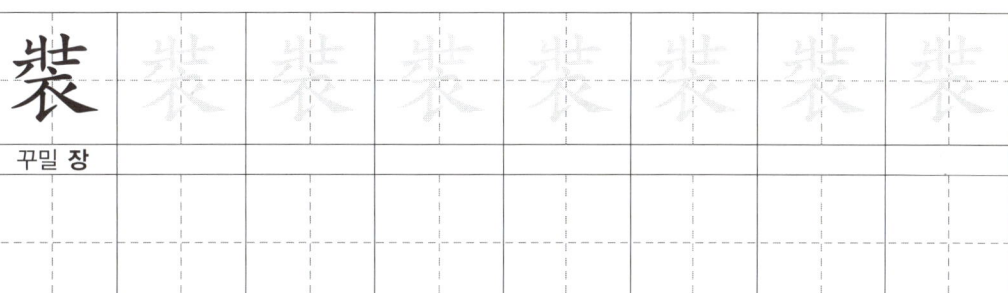

꾸밀 장

훈 밑 음 저

부수 广(집 엄)

총획 8획

* 읽기 이번 여름 방학 때는 海底 탐험을 하고 싶다.
* 쓰임 低速(저:속) : 느린 속도   海底(해:저) : 바다의 밑바닥
  底意(저:의) : 품고 있는 뜻   基底(기저) : 무슨 일의 기초가 되는 것
* 비슷한 글자 低(낮을 저)

底 底 底 底 底 底 底
밑 저

제 10 강 확인평가

1 다음 한자의 음을 쓰시오.

(1) 遇 (　　　)　　(2) 慰 (　　　)

(3) 裝 (　　　)　　(4) 異 (　　　)

(5) 映 (　　　)　　(6) 遺 (　　　)

(7) 隱 (　　　)　　(8) 仁 (　　　)

(9) 雜 (　　　)　　(10) 郵 (　　　)

(11) 腸 (　　　)　　(12) 怨 (　　　)

2 다음 뜻에 알맞은 한자를 例에서 찾아 번호를 쓰시오.

> ①急　②張　③然　④營　⑤豫　⑥疑
> ⑦危　⑧燃　⑨源　⑩姿　⑪榮　⑫長

(1) 타다 (　　　)　　(2) 모양 (　　　)

(3) 경영하다 (　　　)　　(4) 의심하다 (　　　)

(5) 위태하다 (　　　)　　(6) 베풀다 (　　　)

(7) 미리 (　　　)　　(8) 근원 (　　　)

3 다음 뜻과 음에 맞는 한자를 쓰시오.

(1) 의지할 의 (　　　)　　(2) 맞을 영 (　　　)

(3) 재물 자 (　　　)　　(4) 맡길 위 (　　　)

(5) 선비 유 (　　　)　　(6) 장려할 장 (　　　)

4 다음 한자어의 독음을 쓰시오.

(1) 救援 (   )   (2) 優良 (   )

(3) 鉛筆 (   )   (4) 威勢 (   )

(5) 布帳 (   )   (6) 姉妹 (   )

(7) 範圍 (   )   (8) 基底 (   )

(9) 因緣 (   )   (10) 禮儀凡節 (   )

5 다음 뜻에 맞는 한자어를 例에서 찾아 쓰시오.

> 例
>
> 服裝   壯談   偶然   必然   隱德   恩德

(1) 확신을 가지고 자신있게 말함 (   )

(2) 뜻밖에 저절로 됨 (   )

(3) 숨은 덕행 (   )

(4) 옷차림 (   )

6 다음 문장의 밑줄 친 단어를 한자로 쓰시오.

(1) 요즘에는 아기에게 <u>분유</u>를 먹여 키우는 가정이 더 많다.

(2) 가족과 함께 근처 <u>유원지</u>로 놀러 갔다.

(3) 휴가의 <u>잔여</u> 기간을 시골집에서 보냈다.

(4) <u>잡음</u>이 심해서 전화 통화가 어렵다.

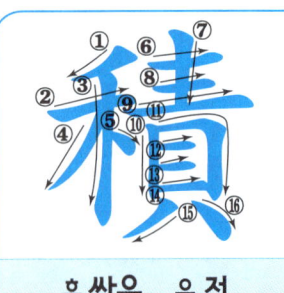

훈 쌓을 음 적

부수   禾(벼 화)

총획   16획

- 읽기   우리 반장님은 동네 일이라면 누구보다 積極的이다.
- 쓰임   積金(적금) : 주기적으로 돈을 저금   積善(적선) : 착한 일을 많이 함
         面積(면:적) : 평면의 크기   積極的(적극적) : 긍정적이고 능동적임
- 유의어 築(쌓을 축)

積
쌓을 적

훈 문서 음 적

부수   竹(대 죽)

총획   20획

- 읽기   내 本籍은 아버지와 같이 서울이다.
- 쓰임   本籍(본적) : 호적이 있는 곳   書籍(서적) : 책
         國籍(국적) : 자신이 속한 나라   除籍(제적) : 호적·학적에서 빼냄
- 유의어 狀(형상 상(문서 장))

籍
문서 적

훈 길쌈 음 적

부수   糸(실 사)

총획   17획

- 읽기   올해 實績은 기대에 훨씬 미치지 못한다.
- 쓰임   成績(성적) : 다 마친 뒤의 결과   實績(실적) : 실제의 업적
         治績(치적) : 정치상의 공적   業績(업적) : 업무의 성적
- 유의어 織(짤 직)

績
길쌈 적

훈 도적 음 적

부수   貝(조개 패)

총획   13획

- 읽기   逆賊의 누명을 쓰고 제주도로 귀양을 갔다.
- 쓰임   盜賊(도적) : 도둑   海賊(해:적) : 해상에서 활동하는 도적
         馬賊(마:적) : 말을 타고 다니는 도적   逆賊(역적) : 왕에게 반역하는 사람
- 유의어 盜(도둑 도)

賊
도적 적

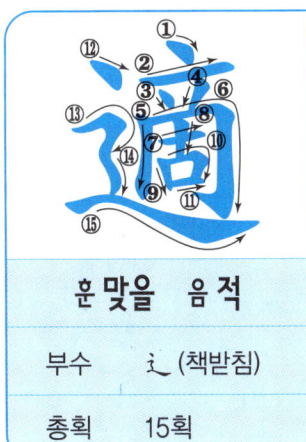

| 훈 | 맞을 | 음 | 적 |

부수 辶(책받침)

총획 15획

* 읽기 지금이 공격하기에 適期이다.
* 쓰임 適當(적당) : 정도가 알맞게 적절함   適期(적기) : 적당한 시기
  適量(적량) : 적당한 분량   適格(적격) : 격식에 맞음

適 맞을 적

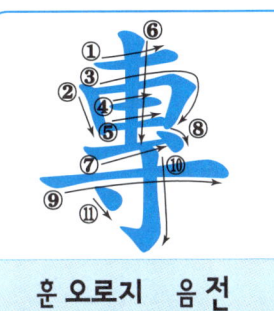

| 훈 | 오로지 | 음 | 전 |

부수 寸(마디 촌)

총획 11획

* 읽기 專屬으로 출연한다는 계약을 어겨 위약금을 물어야 했다.
* 쓰임 專攻(전공) : 전문적으로 연구함   專門(전문) : 한 가지 일을 함
  專用(전용) : 한 가지로만 씀   專屬(전속) : 한곳에만 속함
* 비슷한 글자 惠(은혜 혜)

專 오로지 전

| 훈 | 구를 | 음 | 전 |

부수 車(수레 거)

총획 18획

* 읽기 9회 들어 판세가 逆轉되어 우리 팀이 승리했다.
* 쓰임 轉勤(전:근) : 근무지를 옮김   轉業(전:업) : 직업을 바꿈
  逆轉(역전) : 형세가 뒤집혀짐   自轉(자전) : 스스로 회전함
* 약자 転

轉 구를 전

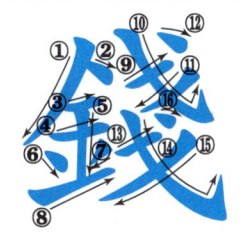

| 훈 | 돈 | 음 | 전 |

부수 金(쇠 금)

총획 16획

* 읽기 마지막에 겨우 本錢을 찾을 수 있었다.
* 쓰임 銅錢(동전) : 구리로 만든 돈   本錢(본전) : 본래의 액수
  金錢(금전) : 금으로 만든 돈   錢票(전:표) : 현금 대신 지급하는 표
* 약자 銭

錢 돈 전

한자검정능력 4급 135

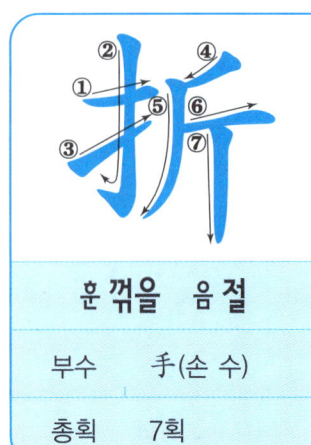

훈 꺾을 음 절

부수 手(손 수)

총획 7획

- 읽기 뒷자리에 타고 있던 사람들은 모두 骨折을 당하였다.
- 쓰임 折半(절반) : 하나를 반으로 가름
  骨折(골절) : 뼈가 부러짐
  曲折(곡절) : 복잡한 사연과 내용
  斷折(단:절) : 끊어짐
- 반의어 直(곧을 직)
- 유의어 曲(굽을 곡)

折 꺾을 절

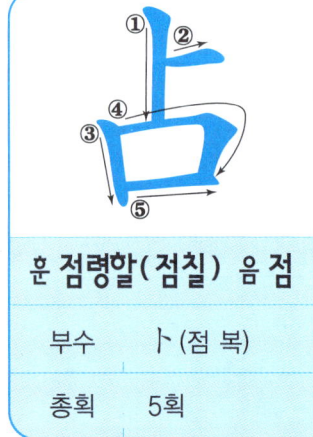

훈 점령할(점칠) 음 점

부수 卜(점 복)

총획 5획

- 읽기 해양 자원을 어느 한 나라에서 獨占할 수는 없다.
- 쓰임 占居(점거) : 어떤 장소를 차지함
  獨占(독점) : 독차지
  占有(점유) : 자기의 소유로 함
  先占(선점) : 남보다 먼저 차지함
- 비슷한 글자 古(옛 고)

占 점령할 점

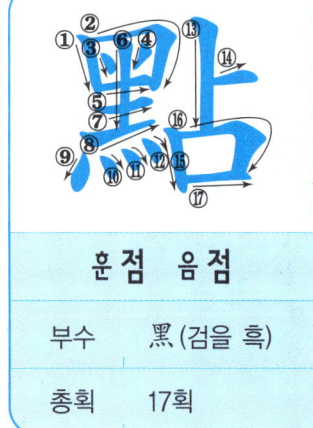

훈 점 음 점

부수 黑(검을 흑)

총획 17획

- 읽기 다시 採點을 한 결과 등수에 변화가 생겼다.
- 쓰임 點檢(점검) : 낱낱이 검사함
  採點(채:점) : 점수를 매김
  缺點(결점) : 완전하지 못한 점
  要點(요점) : 중요한 핵심
- 약자 点

點 점 점

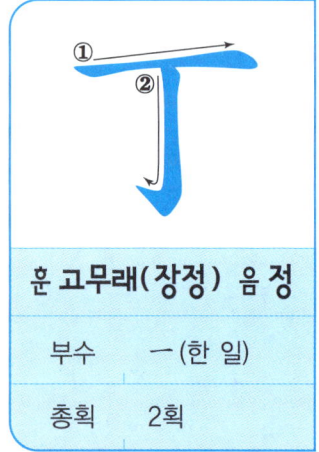

훈 고무래(장정) 음 정

부수 一(한 일)

총획 2획

- 읽기 壯丁 7명이 겨우 옮길 수 있었다.
- 쓰임 兵丁(병정) : 군인
  壯丁(장:정) : 혈기 왕성한 남자
  白丁(백정) : 가축을 잡는 일을 하는 직업

丁 고무래 정

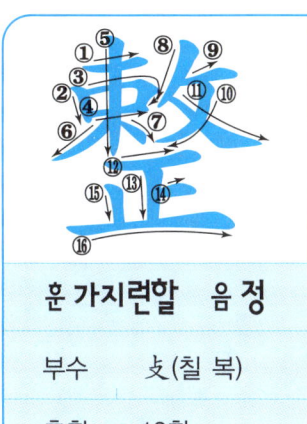

훈 가지런할 음 정
부수 攵(칠 복)
총획 16획

- 읽기 집안을 항상 整理하는 습관을 가져야겠다.
- 쓰임 整理(정:리) : 가지런히 바로 잡음   整形(정:형) : 형체를 바로잡음
        調整(조정) : 알맞게 정돈함   整列(정:렬) : 가지런히 벌여 섬

整 가지런할 정

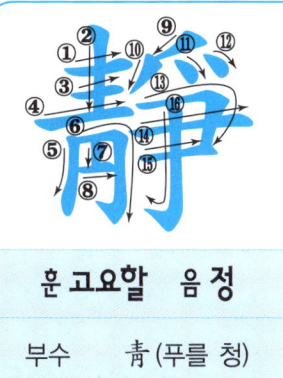

훈 고요할 음 정
부수 靑(푸를 청)
총획 16획

- 읽기 음악을 들으니 마음의 平靜을 찾을 수 있었다.
- 쓰임 靜物(정물) : 움직이지 않는 물건   平靜(평정) : 편안하고 고요함
        安靜(안정) : 마음이 편안함   靜肅(정숙) : 조용하고 엄숙함
- 반의어 動(움직일 동)

靜 고요할 정

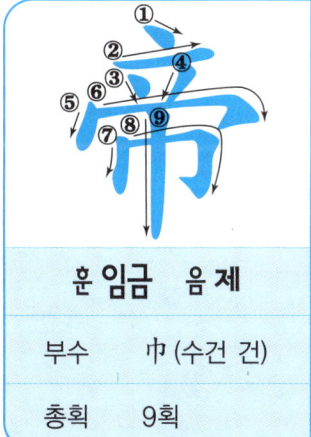

훈 임금 음 제
부수 巾(수건 건)
총획 9획

- 읽기 고종은 皇帝의 자리에 올랐으나 실권을 갖지는 못했다.
- 쓰임 皇帝(황제) : 제국의 군주   帝國(제:국) : 황제가 다스리는 나라
        反帝(반:제) : 제국주의에 반대함   帝王(제:왕) : 황제와 국왕
- 유의어 王(임금 왕)

帝 임금 제

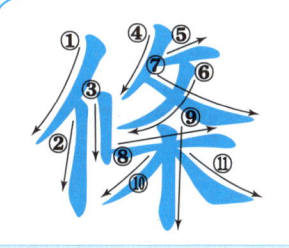

훈 가지 음 조
부수 木(나무 목)
총획 11획

- 읽기 아버지는 항상 용서와 화해를 信條로 내세우셨다.
- 쓰임 信條(신:조) : 굳게 믿는 생각   條件(조건) : 갖추어야 하는 요소
        條目(조목) : 조항이나 항목   不條理(부조리) : 도리에 어긋남
- 약자 条
- 비슷한 글자 修(닦을 수)

條 가지 조

한자검정능력 4급 137

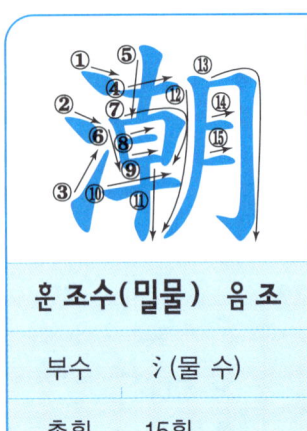

훈 조수(밀물) 음 조	
부수	氵(물 수)
총획	15획

- 읽기 초대 가수의 공연이 시작되자 한층 분위기가 高潮되었다.
- 쓰임 高潮(고조) : 감정이 고양된 상태   滿潮(만:조) : 밀물로 해수면이 높아진 상태
  退潮(퇴:조) : 세력이 쇠퇴함   潮水(조수) : 왔다 갔다 하는 바닷물
- 비슷한 글자 朝(아침 조)

潮 潮 潮 潮 潮 潮 潮
조수 조

훈 짤 음 조	
부수	糸(실 사)
총획	11획

- 읽기 하나하나 꼼꼼히 組立하여 맞추니 형체가 나타나기 시작했다.
- 쓰임 組立(조립) : 짜 맞춤   組織(조직) : 모여서 이룬 집합체
  組合(조합) : 목표를 두고 만든 단체   組長(조장) : 조의 우두머리
- 유의어 織(짤 직)
- 비슷한 글자 祖(할아비 조)

組 組 組 組 組 組 組
짤 조

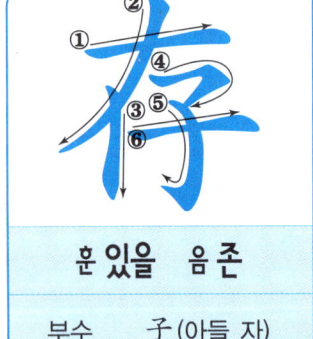

훈 있을 음 존	
부수	子(아들 자)
총획	6획

- 읽기 삼국사기는 現存하는 가장 오래 된 역사책이다.
- 쓰임 共存(공:존) : 둘 이상이 함께 있음   依存(의존) : 의지하고 있음
  存續(존속) : 계속 존재함   現存(현:존) : 현재 존재함
- 반의어 無(없을 무)
- 유의어 在(있을 재)

있을 존

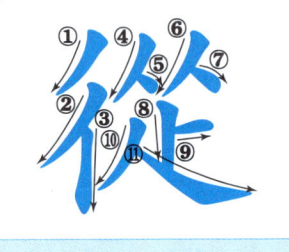

훈 좇을 음 종	
부수	彳(두인변)
총획	11획

- 읽기 從來의 방식을 획기적으로 개선하였다.
- 쓰임 順從(순:종) : 순순히 복종함   從事(종사) : 어떤 일을 매여서 함
  從前(종전) : 지금보다 이전   從來(종래) : 지금까지 내려오는 동안

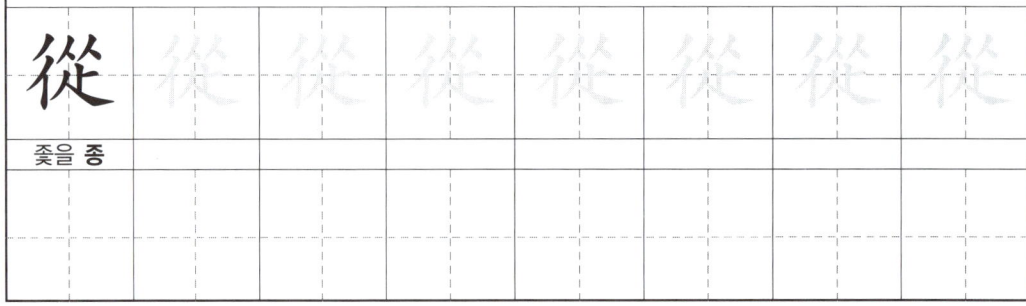
좇을 종

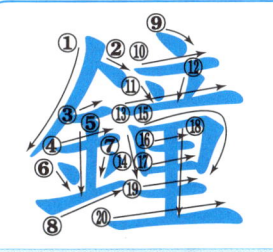

훈 쇠북 **음** 종
부수 金(쇠 금)
총획 20획

- 읽기: 조그만 기사에 불과했지만 우리 사회에 警鐘을 울리기에 충분했다.
- 쓰임: 打鐘(타:종): 종을 침 警鐘(경:종): 경계하기 위해 치는 종
  鐘路(종로): 종각 근처의 사거리 招人鐘(초인종): 입구에 달린 벨
- 비슷한 글자: 種(씨 종)

鐘 / 쇠북 종

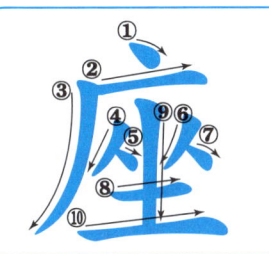

훈 자리 **음** 좌
부수 广(집 엄)
총획 10획

- 읽기: 그가 입을 열기만 해도 座中에서는 폭소가 터져 나왔다.
- 쓰임: 座席(좌:석): 앉는 자리 座中(좌:중): 여러 사람이 모인 자리
  王座(왕좌): 임금이 앉는 자리 星座(성좌): 별자리
- 유의어: 位(자리 위), 席(자리 석)

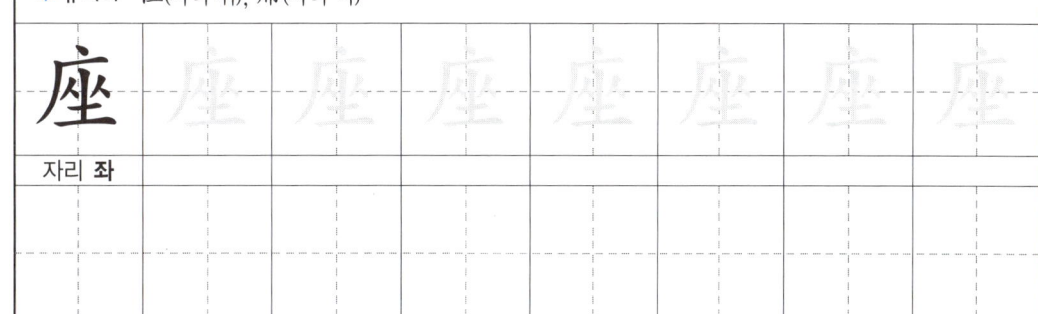

座 / 자리 좌

훈 두루 **음** 주
부수 口(입 구)
총획 8획

- 읽기: 비행기를 타고 지구를 一周하는 데 26시간이 걸렸다.
- 쓰임: 一周(일주): 한 바퀴 周邊(주변): 주위의 가장자리
  周知(주지): 여러 사람이 두루 앎 周圍(주위): 둘레
- 비슷한 글자: 週(주일 주)

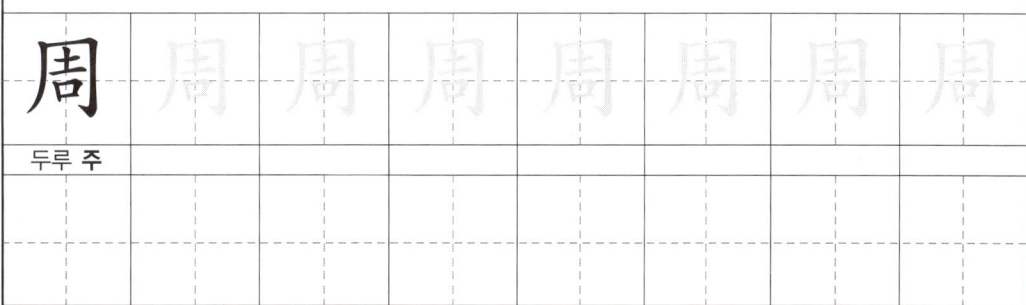

周 / 두루 주

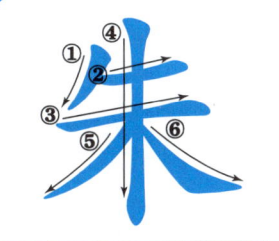

훈 붉을 **음** 주
부수 木(나무 목)
총획 6획

- 읽기: 해가 서쪽 하늘로 기울수록 점점 더 朱紅 빛을 띠었다.
- 쓰임: 朱黃(주황): 빨강과 노랑의 중간색 朱紅(주홍): 붉은 색에 가까운 색
  印朱(인주): 도장을 찍을 때 쓰는 재료
- 유의어: 紅(붉을 홍)

朱 / 붉을 주

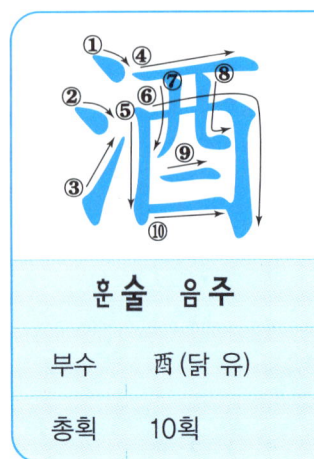

훈 술 음 주

부수 酉(닭 유)

총획 10획

- 읽기 자기 酒量대로 술을 마셔야 실수하지 않는다.
- 쓰임 酒道(주도) : 술자리에서의 도리   酒量(주량) : 술을 마시는 분량
  藥酒(약주) : 술을 다르게 이르는 말   勸酒(권:주) : 술을 권함

酒 술 주

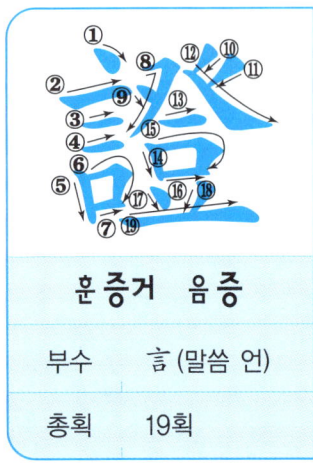

훈 증거 음 증

부수 言(말씀 언)

총획 19획

- 읽기 용의자의 자백 밖에는 證據로 내세울만한 것이 없었다.
- 쓰임 證明(증명) : 사물을 밝혀 확실하게 함   確證(확증) : 확실히 증명함
  檢證(검:증) : 검사하여 증명함   證據(증거) : 증명할 수 있는 근거
- 약자 証   - 비슷한 글자 燈(등 등)

證 증거 증

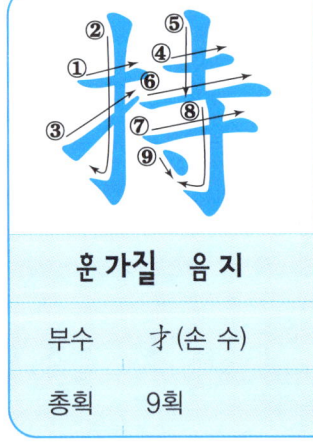

훈 가질 음 지

부수 扌(손 수)

총획 9획

- 읽기 고인께서는 어젯밤 持病이 악화되어 돌아가셨다.
- 쓰임 持續(지속) : 어떤 상태가 오래 지속됨   持論(지론) : 주장하는 의견이나 이론
  持病(지병) : 늘 앓고 있는 병   所持(소:지) : 가지고 있음
- 유의어 取(가질 취)

持 가질 지

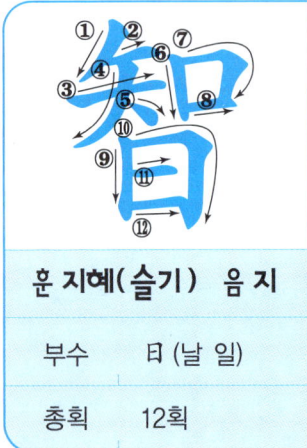

훈 지혜(슬기) 음 지

부수 日(날 일)

총획 12획

- 읽기 위기의 순간이었지만 奇智를 발휘해 벗어났다.
- 쓰임 智略(지략) : 슬기로운 계략
  奇智(기지) : 기발한 생각
  衆智(중:지) : 여러 사람의 지혜

智 지혜 지

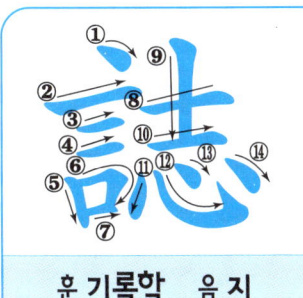

훈 기록할 **음** 지
부수 言(말씀 언)
총획 14획

- 읽기 수백 종류의 雜誌 중에서 내가 필요로 한 책은 없었다.
- 쓰임 日誌(일지) : 매일의 업무를 기록한 것   校誌(교:지) : 교내에서 발행하는 잡지
  雜誌(잡지) : 정기적으로 간행되는 출판물
- 유의어 識(알 식(기록할 지)), 錄(기록할 록)

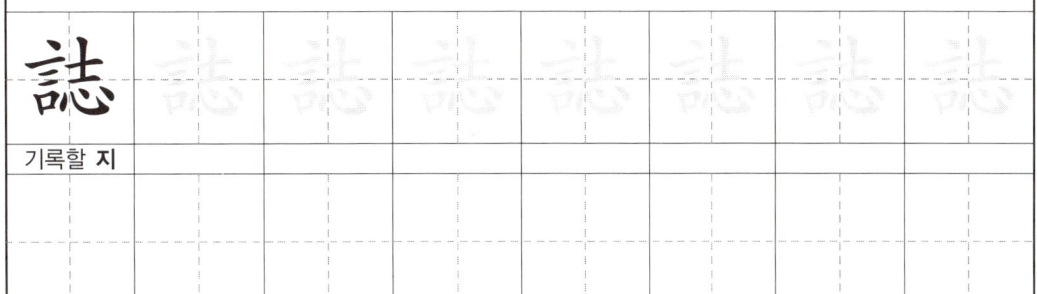
기록할 지

훈 짤 **음** 직
부수 糸(실 사)
총획 18획

- 읽기 어젯밤 織造 공장에 불이 나서 원사를 모두 태웠다.
- 쓰임 毛織(모직) : 털실로 짠 피륙   織造(직조) : 기계로 피륙을 짬
  組織(조직) : 베를 짜는 일
- 유의어 組(짤 조)

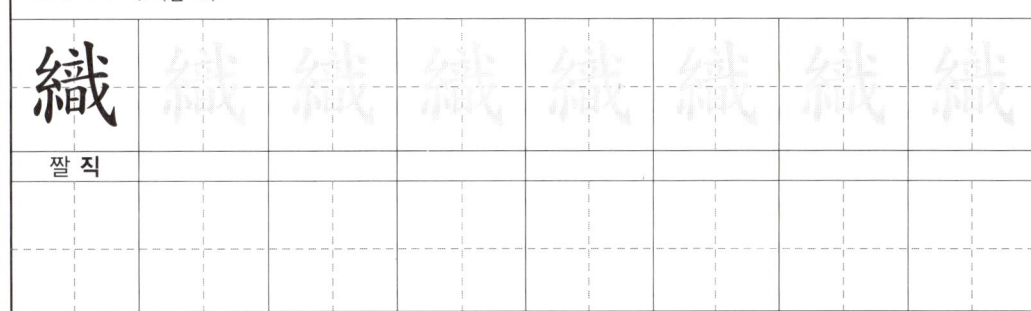
짤 직

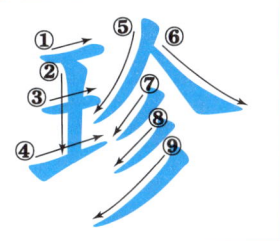

훈 보배 **음** 진
부수 玉(구슬 옥)
총획 9획

- 읽기 삼촌의 여행 가방이 열리자 珍奇한 물건들이 쏟아져 나왔다.
- 쓰임 珍味(진미) : 맛있는 음식   珍貴(진귀) : 보배롭고 귀중함
  珍奇(진기) : 보배롭고 귀중함   珍風景(진풍경) : 진귀한 풍경
- 약자 珎
- 유의어 寶(보배 보)

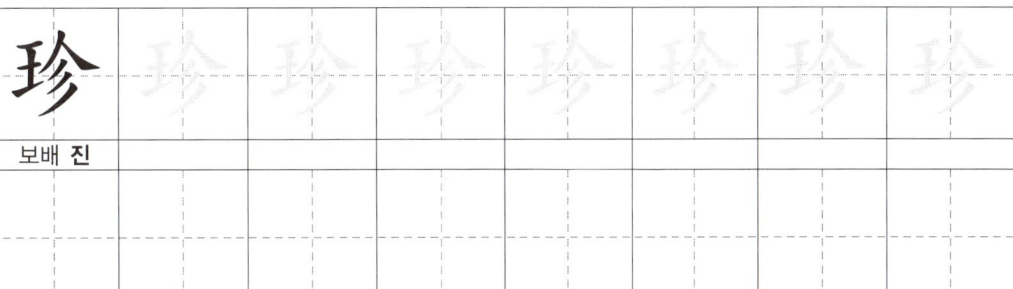
보배 진

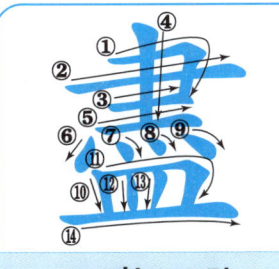

훈 다할 **음** 진
부수 皿(그릇 명)
총획 14획

- 읽기 아들의 極盡한 간호 속에서 노모는 조금씩 회복되었다.
- 쓰임 盡力(진:력) : 있는 힘을 다함   極盡(극진) : 지극한 정성
  賣盡(매:진) : 다 팔림   消盡(소진) : 모두 없어짐
- 약자 尽
- 유의어 極(다할 극)

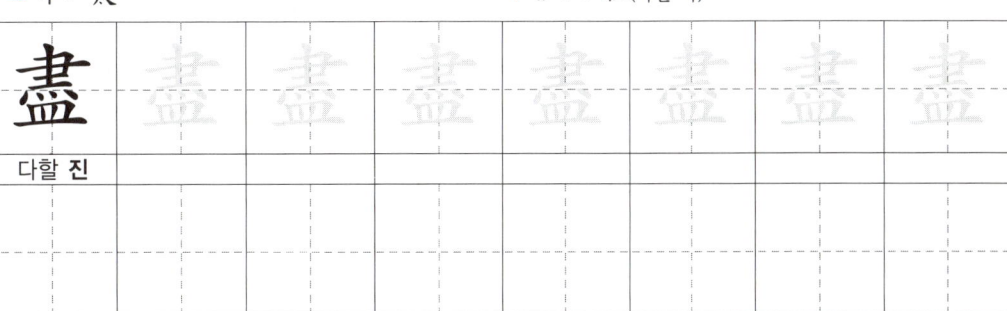
다할 진

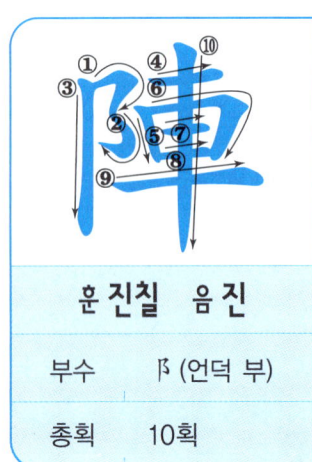

- 읽기 　낙동강 전선을 背水陣으로 우리 국군은 최후의 일전을 벌였다.
- 쓰임 　陳頭(진두) : 일의 선두　　　　　陣地(진지) : 진치고 있는 곳
　　　　陣營(진영) : 진을 친 곳　　　　背水陣(배:수진) : 물을 등지고 진을 침

훈 진칠　음 진

부수　阝(언덕 부)

총획　10획

陣
진칠 진

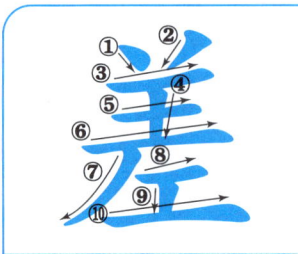

- 읽기 　성差別 금지법이 발효된 이후 여성 노동자의 고용이 확대되었다.
- 쓰임 　差異(차이) : 서로 다름　　　　誤差(오:차) : 참값과 근사값의 차이
　　　　差別(차별) : 차가 있게 구별함　差等(차등) : 차이가 나는 등급
- 반의어 　如(같을 여)　　　　　　　　　　　　유의어 　異(다를 이)

훈 다를　음 차

부수　工(장인 공)

총획　10획

差
다를 차

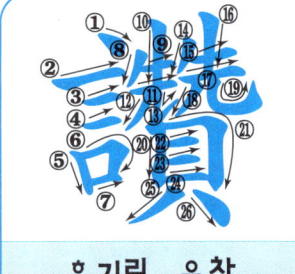

- 읽기 　그에 대한 讚辭도 이어졌지만 비난도 만만치 않았다.
- 쓰임 　過讚(과:찬) : 지나치게 칭찬함　　讚美(찬:미) : 기리어 칭송함
　　　　讚辭(찬:사) : 칭찬하는 말이나 글　禮讚(예찬) : 높이어 기림
- 유의어 　頌(칭송할(기릴) 송)

훈 기릴　음 찬

부수　言(말씀 언)

총획　26획

讚
기릴 찬

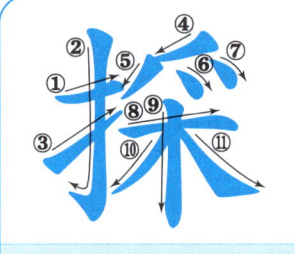

- 읽기 　경찰 특공대 特採 공고가 일간지에 게재되었다.
- 쓰임 　採用(채:용) : 인재를 등용함　　　採點(채:점) : 점수를 매김
　　　　採集(채:집) : 잡아서 모음　　　　特採(특채) : 특별히 채용함

훈 캘　음 채

부수　手(손 수)

총획　11획

採
캘 채

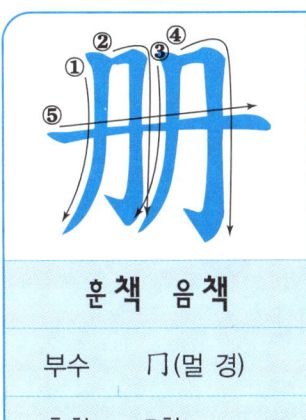

훈 책 음 책

부수	冂(멀 경)
총획	5획

- 읽기   이번 호에는 別冊 부록으로 제주도 화보집이 편찬되었다.
- 쓰임   書冊(서책) : 책자   別冊(별책) : 별도로 나온 책
         冊名(책명) : 책의 이름   冊張(책장) : 책의 낱장
- 유의어 篇(책 편)

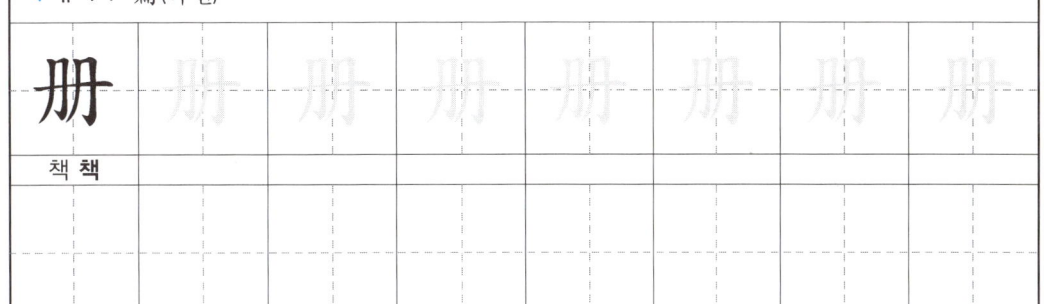

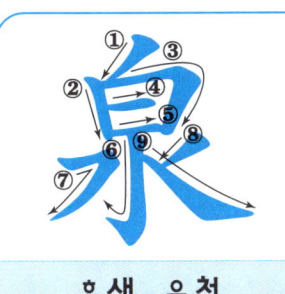

훈 샘 음 천

부수	水(물 수)
총획	9획

- 읽기   지하에서 퍼 올린 물이라고 모두 鑛泉수인 것은 아니다.
- 쓰임   溫泉(온천) : 더운 물이 솟아나는 샘
         源泉(원천) : 물이 흘러나오는 근원
         鑛泉(광:천) : 광물 성분이 포함된 샘

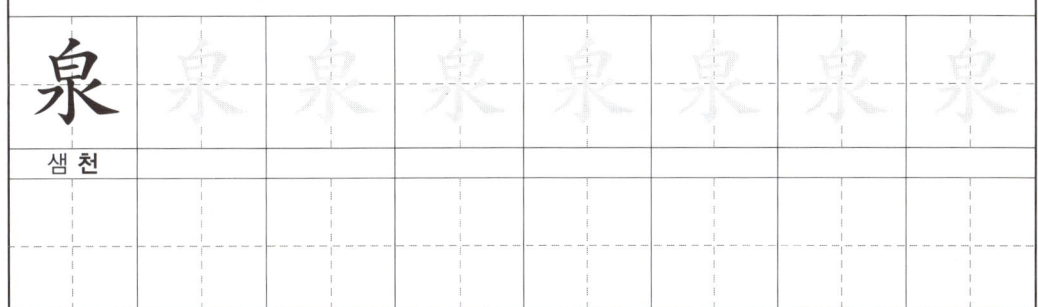

훈 관청 음 청

부수	广(집 엄)
총획	25획

- 읽기   지금은 廳舍들이 모여 있지만 10년 전만 해도 모두 논밭이었다.
- 쓰임   道廳(도:청) : 도의 행정을 맡아 하는 곳   大廳(대:청) : 방과 방 사이의 큰 마루
         廳舍(청사) : 관청이 있는 건물
- 유의어 府(관청 부)   - 비슷한 글자 聽(들을 청)

훈 들을 음 청

부수	耳(귀 이)
총획	22획

- 읽기   연설 내내 聽衆들의 열기가 대단하였다.
- 쓰임   聽衆(청중) : 연설 등을 듣는 사람   聽力(청력) : 소리를 듣는 능력
         傾聽(경청) : 주의하여 들음   視聽(시:청) : 보고 들음
- 유의어 聞(들을 문)

제 11 강 확인평가

1 다음 한자의 음을 쓰시오.

(1) 聽 (   )   (2) 占 (   )

(3) 智 (   )   (4) 靜 (   )

(5) 折 (   )   (6) 績 (   )

(7) 陣 (   )   (8) 丁 (   )

(9) 轉 (   )   (10) 持 (   )

(11) 鐘 (   )   (12) 存 (   )

2 다음 뜻에 알맞은 한자를 例에서 찾아 번호를 쓰시오.

例
① 戰   ② 酒   ③ 周   ④ 廳   ⑤ 條   ⑥ 讚
⑦ 淸   ⑧ 錢   ⑨ 週   ⑩ 珍   ⑪ 護   ⑫ 積

(1) 돈 (   )   (2) 술 (   )

(3) 기리다 (   )   (4) 쌓다 (   )

(5) 두루 (   )   (6) 관청 (   )

(7) 보배 (   )   (8) 가지 (   )

3 다음 뜻과 음에 맞는 한자를 쓰시오.

(1) 기록할 지 (   )   (2) 맞을 적 (   )

(3) 임금 제 (   )   (4) 붉을 주 (   )

(5) 캘 채 (   )   (6) 책 책 (   )

4 다음 한자어의 독음을 쓰시오.

(1) 講座 (   )   (2) 整備 (   )

(3) 逆賊 (   )   (4) 點線 (   )

(5) 保證 (   )   (6) 戶籍 (   )

(7) 專攻 (   )   (8) 組織 (   )

(9) 差異 (   )   (10) 源泉 (   )

5 다음 뜻에 맞는 한자어를 例에서 찾아 쓰시오.

> 例   敬聽   智略   從屬   屈折   誌略   屈節

(1) 주가 되는 것에 딸리어 붙음 (   )

(2) 휘어서 꺾임 (   )

(3) 공경하는 마음으로 들음 (   )

(4) 슬기로운 계략 (   )

6 다음 문장의 밑줄 친 단어를 한자로 쓰시오.

(1) 나는 그에게 진심으로 사과했다.

(2) 길을 건널 때에는 주위를 잘 살펴야 한다.

(3) 그는 시대의 조류에 민감하다.

(4) 도서관에서는 정숙하시오.

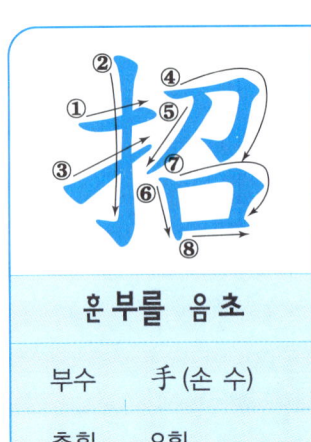

훈	부를	음	초
부수	手(손 수)		
총획	8획		

- 읽기 이런 결과를 招來하리라고는 아무도 예상 못했다.
- 쓰임 招待(초대) : 손님을 부름   招請(초청) : 청하여 부름
        招來(초래) : 어떤 결과를 불러 옴   自招(자초) : 스스로 부름
- 유의어 呼(부를 호)

招
부를 초

훈	밀	음	추
부수	手(손 수)		
총획	11획		

- 읽기 아무리 정확히 推定해 보아도 실제와는 차이가 있다.
- 쓰임 推進(추진) : 밀어 나아가게 함   推算(추산) : 미루어 계산함
        推理(추리) : 미루어 생각함   推定(추정) : 추측하여 결정함
- 반의어 提(끌 제)

推
밀 추

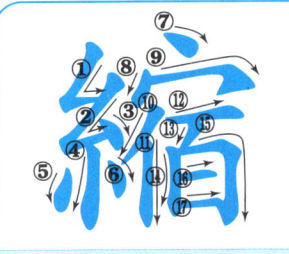

훈	줄일	음	축
부수	糸(실 사)		
총획	17획		

- 읽기 중간고사를 대비하여 오늘은 短縮 수업을 하였다.
- 쓰임 縮小(축소) : 줄여서 작아짐   短縮(단:축) : 짧게 줄어듦
        收縮(수축) : 줄어들거나 작아짐   壓縮(압축) : 눌러서 줄임
- 반의어 延(늘일 연)

줄일 축

훈	뜻	음	취
부수	走(달릴 주)		
총획	15획		

- 읽기 서로 趣向이 달라 자주 싸웠다.
- 쓰임 趣向(취:향) : 취미가 쏠리는 방향   趣味(취:미) : 일정한 방향으로 쏠리는 흥미
        情趣(정취) : 정감을 일으키는 흥취
- 유의어 情(뜻 정)

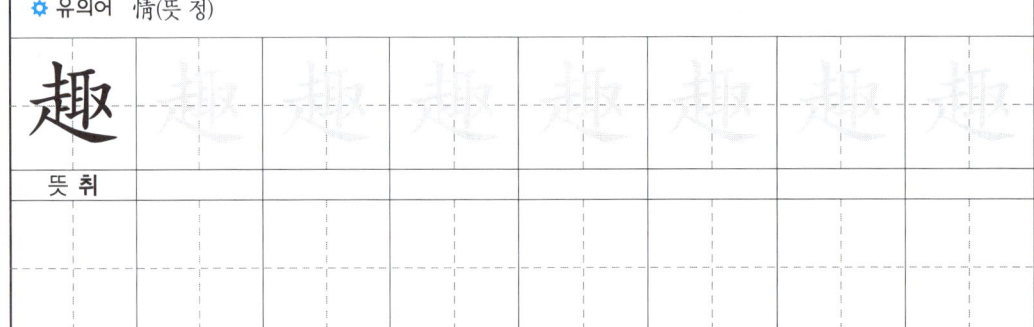

뜻 취

훈 나아갈 음 취

부수: 尢(절름발이왕)
총획: 12획

- 읽기: 장관에 就任한 지 2개월 만에 사퇴하였다.
- 쓰임: 就任(취:임) : 맡은 자리의 업무를 시작함 成就(성취) : 목적한 대로 일을 이룸
  就寢(취:침) : 잠자리에 듦 就職(취:직) : 일자리를 얻음
- 반의어: 退(물러날 퇴)
- 유의어: 進(나아갈 진)

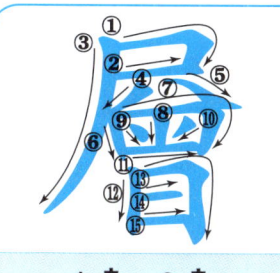

훈 층 음 층

부수: 尸(주검 시)
총획: 15획

- 읽기: 엘리베이터가 고장 나서 高層에 사는 사람들은 너무 힘들었다.
- 쓰임: 階層(계층) : 사회를 형성하는 여러 층 高層(고층) : 높은 층
  層階(층계) : 계단 深層(심:층) : 속의 깊은 층
- 유의어: 段(층계 단)

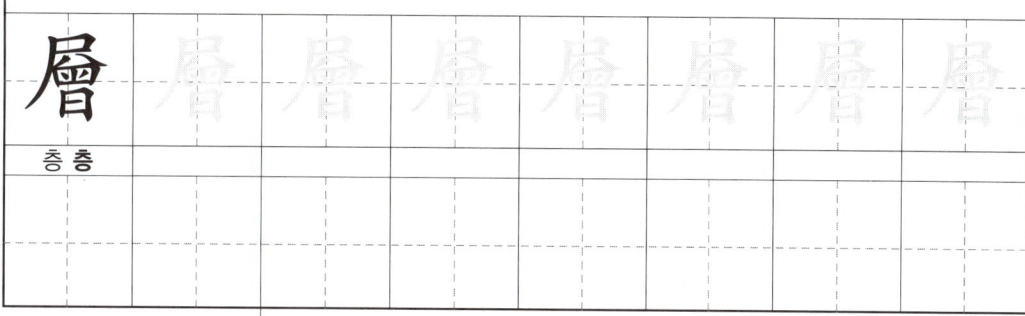

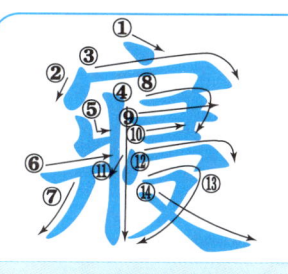

훈 잘 음 침

부수: 宀(집 면)
총획: 14획

- 읽기: 새 봄을 맞아 寢具類를 대폭 할인하여 판다고 한다.
- 쓰임: 寢室(침:실) : 자는 방 寢具(침:구) : 잠 잘 때 필요한 물건
  起寢(기침) : 잠자리에서 일어남 寢食(침:식) : 잠자는 것과 먹는 것
- 반의어: 起(일어날 기)
- 유의어: 宿(잘 숙)

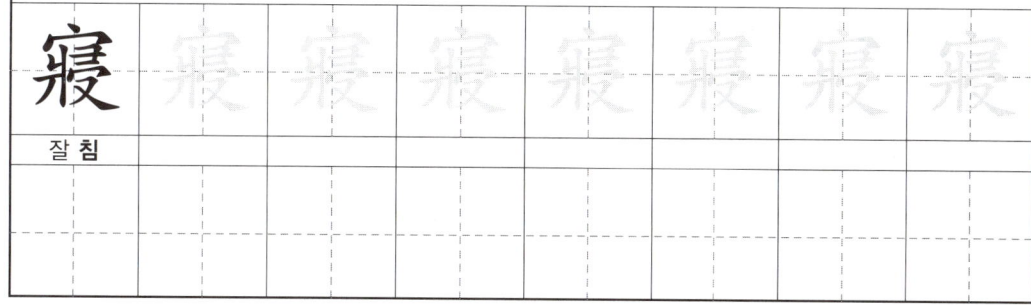

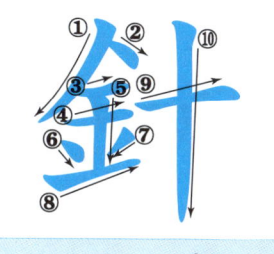

훈 바늘 음 침

부수: 金(쇠 금)
총획: 10획

- 읽기: 毒針이 피부를 찌르자 서서히 온몸이 굳어오며 호흡이 곤란해졌다.
- 쓰임: 針線(침:선) : 바느질 時針(시침) : 시각을 가리키는 바늘
  毒針(독침) : 독이 묻은 바늘
- 비슷한 글자: 計(셀 계)

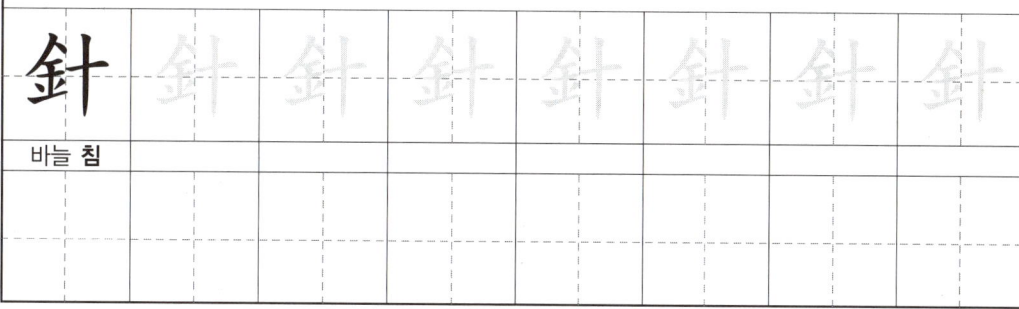

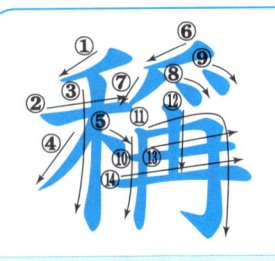

- 훈 일컬을 음 칭
- 부수   禾(벼 화)
- 총획   14획

- 읽기 稱讚을 받자 자신도 모르게 자신감이 생겼다.
- 쓰임 稱讚(칭찬) : 잘한다고 추어올림   名稱(명칭) : 사람을 부르는 이름
       指稱(지칭) : 가리키어 부름   尊稱(존칭) : 공경하여 부르는 호칭
- 유의어 號(이름 호)

稱
일컬을 칭

- 훈 탄알 음 탄
- 부수   弓(활 궁)
- 총획   15획

- 읽기 스프링은 彈性의 힘을 이용하는 것이다.
- 쓰임 彈壓(탄:압) : 함부로 을러대고 억누름   彈力(탄:력) : 탄탄하게 버티는 힘
       彈性(탄:성) : 본래 상태로 돌아가는 성질 彈道(탄:도) : 탄알이 공중으로 날아가는 길
- 비슷한 글자 單(홑 단)

彈
탄알 탄

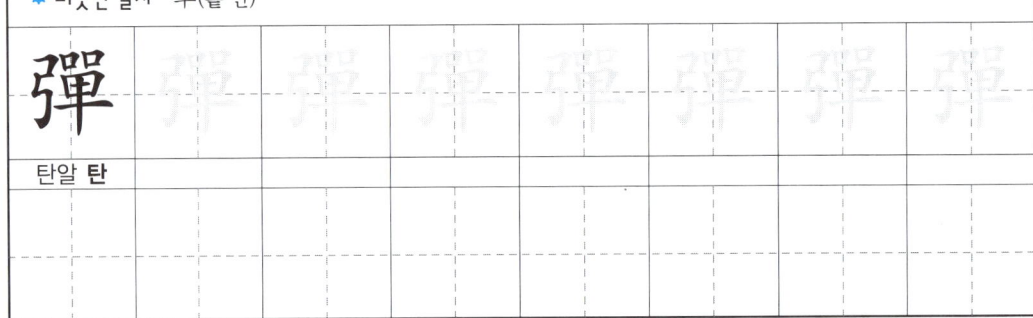

- 훈 탄식할 음 탄
- 부수   欠(하품 흠)
- 총획   15획

- 읽기 그 광경을 보고 感歎만 하고 있기에는 시간이 너무 없었다.
- 쓰임 歎息(탄:식) : 한숨을 쉬며 한탄함   感歎(감:탄) : 감동하며 찬탄함
       歎聲(탄:성) : 감탄하는 소리   歎服(탄:복) : 감탄하여 마음으로 따름
- 비슷한 글자 難(어려울 난)

歎
탄식할 탄

- 훈 벗을 음 탈
- 부수   月(육달월)
- 총획   11획

- 읽기 어릴 때 본 영화 중에 영광의 脫出이 가장 기억에 남는다.
- 쓰임 離脫(이:탈) : 떨어져나감   脫出(탈출) : 벗어나 도망침
       脫落(탈락) : 떨어지거나 빠짐   脫營(탈영) : 군인이 병영에서 도망침
- 비슷한 글자 稅(세금 세)

脫
벗을 탈

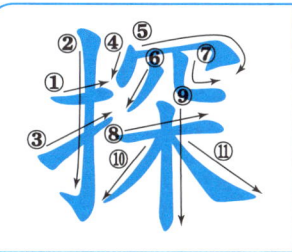

훈 찾을 음 탐

부수 手(손 수)
총획 11획

- 읽기 끈질긴 探問 끝에 목격자를 한 사람 찾을 수 있었다.
- 쓰임 探究(탐구) : 깊이 연구함　　　探險(탐험) : 미지의 세계를 살핌
  　　 探問(탐문) : 찾아 물음　　　　探索(탐색) : 더듬어 찾음
- 유의어 訪(찾을 방)

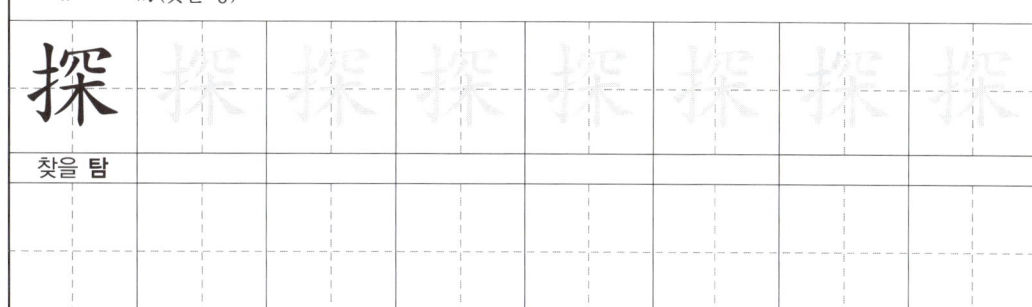

찾을 탐

훈 가릴 음 택

부수 手(손 수)
총획 16획

- 읽기 자기가 한 選擇에 대해선 자기가 책임을 져야 한다.
- 쓰임 擇一(택일) : 하나를 고름　　　擇日(택일) : 좋은 날짜를 고름
  　　 採擇(채:택) : 가려서 뽑음　　選擇(선:택) : 골라서 씀
- 유의어 選(가릴 선)

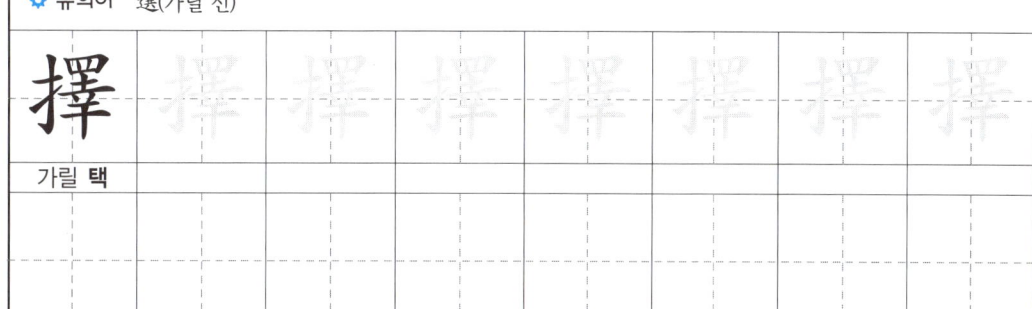

가릴 택

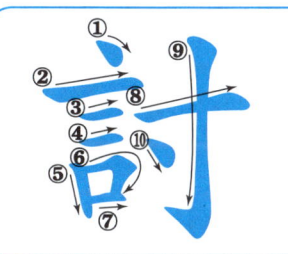

훈 칠 음 토

부수 言(말씀 언)
총획 10획

- 읽기 오랜 討議 끝에 서로 조금씩 양보하기로 하였다.
- 쓰임 討論(토:론) : 옳고 그름을 따져 논함　　檢討(검:토) : 내용을 검사함
  　　 討議(토:의) : 검토하고 의논함　　　　　討伐(토벌) : 군대를 보내 물리침
- 반의어 守(지킬 수)　　유의어 打(칠 타)

칠 토

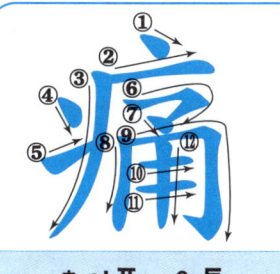

훈 아플 음 통

부수 疒(병 질)
총획 12획

- 읽기 아침부터 저녁까지 頭痛이 멈추지 않는다.
- 쓰임 苦痛(고통) : 괴롭고 아픔　　　頭痛(두통) : 머리가 아픈 증세
  　　 痛感(통:감) : 사무치게 느낌　　悲痛(비:통) : 몹시 슬픔
- 비슷한 글자 通(통할 통)

아플 통

훈 던질 음 투

부수 手(손 수)

총획 7획

- 읽기 9회에 들어서자 投手의 공 속도가 현저히 떨어졌다.
- 쓰임 投球(투구) : 공을 던짐   投資(투자) : 자금을 투입함
  投下(투하) : 아래로 떨어뜨림   投手(투수) : 공을 던지는 사람

投 던질 투

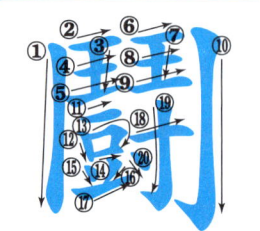

훈 싸움 음 투

부수 鬥(싸울 투)

총획 20획

- 읽기 한쪽에서는 激鬪가 한쪽에서는 도박이 벌어지고 있었다.
- 쓰임 鬪病(투병) : 병과 싸움   激鬪(격투) : 격렬하게 싸움
  鬪爭(투쟁) : 싸움   鬪犬(투견) : 싸움 개
- 반의어 和(화할 화)
- 유의어 爭(다툴 쟁)

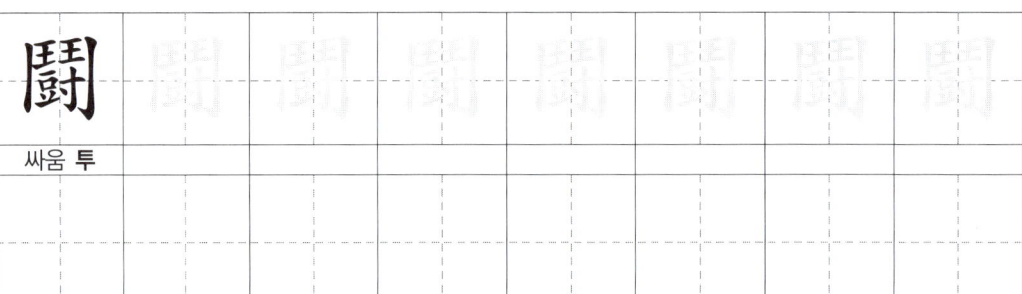

싸움 투

훈 갈래 음 파

부수 氵(물 수)

총획 9획

- 읽기 국민들의 派兵 반대 목소리에서 정부는 강행하였다.
- 쓰임 派兵(파병) : 군대를 보냄   派生(파생) : 갈리어 나옴
  急派(급파) : 급히 파견함   分派(분파) : 여러 갈래로 나뉨
- 비슷한 글자 波(물결 파)

派 갈래 파

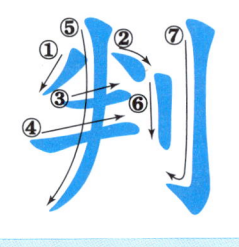

훈 판단할 음 판

부수 刂(칼 도)

총획 7획

- 읽기 상황을 誤判하여 막대한 재산 피해를 받았다.
- 쓰임 判決(판결) : 시비를 가려 결정함   誤判(오:판) : 잘못 판단함
  判定(판정) : 판별하여 결정함   判讀(판독) : 뜻을 판별해 읽음
- 비슷한 글자 刑(형벌 형)

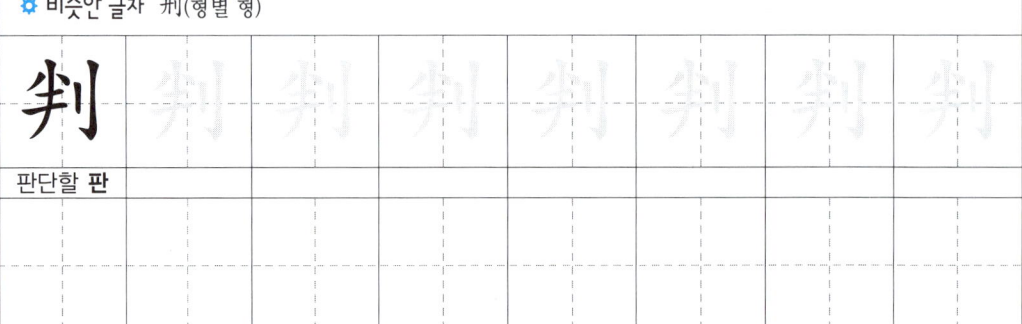

판단할 판

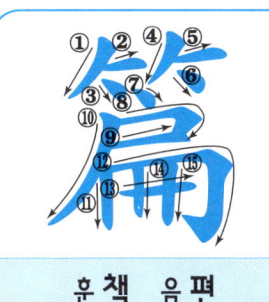

훈 책 음 편

부수 竹(대 죽)

총획 15획

✿ 읽기 조사를 해보니 玉篇마다 조금씩의 차이가 있었다.
✿ 쓰임 長篇(장편) : 긴 글로 한 편을 이룬 글   短篇(단:편) : 짧게 지은 글이나 영화
　　　玉篇(옥편) : 한자 자전   篇次(편차) : 서책 분류의 차례
✿ 유의어 冊(책 책)

篇 篇 篇 篇 篇 篇 篇 篇
책 편

훈 평할 음 평

부수 言(말씀 언)

총획 12획

✿ 읽기 그 영화는 인기는 없었지만 비평가들의 好評을 받았다.
✿ 쓰임 評價(평:가) : 가치나 수준을 따짐   好評(호:평) : 좋게 평판함
　　　世評(세:평) : 세상 사람들의 비평   評論(평:론) : 평가하여 논함
✿ 유의어 批(비평할 비)

評 評 評 評 評 評 評 評
평할 평

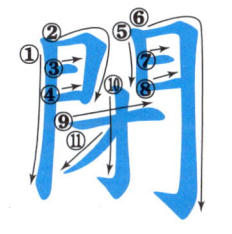

훈 닫을 음 폐

부수 門(문 문)

총획 11획

✿ 읽기 정확히 10시에는 모든 가게들이 閉店한다.
✿ 쓰임 閉門(폐:문) : 문을 닫음   閉會(폐:회) : 회의를 끝냄
　　　閉店(폐:점) : 가게를 닫음   開閉(개폐) : 열고 닫음
✿ 반의어 開(열 개)

閉 閉 閉 閉 閉 閉 閉 閉
닫을 폐

훈 세포 음 포

부수 月(육달월)

총획 9획

✿ 읽기 우리 몸은 100조개라는 엄청난 수의 細胞로 구성되어 있다.
✿ 쓰임 同胞(동포) : 같은 겨레   細胞(세:포) : 생물체의 기본 단위
　　　胞子(포자) : 생식 세포   單細胞(단세포) : 하나의 세포
✿ 비슷한 글자 砲(대포 포)

胞 胞 胞 胞 胞 胞 胞 胞
세포 포

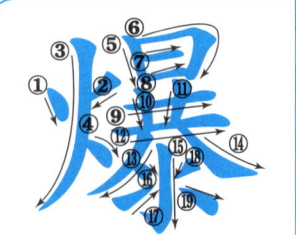

훈 불 터질 음 폭

부수   火(불 화)

총획   19획

- 읽기 엄청난 爆音으로 주변의 유리창이 모두 박살났다.
- 쓰임 爆發(폭발) : 갑자기 터짐   爆音(폭음) : 폭발하는 소리
       爆死(폭사) : 폭발로 숨짐   爆笑(폭소) : 갑자기 터져 나오는 웃음
- 비슷한 글자 暴(사나울 폭)

爆

불 터질 폭

훈 표할 음 표

부수   木(나무 목)

총획   15획

- 읽기 나의 目標는 단순히 부자가 되는 것이 아니다.
- 쓰임 標本(표본) : 실물의 견본   指標(지표) : 방향을 가리키는 표지
       標題(표제) : 기사의 제목   目標(목표) : 도달하려는 대상
- 비슷한 글자 票(표 표)

標

표할 표

훈 피곤할 음 피

부수   疒(병 질)

총획   10획

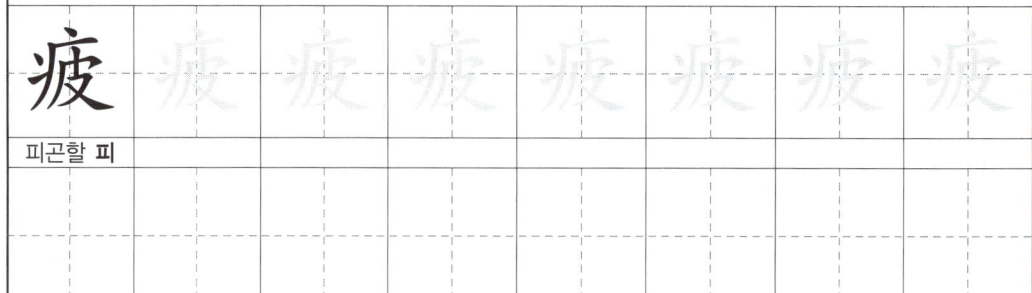

- 읽기 병사들의 몸은 疲困하였지만 사기는 하늘을 찔렀다.
- 쓰임 疲困(피곤) : 지치고 고달픔
       疲勞(피로) : 지쳐서 고단함
- 유의어 困(피곤할 곤)

疲

피곤할 피

훈 피할 음 피

부수   辶(책받침)

총획   17획

- 읽기 그것은 누구도 回避할 수 있는 문제가 아니다.
- 쓰임 避身(피:신) : 몸을 피함   待避(대:피) : 일시적으로 위험을 피함
       避難(피:난) : 재난을 피함   回避(회피) : 몸을 피하여 만나지 않음
- 유의어 逃(도망할 도)

避

피할 피

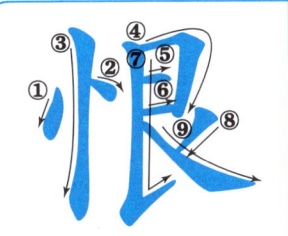

훈 한	음 한
부수	忄(마음 심)
총획	9획

- 읽기 당신의 얼굴을 보았으니 이제 나는 餘恨이 없소이다.
- 쓰임 怨恨(원:한) : 원통하고 한이 됨   痛恨(통:한) : 매우 한탄함
  餘恨(여한) : 풀리지 않은 원한   恨歎(한:탄) : 한숨쉬며 탄식함
- 비슷한 글자 根(뿌리 근)

恨 한 한

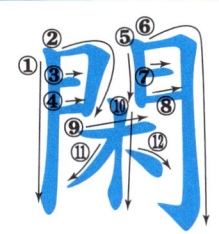

훈 한가할	음 한
부수	門(문 문)
총획	12획

- 읽기 동내 閑良들과 어울리다가 밤이 새는 줄도 몰랐다.
- 쓰임 閑散(한산) : 한가하고 적적함   閑良(한량) : 놀기만 좋아하는 사람
  閑暇(한가) : 여유가 있음   等閑視(등:한시) : 예사로 여김
- 비슷한 글자 閉(닫을 폐)

閑 한가할 한

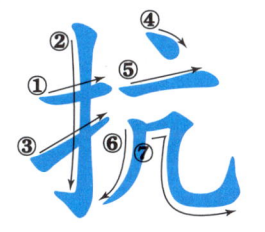

훈 겨룰	음 항
부수	手(손 수)
총획	7획

- 읽기 불의에 抗拒하여 시위를 하다가 화상을 입었다.
- 쓰임 抗拒(항:거) : 대항함   抗議(항:의) : 대항하여 나섬
  反抗(반:항) : 저항함   抗爭(항:쟁) : 대항하여 다툼
- 유의어 爭(다툴 쟁)

抗 겨룰 항

훈 씨	음 핵
부수	木(나무 목)
총획	10획

- 읽기 북한이 核武器 보유를 공식화하자 주변국들은 술렁거렸다.
- 쓰임 核心(핵심) : 중심이 되는 부분   核武器(핵무기) : 핵에너지를 이용한 무기
  反核(반:핵) : 핵무기를 반대함
- 유의어 種(씨 종)

核 씨 핵

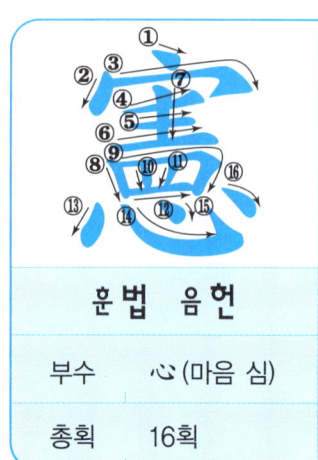

훈 법 **음** 헌

부수	心 (마음 심)
총획	16획

- 읽기: 국민들의 합의가 있다면 改憲을 할 수도 있다.
- 쓰임: 憲法(헌:법) : 나라의 기본이 되는 법   憲章(헌:장) : 법적으로 규정한 규범
  改憲(개:헌) : 헌법을 고침   憲政(헌:정) : 헌법에 의한 정치
- 유의어: 法(법 법), 律(법칙 률)

憲 — 법 헌

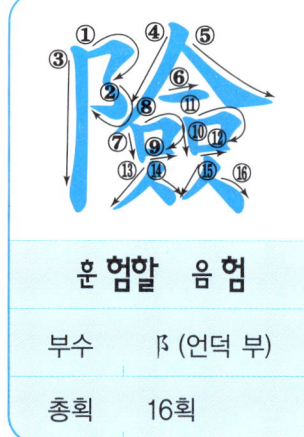

훈 험할 **음** 험

부수	阝(언덕 부)
총획	16획

- 읽기: 保險에 가입한다고 하여 위험이 없어지는 것은 아니다.
- 쓰임: 險難(험난) : 위험하고 어려움   險惡(험악) : 거칠고 악함
  保險(보:험) : 손해를 보증함   險路(험:로) : 험한 길
- 비슷한 글자: 儉(검사할 검)

險 — 험할 험

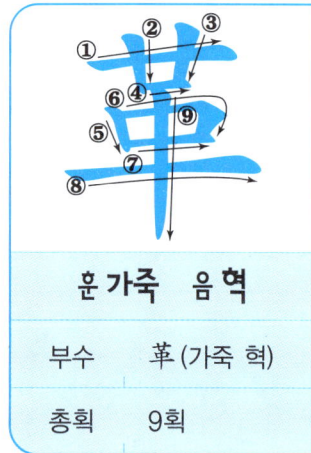

훈 가죽 **음** 혁

부수	革(가죽 혁)
총획	9획

- 읽기: 그것이 쿠데타였는지 革命이었는지의 판단은 국민들의 몫이다.
- 쓰임: 革新(혁신) : 새롭게 함   改革(개:혁) : 새롭게 뜯어 고침
  革命(혁명) : 기존의 것을 완전히 고침   皮革(피혁) : 가죽

革 — 가죽 혁

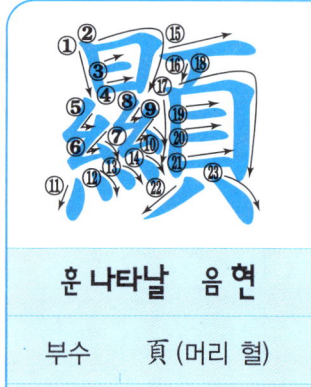

훈 나타날 **음** 현

부수	頁 (머리 혈)
총획	23획

- 읽기: 이번 顯忠日에는 국립묘지에 계신 아버지를 찾을 계획이다.
- 쓰임: 顯達(현:달) : 신분이 높아짐
  顯忠日(현:충일) : 기념일, 6월 6일
- 반의어: 消(사라질 소)
- 유의어: 現(나타날 현)

顯 — 나타날 현

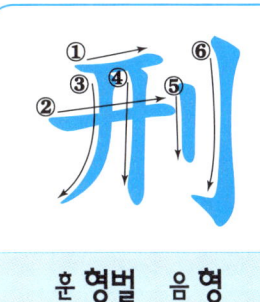

훈 형벌	음 형	
부수	刂(칼 도)	
총획	6획	

- 읽기: 刑罰은 반드시 법률에 따라 정해야 한다.
- 쓰임: 刑罰(형벌) : 범죄자에 내리는 벌 極刑(극형) : 가장 무거운 형벌
  刑法(형법) : 죄와 형벌을 규정한 법 處刑(처:형) : 형벌을 줌
- 유의어: 罰(벌할 벌)

刑 | 刑 | 刑 | 刑 | 刑 | 刑 | 刑
형벌 형

훈 혹	음 혹	
부수	戈(창 과)	
총획	8획	

- 읽기: 或是 실수가 있더라도 널리 이해해주시기 바랍니다.
- 쓰임: 或是(혹시) : 행여나
  或者(혹자) : 어떠한 사람
  間或(간:혹) : 어쩌다가

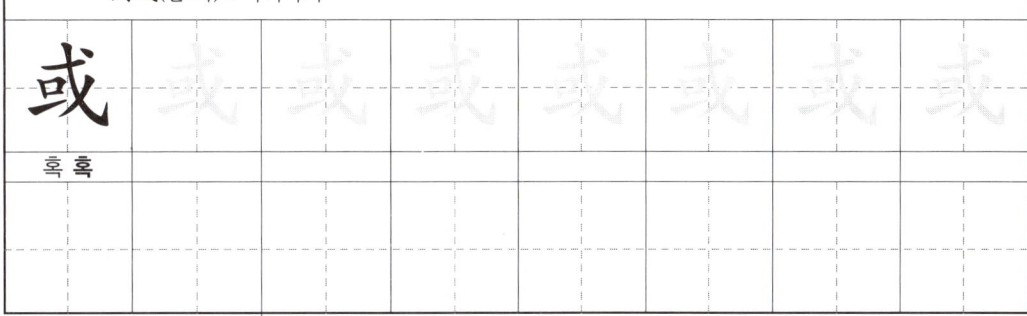

혹 혹

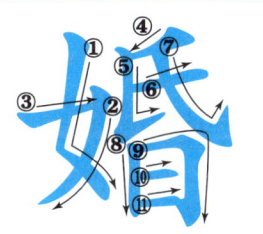

훈 혼인할	음 혼	
부수	女(계집 녀)	
총획	11획	

- 읽기: 아무래도 結婚하기에는 나이가 아직 어린 것 같다.
- 쓰임: 婚期(혼기) : 결혼하기에 적당한 나이 約婚(약혼) : 혼인을 약속함
  請婚(청혼) : 결혼하기를 청함 結婚(결혼) : 부부의 연을 맺음

婚 | 婚 | 婚 | 婚 | 婚 | 婚 | 婚
혼인할 혼

훈 섞을	음 혼	
부수	氵(물 수)	
총획	11획	

- 읽기: 두 팀의 실력이 워낙 비슷하여 混戰이 예상된다.
- 쓰임: 混亂(혼:란) : 뒤섞여서 어지러움 混戰(혼:전) : 뒤섞이어 싸움
  混合(혼:합) : 한데 합함 混成(혼:성) : 뒤섞이어 이루어짐
- 유의어: 雜(섞일 잡)

섞을 혼

훈 붉을 **음** 홍

부수: 糸(실 사)
총획: 9획

- 읽기: 갑자기 그녀의 얼굴은 紅潮 빛으로 물들었다.
- 쓰임: 紅玉(홍옥) : 붉은 빛깔의 보석 紅潮(홍조) : 붉게 빛나는 해조
  紅葉(홍엽) : 붉은 잎
- 반의어: 靑(푸를 청)
- 유의어: 朱(붉을 주)

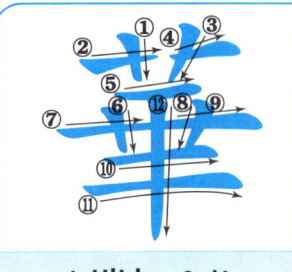

훈 빛날 **음** 화

부수: 艹(풀 초)
총획: 12획

- 읽기: 외모는 華麗했으나 얼굴빛은 왠지 어두웠다.
- 쓰임: 榮華(영화) : 권력과 부귀를 누림 華麗(화려) : 빛나고 고움
  散華(산:화) : 꽃다운 나이에 전사함 華甲(화갑) : 환갑을 달리 이르는 말
- 유의어: 曜(빛날 요)

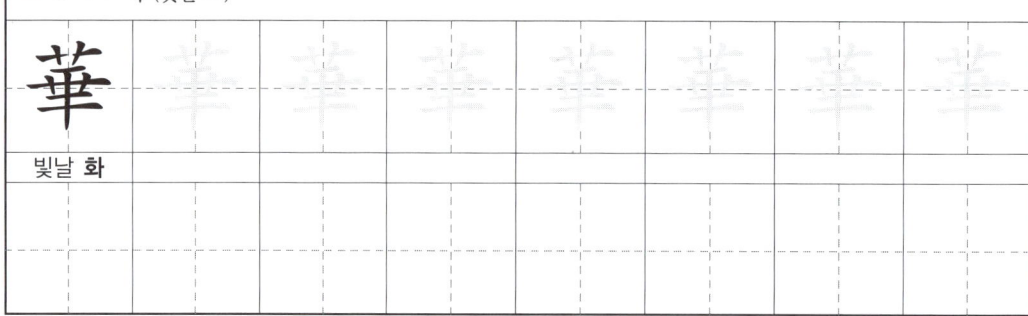

훈 기쁠 **음** 환

부수: 欠(하품 흠)
총획: 22획

- 읽기: 자기 성격대로 한다면 어디에서도 歡迎받기 힘들다.
- 쓰임: 歡待(환대) : 반기어 대접함 歡迎(환영) : 즐거이 맞이함
  歡談(환담) : 즐겁게 서로 이야기함 歡聲(환성) : 기뻐 고함치는 소리
- 반의어: 悲(슬플 비)
- 유의어: 喜(기쁠 희)

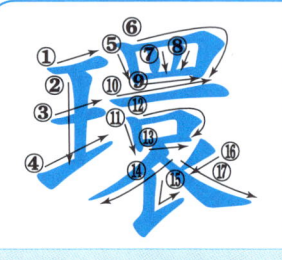

훈 고리 **음** 환

부수: 玉(구슬 옥)
총획: 17획

- 읽기: 언제까지나 環境만 탓하고 있을 수는 없다.
- 쓰임: 環境(환경) : 주위의 모든 세계 花環(화환) : 고리 모양으로 만든 꽃
  環狀(환상) : 둥글게 생긴 형상
- 비슷한 글자: 還(돌아올 환)

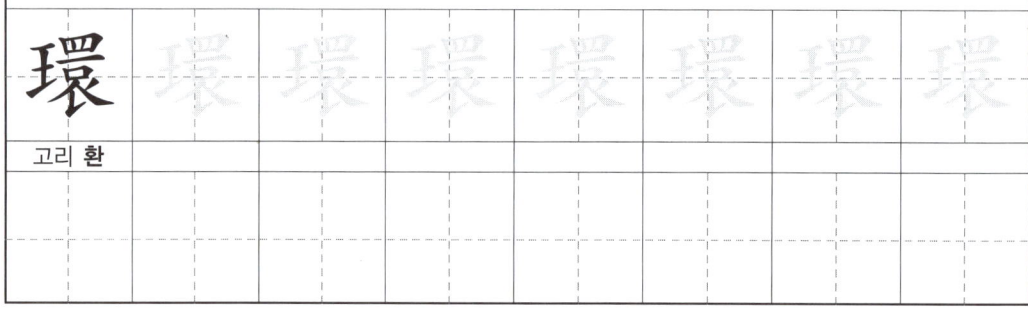

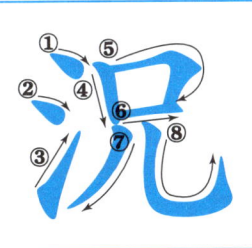

훈 상황 음 황

부수   氵(물 수)

총획   8획

- 읽기 콘서트는 盛況리에 막을 내렸다.
- 쓰임 近況(근:황) : 요즈음의 상황   好況(호:황) : 상황이 좋음
         實況(실황) : 실제의 상황   盛況(성:황) : 성대한 모양
- 비슷한 글자 兄(맏 형)

況 상황 황

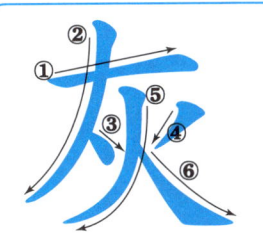

훈 재 음 회

부수   火(불 화)

총획   6획

- 읽기 건물 내부를 灰色으로 칠하니 의외로 차분한 느낌이 들었다.
- 쓰임 灰色(회색) : 잿빛, 쥐색
         灰壁(회벽) : 석회로 바른 벽
- 유의어 炭(숯 탄)

灰 재 회

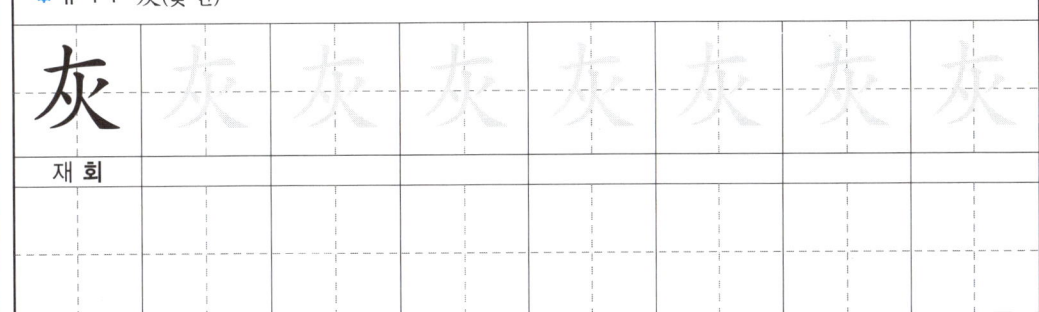

훈 기후 음 후

부수   亻(사람 인)

총획   10획

- 읽기 어떤 惡天候에도 견딜 수 있도록 설계되었다.
- 쓰임 氣候(기후) : 날씨   惡天候(악천후) : 몹시 나쁜 날씨
         問候(문:후) : 어른께 안부를 물음   全天候(전천후) : 어떤 조건에도 견딤

候 기후 후

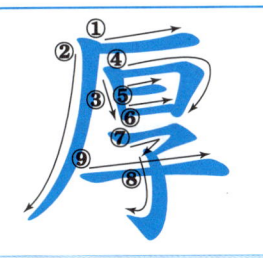

훈 두터울 음 후

부수   厂(민엄 호)

총획   9획

- 읽기 강아지를 찾아주는 사람에게는 厚謝하겠다고 하였다.
- 쓰임 厚待(후:대) : 후한 대접   厚謝(후:사) : 후하게 사례함
         溫厚(온후) : 부드럽고 진실함   厚德(후:덕) : 두터운 덕행

厚 두터울 후

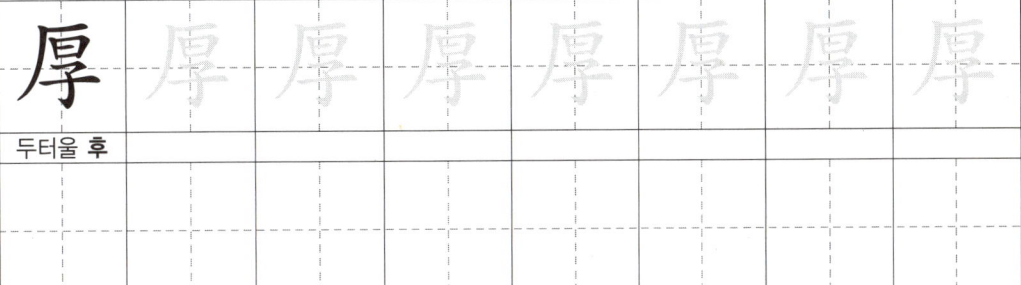

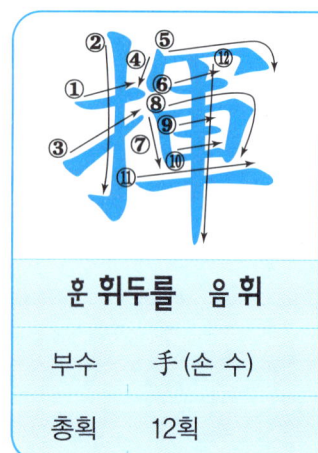

훈 휘두를 **음** 휘

부수	手(손 수)
총획	12획

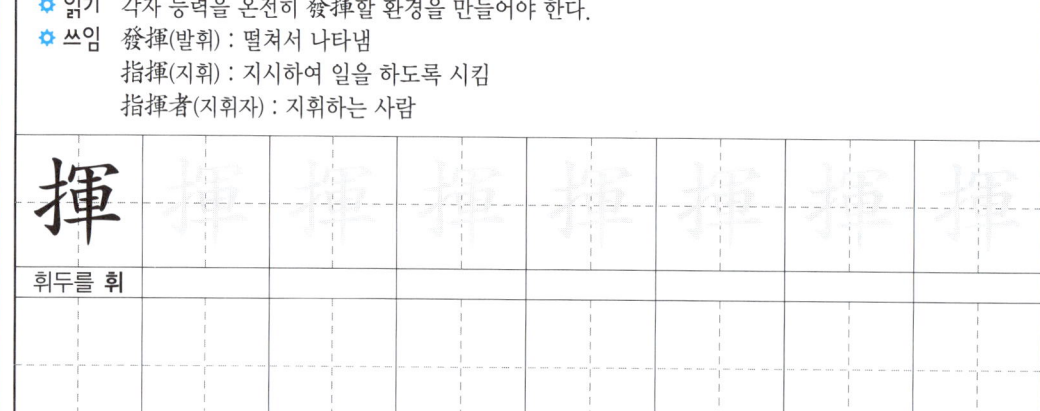

- 읽기 각자 능력을 온전히 發揮할 환경을 만들어야 한다.
- 쓰임 發揮(발휘) : 떨쳐서 나타냄
  指揮(지휘) : 지시하여 일을 하도록 시킴
  指揮者(지휘자) : 지휘하는 사람

揮 / 휘두를 휘

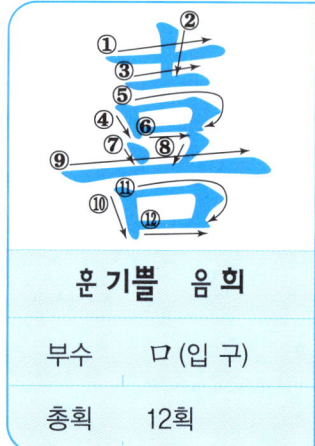

훈 기쁠 **음** 희

부수	口(입 구)
총획	12획

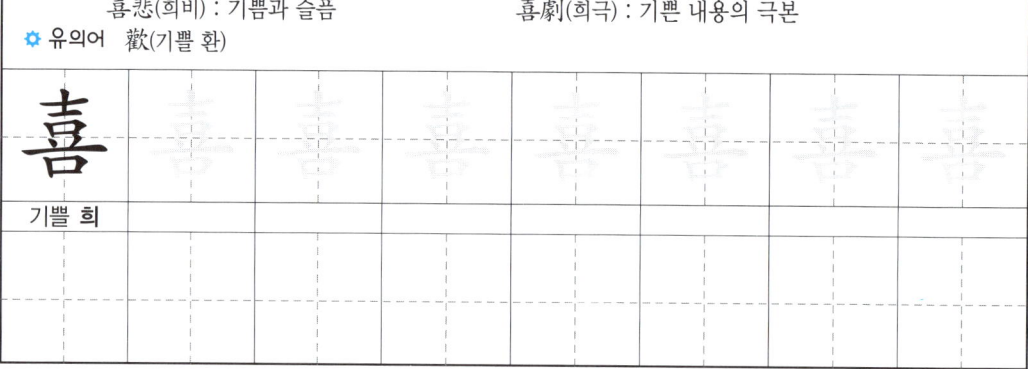

- 읽기 결과가 발표되자 사람들의 喜悲가 엇갈렸다.
- 쓰임 歡喜(환희) : 기쁘고 즐거움   喜色(희색) : 기뻐하는 얼굴빛
  喜悲(희비) : 기쁨과 슬픔   喜劇(희극) : 기쁜 내용의 극본
- 유의어 歡(기쁠 환)

喜 / 기쁠 희

1 다음 한자의 음을 쓰시오.

(1) 憲 (　　　　)　　(2) 派 (　　　　)

(3) 婚 (　　　　)　　(4) 革 (　　　　)

(5) 核 (　　　　)　　(6) 層 (　　　　)

(7) 疲 (　　　　)　　(8) 紅 (　　　　)

(9) 縮 (　　　　)　　⑽ 篇 (　　　　)

⑾ 痛 (　　　　)　　⑿ 灰 (　　　　)

2 다음 뜻에 알맞은 한자를 例에서 찾아 번호를 쓰시오.

> 例
> ① 取　② 胞　③ 喜　④ 寢　⑤ 刑　⑥ 閑
> ⑦ 顯　⑧ 砲　⑨ 擇　⑩ 趣　⑪ 形　⑫ 閉

(1) 기쁘다 (　　　　)　　(2) 가리다 (　　　　)

(3) 자다 (　　　　)　　(4) 형벌 (　　　　)

(5) 뜻 (　　　　)　　(6) 세포 (　　　　)

(7) 나타나다 (　　　　)　　(8) 한가하다 (　　　　)

3 다음 뜻과 음에 맞는 한자를 쓰시오.

(1) 빛날 화 (　　　　)　　(2) 칠 토 (　　　　)

(3) 밀 추 (　　　　)　　(4) 혹 혹 (　　　　)

(5) 피할 피 (　　　　)　　(6) 고리 환 (　　　　)

(7) 바늘 침 (　　　　)　　(8) 기후 후 (　　　　)

4 다음 한자어의 독음을 쓰시오.

(1) 批評 (　　　)　　(2) 就業 (　　　)

(3) 歡迎 (　　　)　　(4) 鬪爭 (　　　)

(5) 混雜 (　　　)　　(6) 抗拒 (　　　)

(7) 招請 (　　　)　　(8) 厚德 (　　　)

(9) 探究 (　　　)　　(10) 稱頌 (　　　)

(11) 爆彈 (　　　)　　(12) 判定 (　　　)

5 다음 뜻에 맞는 한자어를 例에서 찾아 쓰시오.

例
　　恨歎　　投手　　險惡　　標示　　險難　　打者

(1) 위험하고 어려움 (　　　　)

(2) 표를 하여 나타내 보임 (　　　　)

(3) 원통하여 한숨을 지음 (　　　　)

(4) 야구에서 내야의 중앙에서 포수를 향해 공을 던지는 선수 (　　　　)

6 다음 문장의 밑줄 친 단어를 한자로 쓰시오.

(1) 진수가 합창단의 지휘를 맡았다.

(2) 우리나라는 경제 불황을 겪고 있다.

(3) 탈의실에서 옷을 갈아입고 오세요.

(4) 내가 다녔던 시골 초등학교는 폐교되었다.

4급 한자 총정리

- 4급 배정 1000자 다지기
- 육서 익히기
- 부수 익히기
- 필순 익히기
- 약자
- 상대어/반의어, 유의어, 모양이 닮은 한자
- 장단음
- 한자 성어
- 기출 예상문제 6회
- 정답

한 . 자 . 능 . 력 . 검 . 정

4급

급수	한자	훈음	필순
7급	家	집 가	丶丶宀宀宁宇穷家家
5급	價	값 가	ノ亻亻仁仨俨俨價價價價價
5급	可	옳을 가	一丁丁可可
4급	假	거짓 가	ノ亻亻亻仨伊伊伊假假
8급	角	뿔 각	ノ丶丶角角角角
4급	覺	깨달을 각	覺
7급	間	사이 간	門間
7급	歌	노래 가	一丁丁可可哥哥哥歌歌歌
5급	加	더할 가	丁力加加加
4급	街	거리 가	ノ彳彳彳往往往街街街
4급	暇	틈 가	日日日日日日日日日日
8급	各	각각 각	ノ夂夂冬各各
4급	刻	새길 각	丶亠亥亥亥刻刻
4급	簡	대쪽 간	簡

1000자 다지기 4급

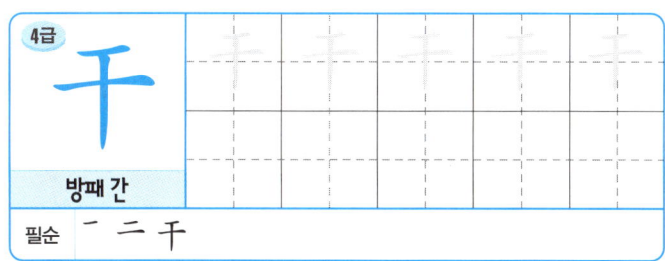
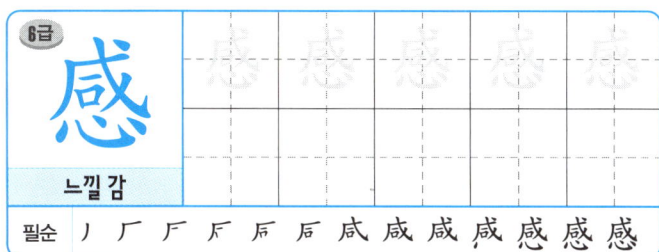
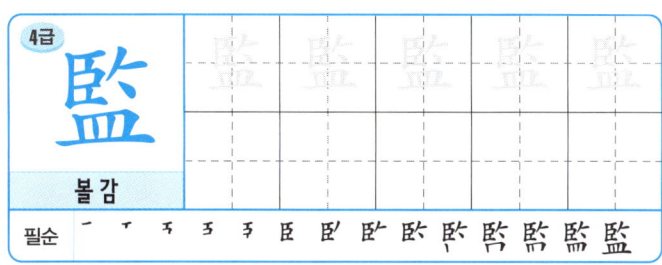
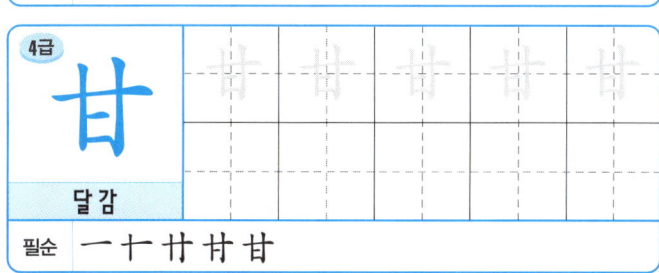
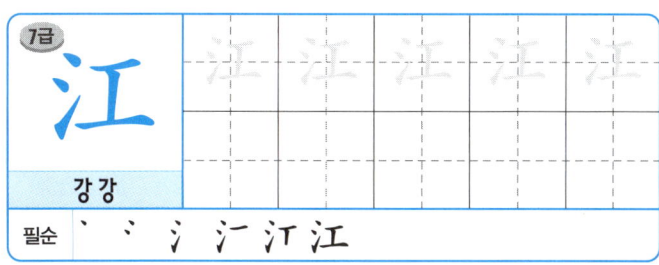
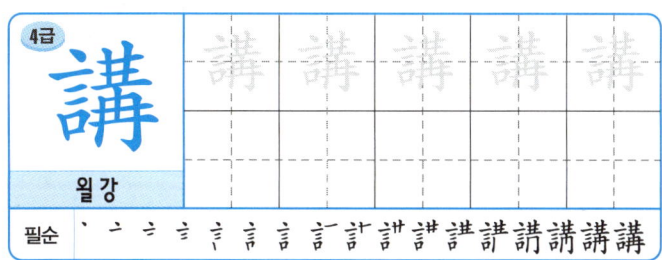
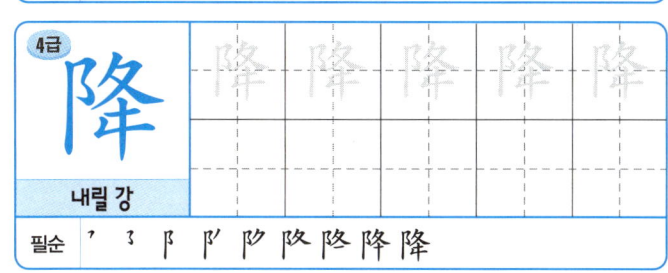
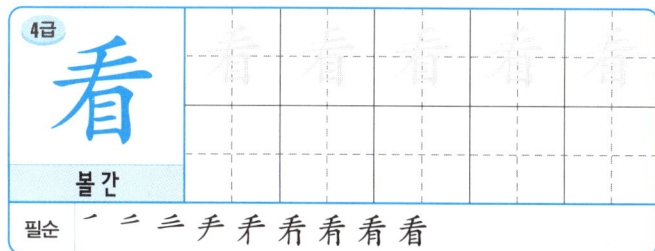
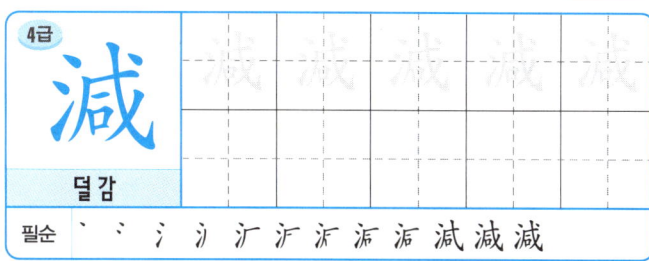
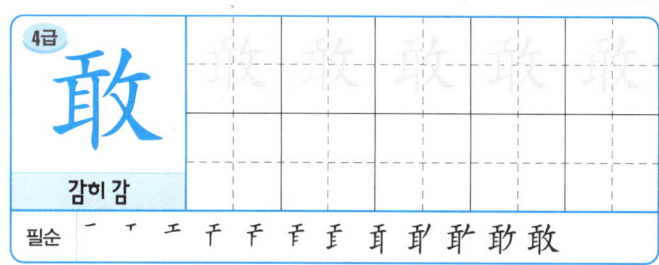
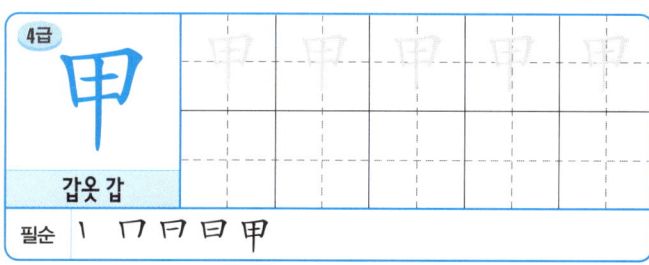
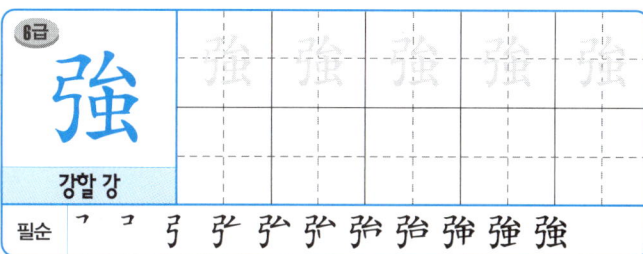
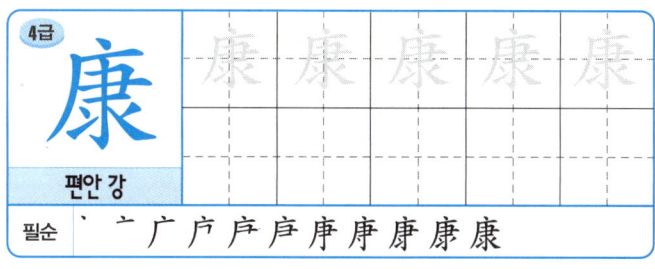
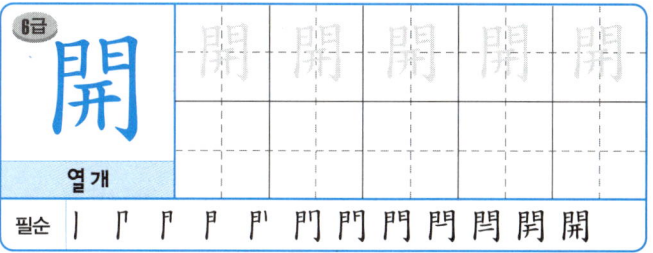

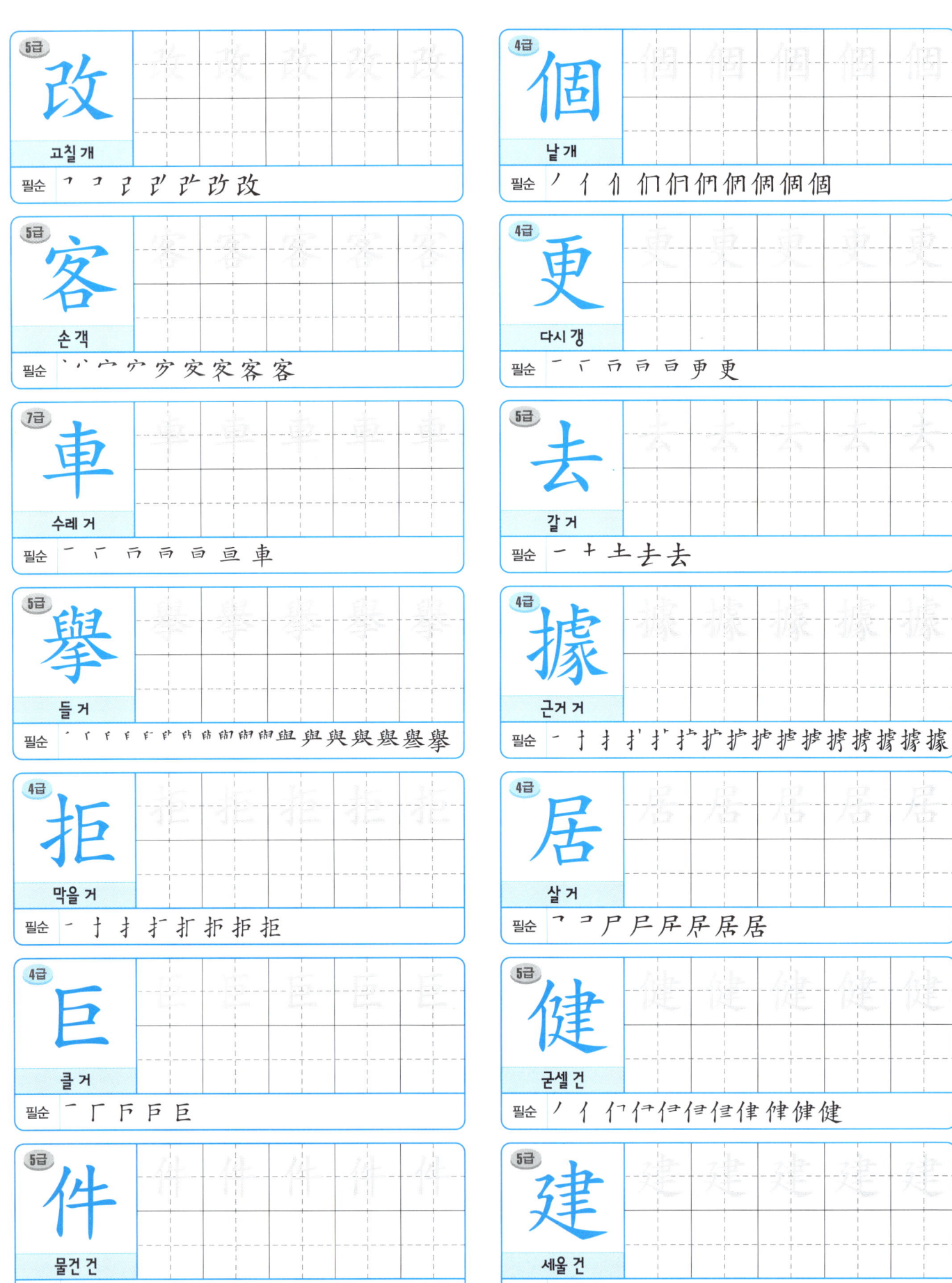

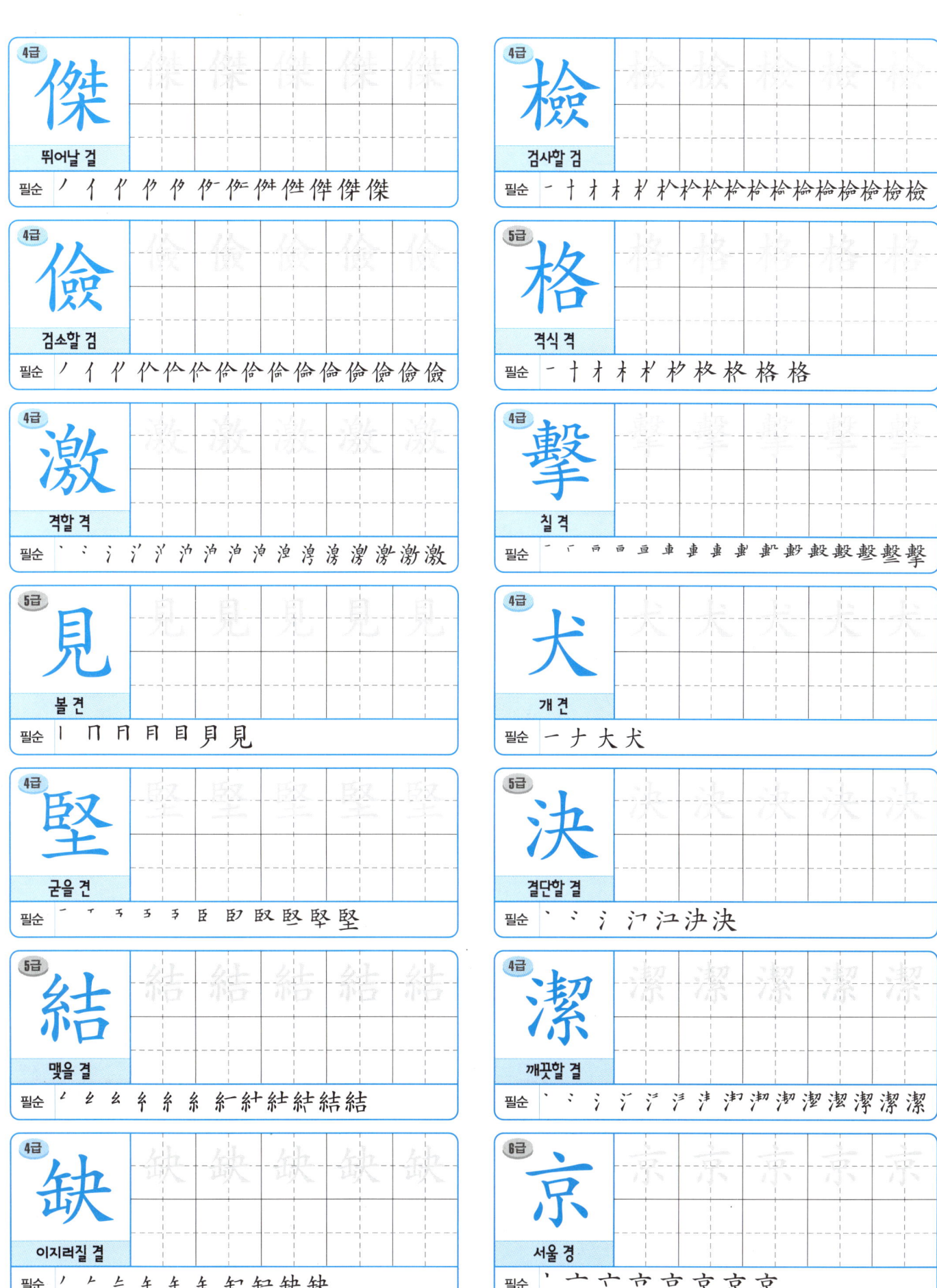

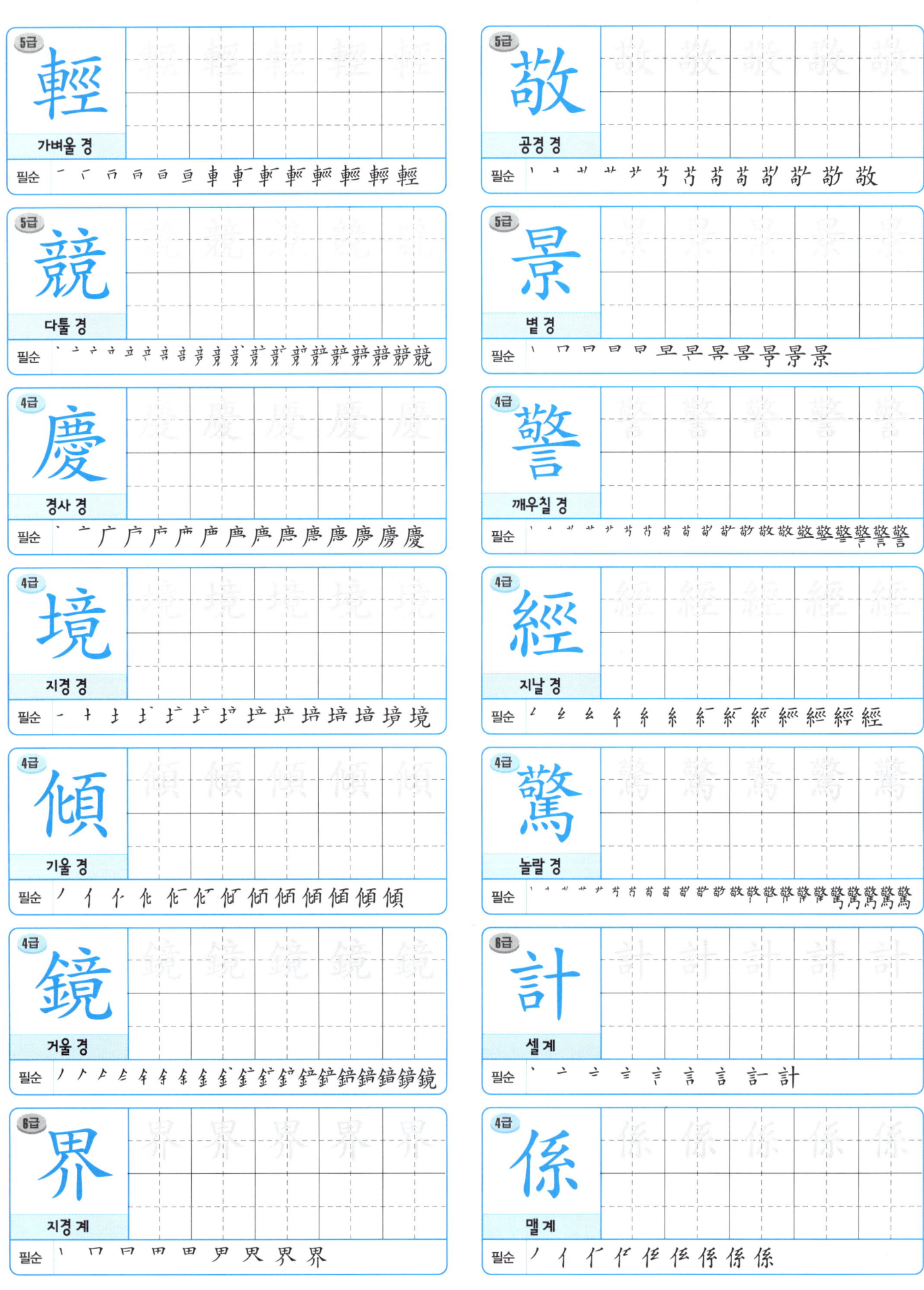

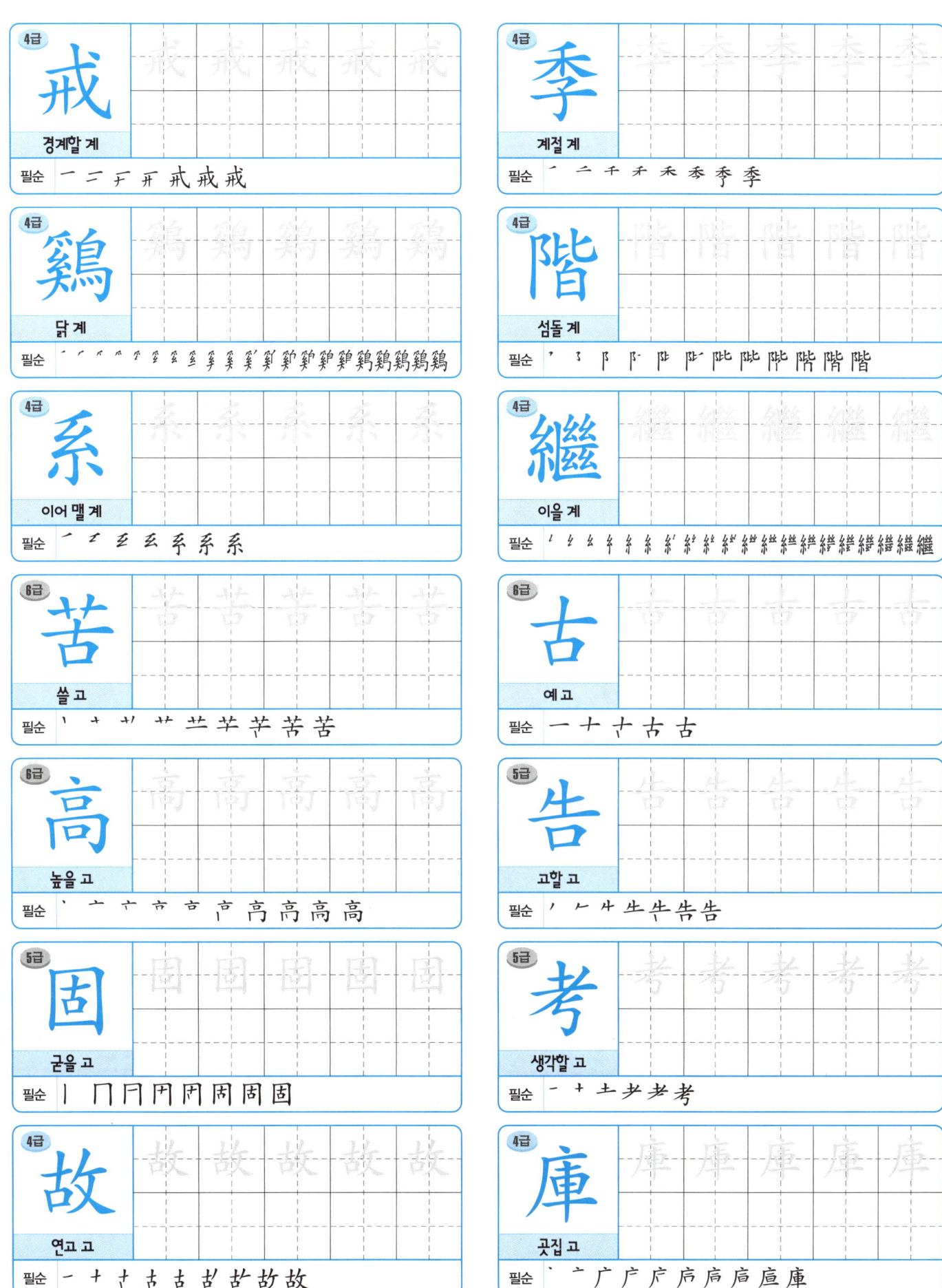

4급 배정

급	한자	훈음	필순
4급	孤	외로울 고	了 孑 孑 孑 孤 孤 孤
4급	穀	곡식 곡	一 十 土 士 吉 吉 壹 壹 穀 穀 穀 穀 穀 穀
4급	骨	뼈 골	丨 冂 冃 咼 咼 骨 骨 骨 骨
7급	工	장인 공	一 丁 工
6급	公	공평할 공	丿 八 公 公
4급	孔	구멍 공	了 孑 孔
6급	科	과목 과	一 二 千 禾 禾 禾 科 科
5급	曲	굽을 곡	丨 冂 日 由 曲 曲
4급	困	곤할 곤	丨 冂 冂 用 用 困 困
7급	空	빌 공	丶 丶 宀 宀 穴 空 空 空
6급	功	공 공	一 丁 工 巧 功
6급	共	한가지 공	一 十 卄 廾 共 共
4급	攻	칠 공	一 丁 工 工 攻 攻 攻
6급	果	실과 과	丨 冂 日 日 旦 甲 果 果

168 4급 배정 1000자 다지기

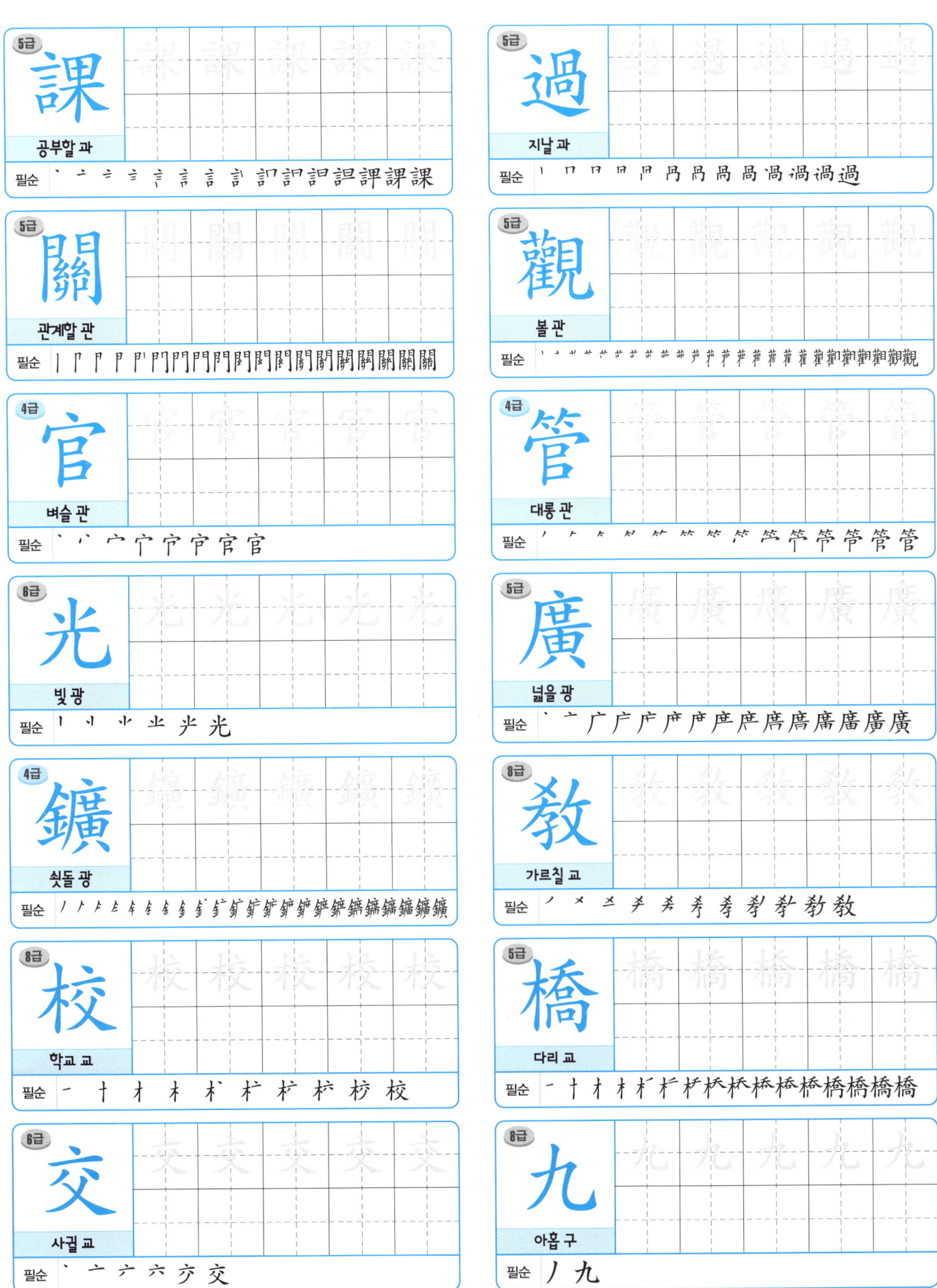

4급

4.급.배.정

급	한자	훈음	필순
7급	口	입 구	丨 冂 口
6급	區	구분할 구	一 丅 万 百 戸 吊 吊 吊 品 品 區
5급	救	구원할 구	一 十 寸 才 求 求 求 求 救 救 救
4급	求	구할 구	一 十 寸 才 求 求 求
4급	究	연구할 구	丶 宀 宀 宀 究 究 究
8급	國	나라 국	丨 冂 冂 冂 同 同 国 国 國 國 國
8급	軍	군사 군	丶 冖 冖 冖 冨 冨 冨 軍
6급	球	공 구	一 二 T 王 王 丁 丁 丁 球 球 球
5급	具	갖출 구	丨 冂 冂 日 目 且 具 具
5급	舊	예 구	丨 卝 卝 艹 艿 荏 荏 荏 崔 崔 萑 舊 舊 舊 舊
4급	句	글귀 구	丿 勹 勹 句 句
4급	構	얽을 구	一 十 才 木 木 朾 杧 杧 椐 棈 構 構 構
5급	局	판 국	一 二 尸 尸 局 局 局
6급	郡	고을 군	フ ヨ ヨ 尹 尹 君 君 君ß 郡

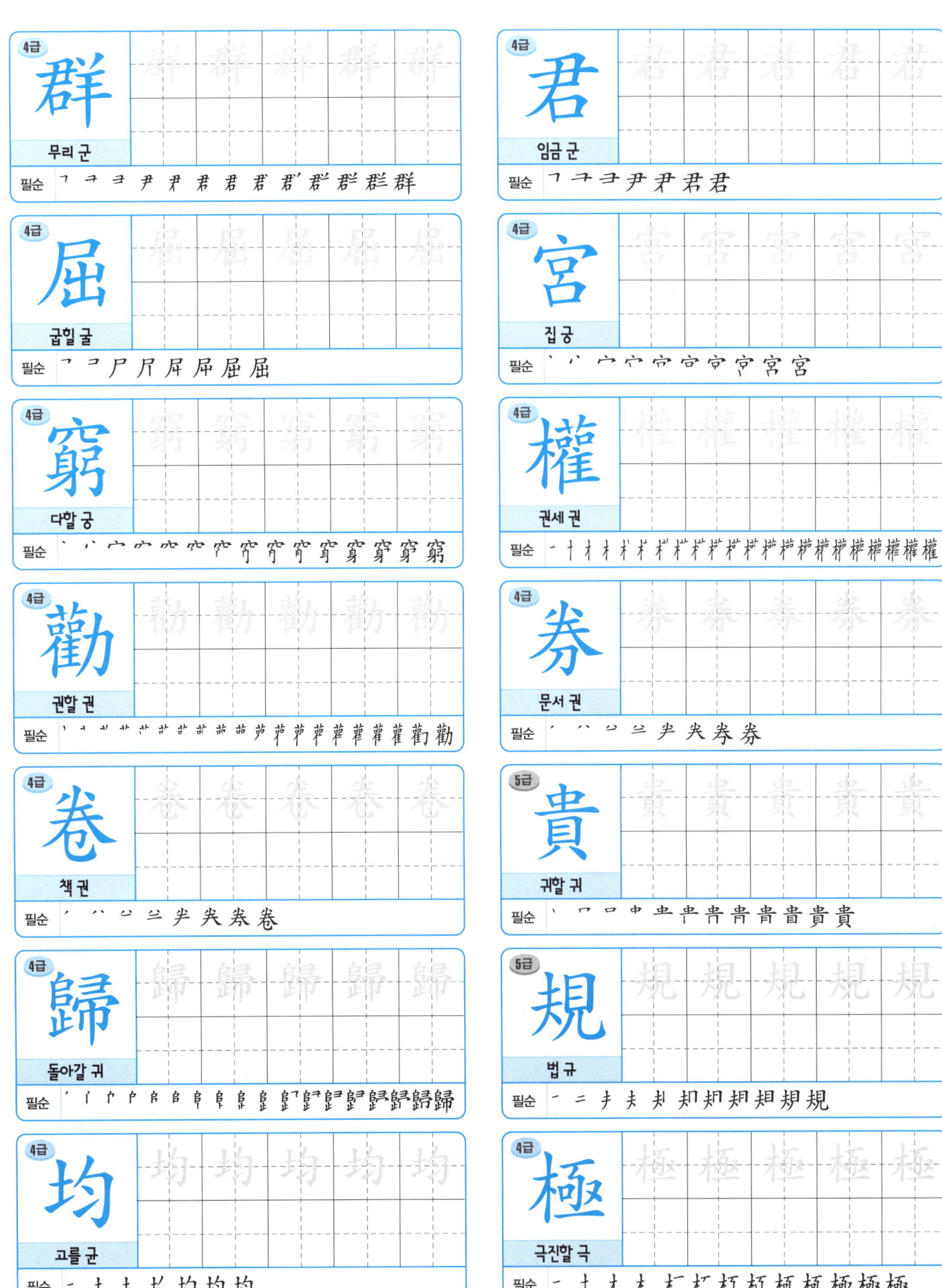

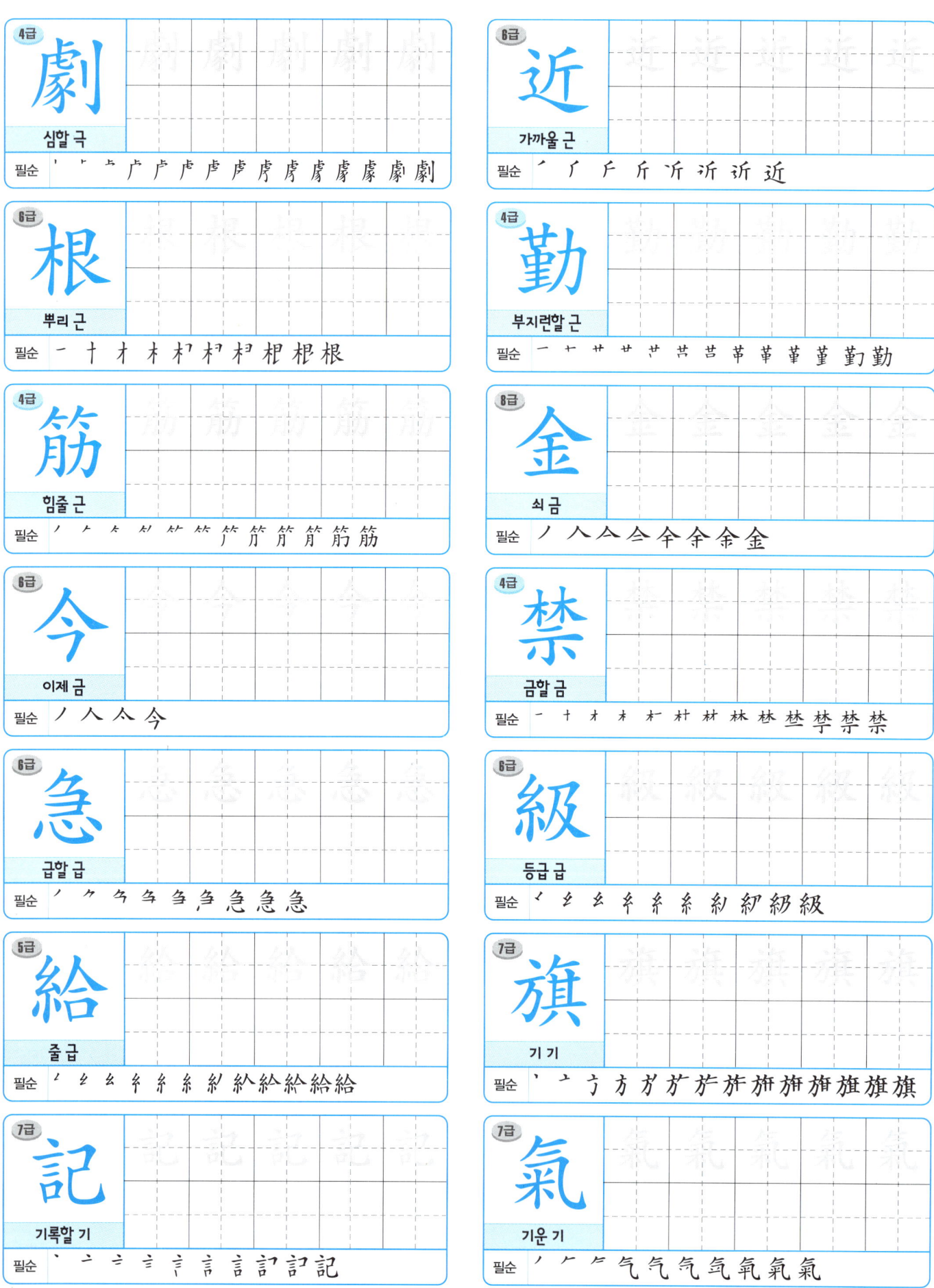

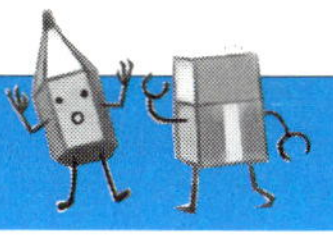

1000자 다지기 4급

급	한자	훈음	필순
5급	期	기약할 기	一 十 卄 廿 卄 其 其 其 期 期 期
5급	汽	물끓는김 기	` ` 氵 氵 沪 沪 汽
5급	基	터 기	一 十 卄 廿 卄 其 其 其 基 基
4급	起	일어날 기	一 十 土 キ キ 丰 走 起 起 起
4급	紀	벼리 기	⺌ 乚 幺 糸 糸 糸 紀 紀 紀
4급	機	틀 기	一 十 才 木 木 朴 杪 松 松 棯 機 機 機 機
4급	暖	따뜻할 난	丨 日 日 日 旷 旷 旷 旷 㬉 暖 暖
5급	己	몸 기	ㄱ ㄱ 己
5급	技	재주 기	一 十 才 才 扌 抁 技
4급	器	그릇 기	丨 口 口 吅 吅 吅 哭 哭 哭 器 器 器 器
4급	奇	기특할 기	一 ナ 大 太 杏 杏 奇
4급	寄	부칠 기	` ` 宀 宀 宀 宀 宏 宏 寄 寄
5급	吉	길할 길	一 十 士 吉 吉 吉
4급	難	어려울 난	一 十 卄 卄 廿 苎 莒 茣 茣 葉 難 難 難 難 難

173

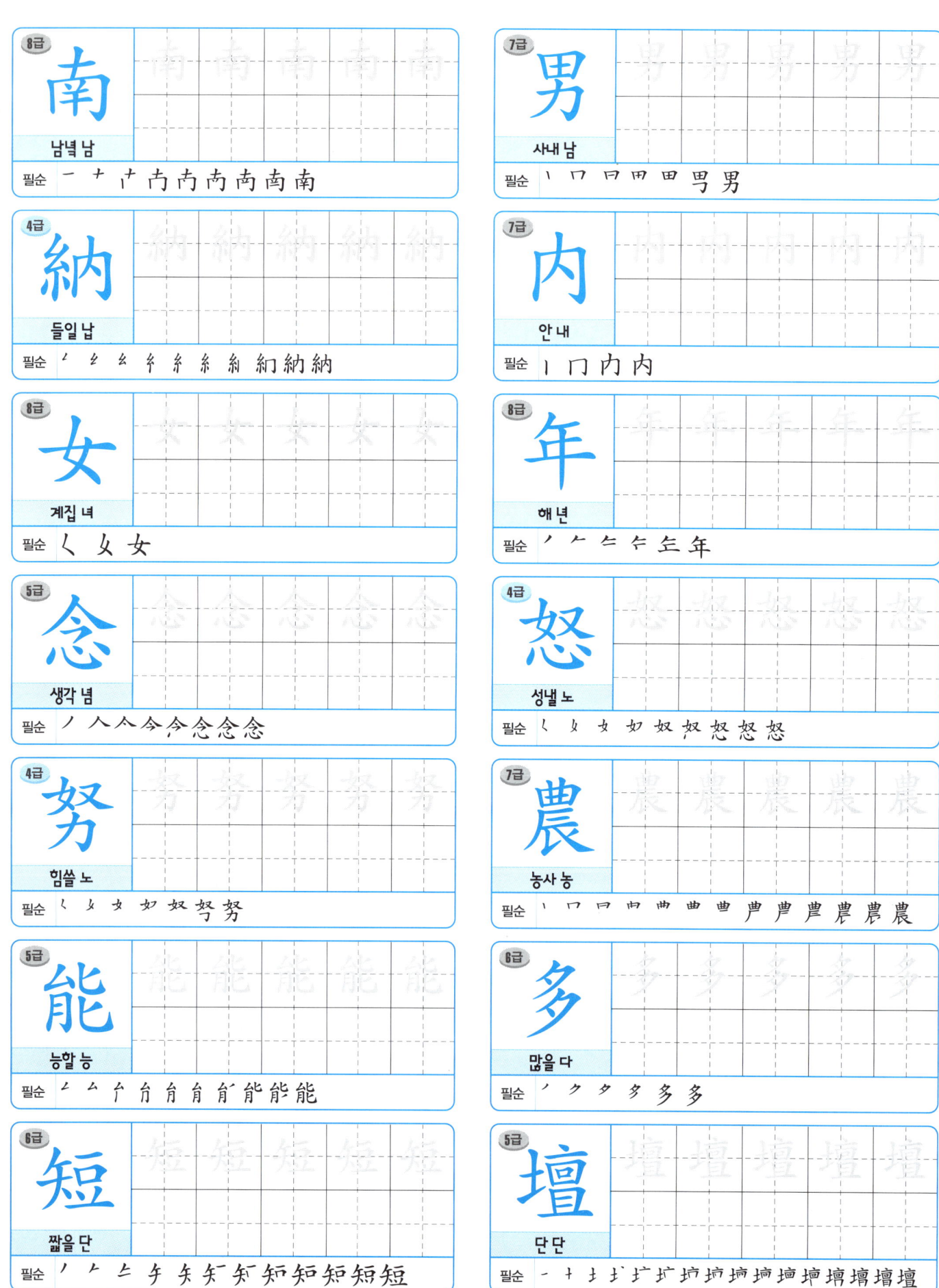

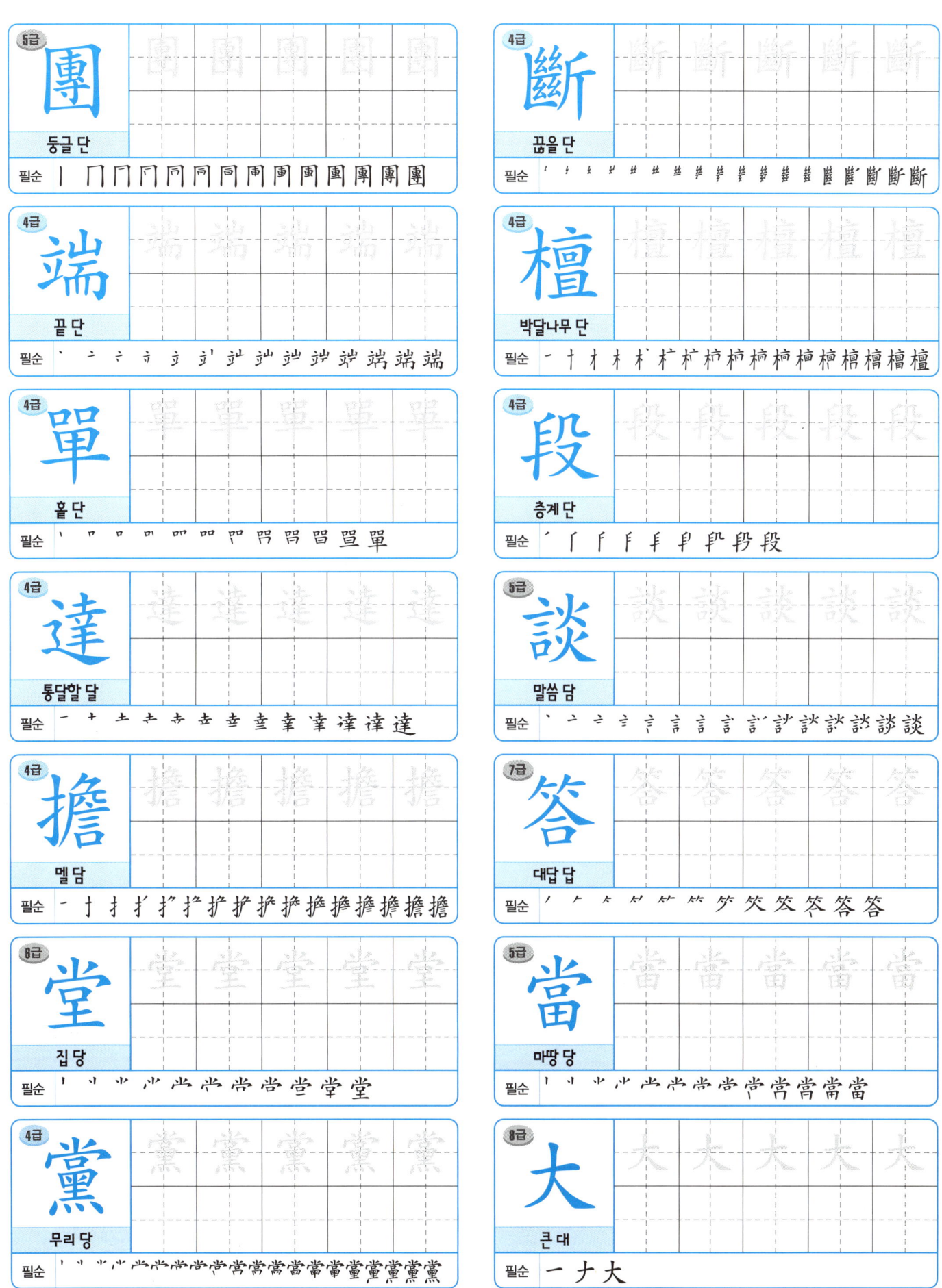

4급

4.급.배.정

待 기다릴 대 (6급)
필순: ノ ノ 彳 彳 彳 往 往 待 待

代 대신 대 (6급)
필순: ノ 亻 仁 代 代

對 대할 대 (6급)
필순: 丨 丨 ㅛ ㅛ 业 业 业 业 业 丵 丵 對 對

帶 띠 대 (4급)
필순: 一 十 卄 卅 卌 卌 帯 帯 帯 帶

隊 무리 대 (4급)
필순: ˊ 阝 阝 阝 阝 阝 阝 阝 隊 隊 隊

德 큰 덕 (5급)
필순: ノ 亻 彳 彳 彳 徳 徳 徳 徳 徳 徳 德 德

道 길 도 (7급)
필순: ˋ ˋ 丷 丷 首 首 首 首 道 道 道

圖 그림 도 (6급)
필순: 丨 冂 冂 門 冏 冏 圕 圕 圖 圖 圖 圖

度 법도 도 (6급)
필순: ˋ 广 广 广 庐 庐 度 度

都 도읍 도 (5급)
필순: 一 十 土 少 尹 者 者 者 者 都 都

島 섬 도 (5급)
필순: ˊ 户 户 户 自 鳥 鳥 島 島

到 이를 도 (5급)
필순: 一 ㄋ 五 至 至 到 到

導 인도할 도 (4급)
필순: ˋ 丷 丷 首 首 首 首 道 道 道 導 導

盜 도둑 도 (4급)
필순: ˋ 冫 氵 汐 次 次 咨 盗 盗 盗

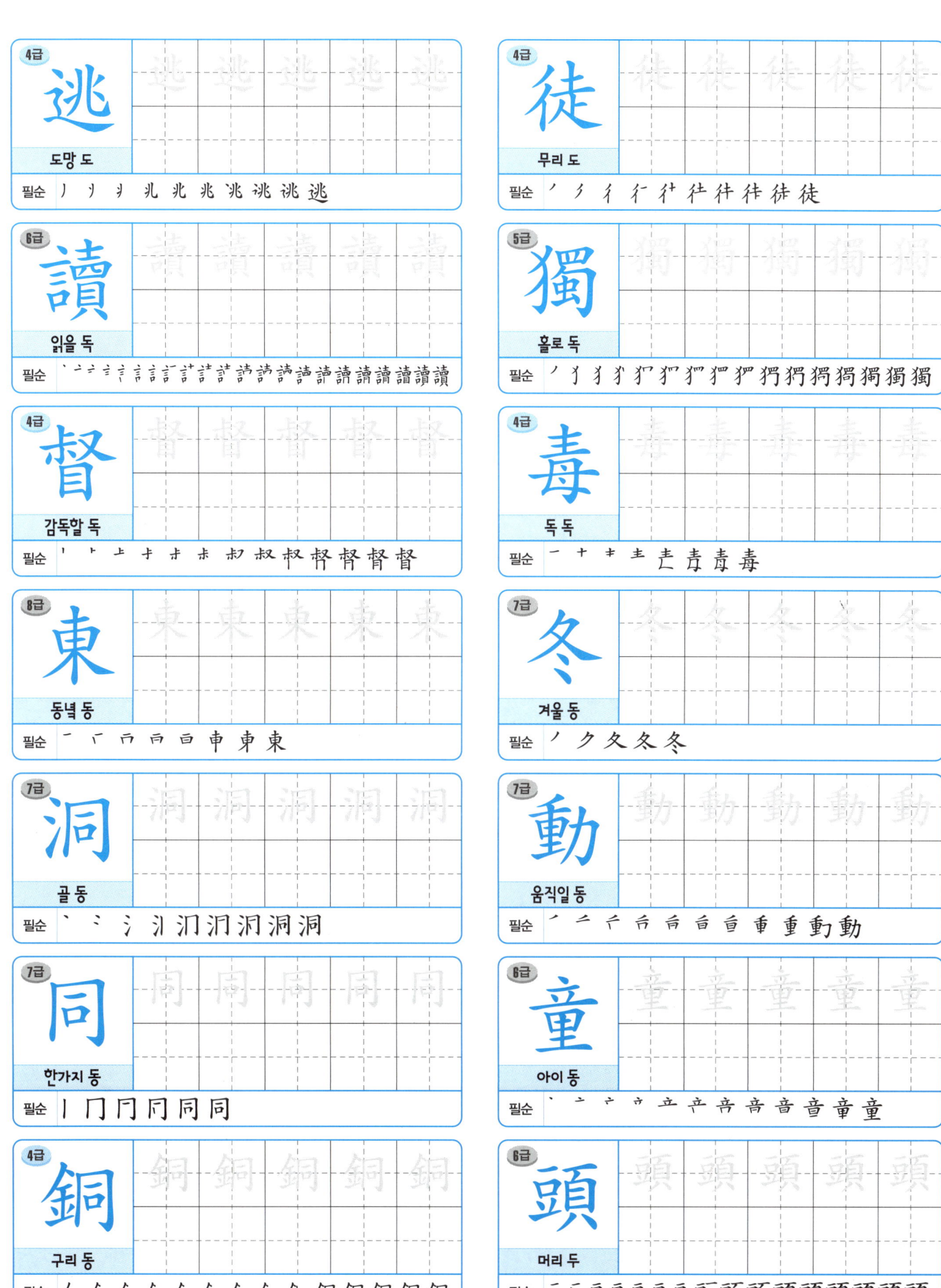

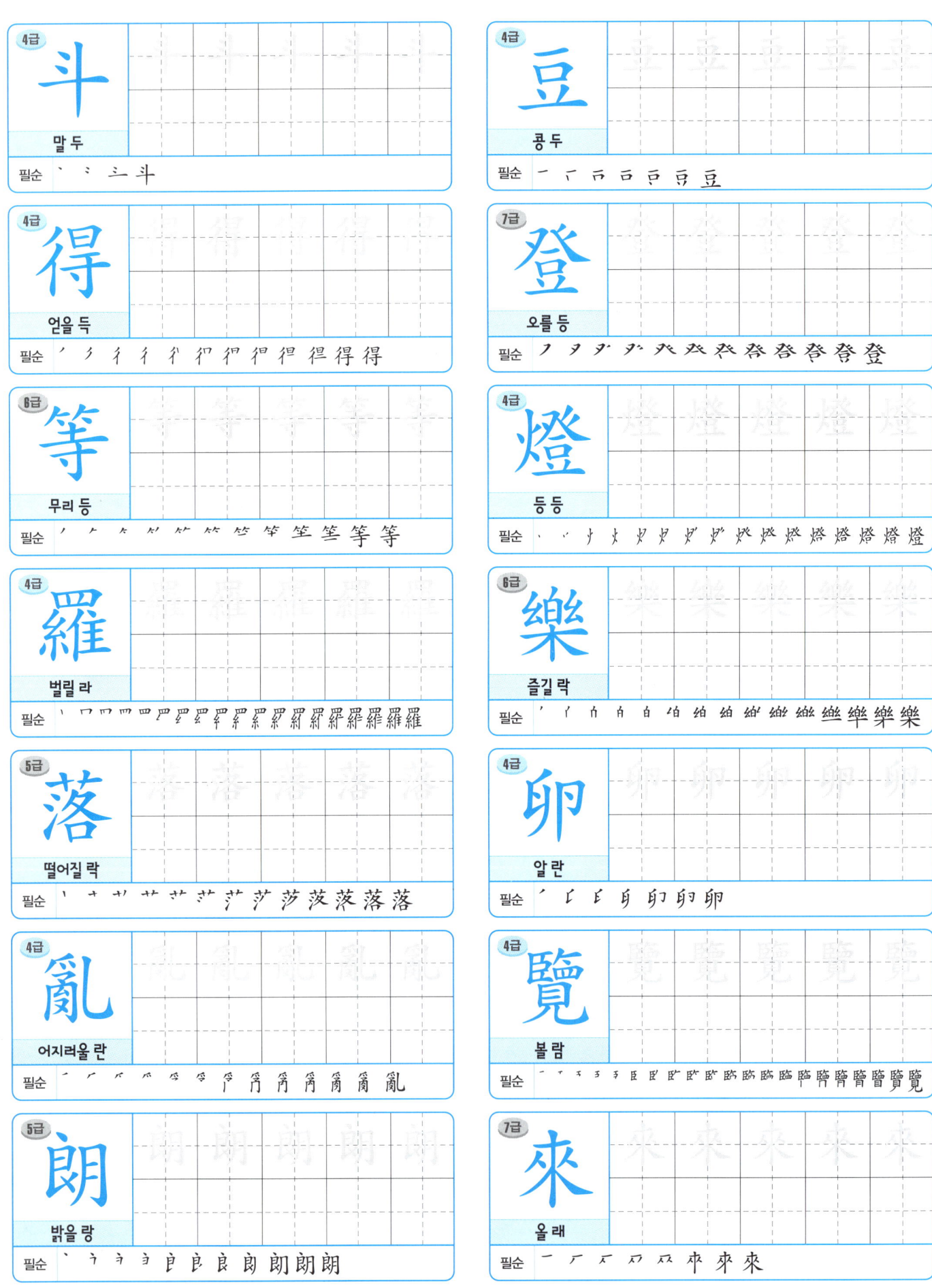

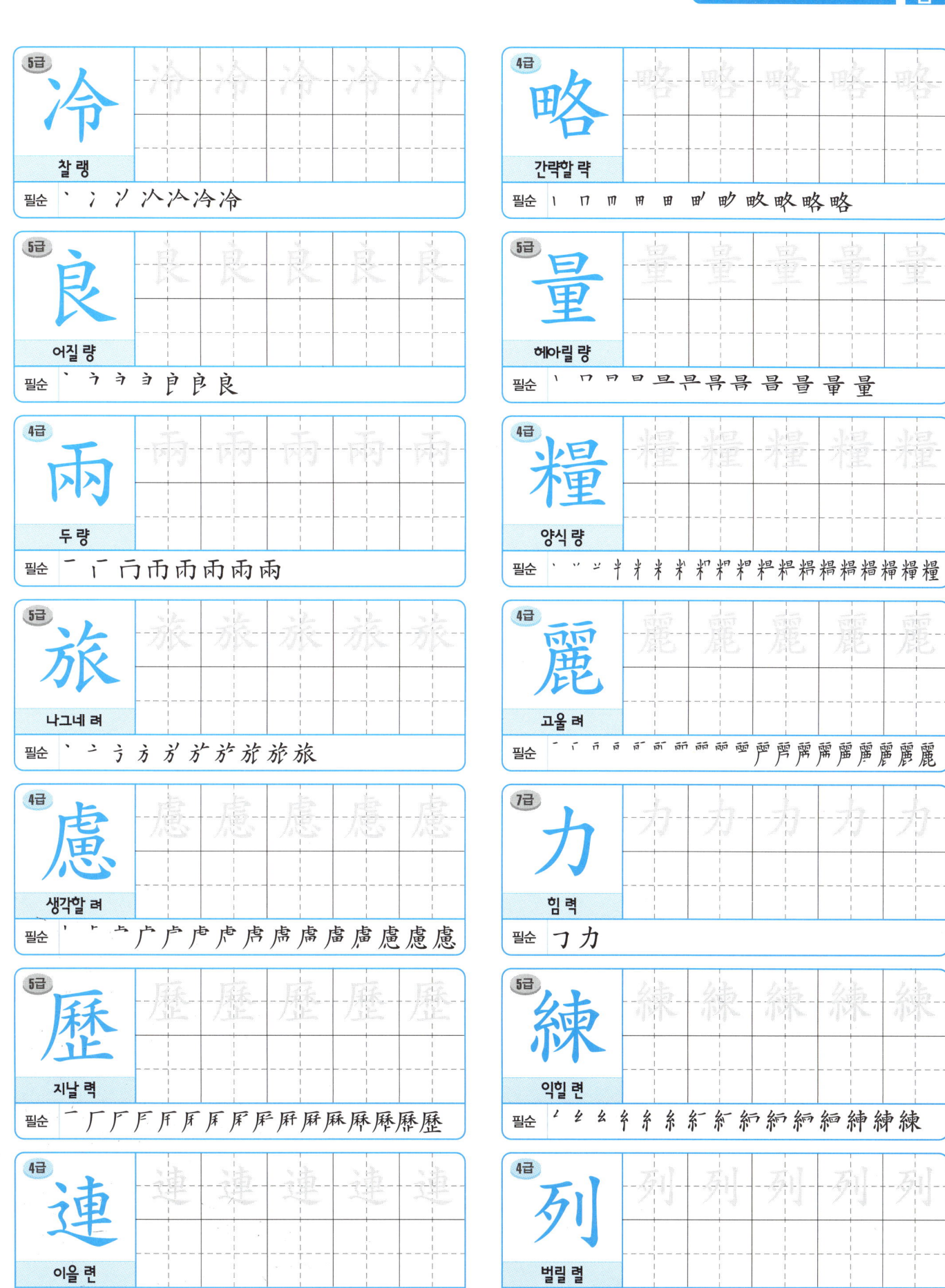

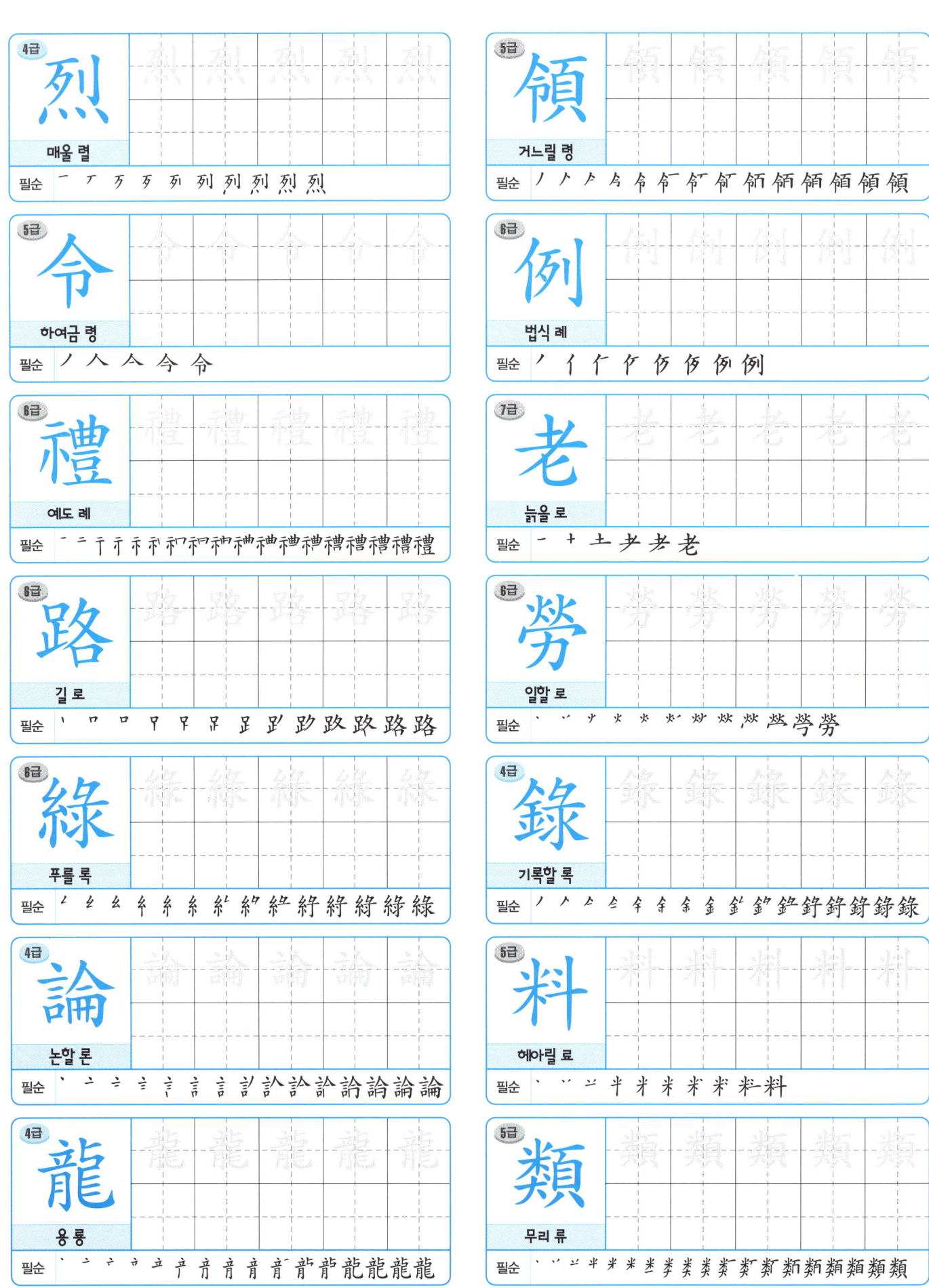

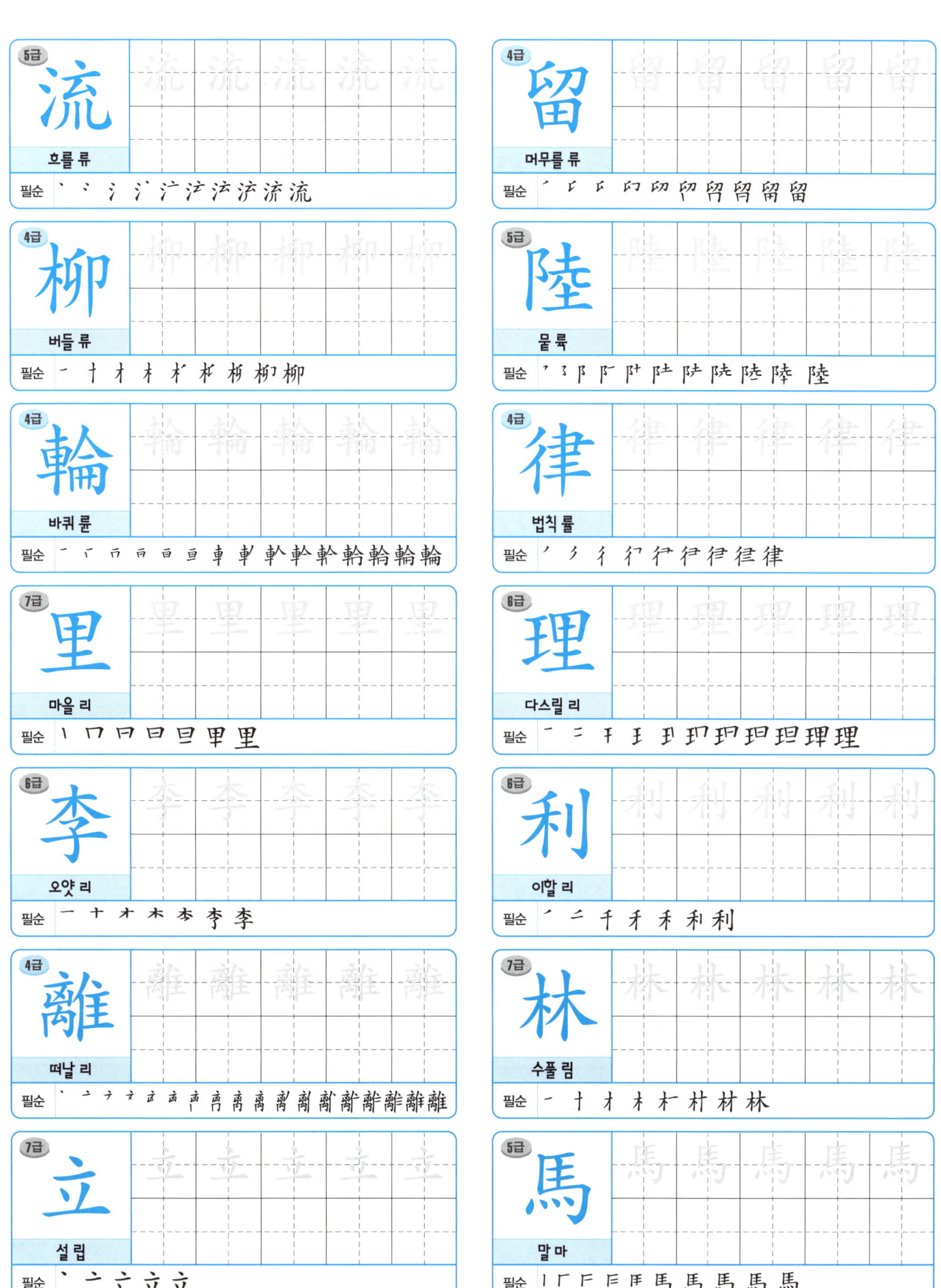

4급

4.급.배.정

급	한자	훈음	필순
8급	萬	일만 만	丶 一 艹 艹 芍 芦 芦 萬 萬 萬
5급	末	끝 말	一 二 十 才 末
5급	望	바랄 망	丶 亠 亡 切 如 望 望 望 望
5급	買	살 매	丨 冂 罒 罒 四 罒 買 買 買 買
4급	妹	누이 매	乚 夕 女 女 妆 妹 妹 妹
7급	面	낯 면	一 ア ア 丆 而 而 面 面
7급	命	목숨 명	丿 人 合 合 合 合 命 命
4급	滿	찰 만	丶 冫 氵 汁 汁 浐 浐 浐 満 満 満 滿
5급	亡	망할 망	丶 亠 亡
7급	每	매양 매	丿 亠 亡 仁 每 每 每
5급	賣	팔 매	一 十 士 吉 吉 吉 声 壺 壺 壺 賣 賣
4급	脈	줄기 맥	丿 月 月 月 朊 朊 朊 脈 脈
4급	勉	힘쓸 면	丿 宀 宀 宀 宀 免 免 免 勉
7급	名	이름 명	丿 宀 タ タ 名 名

182 4급 배정 1000자 다지기

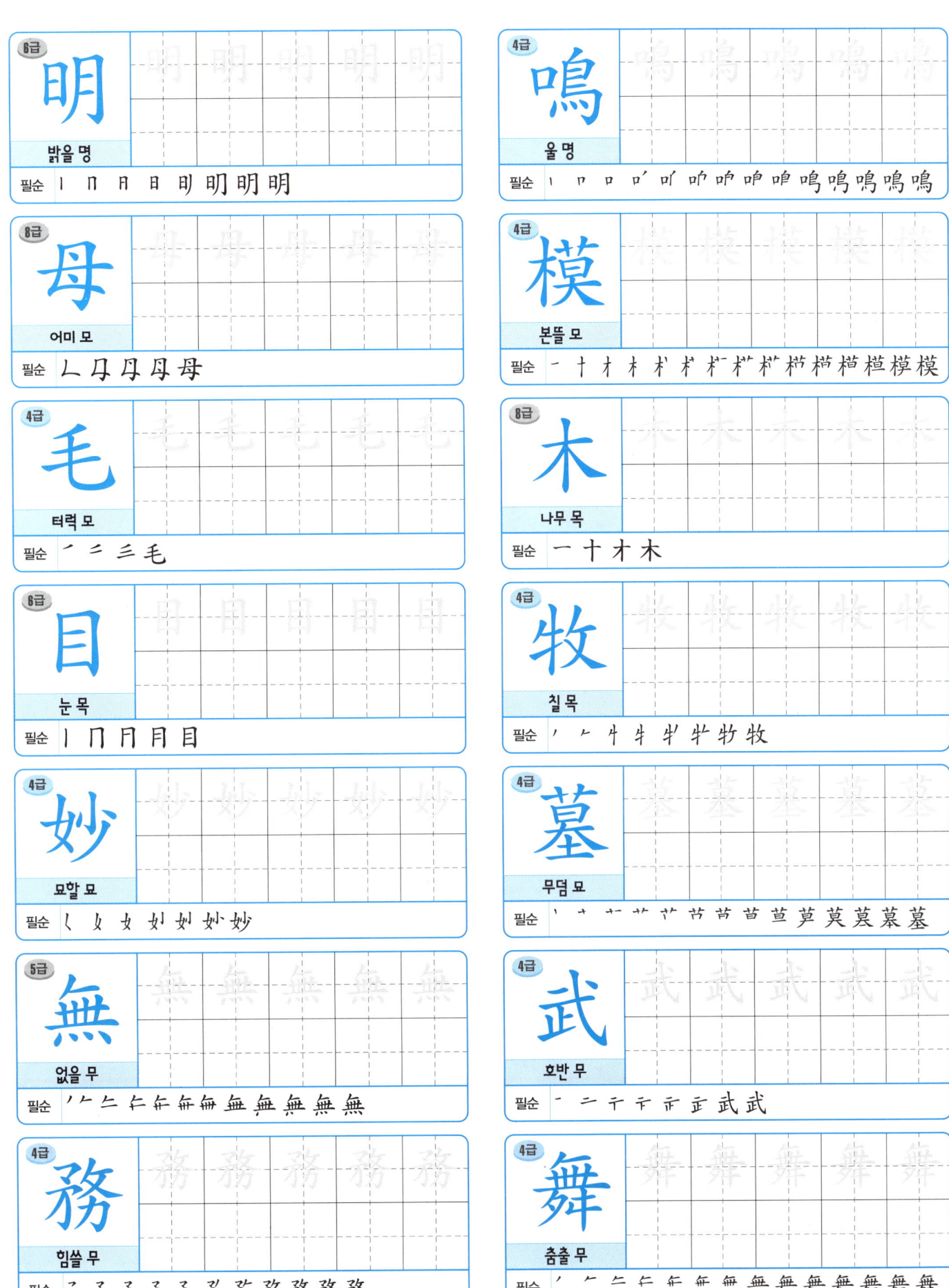

4급

4 . 급 . 배 . 정

8급 門 문 문	필순 丨 冂 冂 冃 門門門門
7급 文 글월문	필순 丶 一 ナ 文
7급 問 물을문	필순 丨 冂 冂 冃 門門門門問問
6급 聞 들을문	필순 丨 冂 冂 冃 門門門門門門聞聞聞
7급 物 물건물	필순 丿 亠 牛 牛 牜 牜 牧 物 物
6급 米 쌀미	필순 丶 丷 一 半 米 米
8급 美 아름다울미	필순 丶 丷 一 二 ¥ 羊 羊 美 美
4급 味 맛미	필순 丨 冂 口 口 口 咊 咊 味
4급 未 아닐미	필순 一 二 十 木 未
8급 民 백성민	필순 一 ㄱ ㄹ 尸 民 民
4급 密 빽빽할밀	필순 丶 丷 宀 宀 宀 宀 宓 宓 宓 密 密
6급 朴 성박	필순 一 十 才 木 朴 朴
4급 博 넓을박	필순 一 十 十 十 忄 忄 博 博 博 博 博
4급 拍 칠박	필순 一 十 才 扌 扌 拍 拍 拍

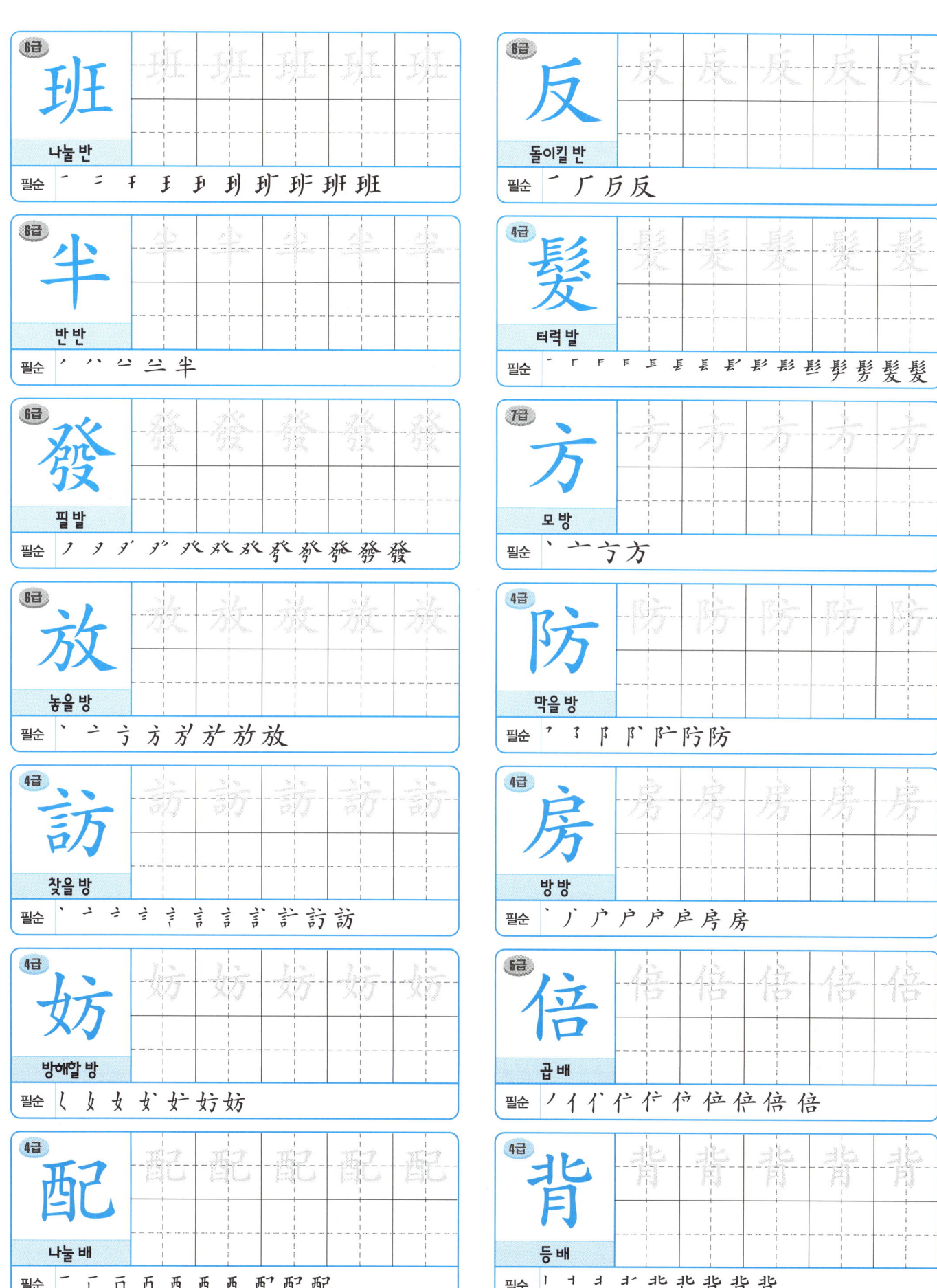

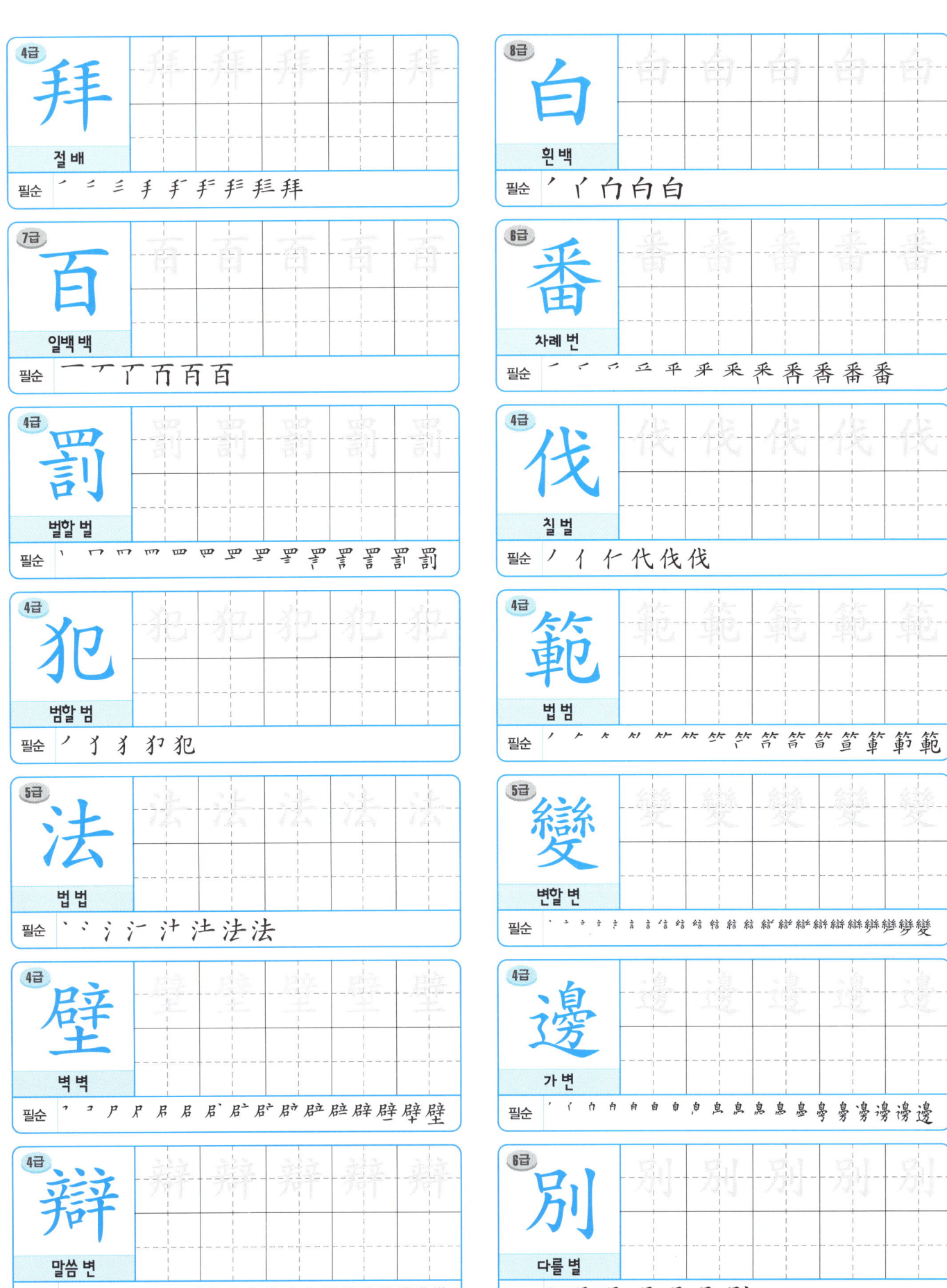

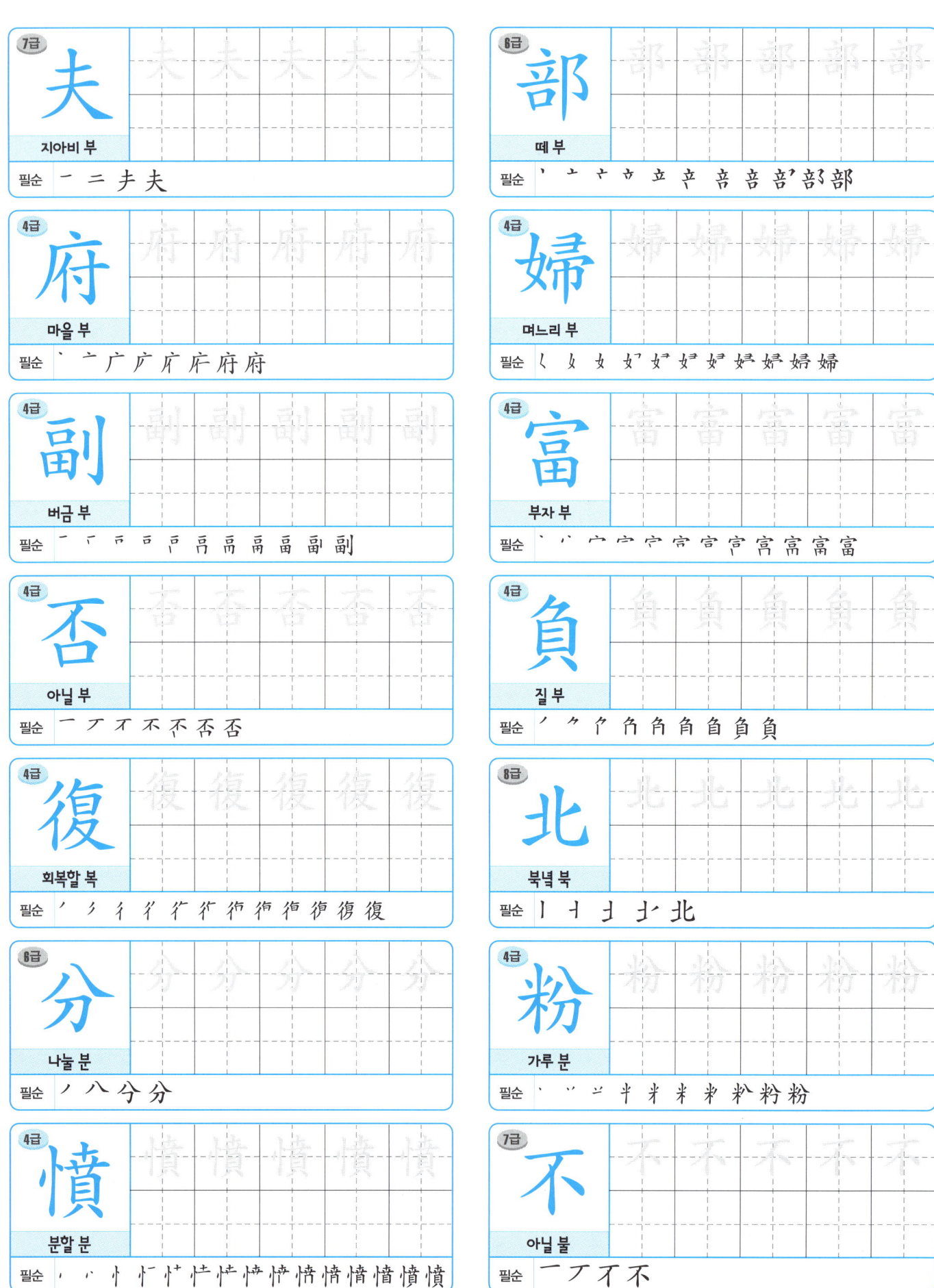

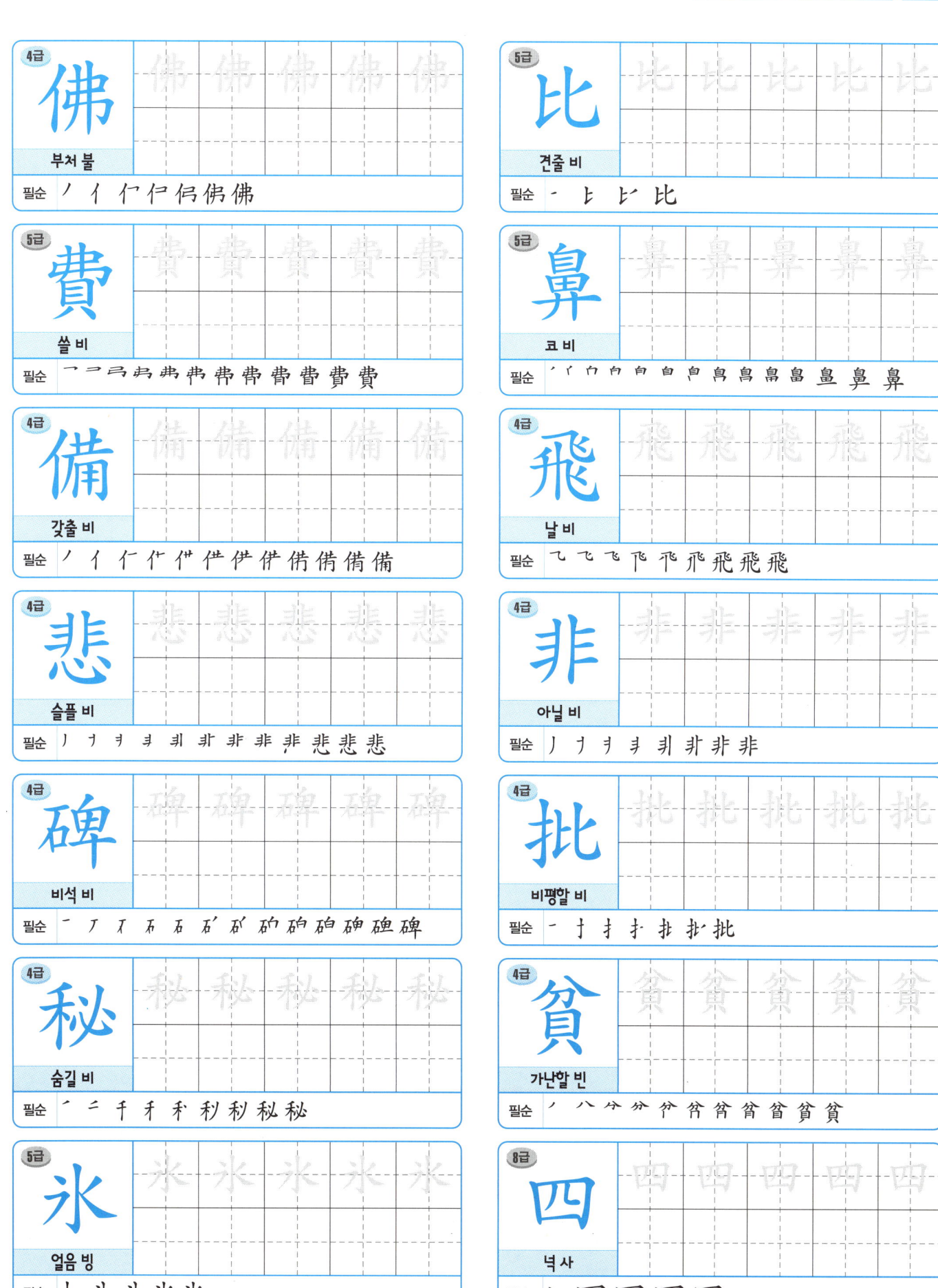

4급 배정

급	한자	훈음	필순
7급	事	일 사	一 ニ ョ ヨ 亊 写 写 事
6급	死	죽을 사	一 ア ナ 歹 歹 死
5급	思	생각 사	丨 冂 日 田 田 囲 思 思 思
5급	仕	섬길 사	丿 亻 亻 什 仕
5급	史	사기 사	丨 口 口 史 史
4급	謝	사례할 사	丶 亠 亠 言 言 言 言 訢 訢 訢 謝 謝 謝 謝
4급	寺	절 사	一 十 土 寺 寺 寺
6급	社	모일 사	一 ニ 亍 礻 礻 礻 社 社
6급	使	하여금 사	丿 亻 亻 亻 仵 伊 使 使
5급	士	선비 사	一 十 士
5급	寫	베낄 사	丶 宀 宀 宀 宀 宀 宀 宁 宇 寫 寫 寫 寫 寫
5급	查	조사할 사	一 十 才 木 木 杏 杏 查 查
4급	師	스승 사	丶 亻 亻 亻 ቃ 宀 宀 師 師 師
4급	舍	집 사	丿 人 人 合 合 舍 舍 舍

190 4급 배정 1000자 다지기

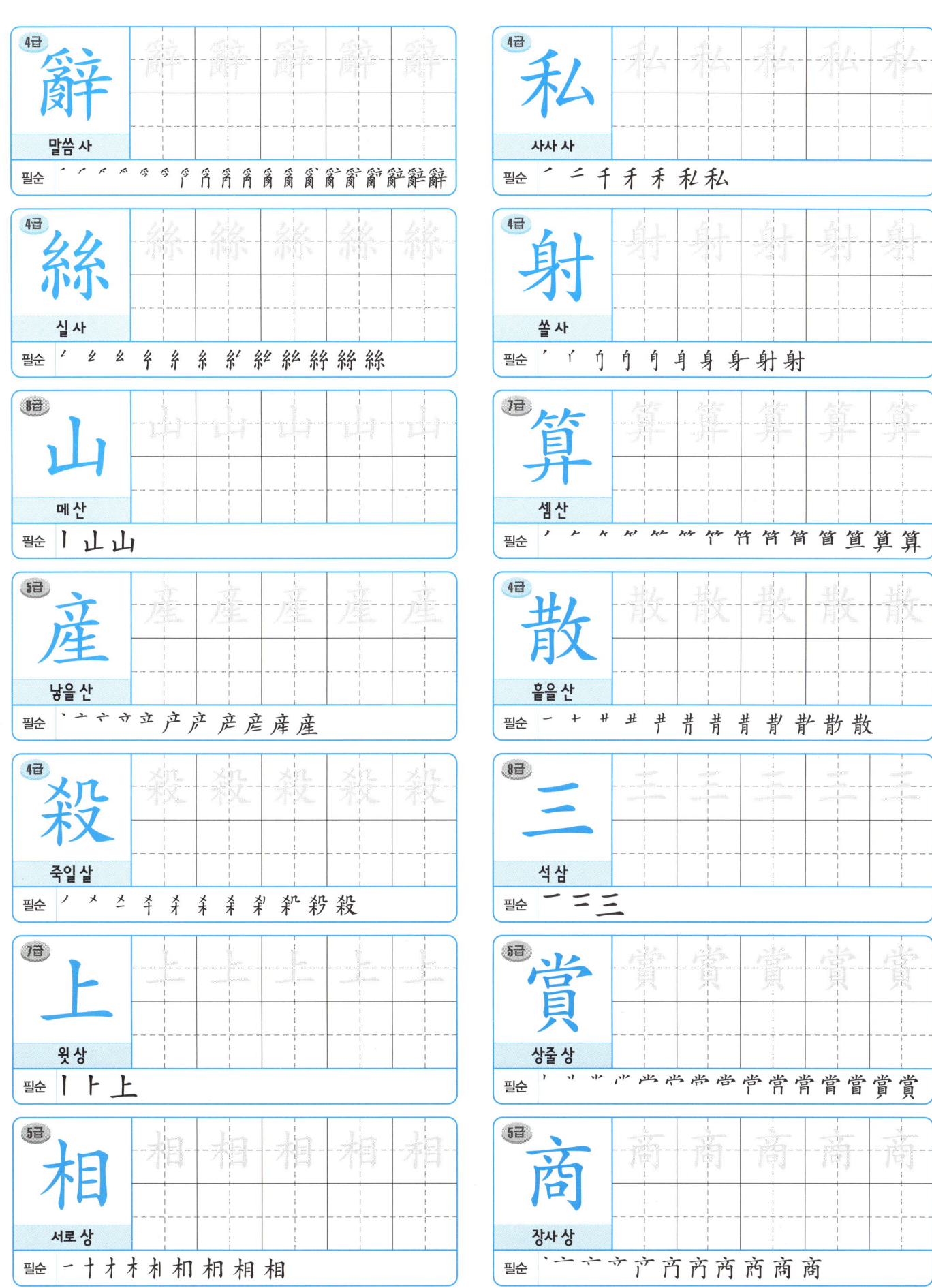

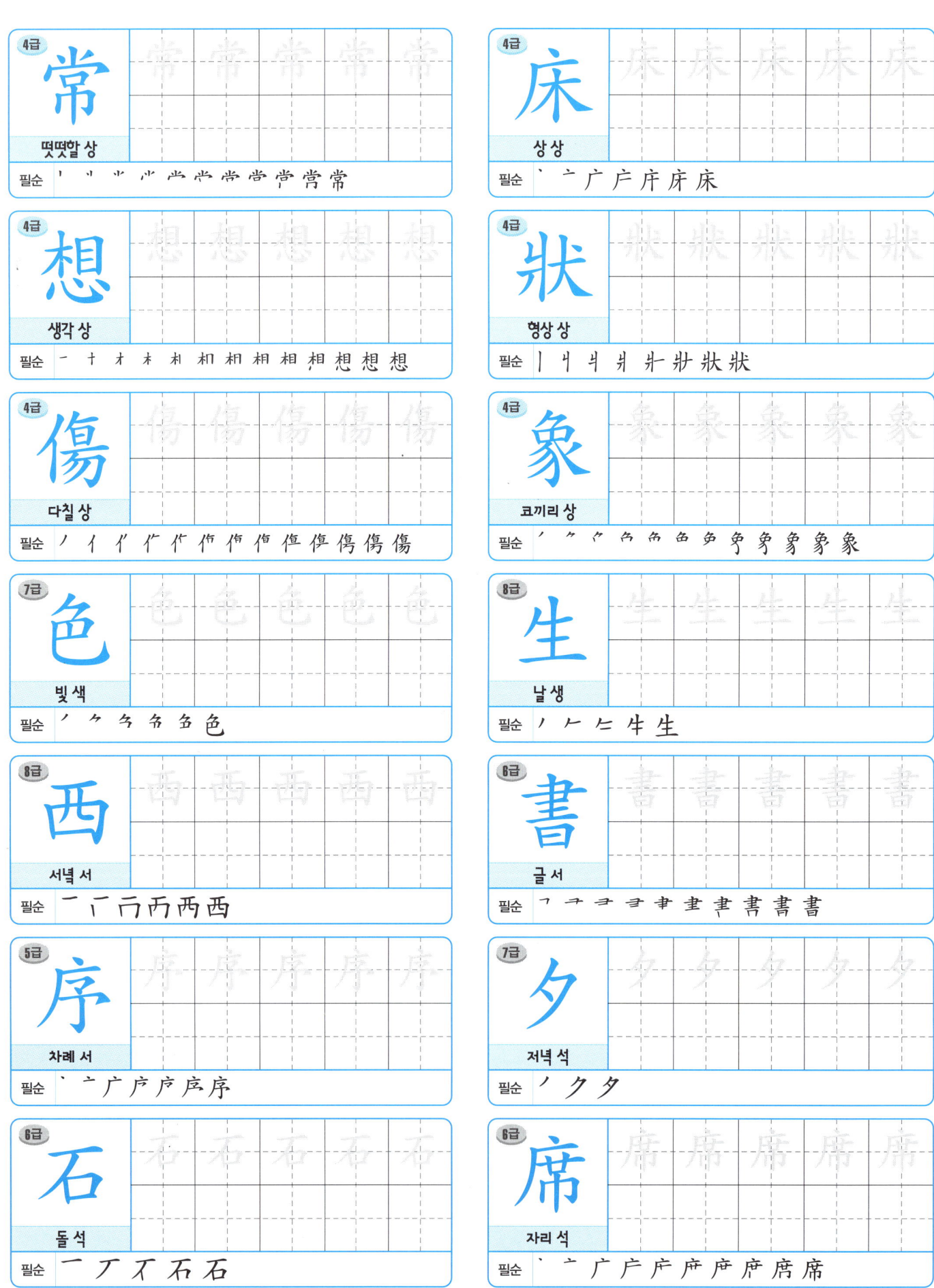

1000자 다지기

4급

급수	한자	훈음	필순
8급	先	먼저 선	ノ ⺍ 뉴 生 先 先
5급	船	배 선	ノ ノ 丿 月 月 舟 舟 舩 舩 船 船
5급	鮮	고울 선	ノ ⺈ 각 刍 角 鱼 魚 魚 魚 魚 鮮 鮮 鮮 鮮
5급	善	착할 선	丶 丷 亠 ⺶ 羊 羊 盖 盖 善 善 善
6급	雪	눈 설	一 ⼇ ⾬ 雨 雨 雨 雪 雪 雪
4급	設	베풀 설	丶 亠 宀 言 言 言 言 設 設 設
7급	姓	성 성	ㄑ 乂 女 女 女 姓 姓 姓
6급	線	줄 선	ノ 纟 纟 糹 糸 糸 糸 紡 紡 紡 絼 綠 線 線
5급	選	가릴 선	一 ⼉ 巴 巴 巴 巴 巽 巽 巽 巽 選 選 選
5급	仙	신선 선	ノ 亻 仏 仙 仙
4급	宣	베풀 선	丶 丷 宀 宀 宁 宁 盲 宣 宣
5급	說	말씀 설	丶 亠 宀 言 言 言 言 詒 詒 詒 說 說
4급	舌	혀 설	一 二 千 千 舌 舌
6급	省	살필 성	ノ ノ 小 少 少 少 省 省 省

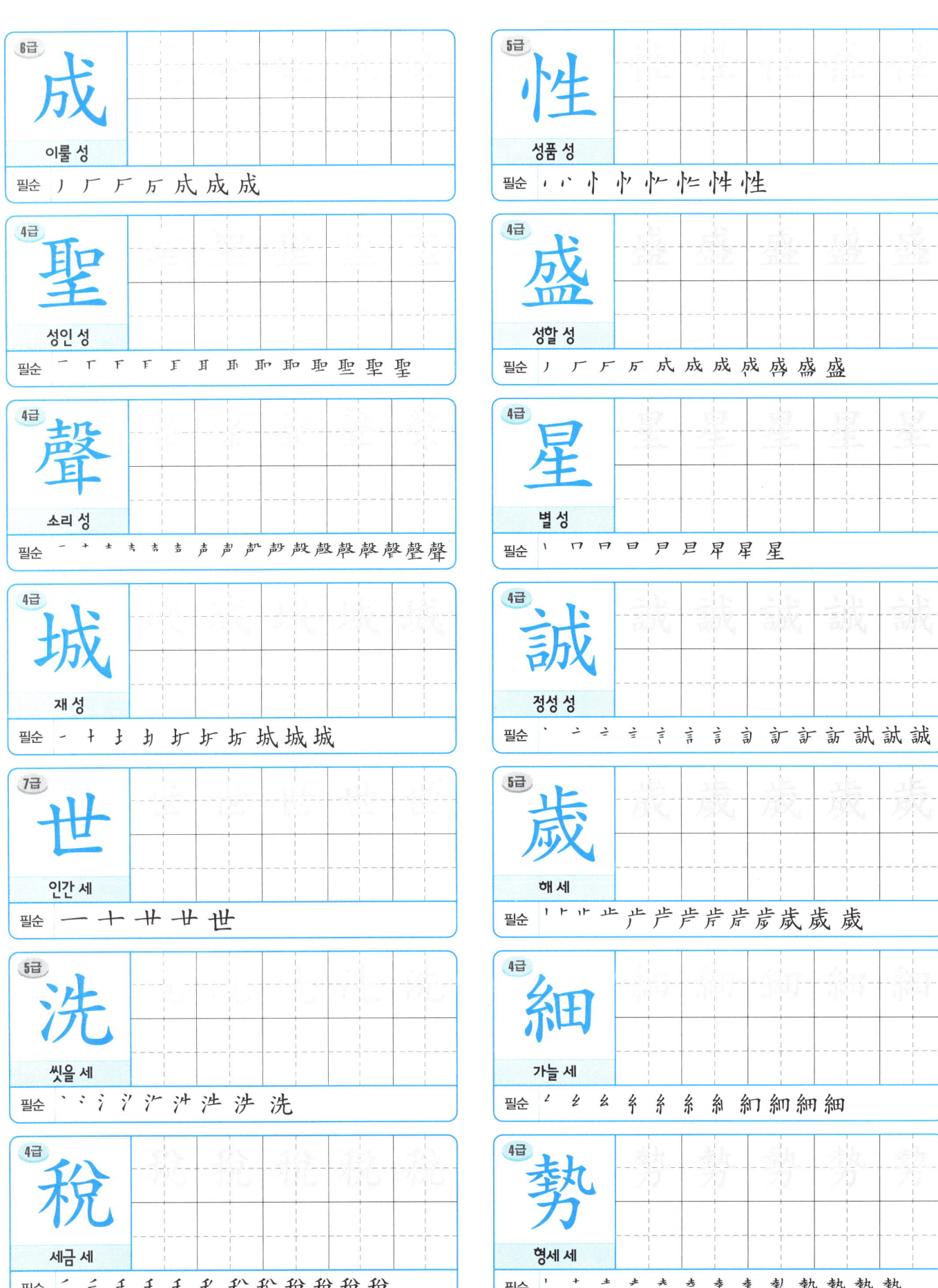

1000자 다지기 — 4급

급	한자	훈음	필순
8급	小	작을 소	ㅣ 小 小
7급	所	바 소	ㅡ ㅜ ㅋ 尸 戶 戶 所 所
4급	素	본디 소	一 十 丰 主 丰 专 素 素 素
4급	笑	웃을 소	ノ 𠂉 ㄥ ゲ 竹 竹 ゲ 笑 笑
5급	束	묶을 속	一 ㄱ ㄲ 日 声 束 束
4급	續	이을 속	ㄴ ㄴ ㄠ 幺 ㄠ 糸 糸 紝 紝 綃 綃 繒 繪 繪 繪 續 續
6급	孫	손자 손	ㄱ 了 子 子 孑 孖 孫 孫 孫 孫
7급	少	적을 소	ㅣ 小 小 少
6급	消	사라질 소	ヽ ヾ シ ジ ジ 汁 泮 消 消 消
4급	掃	쓸 소	一 十 扌 扌 扫 扫 扫 掃 掃 掃
6급	速	빠를 속	一 ㄱ ㄲ 日 申 束 束 涑 涑 速 速
4급	屬	붙일 속	ㄱ ㄱ 尸 尸 尸 尼 尾 居 屃 屃 屬 屬 屬 屬 屬 屬 屬
4급	俗	풍속 속	ノ イ 亻 伙 伙 伙 伀 俗 俗
4급	損	덜 손	一 十 扌 扌 扩 护 捎 捐 捐 損 損 損

195

4급

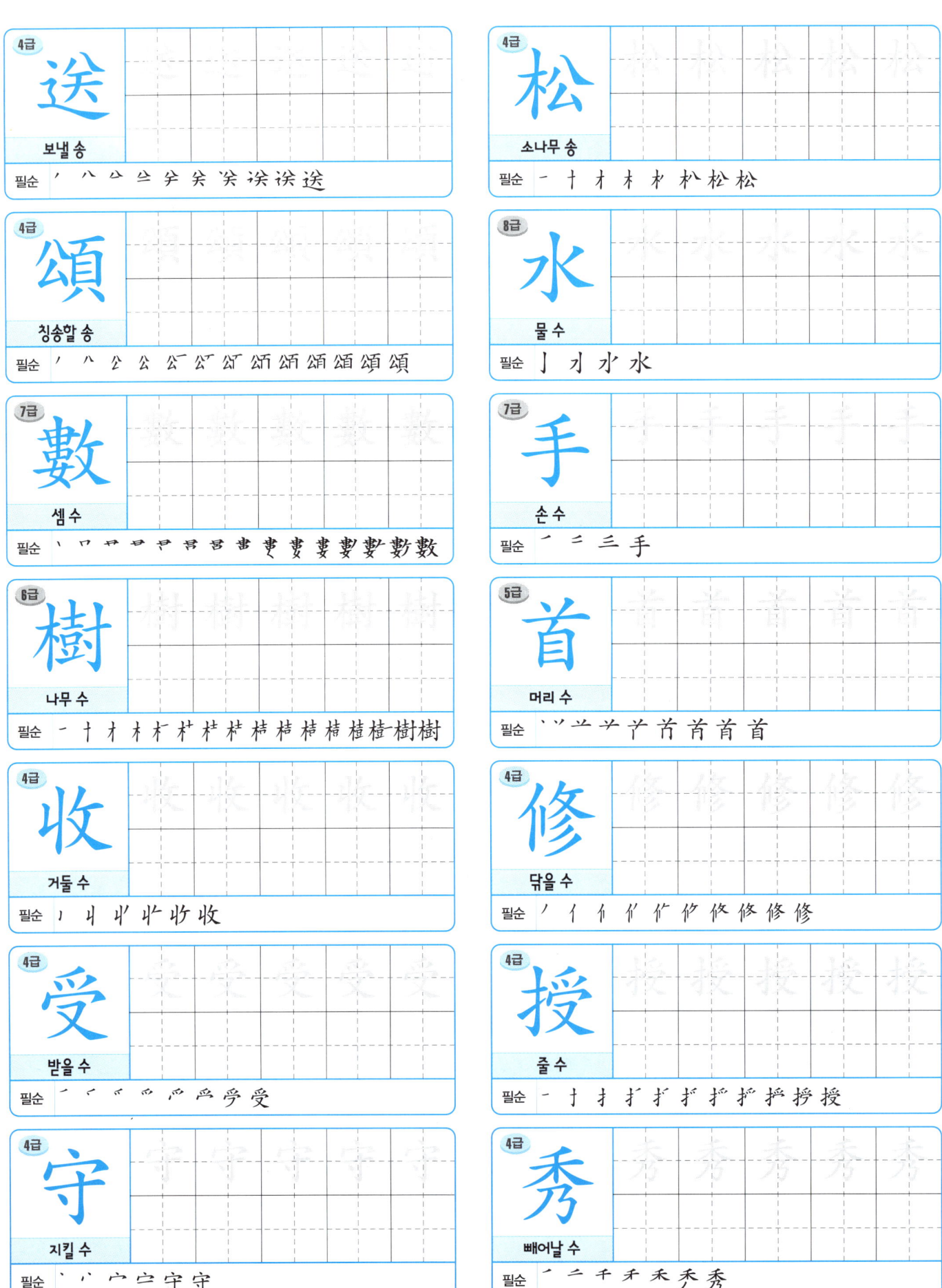

4.급.배.정

급	한자	훈음	필순
4급	送	보낼 송	ノ 八 ム 쓰 쑤 쏫 쏫 送 送
4급	頌	칭송할 송	ノ 八 公 公 公 公 頌 頌 頌 頌
7급	數	셈 수	丶 口 日 日 甲 昌 婁 婁 婁 數 數 數
6급	樹	나무 수	一 十 才 木 木 木 村 桂 桂 桂 桂 桂 樹 樹
4급	收	거둘 수	ノ 니 山 此 收 收
4급	受	받을 수	一 ⺀ ⺀ ⺀ 吶 严 妥 受
4급	守	지킬 수	丶 宀 宀 宁 守 守
4급	松	소나무 송	一 十 才 木 木 朴 松 松
8급	水	물 수	亅 기 水 水
7급	手	손 수	一 ⼆ 三 手
5급	首	머리 수	丶 丷 ⺌ 产 产 首 首 首
4급	修	닦을 수	ノ 亻 亻 亻 亻 攸 修 修 修
4급	授	줄 수	一 十 扌 扌 扌 扌 扌 抒 拷 授
4급	秀	빼어날 수	一 ⼆ 千 禾 禾 秀 秀

196 4급 배정 1000자 다지기

1000자 다지기

4급

급	한자	훈음	필순
5급	宿	잘 숙	丶丶宀宀宀宁宿宿宿
4급	肅	엄숙할 숙	ㄱ ㅋ ㅋ 尹 尹 尹 肀 肀 肀 肅 肅
4급	純	순수할 순	纟 纟 纟 糸 糸 紅 紅 紈 純
4급	崇	높을 숭	丶 屮 山 屮 屮 岁 岁 崇 崇 崇
6급	勝	이길 승	丿 月 月 月 肝 肝 胖 胖 胖 勝 勝
7급	時	때 시	丨 冂 日 日 旷 旷 时 時 時
7급	食	밥 식	丿 人 亽 今 今 今 食 食 食
4급	叔	아재비 숙	丨 卜 ㅏ 十 ナ 丿 朮 叔
5급	順	순할 순	丿 丿 川 厂 厂 順 順 順 順 順
6급	術	재주 술	丿 ㇀ 彳 彳 犷 犷 徘 術 術 術
6급	習	익힐 습	丁 丑 习 羽 羽 羽 羽 習 習 習
4급	承	이을 승	ㄱ 了 了 孑 手 丞 承 承
7급	市	저자 시	丶 亠 宀 亢 市
6급	始	비로소 시	〈 夂 女 女' 女㇀ 始 始

한자검정능력 4급 **197**

4급

4.급.배.정

5급 示 보일 시	4급 施 베풀 시
필순 一 二 〒 亍 示	필순 ` ㆍ ㇉ 方 ㇆ 斻 斻 施 施

4급 視 볼 시	4급 詩 시 시
필순 一 二 亍 示 衤 衤 衤 袒 袒 視 視	필순 ` ㆍ ㇉ 亠 亠 言 言 言 計 計 詩 詩

4급 試 시험 시	4급 是 이 시
필순 ` ㆍ ㇉ 亠 亠 言 言 言 計 計 試 試	필순 丨 冂 日 旦 旦 早 早 昆 是

7급 植 심을 식	6급 式 법 식
필순 一 十 才 才 木 杧 杧 栌 栌 梢 植 植	필순 一 二 亍 テ 式 式

5급 識 알 식	4급 息 쉴 식
필순 ` ㆍ ㇉ 亠 亠 言 言 言 訁 訁 訁 諳 諳 諳 諳 識 識	필순 ´ ⺍ ⺾ 自 自 自 息 息 息

6급 身 몸 신	6급 信 믿을 신
필순 ´ 丨 竹 白 身 身 身	필순 丿 亻 亻 亻 亻 信 信 信 信

6급 新 새 신	6급 神 귀신 신
필순 ` ㆍ ㇉ 立 立 辛 辛 亲 亲 新 新 新	필순 一 二 亍 示 衤 衤 衤 袒 神

198 4급 배정 1000자 다지기

4급

4급 배정

급	한자	훈음	필순
4급	暗	어두울 암	丨冂日日`日⊢日士日立日立日音日音暗暗
6급	愛	사랑 애	ノ⌒⺍⺍爫爫爫⺍爫爫爫愛愛
4급	額	이마 액	丶丶宀宀宀安安客客客客客額額額額額
6급	夜	밤 야	丶亠广广疒夜夜夜
6급	弱	약할 약	一弓弓弓弓弱弱弱
6급	陽	볕 양	丶阝阝阝阳阳阳阳陽陽
5급	養	기를 양	丶丷丷⺷⺷美美美养养养养养
4급	壓	누를 압	一厂厂厂厂厂厭厭厭厭厭壓壓壓
4급	液	진액	丶丶氵氵汀汋沴液液液液
6급	野	들 야	丨冂日日日田里里野野野
6급	藥	약 약	一艹艹艹艹艹荜荜荜蒋藥藥藥藥
5급	約	맺을 약	乚幺幺糸糸糸約約
6급	洋	큰 바다 양	丶丶氵氵氵汫洋洋
4급	羊	양 양	丶丷丷⺷⺷羊

200 4급 배정 1000자 다지기

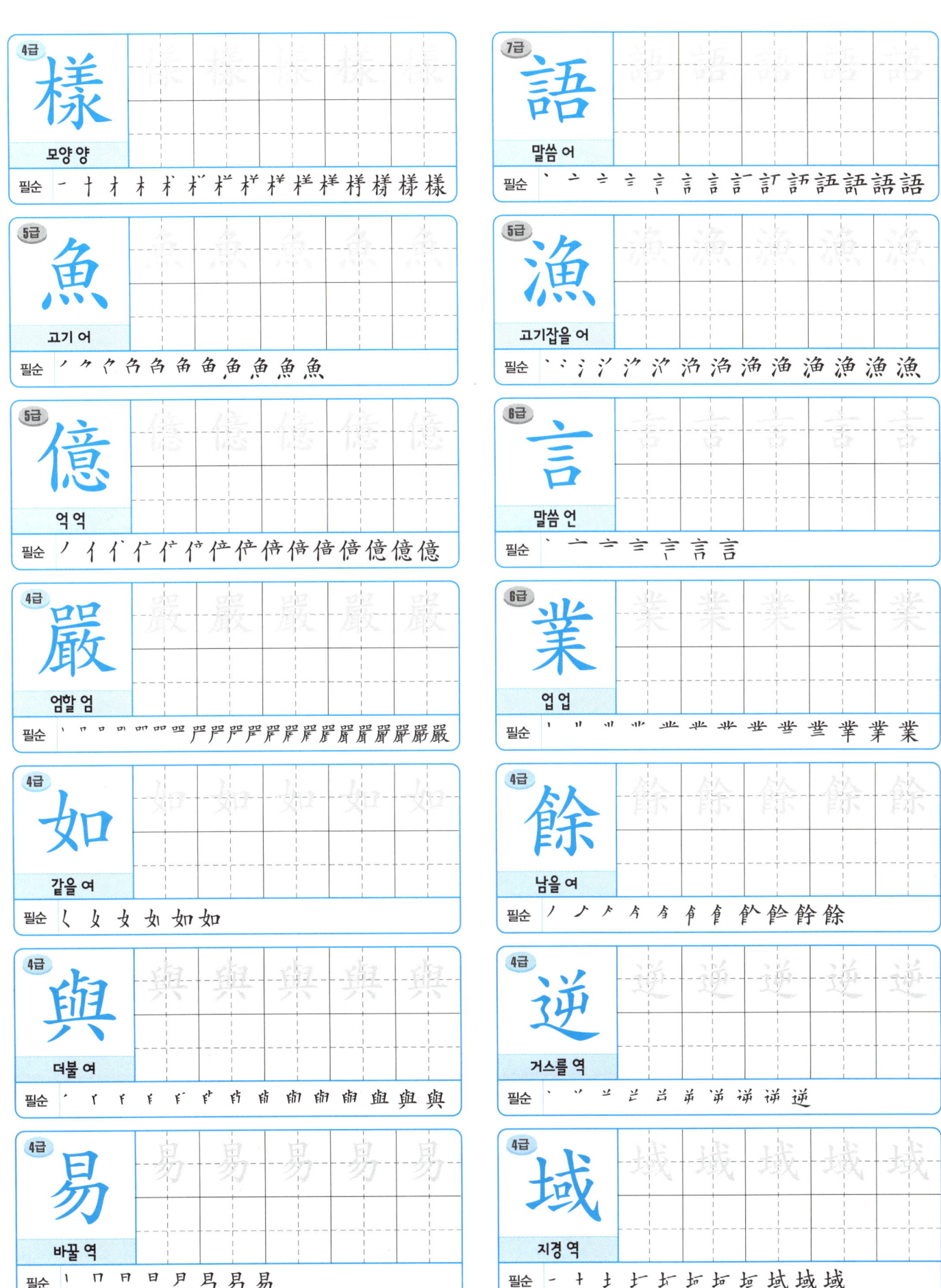

4급

4.급.배.정

급	漢字	訓音
7급	然	그럴 연
4급	煙	연기 연
4급	鉛	납 연
4급	緣	인연 연
5급	熱	더울 열
6급	永	길 영
4급	榮	영화 영
4급	硏	갈 연
4급	演	펼 연
4급	延	늘일 연
4급	燃	탈 연
5급	葉	잎 엽
6급	英	꽃부리 영
4급	藝	재주 예

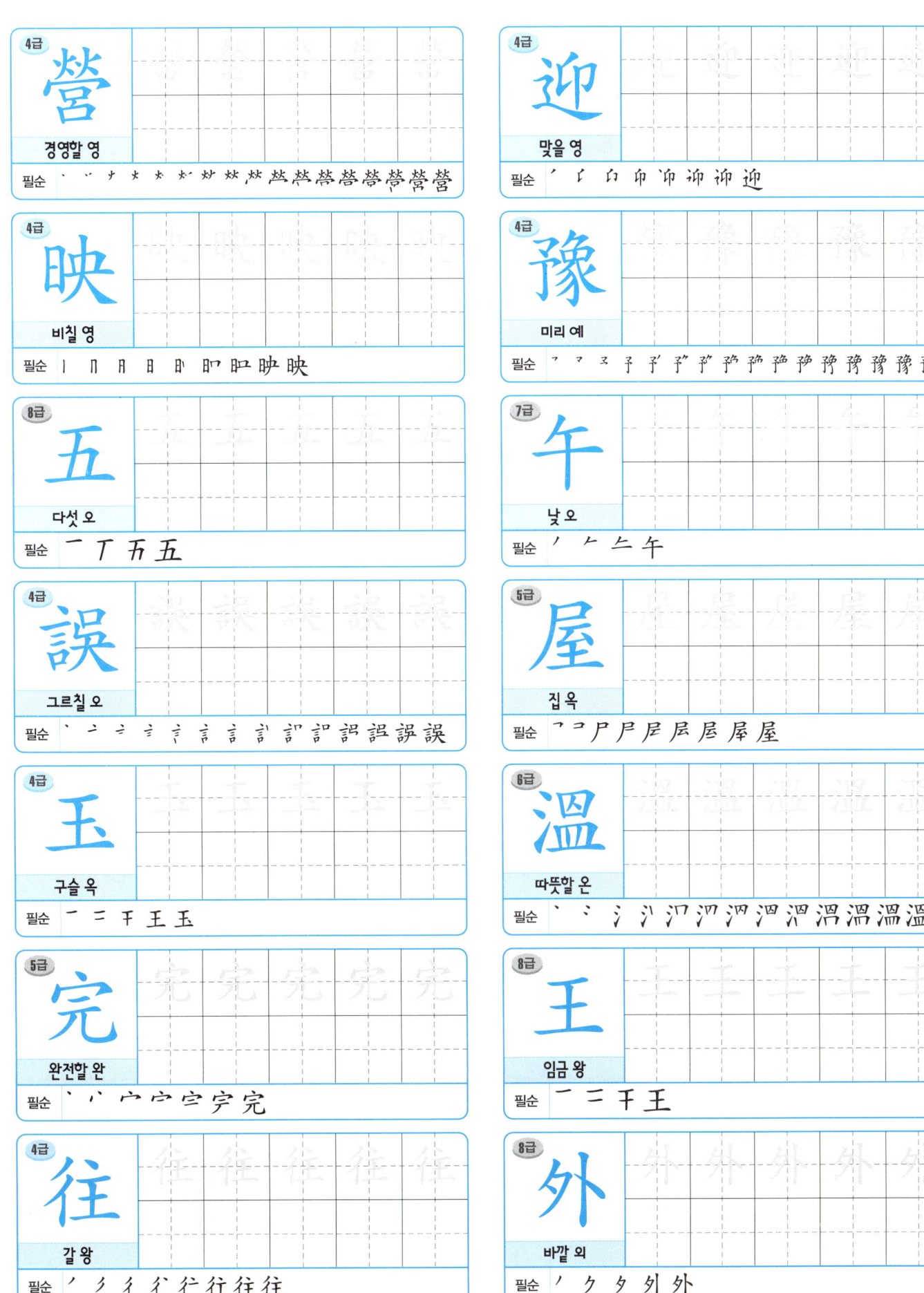

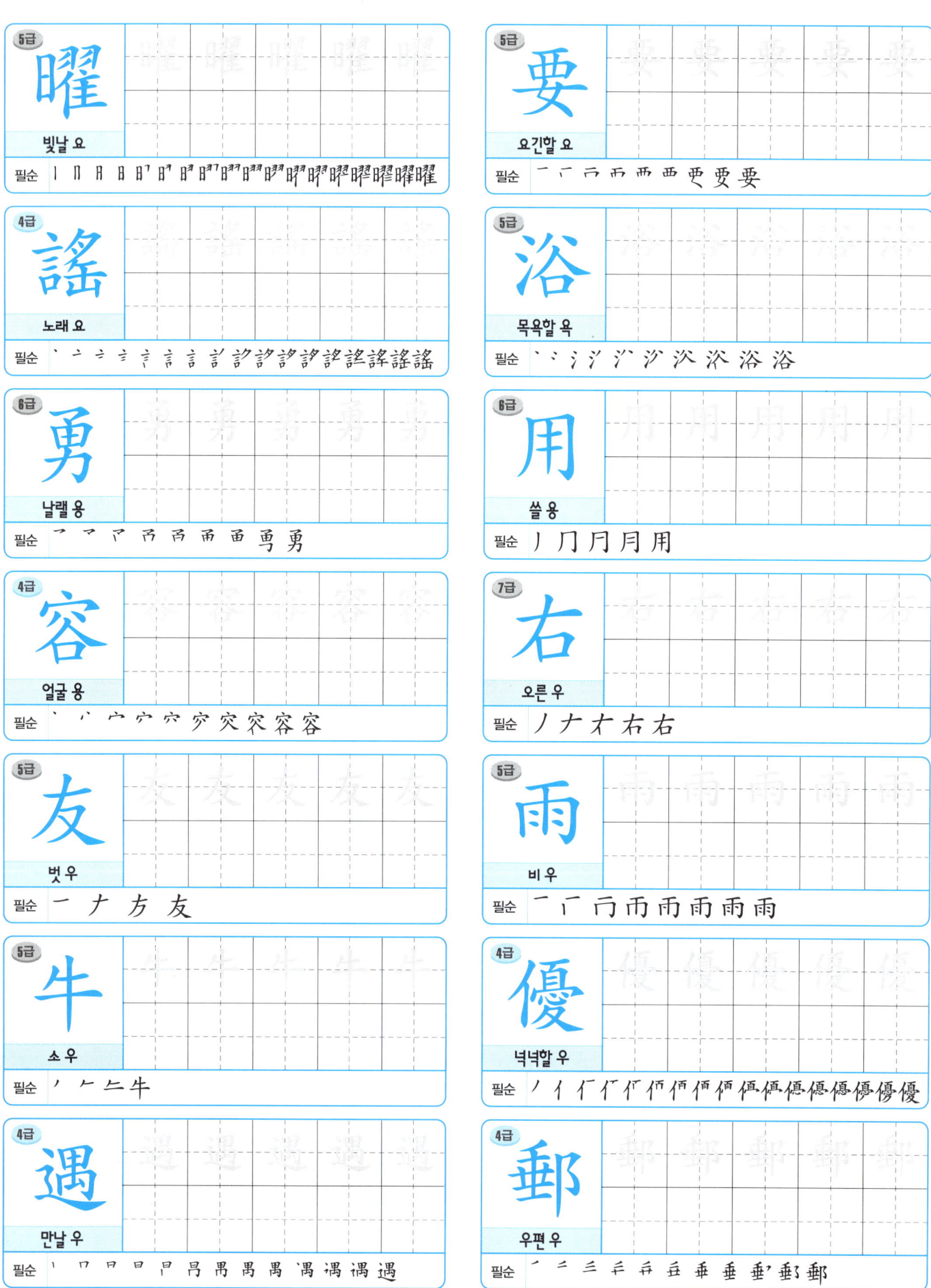

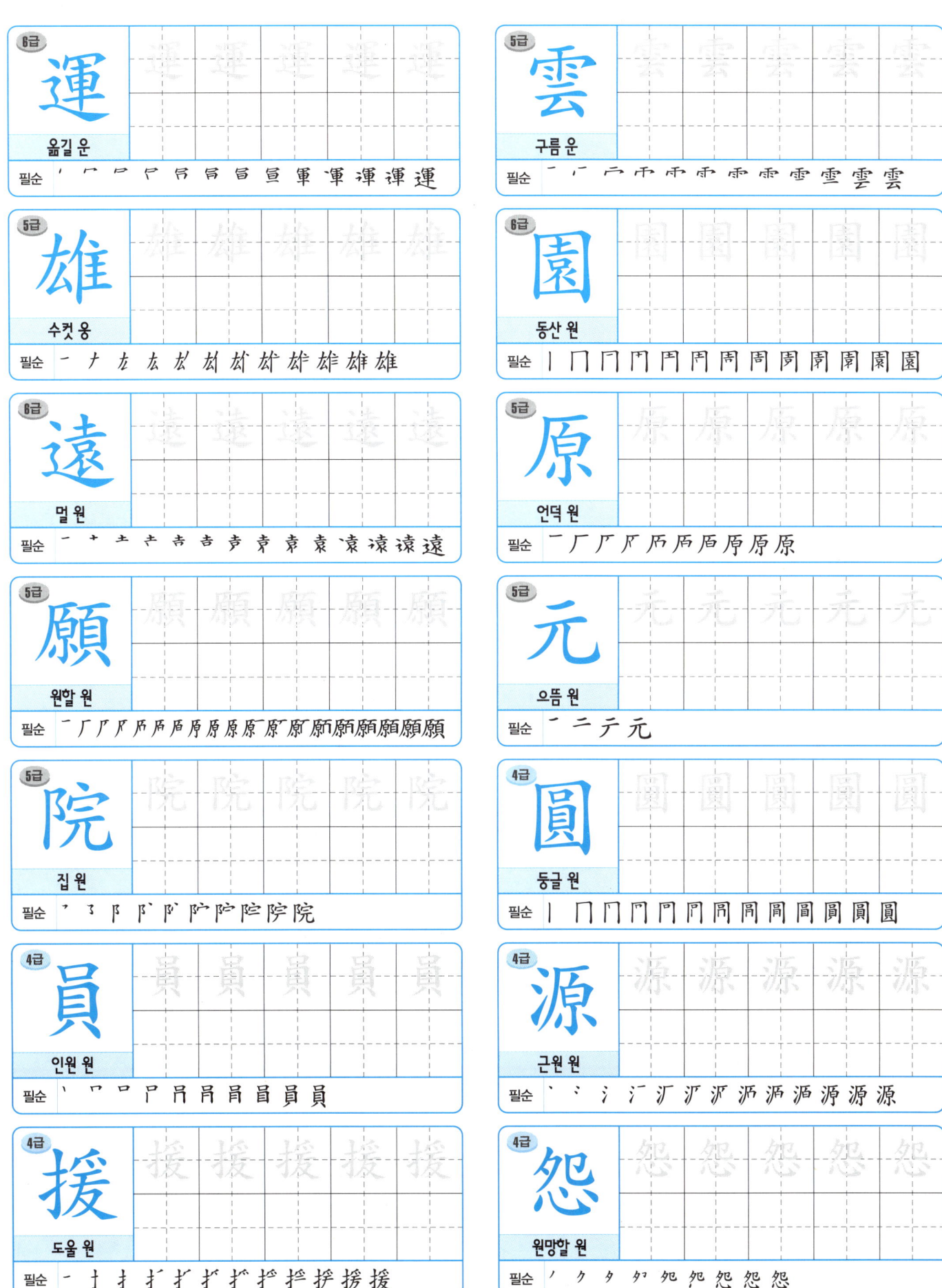

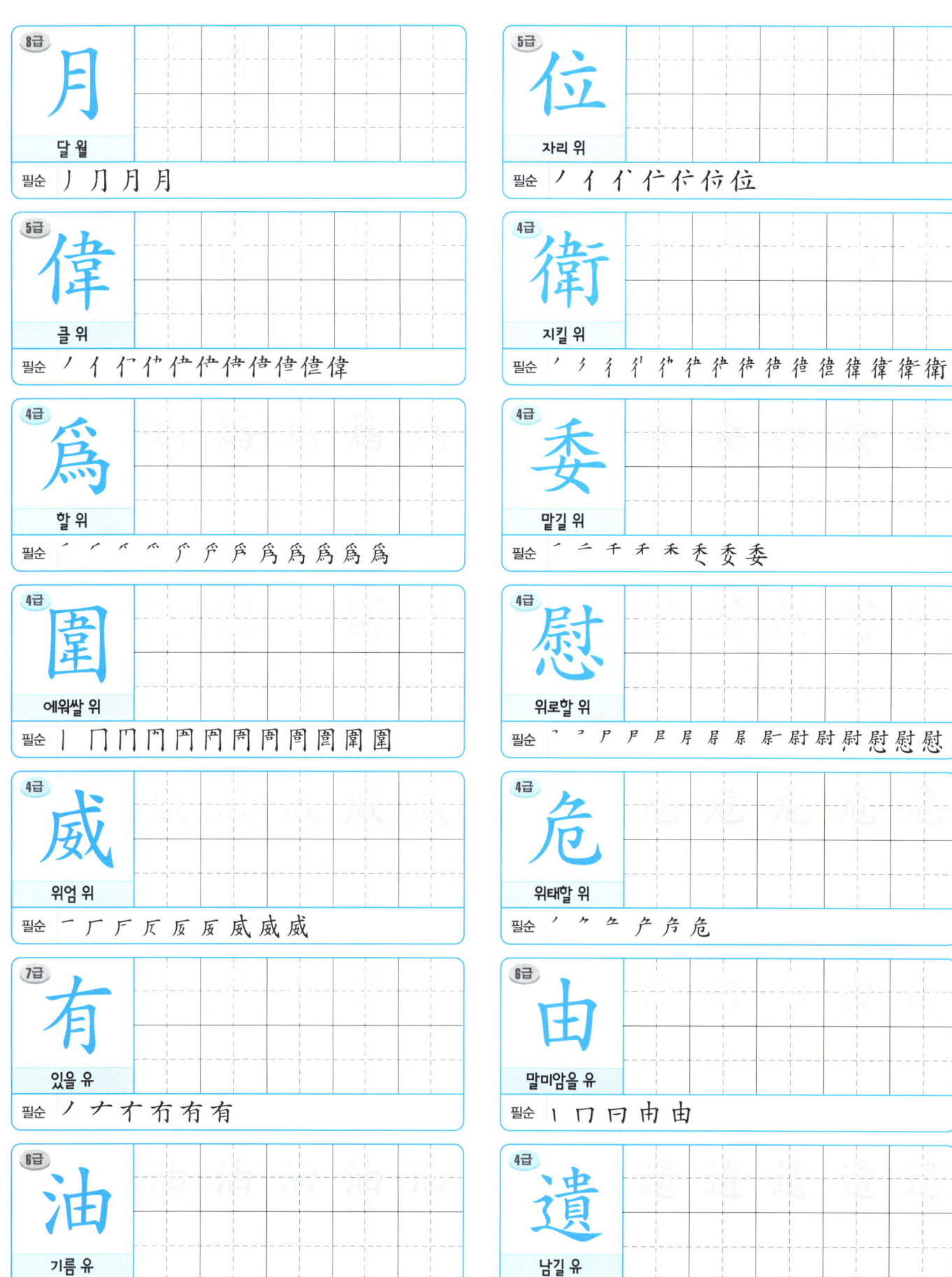

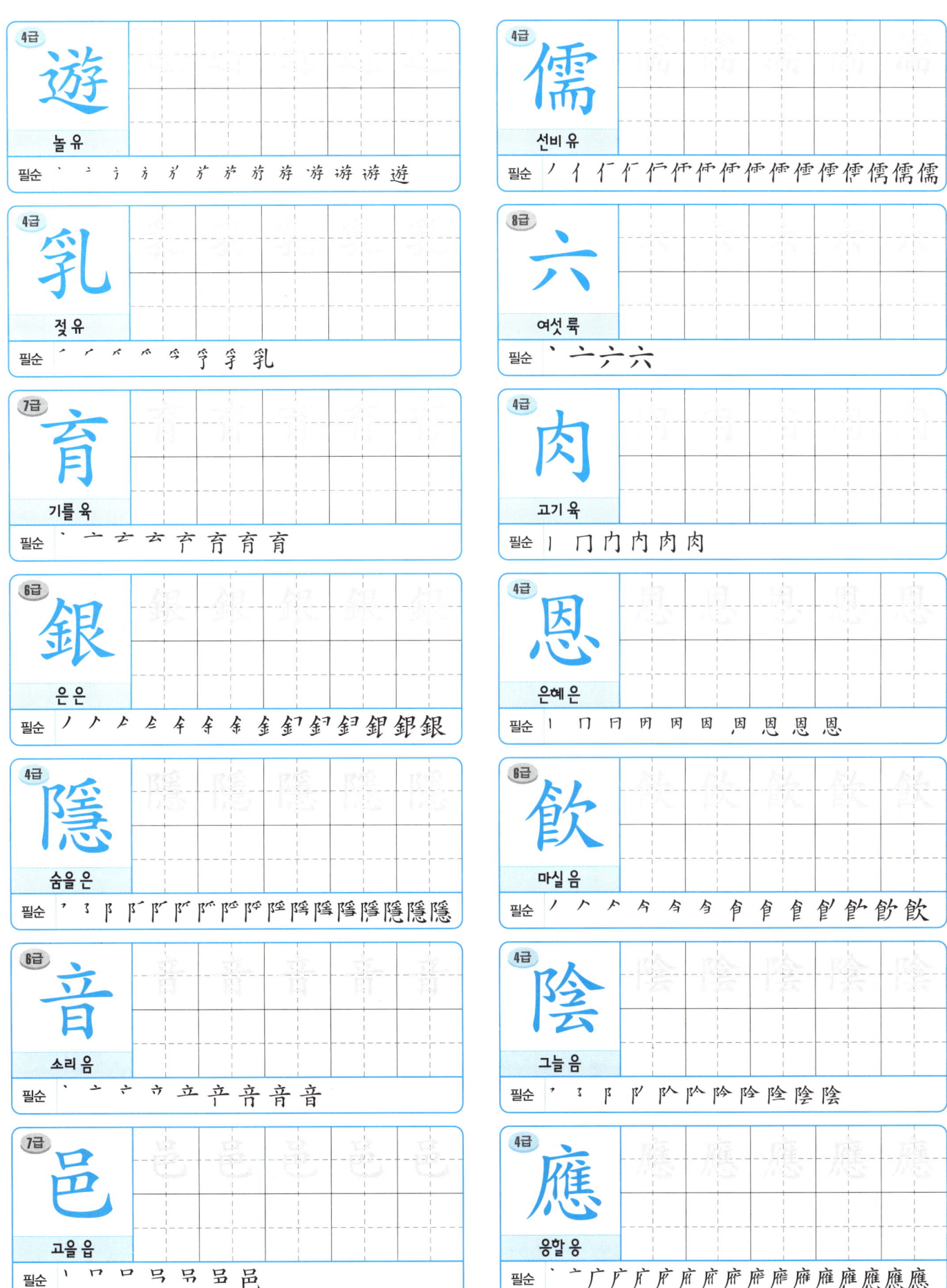

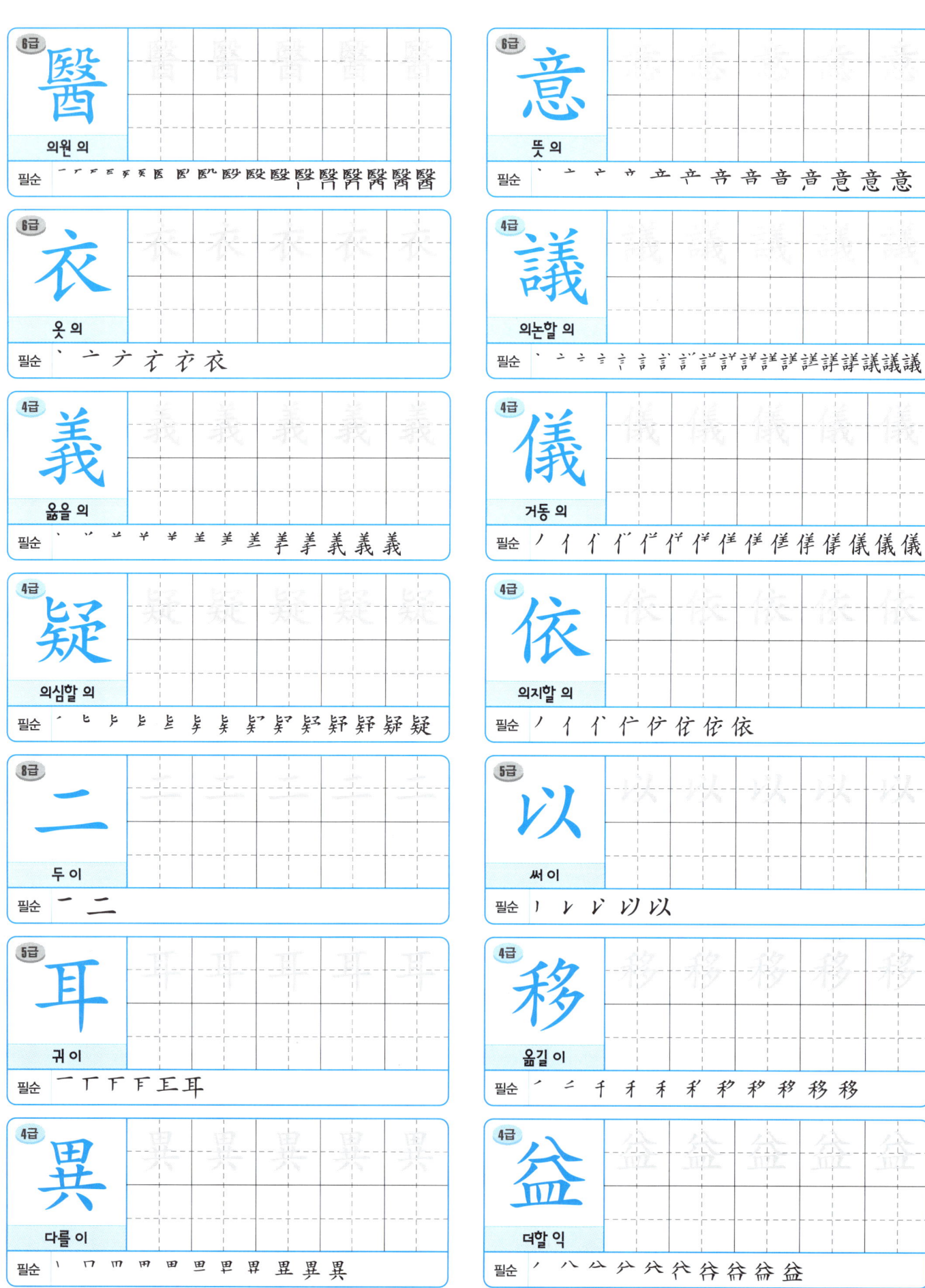

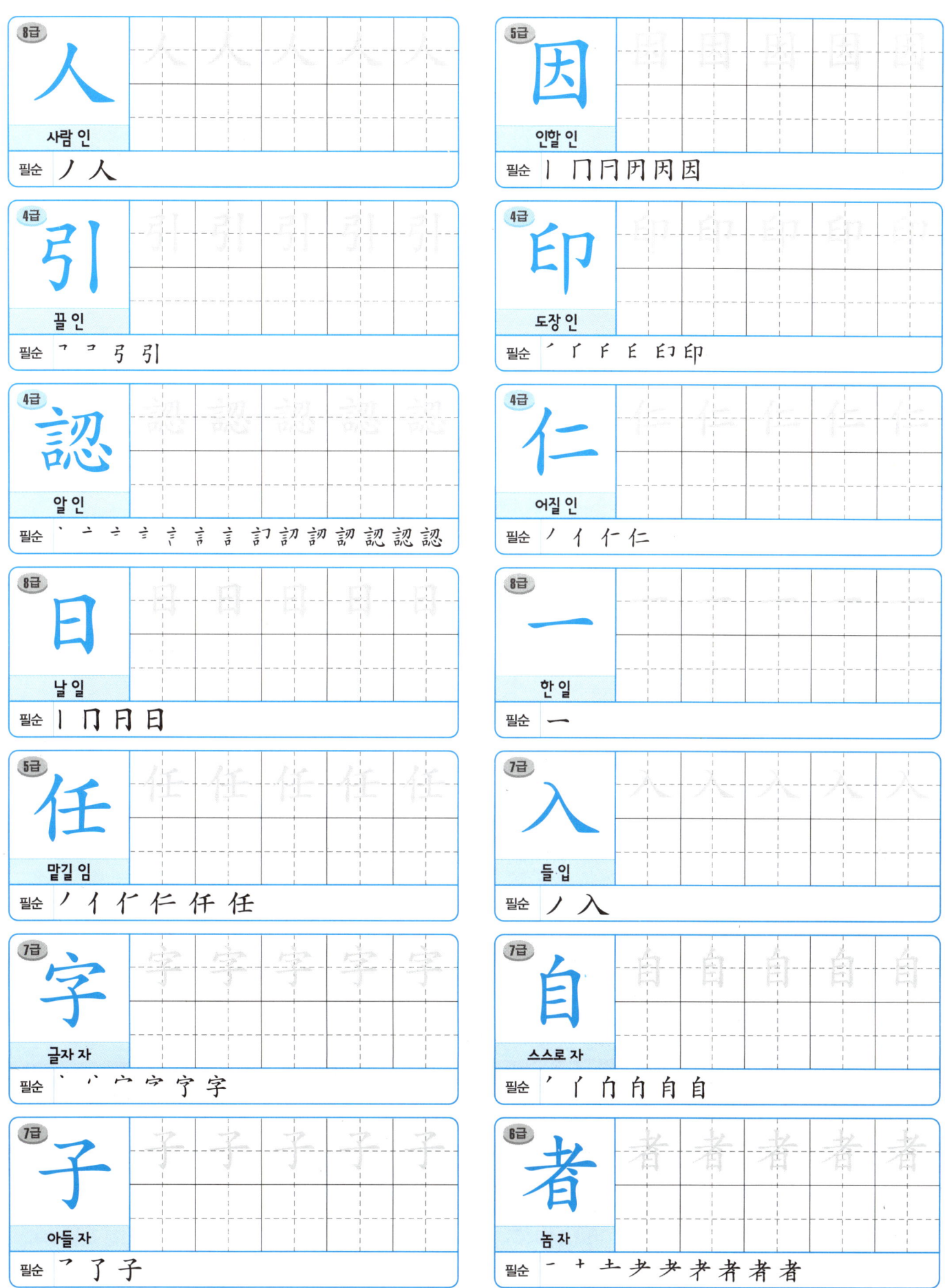

4급

4.급.배.정

4급	姿 모양 자	필순: 、 ﾉ ｼ ｼﾞ 次 次 姿 姿
4급	姉 손위누이 자	필순: 〈 ﾌ 女 女` 女ﾞ 妒 姉
4급	資 재물 자	필순: 、 ﾉ ｼ ｼﾞ 次 次 ﾎ ﾎﾞ 資 資 資
6급	昨 어제 작	필순: 丨 冂 日 日` 旷 旷 昨 昨
8급	作 지을 작	필순: ノ イ 亻` 仁 竹 作 作
4급	殘 남을 잔	필순: 一 ﾌ 歹 歹 歹` 歹ﾞ 殘 殘 殘 殘
4급	雜 섞일 잡	필순: 、 亠 产 卞 卞 卉 卉ﾞ 雜 雜 雜 雜 雜 雜 雜
8급	長 긴 장	필순: 一 ﾌ ﾌﾞ F F 手 長 長
7급	場 마당 장	필순: 一 十 土 圵 圻 圻 坦 坦 場 場 場
6급	章 글 장	필순: 、 亠 ナ 立 产 音 音 音 章 章
4급	障 막을 장	필순: ﾌ 阝 阝` 阝ﾞ 阡 阡ﾞ 陪 陪 陪 障 障
4급	將 장수 장	필순: 丨 丬 丬` 爿 爿ﾞ 爿ﾞ 爿ﾞ 爿ﾞ 將 將
4급	裝 꾸밀 장	필순: 丨 丬 丬` 爿 爿ﾞ 壯 壯ﾞ 裝 裝 裝 裝
4급	張 베풀 장	필순: ﾌ ﾌﾞ 弓 弓` 弓ﾞ 严 严ﾞ 張 張 張

1000자 다지기

4급

4급	帳 장막 장	필순 ㅣ ㄇ ㅁ 巾 帄 帊 帊 帳 帳 帳
4급	奬 장려할 장	필순 ㅣ ㅂ ㅂ ㅂ ㅂ 扌 扌 扩 將 將 將 奬
4급	壯 장할 장	필순 ㅣ ㅂ ㅂ ㅂ ㅂ 壯 壯
4급	腸 창자 장	필순 ㅣ ㄇ 月 月 月 胆 胆 胆 胆 腸 腸
6급	在 있을 재	필순 一 ナ 才 疒 存 在
6급	才 재주 재	필순 一 十 才
5급	再 두 재	필순 一 厂 冂 冃 丙 再
5급	材 재목 재	필순 一 十 才 木 木 村 材
5급	財 재물 재	필순 ㅣ 冂 月 目 貝 貝 貝 貝 財 財
5급	災 재앙 재	필순 丶 巛 巛 巛 巛 災 災
5급	爭 다툴 쟁	필순 丶 ノ ⺈ 爫 爫 爭 爭 爭
5급	貯 쌓을 저	필순 ㅣ 冂 月 目 貝 貝 貝 貝 貯 貯 貯
4급	低 낮을 저	필순 ノ 亻 亻 任 任 低 低
4급	底 밑 저	필순 丶 亠 广 广 庄 庄 底 底

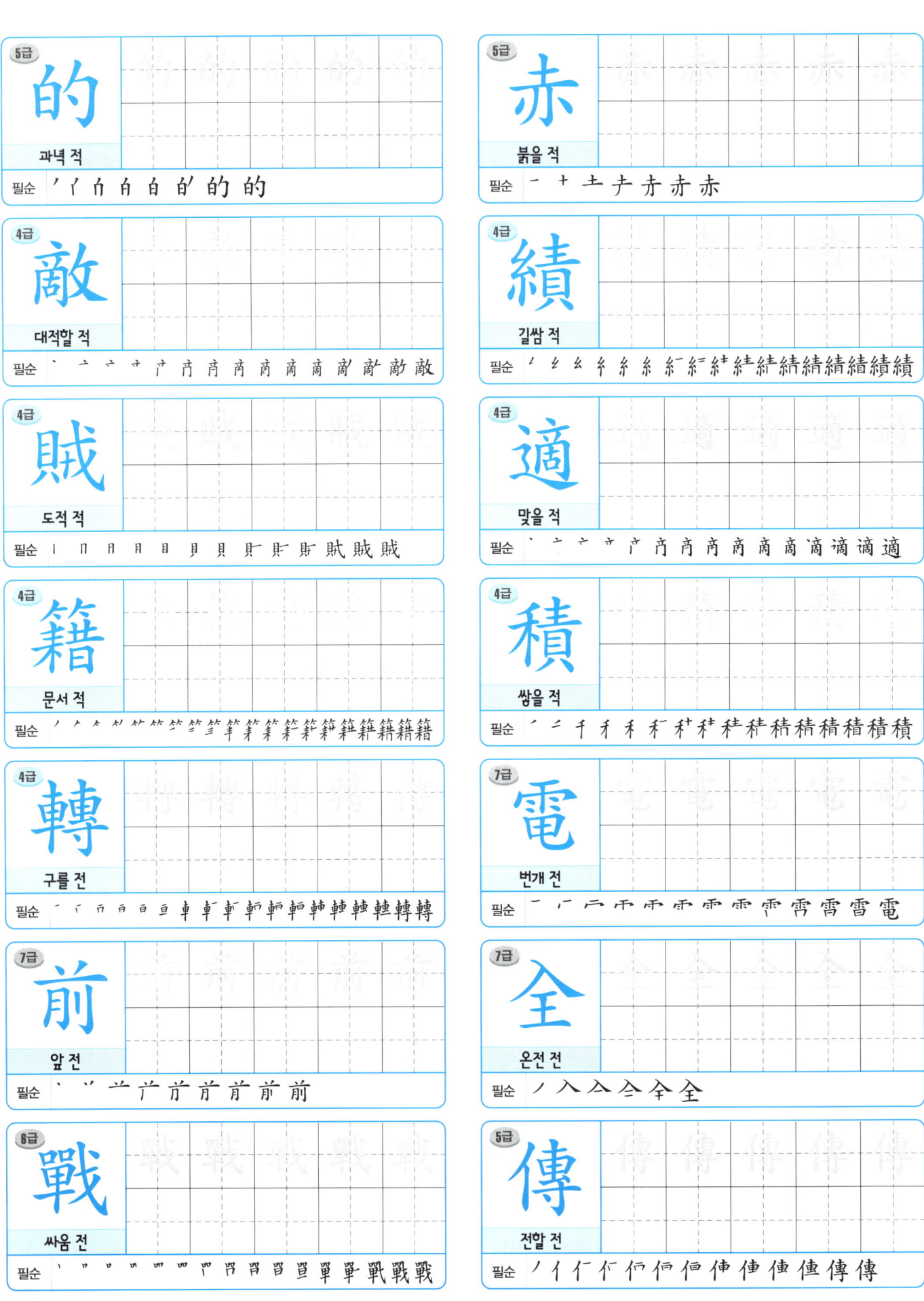

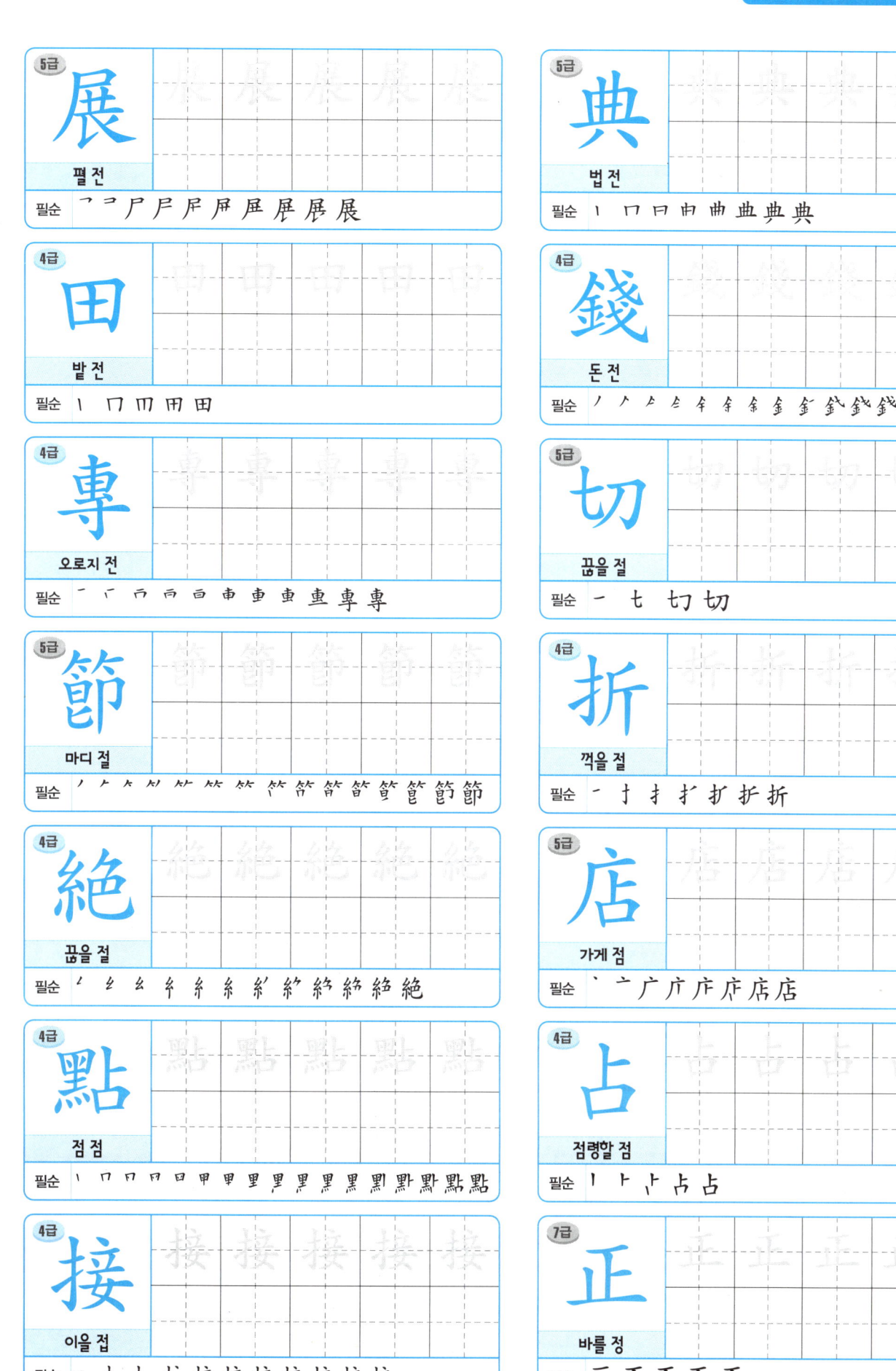

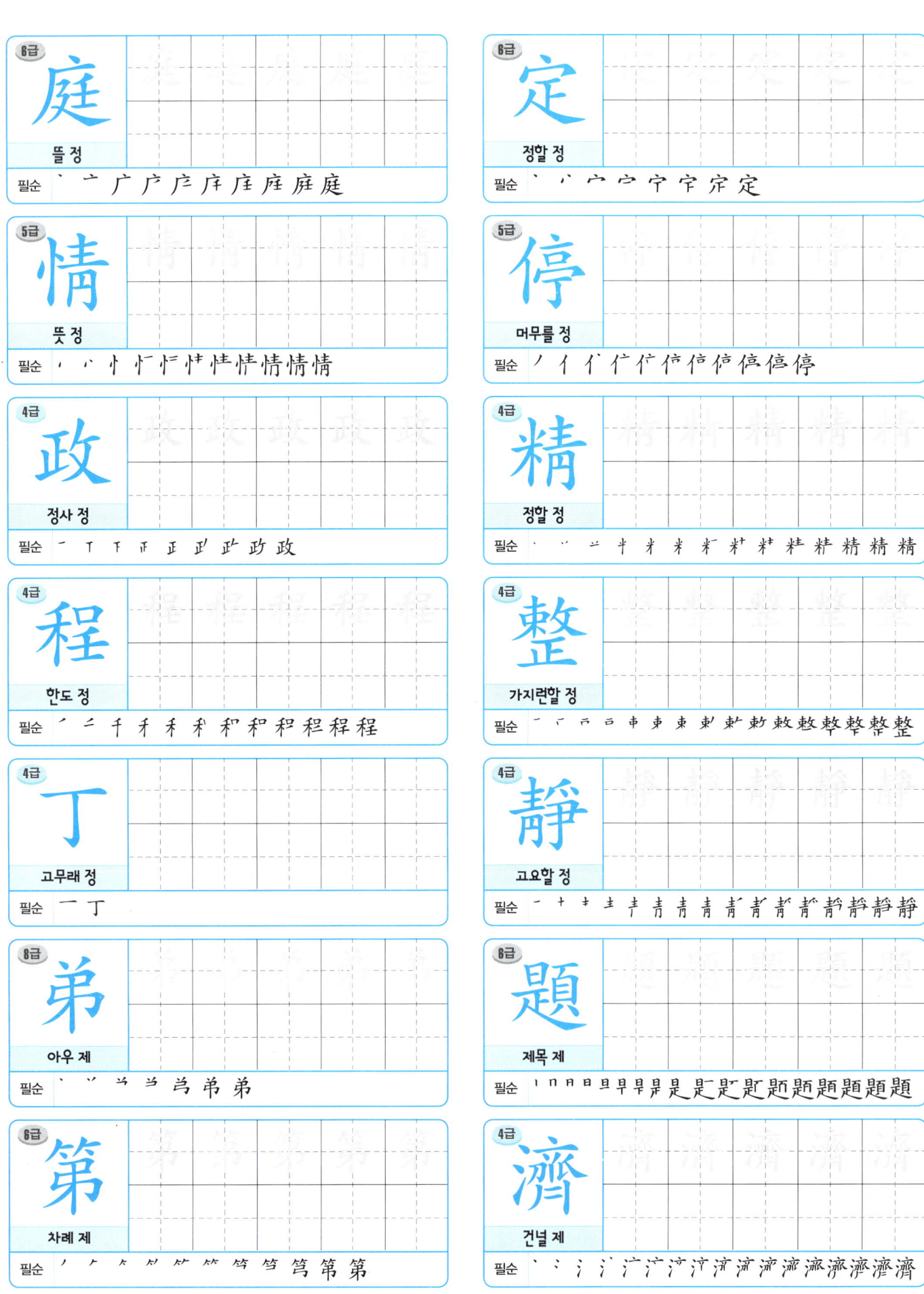

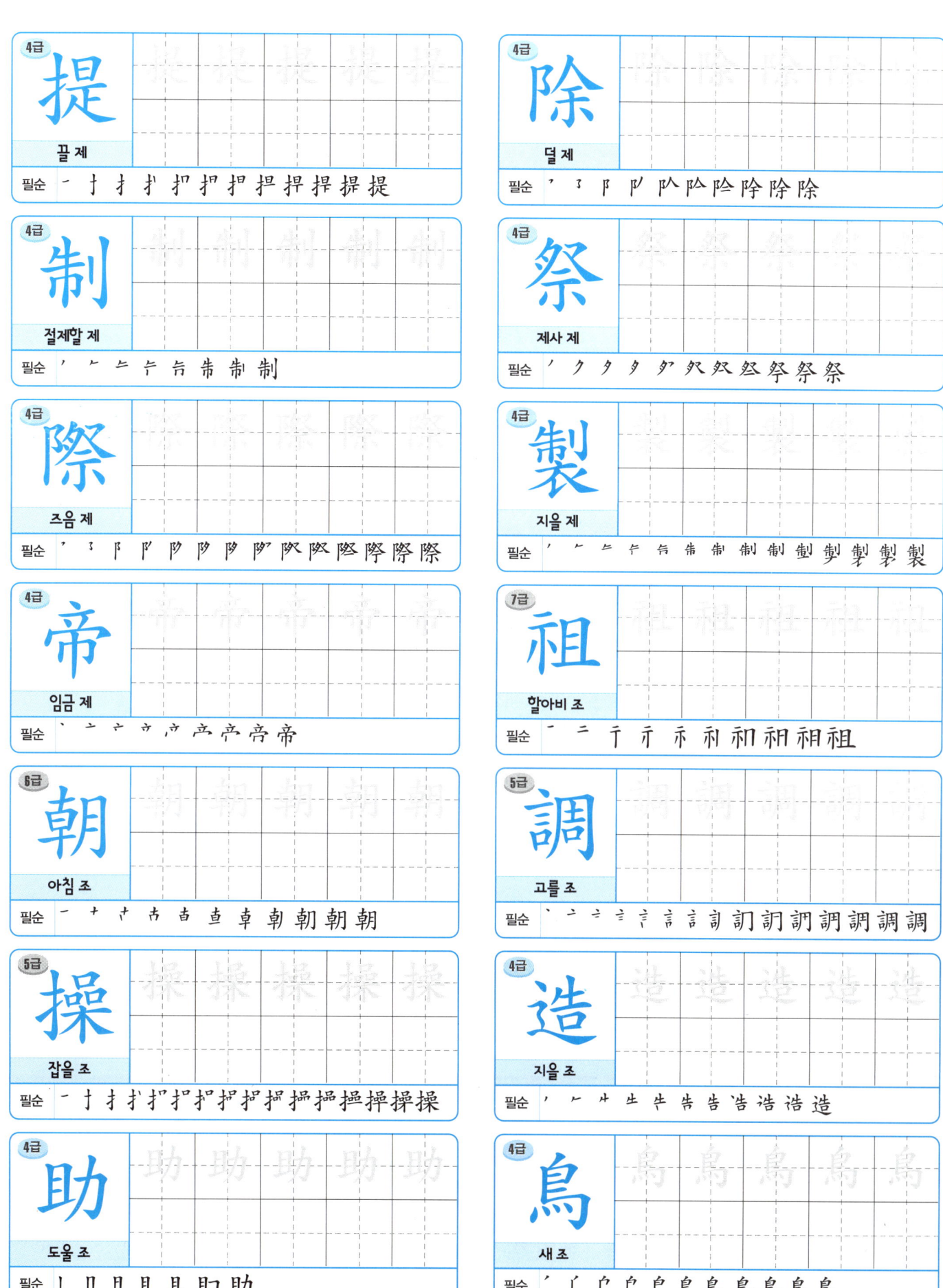

4급

급	한자	훈음	필순
4급	早	이를 조	ㅣ 口 日 旦 早
4급	潮	조수 조	ㆍㆍ 氵 氵 汁 汁 浐 浐 泪 渲 淖 淖 潮 潮 潮
6급	族	겨레 족	ㆍ ㆍ 亠 方 方 方 扩 扩 族 族 族
4급	尊	높을 존	ㆍ 八 八 代 什 符 符 酋 酋 酋 尊 尊
5급	卒	마칠 졸	ㆍ 亠 广 广 方 卒 卒 卒
5급	種	씨 종	ㆍ ㆍ 千 千 千 禾 禾 禾 禾 利 稻 稻 稻 種 種
4급	鐘	쇠북 종	ㆍ ㆍ ㄣ ㄣ ㄣ 钅 釒 釒 釒 鈩 銆 鍾 鍾 鍾 鍾
4급	條	가지 조	ㆍ 亻 仁 仁 仁 仁 佟 佟 條 條
4급	組	짤 조	ㆍ ㆍ ㄠ ㄠ 糸 糸 糸 糾 紐 細 組 組
7급	足	발 족	ㅣ 口 口 T 丁 됴 足
4급	存	있을 존	一 ナ 才 才 存 存
5급	終	마칠 종	ㆍ ㆍ ㄠ ㄠ 糸 糸 糸 糸 終 終 終
4급	宗	마루 종	ㆍ ㆍ 宀 宀 宀 宁 宇 宗 宗
4급	從	좇을 종	ㆍ ㆍ 彳 彳 彳 彶 彶 從 從 從

1000자 다지기

7급 左 왼좌	필순 一 ナ 广 左 左

4급 座 자리 좌	필순 丶 亠 广 广 广 庐 応 応 座 座

5급 罪 허물 죄	필순 丨 冂 罒 罒 严 罪 罪 罪 罪 罪

7급 住 살 주	필순 ノ イ 亻 亻 仨 住 住

7급 主 주인 주	필순 丶 亠 二 亍 主

6급 晝 낮 주	필순 フ ㄱ ㅋ ㅌ 書 書 書 書 書 晝

6급 注 부을 주	필순 丶 氵 氵 氵 汁 汁 注 注

5급 州 고을 주	필순 丶 丿 丬 州 州 州

5급 週 주일 주	필순 丿 几 月 月 用 周 周 周 週 週 週

4급 走 달릴 주	필순 一 十 土 キ キ 走 走

4급 周 두루 주	필순 丿 几 月 月 用 用 周 周

4급 朱 붉을 주	필순 丿 ㅗ 二 牛 牛 朱

4급 酒 술 주	필순 丶 氵 氵 氵 汀 沂 洒 酒 酒 酒

4급 竹 대 죽	필순 ノ ト 彳 彳 竹 竹

한자검정능력 4급 **217**

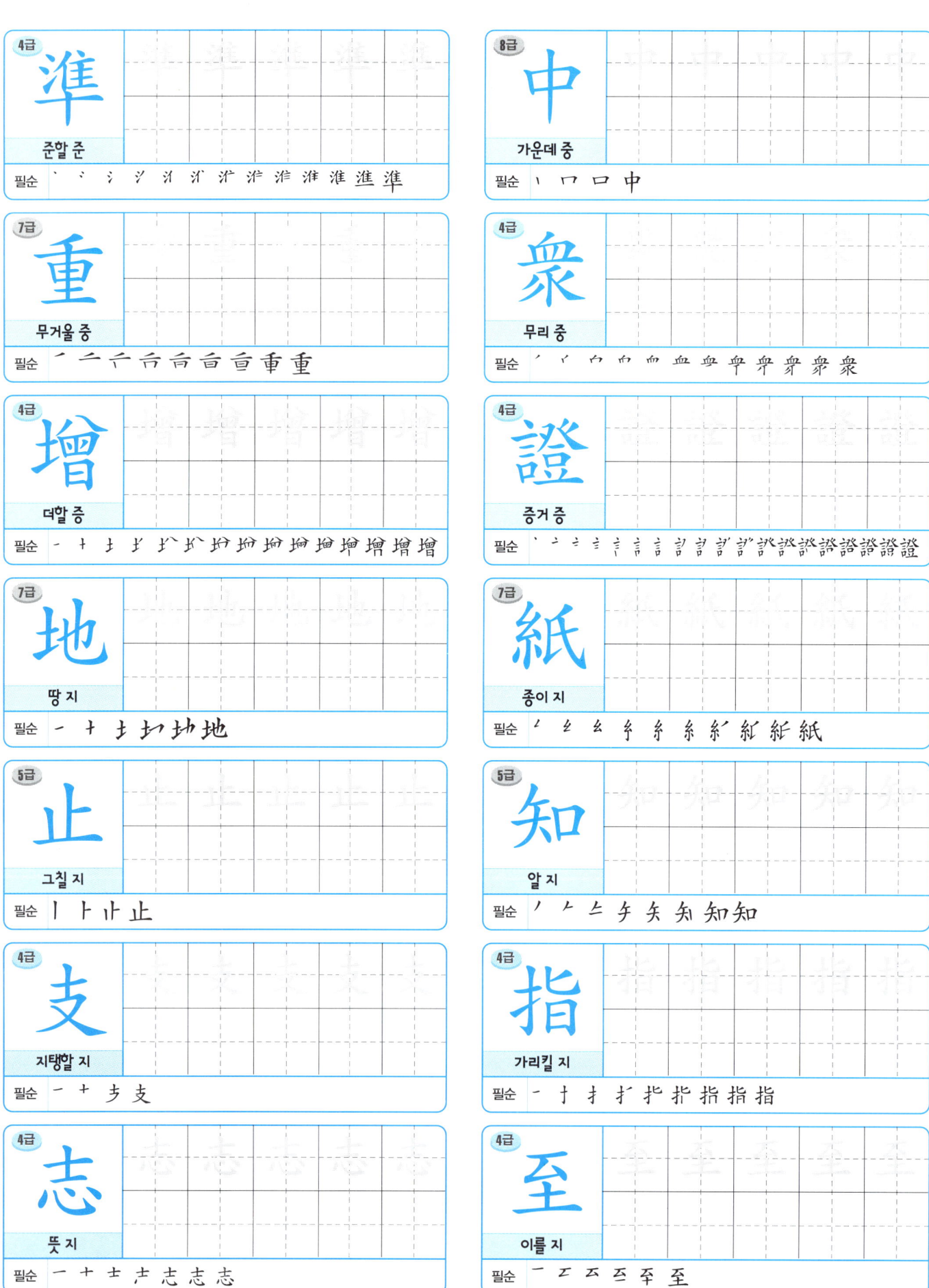

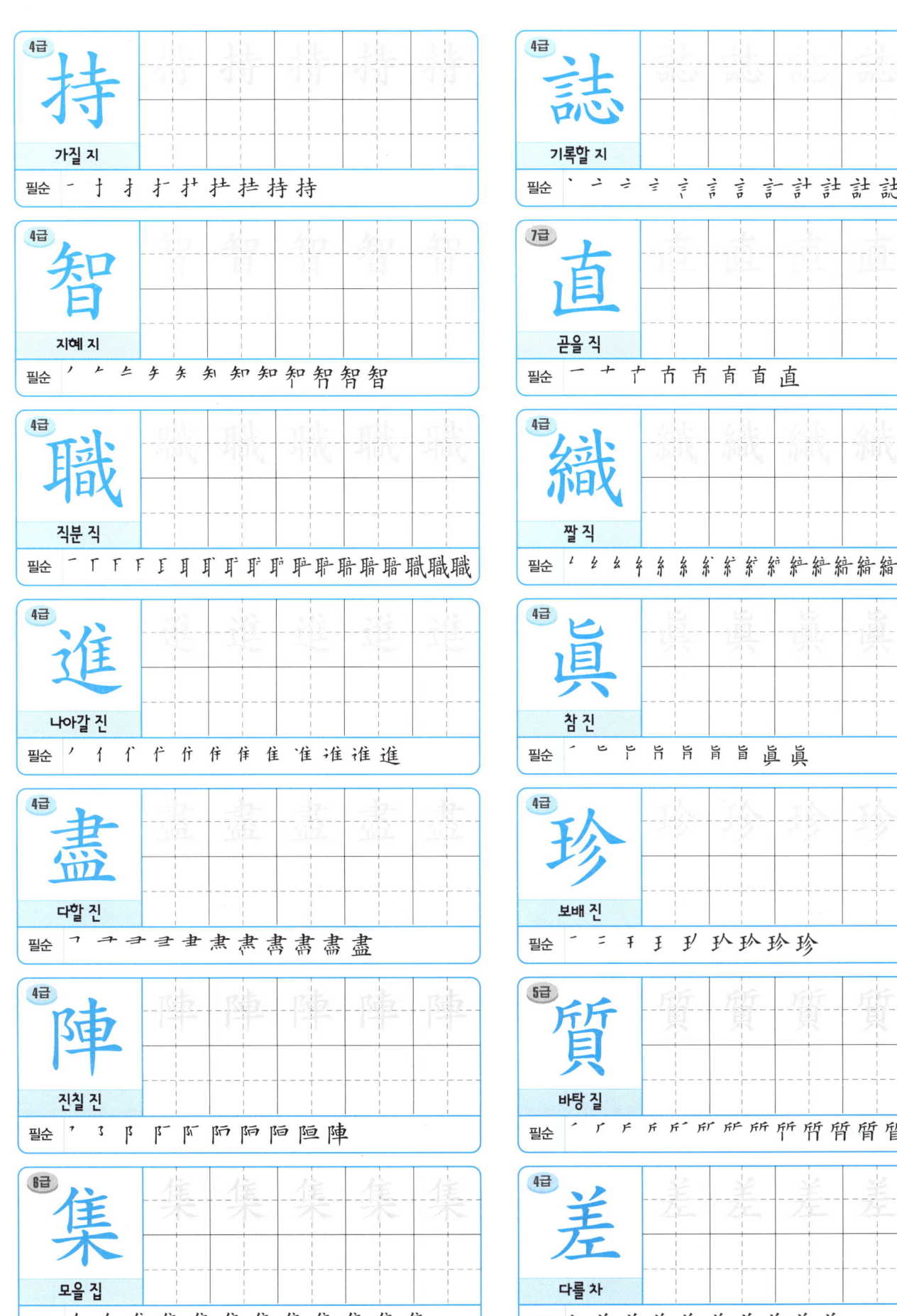

4급

4.급.배.정

급수	한자	훈음	필순
4급	次	버금 차	丶 冫 冫 次 次 次
4급	讚	기릴 찬	讚 (획순)
5급	參	참여할 참	參 (획순)
5급	唱	부를 창	唱 (획순)
4급	採	캘 채	採 (획순)
4급	冊	책 책	丿 刀 刀 冊 冊
7급	川	내 천	丿 丿 川
5급	着	붙을 착	着 (획순)
4급	察	살필 찰	察 (획순)
6급	窓	창 창	窓 (획순)
4급	創	비롯할 창	創 (획순)
5급	責	꾸짖을 책	責 (획순)
4급	處	곳 처	處 (획순)
7급	千	일천 천	一 二 千

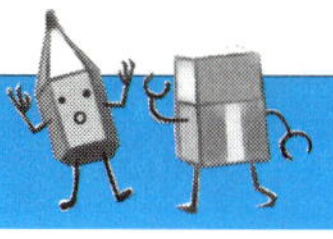

급수	한자	훈음	필순
7급	天	하늘 천	一 二 于 天
4급	泉	샘 천	ノ 丨 白 白 白 身 泉 泉 泉
5급	鐵	쇠 철	ノ 人 ト 彡 今 午 수 余 金 金 金 鈩 鋩 鋩 銈 鐽 鐽 鐵 鐵
8급	青	푸를 청	一 = 丰 丰 丰 青 青 青
6급	淸	맑을 청	丶 丶 氵 氵 氵 汁 浐 洼 清 清 清
4급	請	청할 청	丶 亠 亠 亠 言 言 言 訁 訁 訁 請 請 請 請 請
4급	廳	관청 청	丶 亠 广 广 广 广 庁 庁 庁 庁 庁 庁 庁 庁 庁 廰 廰 廰 廰 廰 廰 廰 廰 廳 廳
4급	聽	들을 청	一 丆 丆 丆 丆 耳 耳 耳 耳 耳 耳 耵 耵 耻 耻 聍 聍 聍 聍 聽 聽 聽
6급	體	몸 체	丨 冂 冂 冂 冂 冎 冎 骨 骨 骨 骨 骨 骨 骨 骨 骨 體 體 體 體 體 體 體
7급	草	풀 초	丶 十 廾 艹 艹 芀 苩 苩 苴 草
5급	初	처음 초	丶 ク 礻 礻 衤 初 初
4급	招	부를 초	一 十 扌 扌 扐 扐 招 招
8급	寸	마디 촌	一 十 寸
7급	村	마을 촌	一 十 才 木 木 村 村

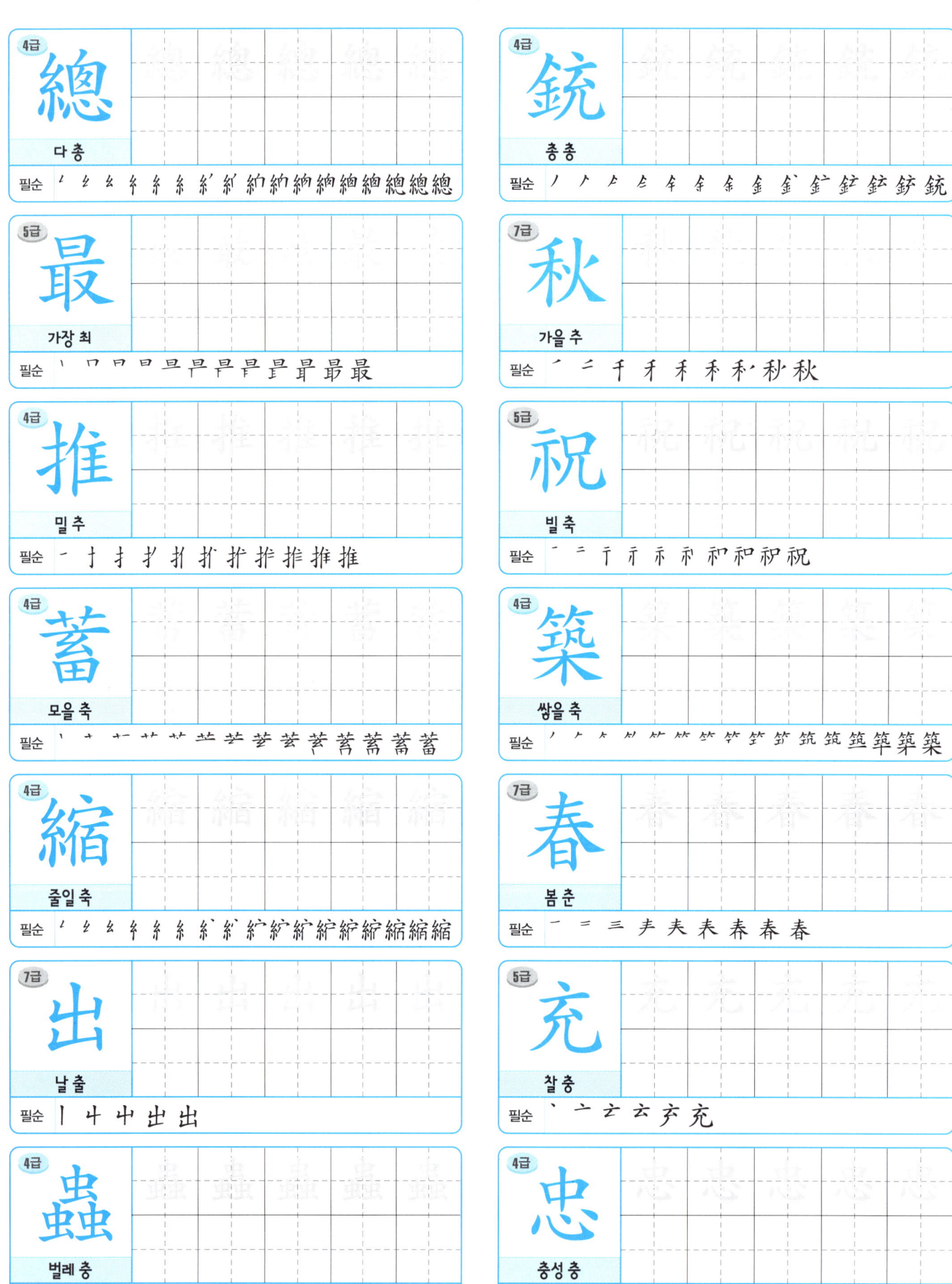

1000자 다지기 — 4급

4급 取 가질 취	4급 就 나아갈 취
필순: 一 丆 丆 F 王 耳 取 取	필순: 丶 一 亠 亠 亠 宁 京 京 尉 就 就

4급 趣 뜻 취	4급 測 헤아릴 측
필순: 一 十 土 キ キ 井 走 走 走 赶 赴 赺 趣 趣	필순: 丶 丶 氵 汀 汀 沪 泪 泪 測 測 測

4급 層 층 층	5급 致 이를 치
필순: 一 コ コ 尸 尸 尺 屈 屆 届 屛 層 層 層	필순: 一 ㄷ ㄈ 즈 至 至 到 致 致 致

4급 治 다스릴 치	4급 置 둘 치
필순: 丶 丶 氵 氵 治 治 治 治	필순: 丶 一 冂 叮 皿 皿 罒 罝 罝 置 置 置

4급 齒 이 치	5급 則 법칙 칙
필순: 丨 ト 止 步 步 步 齿 齿 齿 齒 齒 齒 齒 齒	필순: 丨 冂 冂 目 目 貝 貝 則 則

6급 親 친할 친	8급 七 일곱 칠
필순: 一 亠 ㅛ 立 호 辛 辛 亲 亲 新 新 親 親	필순: 一 七

4급 侵 침노할 침	4급 針 바늘 침
필순: 丿 亻 亻 亻 侵 侵 侵 侵 侵	필순: 丿 人 人 스 牟 牟 余 金 金 針

4급

4급 배정

4급	寝 잘 침	필순: 、丶宀宀宀宁疒疒疒㝵寑寢寢
4급	稱 일컬을 칭	필순: ノ二千千禾禾禾科科稻稻稱稱
4급	快 쾌할 쾌	필순: 丶丶忄忄快快
5급	他 다를 타	필순: ノイイ仲他
5급	打 칠 타	필순: 一十扌扌打
5급	卓 높을 탁	필순: 丨卜上占占卓卓
5급	炭 숯 탄	필순: 丨屮山山屵屵炭炭
4급	歎 탄식할 탄	필순: 一十卄卄卄芇莒堇堇歎歎歎
4급	彈 탄알 탄	필순: ㇇㇇弓弓弓弓弔弔弾彈彈彈
4급	脫 벗을 탈	필순: ノ月月月肝肝肸胎脫脫
4급	探 찾을 탐	필순: 一十扌扌扩护挥挥探探
6급	太 클 태	필순: 一ナ大太
4급	態 모습 태	필순: ㇉厶厶台台能能能能態態
5급	宅 집 택	필순: 丶丶宀宀宅宅

224 4급 배정 1000자 다지기

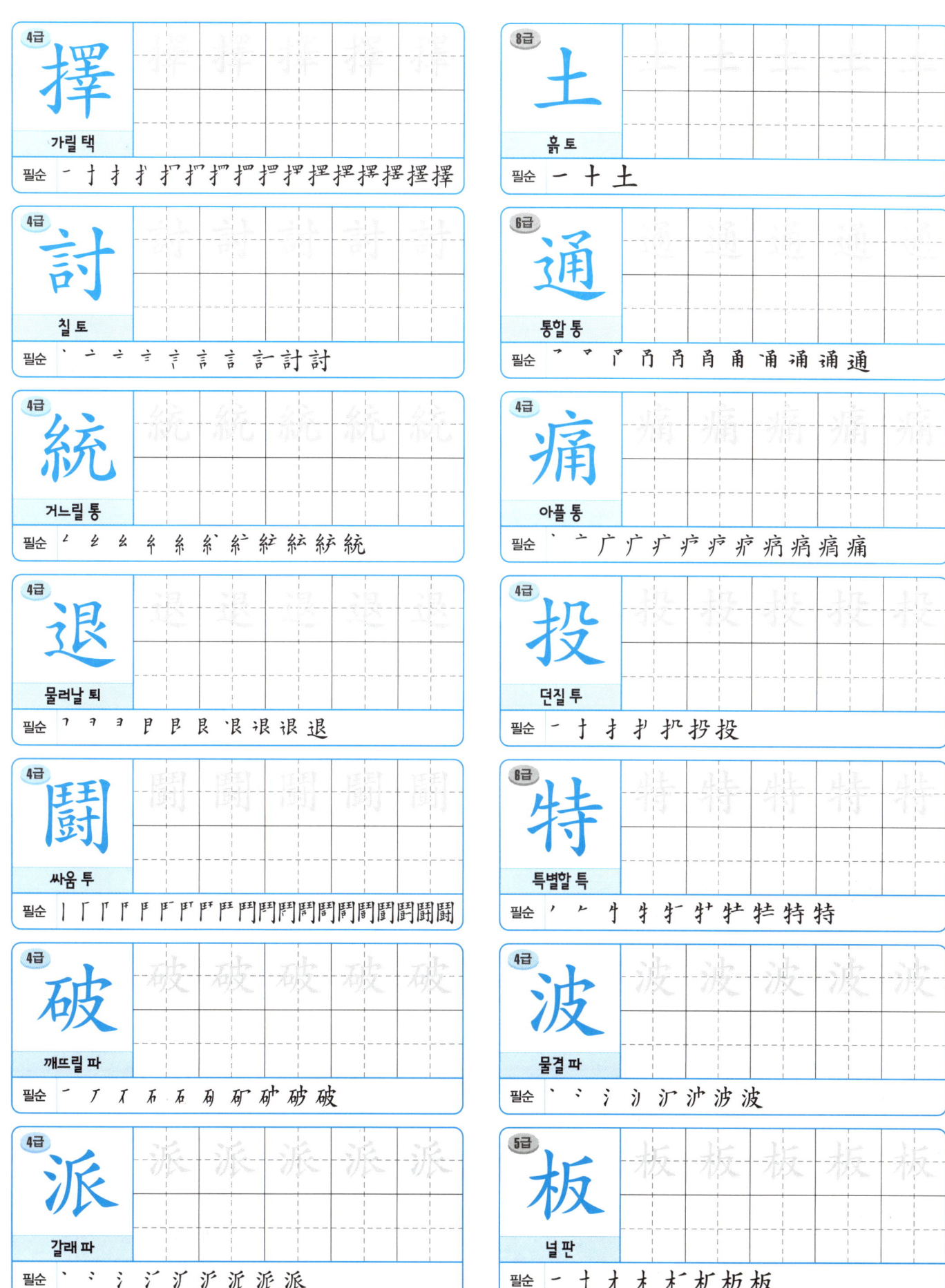

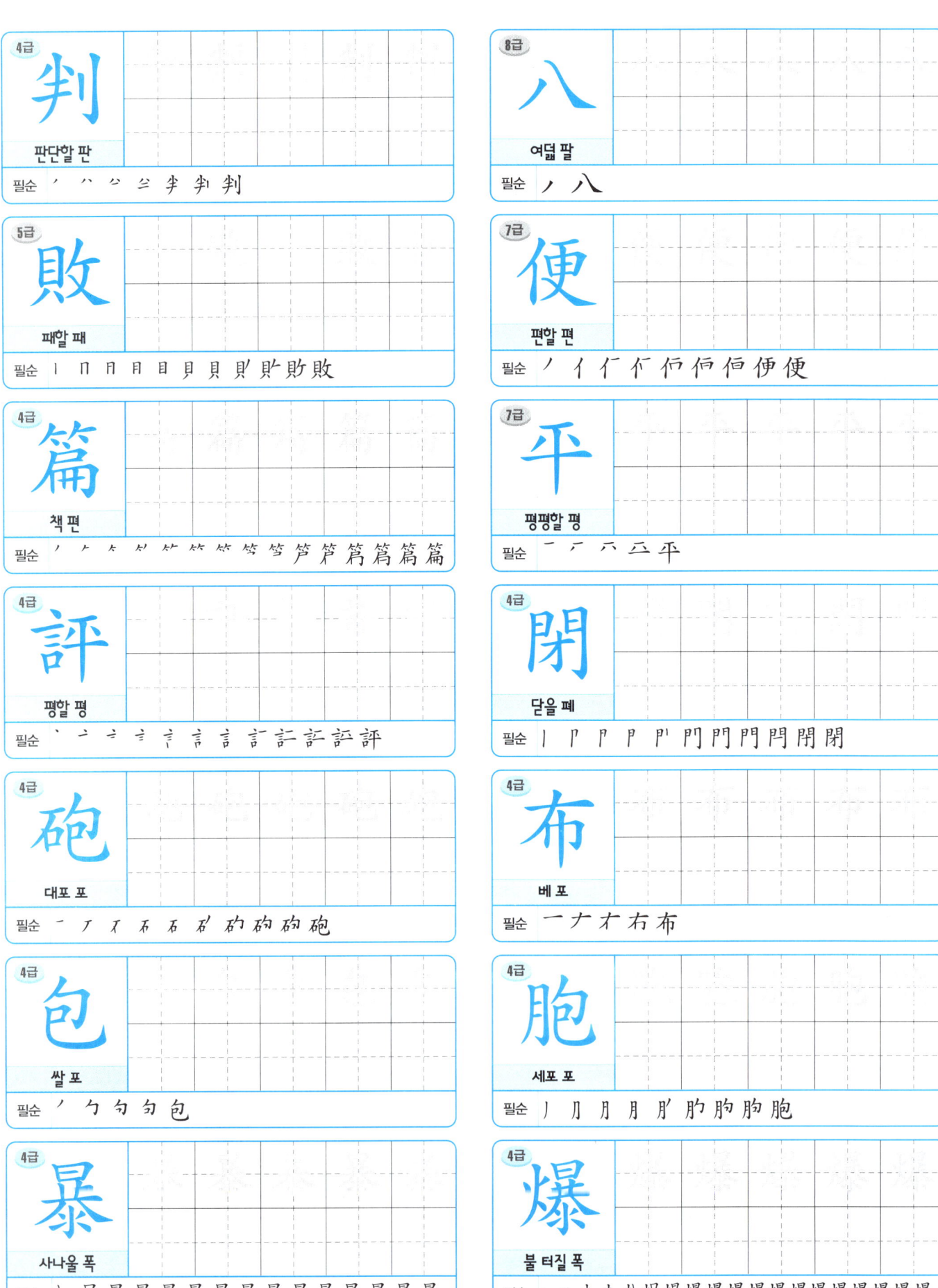

1000자 다지기

급수	한자	훈음	필순
6급	表	겉 표	一 二 キ 主 丰 表 表 表
4급	標	표할 표	一 十 才 木 杧 杧 栖 栖 標 標 標 標
6급	風	바람 풍	丿 几 凡 凡 凨 凨 風 風 風
4급	疲	피곤할 피	丶 亠 广 疒 疒 疒 疒 疲 疲
5급	必	반드시 필	丶 丿 必 必 必
7급	夏	여름 하	一 丆 丆 丆 百 百 頁 頁 夏 夏
7급	下	아래 하	一 丅 下
4급	票	표 표	一 丆 丙 两 西 西 覀 票 票 票
5급	品	물건 품	丨 口 口 口 吕 吕 品 品 品
4급	豊	풍년 풍	丨 口 曲 曲 曲 曲 豊 豊 豊 豊 豊
4급	避	피할 피	丿 コ 尸 尸 尸 居 启 启 辟 辟 辟 辟 避 避 避
5급	筆	붓 필	丿 ⺮ ⺮ ⺮ 竺 笁 笔 筆 筆 筆 筆
5급	河	물 하	丶 冫 氵 汀 汀 河 河 河
8급	學	배울 학	丶 丨 臼 臼 臼 臼 壆 壆 學 學 學 學

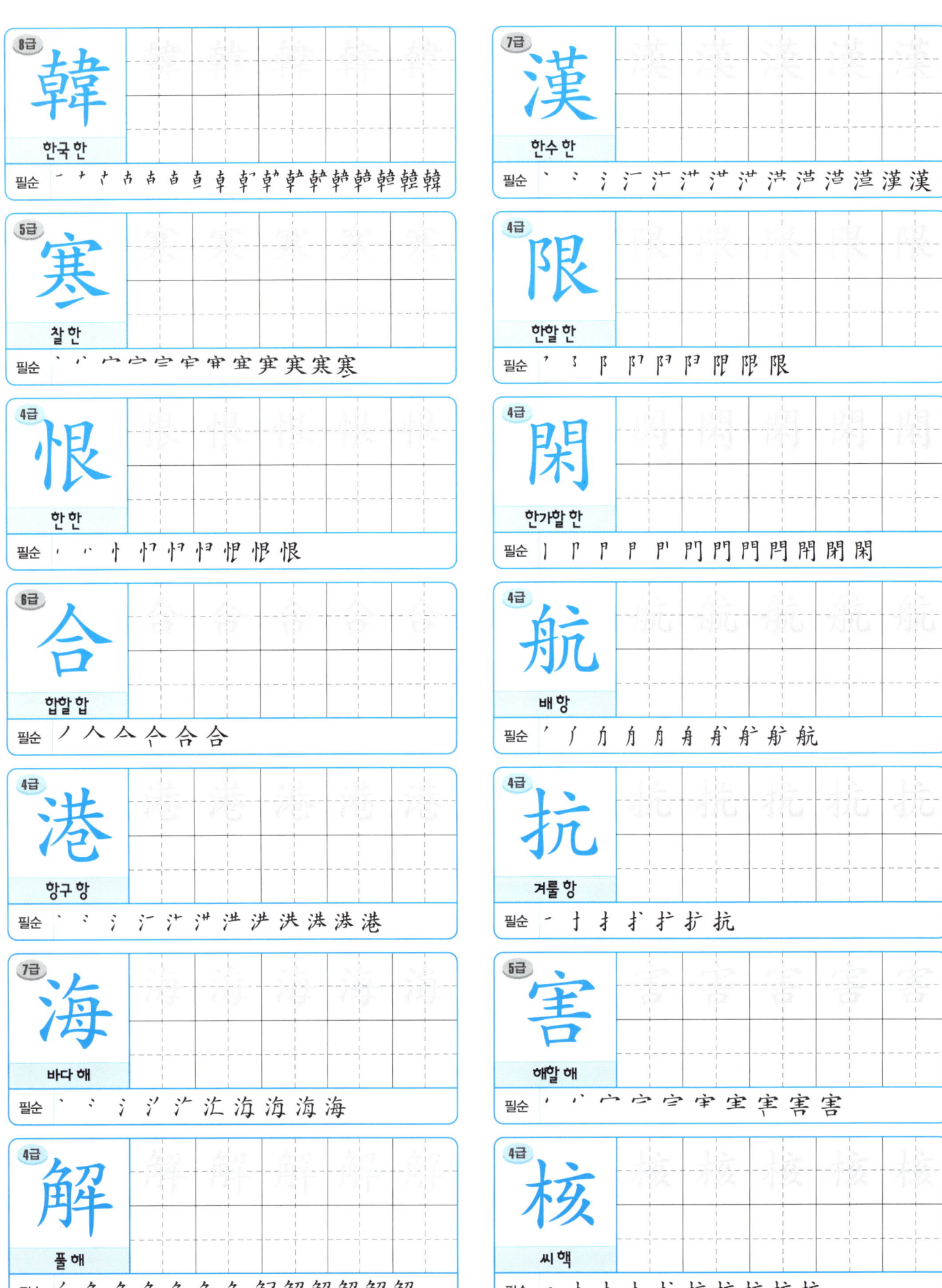

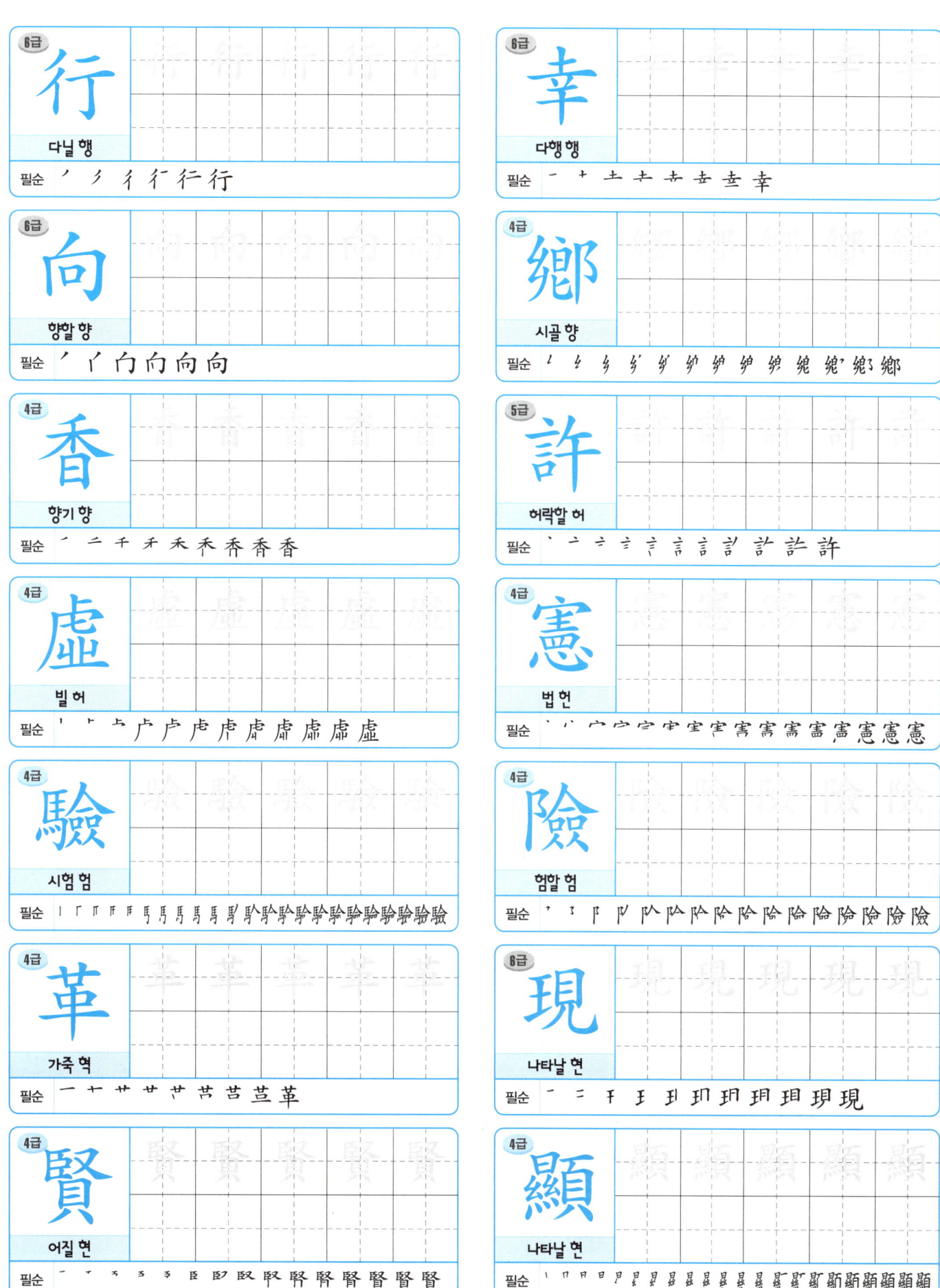

4급

4.급.배.정

4급 血 피 혈	4급 協 화할 협
필순: ノ ィ 亠 白 血 血	필순: 一 十 十 カ 切 协 协 協

8급 兄 형 형	6급 形 모양 형
필순: ノ 口 口 尸 兄	필순: 一 二 开 开 形 形

4급 刑 형벌 형	4급 惠 은혜 혜
필순: 一 二 于 开 开 刑	필순: 一 ㄷ 币 币 自 東 東 東 惠 惠

6급 號 이름 호	5급 湖 호수 호
필순: ノ 口 口 므 号 号 号 号 驴 號 號 號	필순: ノ ュ シ 氵 汁 汁 浩 浩 湖 湖 湖

4급 護 도울 호	4급 呼 부를 호
필순: ヽ ㅗ ㅗ ㅛ 言 言 言 訾 訾 訾 謾 謾 謾 護 護 護	필순: ノ 口 口 卟 吀 呀 呼

4급 好 좋을 호	4급 戶 집 호
필순: く 夕 女 女 好 好	필순: ノ ㅜ ㅋ 戶

4급 或 혹 혹	4급 混 섞을 혼
필순: 一 一 戸 戸 豆 或 或 或	필순: ヽ ㅗ 氵 氵 汒 沪 沪 泥 混 混

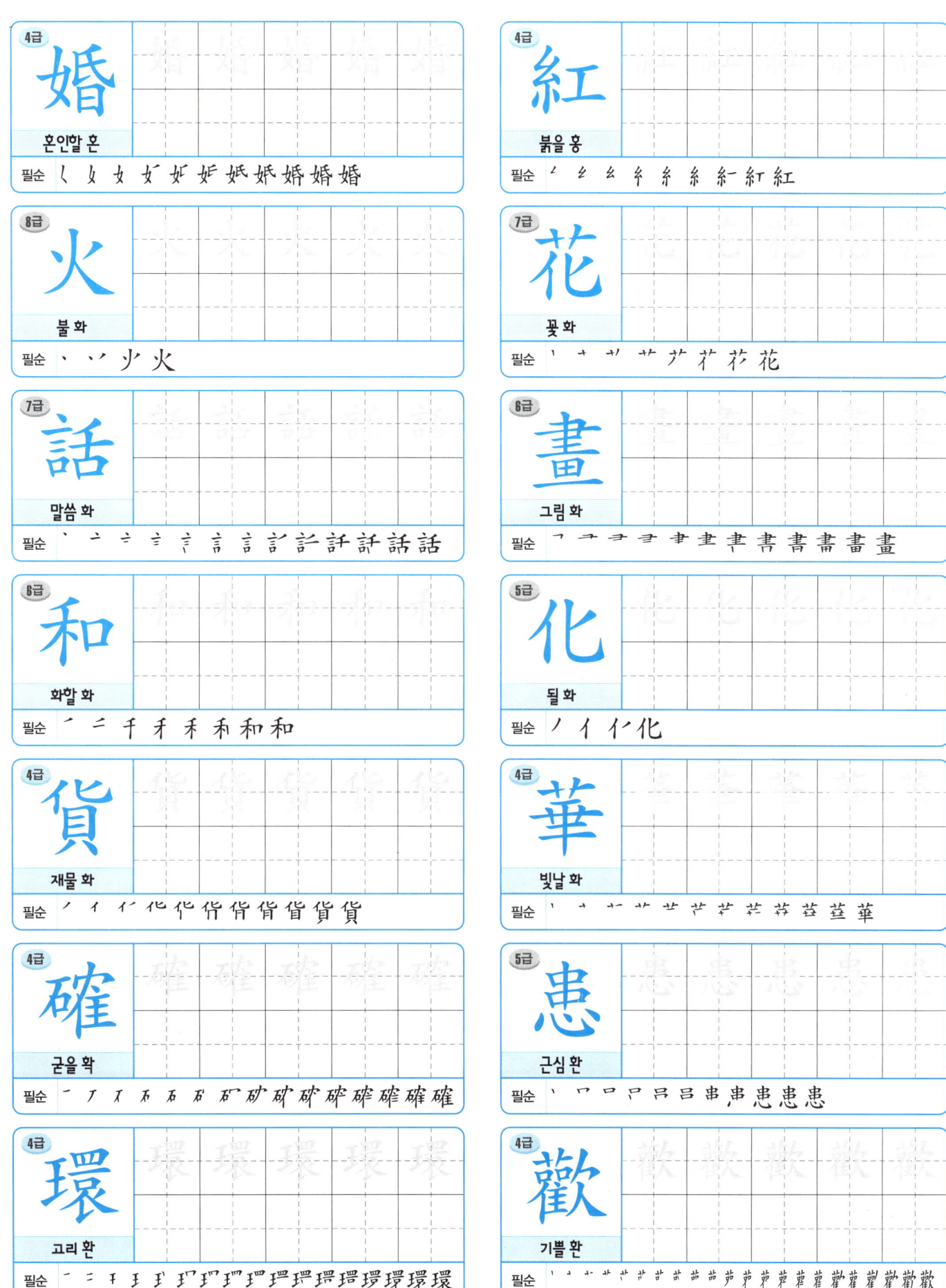

4급

4.급.배.정

급	한자	훈음	필순
7급	活	살 활	丶丶氵氵汙汗汗活活
4급	況	상황 황	丶丶氵氵冫冯冯況
4급	回	돌아올 회	丨冂冋冋回回
7급	孝	효도 효	一十土耂考孝
7급	後	뒤 후	丿彳彳彳彳後後後
4급	厚	두터울 후	一厂厂厂戶戶厚厚厚
4급	揮	휘두를 휘	一十扌扌扩扩挧挏揎揮
6급	黃	누를 황	一十卄艹芷芦苦苗苖黃黃
6급	會	모일 회	丿人人人今今會會會會會會
4급	灰	재 회	一ナ大犬灰灰
5급	效	본받을 효	丶亠六亥交交効效效
4급	候	기후 후	丿亻亻亻仁仁仵候候
6급	訓	가르칠 훈	丶亠亠言言言言訓訓
7급	休	쉴 휴	丿亻亻什休休

232 4급 배정 1000자 다지기

1000자 다지기

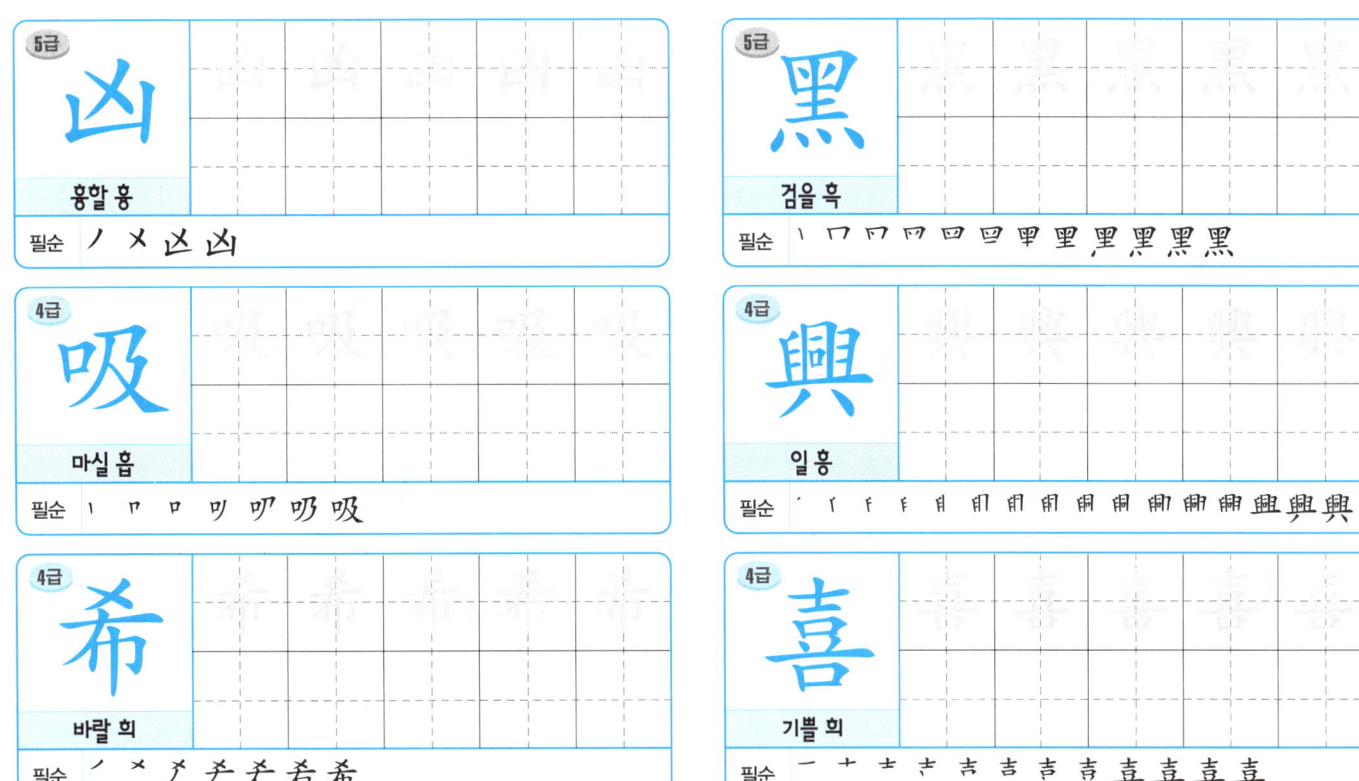

六書(육서) 익히기

한자의 형성을 설명하는 6가지 기본 원리

| 象形(상형) 문자 | 대부분 구체적인 사물의 모양을 본떠 만든 글자로 한자가 만들어진 가장 기본이 되는 원리입니다. |

⛰ ➡ 山 ➡ 山   ☉ ➡ ⊡ ➡ 日

川 ➡ 川 ➡ 川   門 ➡ 門 ➡ 門

| 指事(지사) 문자 | 상형문자처럼 구체적인 모양을 나타낼 수 없는 개념이나 사상 등을 선이나 점으로 나타낸 글자를 말합니다. |

☝ ➡ 一   ✋ ➡ 三

⌐ ➡ 上   🎯 ➡ 中

| 會意(회의) 문자 | 이미 만들어진 두 개 이상의 글자를 결합하여 새로운 의미를 갖는 한자를 만든 것을 말합니다. |

木 + 木 = 林 　　 日 + 月 = 明
(나무 목)(나무 목)(수풀 림) 　 (날 일)(달 월)(밝을 명)

宀 + 至 = 室 　　 女 + 子 = 好
(집 면)(이를 지)(집 실) 　 (계집 녀)(아들 자)(좋을 호)

| 形聲(형성) 문자 | 이미 만들어진 글자를 합하여 한 쪽은 음(音)을 다른 한 쪽은 뜻(意)를 나타낸 글자를 말합니다. |

豆 + 頁 = 頭　　　耳 + 門 = 聞
(콩 두)(머리 혈)(머리 두)　(귀 이)(문 문)(들을 문)

言 + 己 = 記　　　水 + 靑 = 淸
(말씀 언)(몸 기)(기록할 기)　(물 수)(푸를 청)(맑을 청)

| 轉注(전주) 문자 | 이미 완성된 글자의 뜻에서 다른 뜻으로 바꾸어 쓰는 글자로 한 글자에 여러 가지 뜻과 음이 있게 됩니다. |

樂　노래 악　　音樂(음악)
　　즐길 락　　快樂(쾌락)

惡　악할 악　　害惡(해악)
　　미워할 오　憎惡(증오)

| 假借(가차) 문자 | 글자의 뜻과는 상관없이 소리가 같거나 형태가 비슷한 글자를 빌려 쓰는 것으로 외래어 등을 표현할 때 사용됩니다. |

亞細亞(아세아)　　歐羅巴(구라파)

佛蘭西(불란서)　　印度(인도)

部首(부수) 익히기

부수는 위치에 따라 여덟 가지 형태로 구분됩니다.

변(邊)
부수가 글자의 왼쪽에 있는 것

亻 사람인변	仁(어질 인)	代(대신할 대)	件(사건 건)
氵 삼수변	江(강 강)	法(법 법)	油(기름 유)
言 말씀언변	計(셀 계)	記(기록할 기)	訓(가르칠 훈)

방(傍)
부수가 글자의 오른쪽에 있는 것

刂 선칼도방	利(이할 리)	刊(새길 간)	前(앞 전)
阝 우부방	郡(고을 군)	部(떼 부)	邦(나라 방)
卩 병부절	印(도장 인)	卯(토끼 묘)	却(물리칠 각)

머리(頭)
부수가 글자의 윗부분에 있는 것

亠 돼지해머리	交(사귈 교)	亡(망할 망)	京(서울 경)
艹 초두머리	花(꽃 화)	草(풀 초)	苦(쓸 고)
宀 갓머리	守(지킬 수)	宇(집 우)	安(편안 안)

발(脚)
부수가 글자의 아래쪽에 있는 것

儿 어진사람인발	兄(형 형)	光(빛 광)	元(으뜸 원)
灬 연화발	然(그럴 연)	烏(까마귀 오)	無(없을 무)
皿 그릇명	益(더할 익)	盛(성할 성)	盡(다할 진)

엄(广)	부수가 글자의 왼쪽과 위쪽을 에워싸고 있는 것

厂 민엄호　　　原(언덕 원)　厚(두터울 후)　厄(재앙 액)
广 엄호　　　　庭(뜰 정)　　序(차례 서)　　度(법도 도)
虍 범호엄　　　虎(범 호)　　處(곳 처)　　　虛(빌 허)

받침	부수가 글자의 왼쪽과 아랫부분을 에워싸고 있는 것

辶 책받침　　　近(가까울 근)　送(보낼 송)　迎(맞을 영)
廴 민책받침　　建(세울 건)　　延(늘일 연)　廷(조정 정)

몸(構)	부수가 글자 전체를 에워싸고 있는 것

囗 큰입구몸　　　四(넉 사)　　　國(나라 국)　固(굳을 고)
門 문 문　　　　間(사이 간)　　開(열 개)　　聞(들을 문)
匸 감출테몸　　　區(구분할 구)　匹(짝 필)　　醫(의원 의)
凵 위터진입 구　　出(날 출)　　　凶(흉할 흉)

제부수	부수가 그대로 글자로 쓰이는 것

馬 말 마　　　角 뿔 각　　　車 수레 거
鼻 코 비　　　夕 저녁 석　　豆 콩 두
行 다닐 행　　風 바람 풍　　鳥 새 조

필순(筆順) 익히기

한자의 쓰는 순서에는 다음과 같이 몇 가지 원칙이 있습니다.

1 위에서부터 차례로 씁니다.

` ゛ 亠 ニ 三 言 言 言 `

2 왼쪽부터 차례로 씁니다.

`丿 刂 川`

3 가로획을 세로획보다 먼저 씁니다.

`一 十 オ 木`

4 좌우대칭에서 가운데 획을 먼저 씁니다.

`亅 刂 水 水`

5 꿰뚫는 획은 나중에 씁니다.

`丨 冂 口 中`

6 꿰뚫는 획의 아래가 막히면 먼저 씁니다.

`丿 ⺅ 𠂉 牛 生`

7 가로지르는 획은 나중에 씁니다.

`く 女 女`

8 삐침(丿)은 파임(乀)보다 먼저 씁니다.

`丿 ハ 父 父`

9 바깥을 먼저 쓰고 안을 나중에 씁니다.

`丨 冂 冂 同 同 同`

10 오른쪽 위의 획은 맨 나중에 씁니다.

`一 ナ 大 犬`

11 아래를 감싼 획은 나중에 씁니다.

`フ 力 也`

12 받침은 맨 나중에 씁니다.

`丿 亻 斤 斤 沂 沂 近`

약자

약자(略字)란 복잡한 한자의 획수를 줄인 글자를 말합니다.

정자	약자	훈과 음		정자	약자	훈과 음		정자	약자	훈과 음		정자	약자	훈과 음	
假	仮	거짓	가	擔	担	멜	담	師	师	스승	사	醫	医	의원	의
價	価	값	가	當	当	마땅	당	絲	糸	실	사	益	益	더할	익
暇	昄	겨를	가	黨	党	무리	당	辭	辞	말씀	사	姉	姉	손위누이	자
覺	覚	깨달을	각	對	対	대할	대	牀	床	상	상	殘	残	남을	잔
強	**强**	강할	강	圖	図	그림	도	狀	状	형상	상	雜	雑	섞일	잡
據	拠	근거	거	獨	独	홀로	독	聲	声	소리	성	壯	壮	장할	장
擧	挙	들	거	讀	読	읽을	독	世	卋	인간	세	獎	奨	장려할	장
傑	杰	뛰어날	걸	同	仝	한가지	동	屬	属	붙일	속	爭	争	다툴	쟁
儉	倹	검소할	검	燈	灯	등잔	등	續	続	이을	속	傳	伝	전할	전
檢	検	검사할	검	樂	楽	즐거울	락	收	収	거둘	수	戰	战	싸울	전
堅	坚	굳을	견	亂	乱	어지러울	란	數	数	셈	수	轉	転	구를	전
經	経	지날	경	覽	覧	볼	람	肅	甫	엄숙할	숙	錢	銭	돈	전
輕	軽	가벼울	경	來	来	올	래	實	実	열매	실	點	点	점	점
繼	継	이을	계	兩	両	두	량	兒	児	아이	아	定	㝎	정할	정
鷄	雞	닭	계	麗	麗	고울	려	惡	悪	악할	악	濟	済	건널	제
觀	観	볼	관	禮	礼	예도	례	壓	圧	누를	압	條	条	가지	조
關	関	관계할	관	勞	労	일할	로	藥	薬	약	약	卒	卆	마칠	졸
廣	広	넓을	광	龍	竜	용	룡	與	与	더불	여	增	増	더할	증
鑛	鉱	쇳돌	광	滿	満	찰	만	餘	余	남을	여	證	証	증거	증
敎	教	가르칠	교	萬	万	가르칠	교	榮	栄	영화	영	珍	珎	보배	진
區	区	구분할	구	賣	売	팔	매	營	営	경영할	영	盡	尽	다할	진
舊	旧	예	구	脈	脉	줄기	맥	藝	芸	재주	예	眞	真	참	진
國	国	나라	국	無	无	없을	무	預	予	미리	예	質	貭	바탕	질
勸	㔫	권할	권	發	発	필	발	往	徃	갈	왕	參	参	참여할	참
權	权	권세	권	變	変	변할	변	員	貟	인원	원	冊	冊	책	책
歸	帰	돌아갈	귀	邊	辺	가	변	圍	囲	에워쌀	위	處	処	곳	처
氣	気	기운	기	寶	宝	보배	보	爲	為	할	위				
單	単	홑	단	佛	仏	부처	불	隱	隠	숨을	은				
團	団	둥글	단	冰	氷	얼음	빙	陰	陰	그늘	음				
斷	断	끊을	단	寫	写	베낄	사	應	応	응할	응				

4급 한자 익히기

상대어 / 반의어

假(거짓 가) ↔ 眞(참 진)	女(계집 녀) ↔ 男(사내 남)	負(질 부) ↔ 勝(이길 승)
加(더할 가) ↔ 減(덜 감)	多(많을 다) ↔ 少(적을 소)	分(나눌 분) ↔ 合(합할 합)
可(옳을 가) ↔ 否(아닐 부)	斷(끊을 단) ↔ 接(이을 접)	悲(슬플 비) ↔ 喜(기쁠 희)
各(각각 각) ↔ 合(합할 합)	端(끝 단) ↔ 始(비로소 시)	非(아닐 비) ↔ 是(이 시)
甘(달 감) ↔ 苦(쓸 고)	短(짧을 단) ↔ 長(긴 장)	社(모일 사) ↔ 散(흩을 산)
減(덜 감) ↔ 增(더할 증)	單(홑 단) ↔ 複(겹칠 복)	散(흩을 산) ↔ 集(모을 집)
強(강할 강) ↔ 弱(약할 약)	當(마땅 당) ↔ 落(떨어질 락)	上(윗 상) ↔ 下(아래 하)
降(내릴 강) ↔ 登(오를 등)	大(큰 대) ↔ 小(작을 소)	生(날 생) ↔ 死(죽을 사)
康(편안 강) ↔ 危(위태할 위)	徒(무리 도) ↔ 獨(홀로 독)	夕(저녁 석) ↔ 朝(아침 조)
個(낱 개) ↔ 總(다 총)	獨(홀로 독) ↔ 黨(무리 당)	善(착할 선) ↔ 惡(악할 악)
開(열 개) ↔ 閉(닫을 폐)	獨(홀로 독) ↔ 衆(무리 중)	消(사라질 소) ↔ 現(나타날 현)
客(손 객) ↔ 主(주인 주)	同(한 가지 동) ↔ 別(다를 별)	消(사라질 소) ↔ 顯(나타날 현)
去(갈 거) ↔ 來(올 래)	同(한가지 동) ↔ 異(다를 이)	續(이을 속) ↔ 絶(끊을 절)
巨(클 거) ↔ 小(작을 소)	得(얻을 득) ↔ 失(잃을 실)	送(보낼 송) ↔ 受(받을 수)
結(맺을 결) ↔ 解(풀 해)	來(올 래) ↔ 往(갈 왕)	水(물 수) ↔ 火(불 화)
輕(가벼울 경) ↔ 重(무거울 중)	冷(찰 랭) ↔ 溫(따뜻할 온)	受(받을 수) ↔ 授(줄 수)
競(다툴 경) ↔ 和(화할 화)	連(이을 련) ↔ 切(끊을 절)	手(손 수) ↔ 足(발 족)
繼(이을 계) ↔ 切(끊을 절)	老(늙을 로) ↔ 少(적을 소)	崇(높을 숭) ↔ 低(낮을 저)
高(높을 고) ↔ 低(낮을 저)	利(이할 리) ↔ 損(덜 손)	勝(이길 승) ↔ 敗(패할 패)
苦(쓸 고) ↔ 樂(즐길 락)	利(이할 리) ↔ 害(해할 해)	惡(미워할 오) ↔ 好(좋을 호)
古(예 고) ↔ 今(이제 금)	滿(찰 만) ↔ 虛(빌 허)	安(편안 안) ↔ 危(위태할 위)
曲(굽을 곡) ↔ 直(곧을 직)	末(끝 말) ↔ 初(처음 초)	野(들 야) ↔ 與(더불 여)
公(공평할 공) ↔ 私(사사 사)	亡(망할 망) ↔ 盛(성할 성)	如(같을 여) ↔ 異(다를 이)
空(빌 공) ↔ 滿(찰 만)	亡(망할 망) ↔ 興(일 흥)	如(같을 여) ↔ 差(다를 차)
攻(칠 공) ↔ 守(지킬 수)	買(살 매) ↔ 賣(팔 매)	延(늘일 연) ↔ 縮(줄일 축)
果(실과 과) ↔ 因(인할 인)	明(밝을 명) ↔ 暗(어두울 암)	熱(더울 열) ↔ 寒(찰 한)
教(가르칠 교) ↔ 學(배울 학)	鳴(울 명) ↔ 笑(웃음 소)	月(달 월) ↔ 日(해 일)
舊(예 구) ↔ 新(새 신)	無(없을 무) ↔ 有(있을 유)	引(끌 인) ↔ 推(밀 추)
群(무리 군) ↔ 獨(홀로 독)	無(없을 무) ↔ 存(있을 존)	入(들 입) ↔ 出(날 출)
君(임금 군) ↔ 臣(신하 신)	問(물을 문) ↔ 答(대답 답)	自(스스로 자) ↔ 他(다를 타)
屈(굽힐 굴) ↔ 直(곧을 직)	民(백성 민) ↔ 帝(임금 제)	前(앞 전) ↔ 後(뒤 후)
近(가까울 근) ↔ 遠(멀 원)	拍(칠 박) ↔ 守(지킬 수)	絶(끊을 절) ↔ 接(이을 접)
急(급할 급) ↔ 速(빠를 속)	防(막을 방) ↔ 打(칠 타)	弟(아우 제) ↔ 兄(형 형)
給(줄 급) ↔ 受(받을 수)	配(나눌 배) ↔ 合(합할 합)	地(땅 지) ↔ 天(하늘 천)
起(일어날 기) ↔ 伏(엎드릴 복)	白(흰 백) ↔ 黑(검을 흑)	進(나아갈 진) ↔ 退(물러날 퇴)
吉(길할 길) ↔ 凶(흉할 흉)	伐(칠 벌) ↔ 守(지킬 수)	秋(가을 추) ↔ 春(봄 춘)
暖(따뜻할 난) ↔ 冷(찰 랭)	普(넓을 보) ↔ 特(특별할 특)	就(나아갈 취) ↔ 退(물러날 퇴)
難(어려울 난) ↔ 易(쉬울 이)	福(복 복) ↔ 災(재앙 재)	鬪(싸움 투) ↔ 和(화할 화)
南(남녘 남) ↔ 北(북녘 북)	富(부자 부) ↔ 貧(가난할 빈)		
內(안 내) ↔ 外(바깥 외)	父(아비 부) ↔ 子(아들 자)		

유의어

街(거리 가)	便(편할 편)	戰(싸움 전)	糧(양식 량)	帝(임금 제)	識(기록할 지)	動(움직일 동)
道(길 도)	改(고칠 개)	鬪(싸움 투)	困(곤할 곤)	主(임금 주)	己(몸 기)	運(옮길 운)
路(길 로)	更(고칠 경)	境(지경 경)	疲(피곤할 피)	窮(궁할 궁)	身(몸 신)	移(옮길 이)
程(길 정)	開(열 개)	界(지경 계)	公(공평할 공)	貧(가난할 빈)	體(몸 체)	頭(머리 두)
哥(노래 가)	放(놓을 방)	區(지경 구)	平(평평할 평)	窮(다할 궁)	技(재주 기)	首(머리 수)
樂(노래 악)	更(다시 갱)	域(지경 역)	空(빌 공)	極(다할 극)	術(재주 술)	羅(벌릴 라)
謠(노래 요)	復(다시 부)	經(지날 경)	虛(빌 허)	盡(다할 진)	藝(재주 예)	列(벌릴 렬)
加(더할 가)	去(갈 거)	過(지날 과)	共(한 가지 공)	券(문서 권)	才(재주 재)	朗(밝을 랑)
益(더할 익)	往(갈 왕)	歷(지날 력)	同(한 가지 동)	狀(문서 장)	金(쇠 금)	明(밝을 명)
增(더할 증)	進(나아갈 진)	階(섬돌 계)	果(실과 과)	籍(문서 적)	鐵(쇠 철)	洞(밝을 통)
可(옳을 가)	就(나아갈 취)	段(층계 단)	實(열매 실)	卷(책 권)	暖(따뜻할 난)	冷(찰 랭)
義(옳을 의)	拒(막을 거)	層(층 층)	廣(넓을 광)	册(책 책)	溫(따뜻할 온)	寒(찰 한)
家(집 가)	防(막을 방)	計(셀 계)	博(넓을 박)	篇(책 편)	年(해 년)	良(어질 량)
室(집 실)	障(막을 장)	算(셀 산)	普(넓을 보)	規(법 규)	歲(해 세)	善(착할 선)
堂(집 당)	保(지킬 보)	數(셈 수)	光(빛 광)	度(법도 도)	努(힘쓸 노)	仁(어질 인)
屋(집 옥)	守(지킬 수)	量(헤아릴 량)	陽(볕 양)	例(법식 례)	勉(힘쓸 면)	賢(어질 현)
宅(집 택)	衛(지킬 위)	料(헤아릴 료)	色(빛 색)	律(법칙 률)	務(힘쓸 무)	麗(고울 려)
宮(집 궁)	居(살 거)	測(헤아릴 측)	曜(빛날 요)	範(법 범)	斷(끊을 단)	鮮(고울 선)
舍(집 사)	住(살 주)	系(이어맬 계)	華(빛날 화)	法(법 법)	絶(끊을 절)	志(뜻 지)
院(집 원)	巨(클 거)	係(맬 계)	敎(가르칠 교)	式(법 식)	切(끊을 절)	情(뜻 정)
戶(집 호)	大(큰 대)	繼(이을 계)	訓(가르칠 훈)	典(법 전)	端(끝 단)	趣(뜻 취)
覺(깨달을 각)	太(클 태)	連(이을 련)	具(갖출 구)	則(법칙 칙)	末(끝 말)	練(익힐 련)
警(깨우칠 경)	偉(클 위)	續(이을 속)	備(갖출 비)	憲(법 헌)	卒(마칠 졸)	習(익힐 습)
簡(간략할 간)	建(세울 건)	承(이을 승)	郡(고을 군)	均(고를 균)	終(마칠 종)	領(거느릴 령)
略(간략할 략)	立(설 립)	接(이을 접)	洞(골 동)	調(고를 조)	團(둥글 단)	統(거느릴 통)
看(볼 간)	擊(칠 격)	高(높을 고)	邑(고을 읍)	近(가까울 근)	圓(둥글 원)	令(하여금 령)
監(볼 감)	攻(칠 공)	崇(높을 숭)	州(고을 주)	親(친할 친)	單(홑 단)	使(하여금 사)
見(볼 견)	拍(칠 박)	尊(높을 존)	軍(군사 군)	根(뿌리 근)	獨(홀로 독)	論(논할 론)
觀(볼 관)	伐(칠 벌)	卓(높을 탁)	兵(병사 병)	本(근본 본)	談(말씀 담)	議(의논할 의)
覽(볼 람)	討(칠 토)	考(생각할 고)	卒(군사 졸)	急(급할 급)	辯(말씀 변)	留(머무를 류)
視(볼 시)	堅(굳을 견)	念(생각 념)	群(무리 군)	速(빠를 속)	辭(말씀 사)	停(머무를 정)
減(덜 감)	固(굳을 고)	慮(생각할 려)	黨(무리 당)	級(등급 급)	說(말씀 설)	理(다스릴 리)
省(덜 생)	確(굳을 확)	思(생각 사)	隊(무리 대)	等(무리 등)	語(말씀 어)	治(다스릴 치)
損(덜 손)	決(결단할 결)	想(생각 상)	徒(무리 도)	給(줄 급)	言(말씀 언)	里(마을 리)
除(덜 제)	定(정할 정)	古(예 고)	等(무리 등)	授(줄 수)	話(말씀 화)	府(마을 부)
江(강 강)	結(맺을 결)	舊(예 구)	類(무리 류)	與(줄 여)	圖(그림 도)	村(마을 촌)
河(물 하)	約(맺을 약)	孤(외로울 고)	衆(무리 중)	記(기록할 기)	畫(그림 화)	望(바랄 망)
康(편안 강)	競(다툴 경)	獨(홀로 독)	君(임금 군)	錄(기록할 록)	童(아이 동)	希(바랄 희)
安(편안 안)	爭(다툴 쟁)	穀(곡식 곡)	王(임금 왕)	誌(기록할 지)	兒(아이 아)	名(이름 명)

4급 한자 익히기

號(이름 호)	別(나눌 별)	士(선비 사)	音(소리 음)	樣(모양 양)	助(도울 조)	赤(붉을 적)
毛(터럭 모)	訪(찾을 방)	儒(선비 유)	消(사라질 소)	姿(모양 자)	護(도울 호)	朱(붉을 주)
髮(터럭 발)	探(찾을 탐)	事(일 사)	失(잃을 실)	態(모습 태)	園(동산 원)	紅(붉을 홍)
木(나무 목)	白(흰 백)	業(업 업)	小(작을 소)	形(모양 형)	庭(뜰 정)	正(바를 정)
樹(나무 수)	素(흴 소)	生(날 생)	少(적을 소)	洋(큰 바다 양)	委(맡길 위)	直(곧을 직)
目(눈 목)	番(차례 번)	出(날 출)	頌(칭송할 송)	海(바다 해)	任(맡길 임)	組(짤 조)
眼(눈 안)	第(차례 제)	席(자리 석)	讚(기릴 찬)	餘(남을 여)	有(있을 유)	織(짤 직)
文(글월 문)	序(차례 서)	位(자리 위)	宿(잘 숙)	遺(남길 유)	在(있을 재)	種(씨 종)
章(글 장)	別(다를 별)	座(자리 좌)	寢(잘 침)	殘(남을 잔)	存(있을 존)	核(씨 핵)
書(글 서)	異(다를 이)	選(가릴 선)	始(비로소 시)	演(펼 연)	引(끌 인)	住(살 주)
物(물건 물)	差(다를 차)	擇(가릴 택)	初(처음 초)	展(펼 전)	提(끌 제)	活(살 활)
件(물건 건)	他(다를 타)	先(먼저 선)	試(시험 시)	永(길 영)	資(재물 자)	持(가질 지)
品(물건 품)	寶(보배 보)	前(앞 전)	驗(시험 험)	長(긴 장)	財(재물 재)	取(가질 취)
未(아닐 미)	珍(보배 진)	宣(베풀 선)	息(쉴 식)	午(낮 오)	貨(재물 화)	地(땅 지)
否(아닐 부)	服(옷 복)	設(베풀 설)	休(쉴 휴)	晝(낮 주)	作(지을 작)	土(흙 토)
不(아닐 불)	衣(옷 의)	施(베풀 시)	識(알 식)	外(바깥 외)	製(지을 제)	唱(부를 창)
非(아닐 비)	社(모일 사)	張(베풀 장)	認(알 인)	表(겉 표)	造(지을 조)	招(부를 초)
班(나눌 반)	集(모을 집)	省(살필 성)	知(알 지)	容(얼굴 용)	貯(쌓을 저)	呼(부를 호)
配(나눌 배)	合(합할 합)	察(살필 찰)	養(기를 양)	面(낯 면)	積(쌓을 적)	飮(마실 음)
分(나눌 분)	會(모일 회)	聲(소리 성)	育(기를 육)	援(도울 원)	築(쌓을 축)	吸(마실 흡)

모양이 닮은 한자

街(거리 가)	申(납 신)	展(펼 전)	快(쾌할 쾌)	固(굳을 고)	過(지날 과)	貴(귀할 귀)
術(재주 술)	由(말미암을 유)	車(수레 거)	鏡(거울 경)	困(곤할 곤)	遇(만날 우)	買(살 매)
衛(지킬 위)	油(기름 유)	軍(군사 군)	鐘(쇠북 종)	因(인할 인)	觀(볼 관)	規(법 규)
假(거짓 가)	江(강 강)	巨(클 거)	警(깨우칠 경)	考(생각할 고)	權(권세 권)	視(볼 시)
暇(겨를 가)	工(장인 공)	臣(신하 신)	驚(놀랄 경)	老(늙을 로)	勸(권할 권)	近(가까울 근)
可(옳을 가)	降(내릴 강)	健(굳셀 건)	戒(경계할 계)	者(놈 자)	歡(기쁠 환)	折(꺾을 절)
句(글귀 구)	陸(뭍 륙)	建(세울 건)	武(호반 무)	孝(효도 효)	光(빛 광)	根(뿌리 근)
各(각각 각)	講(욀 강)	件(물건 건)	季(계절 계)	古(예 고)	米(쌀 미)	退(물러날 퇴)
客(손 객)	構(얽을 구)	仕(섬길 사)	李(오얏 리)	石(돌 석)	求(구할 구)	眼(눈 안)
名(이름 명)	開(열 개)	任(맡길 임)	秀(빼어날 수)	右(오른 우)	氷(얼음 빙)	恨(한 한)
間(사이 간)	閉(닫을 폐)	檢(검사할 검)	係(맬 계)	占(점령할 점)	水(물 수)	限(한할 한)
問(물을 문)	閑(한가할 한)	儉(검소할 검)	系(이어맬 계)	孤(외로울 고)	永(길 영)	今(이제 금)
聞(들을 문)	去(갈 거)	驗(시험 험)	計(셀 계)	孫(손자 손)	郡(고을 군)	分(나눌 분)
感(느낄 감)	法(법 법)	險(험할 험)	訓(가르칠 훈)	曲(굽을 곡)	群(무리 군)	級(등급 급)
減(덜 감)	居(살 거)	擊(칠 격)	討(칠 토)	典(법 전)	券(문서 권)	給(줄 급)
成(이룰 성)	屈(굽힐 굴)	聲(소리 성)	告(고할 고)	功(공 공)	卷(책 권)	結(맺을 결)
甲(갑옷 갑)	屋(집 옥)	決(결단할 결)	舌(혀 설)	切(끊을 절)	港(항구 항)	記(기록할 기)

紀(벼리 기)	東(동녘 동)	朴(성 박)	痛(아플 통)	設(베풀 설)	牛(소 우)	淸(맑을 청)
金(쇠 금)	束(묶을 속)	材(재목 재)	疲(피곤할 피)	姓(성 성)	千(일천 천)	責(꾸짖을 책)
全(온전 전)	動(움직일 동)	村(마을 촌)	伏(엎드릴 복)	性(성품 성)	五(다섯 오)	請(청할 청)
怒(성낼 노)	種(씨 종)	萬(일만 만)	休(쉴 휴)	速(빠를 속)	正(바를 정)	弟(아우 제)
努(힘쓸 노)	重(무거울 중)	墓(무덤 묘)	夫(지아비 부)	遠(멀 원)	玉(구슬 옥)	第(차례 제)
怨(원망할 원)	同(한가지 동)	末(끝 말)	天(하늘 천)	俗(풍속 속)	王(임금 왕)	祭(제사 제)
壇(단 단)	周(두루 주)	米(쌀 미)	負(질 부)	浴(목욕할 욕)	主(주인 주)	際(즈음 제)
檀(박달나무 단)	樂(즐길 락)	未(아닐 미)	貧(가난할 빈)	送(보낼 송)	往(갈 왕)	察(살필 찰)
團(둥글 단)	藥(약 약)	妹(누이 매)	北(북녘 북)	逆(거스를 역)	住(살 주)	調(고를 조)
圖(그림 도)	卵(알 란)	姉(손위누이 자)	比(견줄 비)	授(줄 수)	注(부을 주)	週(주일 주)
園(동산 원)	印(도장 인)	每(매양 매)	謝(사례할 사)	援(도울 원)	衛(지킬 위)	潮(조수 조)
圓(둥글 원)	冷(찰 랭)	母(어미 모)	樹(나무 수)	植(심을 식)	偉(클 위)	湖(호수 호)
圍(에워쌀 위)	令(하여금 령)	海(바다 해)	思(생각 사)	直(곧을 직)	有(있을 유)	州(고을 주)
當(마땅 당)	兩(두 량)	木(나무 목)	恩(은혜 은)	眞(참 진)	育(기를 육)	川(내 천)
堂(집 당)	雨(비 우)	不(아닐 불)	士(선비 사)	識(알 식)	意(뜻 의)	地(따 지)
待(기다릴 대)	旅(나그네 려)	本(근본 본)	土(흙 토)	職(직분 직)	音(소리 음)	他(다를 타)
徒(무리 도)	施(베풀 시)	目(눈 목)	床(상 상)	織(짤 직)	人(사람 인)	質(바탕 질)
持(가질 지)	連(이을 련)	自(스스로 자)	序(차례 서)	失(잃을 실)	入(들 입)	貨(재물 화)
詩(시 시)	運(옮길 운)	牧(칠 목)	想(생각 상)	朱(붉을 주)	八(여덟 팔)	處(곳 처)
特(특별할 특)	陣(진칠 진)	收(거둘 수)	相(서로 상)	心(마음 심)	子(아들 자)	虛(빌 허)
代(대신 대)	列(벌릴 렬)	政(정사 정)	色(빛 색)	必(반드시 필)	字(글자 자)	廳(관청 청)
伐(칠 벌)	例(법식 례)	文(글월 문)	邑(고을 읍)	樣(모양 양)	昨(어제 작)	聽(들을 청)
大(큰 대)	領(거느릴 령)	父(아비 부)	書(글 서)	儀(거동 의)	作(지을 작)	投(던질 투)
太(클 태)	頌(칭송할 송)	密(빽빽할 밀)	晝(낮 주)	議(의논할 의)	在(있을 재)	抗(겨룰 항)
度(법도 도)	綠(푸를 록)	窓(창 창)	畵(그림 화)	陽(볕 양)	左(왼 좌)	破(깨뜨릴 파)
席(자리 석)	錄(기록할 록)	反(돌이킬 반)	船(배 선)	場(마당 장)	財(재물 재)	砲(대포 포)
島(섬 도)	線(줄 선)	友(벗 우)	航(배 항)	腸(창자 장)	貯(쌓을 저)	布(베 포)
鳥(새 조)	緣(인연 연)	放(놓을 방)	仙(신선 선)	如(같을 여)	敗(패할 패)	希(바랄 희)
到(이를 도)	流(흐를 류)	防(막을 방)	休(쉴 휴)	知(알 지)	低(낮을 저)	包(쌀 포)
致(이를 치)	洗(씻을 세)	妨(방해할 방)	雪(눈 설)	和(화할 화)	底(밑 저)	危(위태할 위)
讀(읽을 독)	輪(바퀴 륜)	百(일백 백)	雲(구름 운)	與(더불 여)	情(뜻 정)	
續(이을 속)	轉(구를 전)	白(흰 백)	電(번개 전)	興(일 흥)	靑(푸를 청)	
績(길쌈 적)	林(수풀 림)	病(병 병)	說(말씀 설)	午(낮 오)	春(봄 춘)	

뜻이 반대인 한자어

假象(가상) ⇔ 實在(실재)	開放(개방) ⇔ 閉鎖(폐쇄)	結婚(결혼) ⇔ 離婚(이혼)	空想(공상) ⇔ 現實(현실)
加熱(가열) ⇔ 冷却(냉각)	個別(개별) ⇔ 全體(전체)	輕減(경감) ⇔ 加重(가중)	共有(공유) ⇔ 專有(전유)
加入(가입) ⇔ 脫退(탈퇴)	拒絶(거절) ⇔ 承認(승인)	高潔(고결) ⇔ 低俗(저속)	空虛(공허) ⇔ 充實(충실)
減少(감소) ⇔ 增加(증가)	建設(건설) ⇔ 破壞(파괴)	固定(고정) ⇔ 流動(유동)	過去(과거) ⇔ 未來(미래)
感情(감정) ⇔ 理性(이성)	缺席(결석) ⇔ 出席(출석)	困難(곤란) ⇔ 容易(용이)	光明(광명) ⇔ 暗黑(암흑)

4급 한자 익히기

君子(군자) ⇔ 小人(소인)	未備(미비) ⇔ 完備(완비)	秘密(비밀) ⇔ 公開(공개)	人爲(인위) ⇔ 自然(자연)
屈服(굴복) ⇔ 抵抗(저항)	密接(밀접) ⇔ 疏遠(소원)	非番(비번) ⇔ 當番(당번)	入金(입금) ⇔ 出金(출금)
權利(권리) ⇔ 義務(의무)	密集(밀집) ⇔ 散在(산재)	非凡(비범) ⇔ 平凡(평범)	立體(입체) ⇔ 平面(평면)
樂觀(낙관) ⇔ 悲觀(비관)	發達(발달) ⇔ 退步(퇴보)	死後(사후) ⇔ 生前(생전)	自立(자립) ⇔ 依存(의존)
來生(내생) ⇔ 前生(전생)	放心(방심) ⇔ 操心(조심)	相對(상대) ⇔ 絶對(절대)	自動(자동) ⇔ 手動(수동)
內容(내용) ⇔ 形式(형식)	背恩(배은) ⇔ 報恩(보은)	生花(생화) ⇔ 造花(조화)	敵對(적대) ⇔ 友好(우호)
內包(내포) ⇔ 外延(외연)	別居(별거) ⇔ 同居(동거)	成功(성공) ⇔ 失敗(실패)	切斷(절단) ⇔ 連結(연결)
老鍊(노련) ⇔ 未熟(미숙)	保守(보수) ⇔ 革新(혁신)	消極(소극) ⇔ 積極(적극)	正堂(정당) ⇔ 不當(부당)
能動(능동) ⇔ 受動(수동)	服從(복종) ⇔ 反抗(반항)	所得(소득) ⇔ 損失(손실)	正常(정상) ⇔ 異常(이상)
多元(다원) ⇔ 一元(일원)	本業(본업) ⇔ 副業(부업)	消費(소비) ⇔ 生産(생산)	正午(정오) ⇔ 子正(자정)
單純(단순) ⇔ 複雜(복잡)	富貴(부귀) ⇔ 貧賤(빈천)	勝利(승리) ⇔ 敗北(패배)	增進(증진) ⇔ 減退(감퇴)
單式(단식) ⇔ 複式(복식)	部分(부분) ⇔ 全體(전체)	實質(실질) ⇔ 形式(형식)	直接(직접) ⇔ 間接(간접)
單一(단일) ⇔ 複合(복합)	不實(부실) ⇔ 充實(충실)	惡意(악의) ⇔ 善意(선의)	眞實(진실) ⇔ 虛僞(허위)
斷絶(단절) ⇔ 連結(연결)	否認(부인) ⇔ 是認(시인)	安全(안전) ⇔ 危險(위험)	質疑(질의) ⇔ 應答(응답)
短縮(단축) ⇔ 延長(연장)	富者(부자) ⇔ 貧者(빈자)	溫情(온정) ⇔ 冷情(냉정)	差別(차별) ⇔ 平等(평등)
對話(대화) ⇔ 獨白(독백)	分斷(분단) ⇔ 連結(연결)	原告(원고) ⇔ 被告(피고)	快樂(쾌락) ⇔ 苦痛(고통)
獨創(독창) ⇔ 模倣(모방)	分擔(분담) ⇔ 專擔(전담)	原因(원인) ⇔ 結果(결과)	脫黨(탈당) ⇔ 入黨(입당)
同議(동의) ⇔ 異議(이의)	分離(분리) ⇔ 統合(통합)	恩惠(은혜) ⇔ 怨恨(원한)	退院(퇴원) ⇔ 入院(입원)
登場(등장) ⇔ 退場(퇴장)	不法(불법) ⇔ 合法(합법)	異端(이단) ⇔ 正統(정통)	破婚(파혼) ⇔ 約婚(약혼)
母音(모음) ⇔ 子音(자음)	不運(불운) ⇔ 幸運(행운)	理想(이상) ⇔ 現實(현실)	好況(호황) ⇔ 不況(불황)
文語(문어) ⇔ 口語(구어)	不幸(불행) ⇔ 幸福(행복)	利益(이익) ⇔ 損失(손실)	劃一(획일) ⇔ 多樣(다양)
物質(물질) ⇔ 精神(정신)	非難(비난) ⇔ 稱讚(칭찬)	離脫(이탈) ⇔ 接近(접근)		

동음이의 한자어

가계	•家系 : 대대로 이어 온 한 집안의 전통	경기	•景氣 : 경제활동의 상황
	•家計 : 집안 살림을 꾸려 나가는 방도나 형편		•競技 : 기술을 겨루는 일
가구	•家口 : 주거와 생계를 같이하는 사람의 집단	경로	•經路 : 지나는 길
	•家具 : 가정 살림에 쓰이는 온갖 세간		•敬老 : 노인을 공경함
감사	•感謝 : 고마움을 나타내는 인사	경비	•警備 : 경계하고 지킴
	•監査 : 감독하고 검사함		•經費 : 일을 하는 데 드는 비용
	•監事 : 공공 단체의 서무를 맡아보는 직책	고급	•高級 : 높은 등급 •告急 : 급히 알림
감상	•感想 : 마음에 느끼어 일어나는 생각	공동	•空洞 : 텅 빈 굴
	•感傷 : 쉽게 동요하는 마음의 상태		•同 : 둘 이상이 같이 함
개량	•改良 : 고쳐 좋게 함 •改量 : 토지를 다시 측량함	공법	•工法 : 공사하는 방법
개정	•改正 : 바르게 고침		•空法 : 항공법
	•改定 : 고치어 다시 정함		•公法 : 개인과 국가나 국가간의 관계를 규정하는 법률
개조	•改造 : 고치어 다시 만듦	공약	•公約 : 사회 공중에 대한 약속
	•開祖 : 처음 시작하여 원조가 되는 사람		•空約 : 헛된 약속
견지	•見地 : 사물을 관찰하고 판단하는 처지	공용	•公用 : 공적인 목적으로 사용
	•堅持 : 주의 주장이나 태도를 굳게 지킴		•共用 : 공동으로 사용
경계	•境界 : 경계가 나누어지는 곳	과거	•科擧 : 인재를 고르기 위해 보던 시험
	•警戒 : 미리 마음을 가다듬어 조심함		•過去 : 지난날

과실	•果實 : 열매, 과일
	•過失 : 잘못이나 허물
과정	•科程 : 일이 되어 가는 경로
	•課程 : 과업의 정도
교감	•交感 : 서로 접촉하여 감응함
	•校監 : 학교에서 교장 다음 직책
교단	•教團 : 같은 종교를 믿는 사람들끼리 만든 종교 단체
	•教壇 : 교실에서 선생이 강의할 때 올라서는 단
교정	•校訂 : 책의 잘못된 어구나 글자를 고치는 일
	•校庭 : 학교 운동장
	•校正 : 교정지와 원고지를 대조하여 바로 잡는 일
	•矯正 : 나쁜 버릇이나 결점 등을 바로 잡아 고침
구상	•構想 : 전체의 내용, 규모 등에 대하여 생각하는 일
	•具象 : 사물이 뚜렷한 모양이나 형태를 갖추고 있는 것
구조	•救助 : 위험한 상태에 있는 사람을 도와서 구함
	•構造 : 전체를 이루고 있는 부분들의 관계나 체계
구호	•口號 : 요구나 주장 따위를 나타내는 짧막한 호소
	•救護 : 재난이나 어려움에 처한 사람을 도와 보호함
귀중	•貴中 : 편지를 보낼 때, 이름 뒤에 써서 상대를 높이는 말
	•貴重 : 매우 소중함
극단	•極端 : 한쪽으로 치우침
	•劇團 : 연극 상연을 목적으로 결성된 단체
근간	•近刊 : 최근에 출판된 간행물이나, 곧 출판될 간행물
	•近間 : 요즘
급수	•級數 : 우열에 따른 등급
	•給水 : 물을 공급함
관념	•觀念 : 견해나 생각 •關念 : 관심
국사	•國史 : 나라의 역사
	•國事 : 나라 전체에 관련되는 일
기사	•技士 : 기술계 자격 등급의 하나
	•記事 : 신문, 잡지 등에 사실을 실어 알리는 글
	•技師 : 전문적인 기술을 맡아보는 사람
기상	•氣像 : 눈, 비, 바람, 구름 등 대기 속에서 일어나는 현상
	•起床 : 잠자리에서 일어남
기수	•旗手 : 행렬 앞에서 기를 드는 사람
	•騎手 : 말을 타는 사람
	•寄數 : 홀수
	•機首 : 비행기의 앞머리
기술	•技術 : 정확하고 능률적으로 해내는 솜씨
	•記述 : 문장으로 적음
기원	•基源 : 사물의 생긴 근원
	•紀元 : 햇수를 세는 기준이 되는 해
녹음	•錄音 : 소리를 기계로 기록하는 일
	•綠陰 : 푸른 잎이 우거진 나무나 수풀
단정	•端整 : 깔끔하고 가지런함
	•斷定 : 분명한 태도로 결정함
	•端正 : 흐트러진 데 없이 얌전하고 깔끔함
대결	•代決 : 대리로 결재함
	•對決 : 양자가 맞서서 이기고 짐
대사	•大事 : 큰 일
	•大使 : 제 1급의 외교 사절
	•大師 : 덕이 높은 스님을 높여 부르는 말
	•臺詞 : 배우가 무대에서 하는 말
대풍	•大風 : 큰 바람
	•大豊 : 대 풍작, 풍년
독자	•讀者 : 출판물을 읽는 사람
	•獨子 : 외아들
	•獨自 : 자기 혼자
동기	•冬期 : 겨울철
	•動機 : 행동을 일으키게 하는 요인
	•同氣 : 형제자매
	•同期 : 같은 시간
동심	•動心 : 마음이 움직임
	•同心 : 뜻을 같이함
	•童心 : 어린이의 마음
동정	•同情 : 남의 불행을 자기 일처럼 가슴 아파하고 위로함
	•動靜 : 전개되어 가는 낌새나 생각
동지	•冬至 : 24절기의 하나
	•同志 : 뜻을 같이 하는 사람들
모사	•毛紗 : 털실
	•某事 : 일을 꾀함
	•模寫 : 흉내 내어 그대로 함
문재	•文才 : 글을 짓거나 글씨를 쓰는 재능
	•門材 : 문을 짜는 데 쓰는 목재
문호	•文豪 : 뛰어난 문학가
	•門戶 : 집으로 드나드는 문
미수	•未遂 : 완성하지 못함
	•米壽 : 여든여덟 살을 나타내는 말
반감	•反感 : 반발하는 감정
	•半減 : 절반으로 줄음
발전	•發展 : 번성하여 뻗어 나감
	•發電 : 전기를 발생시킴
방문	•房門 : 방에 드나드는 문
	•訪問 : 사람이나 장소를 찾아가 만나거나 봄
변사	•變死 : 뜻밖의 변고로 죽음
	•辯士 : 말을 잘하는 사람
보고	•報告 : 임무의 결과나 내용을 말이나 글로 알림
	•寶庫 : 보물처럼 귀중한 것이 갈무리 되어 있는 곳

4급 한자 익히기

보도	步道 : 사람이 다니는 길
	報道 : 소식을 널리 알림
보조	步調 : 걸음걸이 또는 걸음의 속도
	補助 : 일손을 돕는 일 또는 그 사람
부상	副賞 : 덧붙여서 주는 상
	負傷 : 상처를 입음
	浮上 : 물 위로 떠오름
부인	婦人 : 결혼한 여자
	夫人 : 남의 아내를 높여 부르는 말
	否認 : 옳다고 인정하지 않음
부자	父子 : 아버지와 아들
	富者 : 재산이 많은 사람
부정	不正 : 바르지 않음
	不貞 : 정조를 지키지 않음
	不淨 : 깨끗하지 않음
	否定 : 그렇지 않다고 함
	父情 : 자식에 대한 아버지의 정
비명	悲鳴 : 몹시 놀라 다급할 때 지르는 소리
	碑銘 : 비석에 새긴 글
	非命 : 재해나 사고 등으로 죽는 것
비보	悲報 : 슬픈 소식
	飛報 : 급히 알림
비행	非行 : 도리나 법규에 어긋나는 행위
	飛行 : 하늘을 날아다님
사고	事故 : 뜻밖의 사건이나 탈
	思考 : 생각하고 궁리함
	社告 : 회사에서 내는 광고
사기	士氣 : 병사들의 기개
	詐欺 : 못된 목적으로 남을 속임
	史記 : 역사적 사실을 적은 책
사설	私設 : 개인이나 민간이 설립함
	社說 : 신문 등에서 그 회사의 주장을 싣는 논설
	辭說 : 잔소리
사수	死守 : 목숨을 걸고 지킴
	射手 : 총이나 활 등을 쏘는 사람
사유	私有 : 개인 소유 事由 : 일의 까닭
사은	師恩 : 스승의 은혜
	謝恩 : 은혜에 감사함
사인	社印 : 회사의 공식 인장
	死因 : 사망 원인
사전	私田 : 개인 소유의 논밭
	事前 : 일이 있기 전
	辭典 : 낱말의 뜻이나 용법 따위를 해설한 책
	事典 : 여러 가지 사항을 모아 설명, 해설한 책

사정	事情 : 일의 형편이나 까닭
	査正 : 그릇된 것을 바로 잡음
	司正 : 공직에 있는 사람의 규율과 질서를 바로 잡는 일
	査定 : 조사하거나 심사하여 결정
사지	四肢 : 사람의 팔다리
	私地 : 개인 소유의 땅
	死地 : 살길 없는 매우 위험한 곳
사후	事後 : 일이 끝난 뒤
	死後 : 죽은 뒤
상품	上品 : 질 좋은 물품
	賞品 : 상으로 주는 물품
	商品 : 사고파는 물품
선전	宣傳 : 널리 알림
	善戰 : 실력 이상으로 잘 싸움
	宣戰 : 다른 나라에 싸움의 시작을 알림
성대	盛大 : 규모가 성하고 큼
	聲帶 : 소리를 내는 기관
성전	聖殿 : 신성한 전당
	聖戰 : 거룩한 사명을 띤 전쟁
세입	稅入 : 조세 수입
	歲入 : 한 회계 연도의 총 수입
수도	水道 : 상수도
	修道 : 도를 닦음
	首都 : 한나라의 중앙 정부가 있는 도시
수상	手相 : 손금
	受賞 : 상을 받음
	水上 : 물 위
	首相 : 내각의 우두머리
수석	水石 : 물과 돌
	首席 : 일등
수신	受信 : 통신을 받음
	修身 : 심신을 수양함
	水神 : 물을 다스리는 신
숙원	宿怨 : 오래된 원한
	宿願 : 오래 전부터 바라던 소원
순종	純種 : 순수한 혈통
	順從 : 순순히 복종함
시가	市街 : 도시의 큰 거리
	市價 : 시장 가격
	時價 : 거래할 때의 가격
	詩歌 : 시와 노래
시각	時刻 : 시간의 순간에서의 시점
	視覺 : 눈의 감각
	視角 : 보는 각도

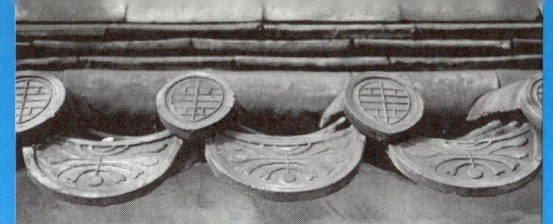

시공	• 施工 : 공사를 시행함	
	• 時空 : 시간과 공간	
시사	• 時事 : 그때그때의 정세나 일어난 일	
	• 試寫 : 영화를 개봉하기 전, 미리 상영해 보이는 것	
	• 示唆 : 미리 암시하여 일러 줌	
시인	• 是認 : 옳다고 인정함	
	• 詩人 : 시를 짓는 사람	
	• 時人 : 그 당시의 사람	
시장	• 市長 : 시의 행정을 관장하는 직에 있는 사람	
	• 市場 : 물건을 팔고 사는 장소	
식수	• 食水 : 먹는 물	
	• 植樹 : 나무를 심음	
신고	• 新古 : 새것과 헌것	
	• 申告 : 행정 관청에 일정한 사실을 보고하는 일	
신임	• 新任 : 새로 임명됨	
	• 信任 : 믿고 맡김	
실례	• 失禮 : 예의에 벗어남	
	• 實例 : 실제의 예시	
실수	• 失手 : 부주의로 잘못을 함	
	• 實數 : 유리수와 무리수의 총칭	
실신	• 失神 : 정신을 잃음	
	• 失身 : 절개를 지키지 못함	
실정	• 失政 : 정치를 잘못함	
	• 實情 : 실제의 사정	
양식	• 樣式 : 문서 등의 일정한 형식	
	• 養殖 : 기르고 번식시키는 일	
	• 洋食 : 서양 요리	
	• 良識 : 건전한 사고 방식	
	• 糧食 : 살아가는 데 필요한 음식	
양호	• 良好 : 매우 좋음	
	• 養護 : 기르고 보호함	
역사	• 力士 : 힘이 센 사람	
	• 歷史 : 인간 사회가 거쳐 온 기록	
역전	• 逆轉 : 형제가 지금까지와는 반대로 바뀜	
	• 驛前 : 역 앞 • 歷傳 : 여러 전투를 겪음	
여객	• 旅客 : 여행하는 사람	
	• 女客 : 안손님	
연기	• 煙氣 : 탈 때 생기는 흐릿한 기체	
	• 演技 : 무대에서 관객에 보여주는 것	
	• 延期 : 기한을 뒤로 미룸	
연장	• 年長 : 나이가 많음	
	• 延長 : 기준보다 길이나 시간 등을 늘임	
외형	• 外兄 : 이종형	
	• 外形 : 겉모습	

우군	• 友軍 : 같은 편인 군대	
	• 右軍 : 우익	
우수	• 優秀 : 여럿 가운데 뛰어남	
	• 雨水 : 이십 사절기 가운데 하나	
운행	• 運行 : 정해진 길로 운전하여 다님	
	• 雲行 : 구름이 떠다님	
원망	• 怨望 : 억울하거나 분하게 여겨 미워함	
	• 願望 : 원하고 바람	
유지	• 有志 : 일에 뜻이 있는 사람	
	• 油紙 : 기름종이	
	• 遺志 : 죽은 이가 이루지 못하고 남긴 뜻	
이성	• 異性 : 여성에 대하여 남성, 남성에 대하여 여성	
	• 異姓 : 다른 성	
	• 理性 : 사물을 논리적으로 생각하고 판단하는 것	
이해	• 利害 : 이익과 손해	
	• 理解 : 사리를 분별하여 앎	
인도	• 人道 : 사람이 다니는 길	
	• 引導 : 가르쳐 일깨움	
	• 引渡 : 남에게 줌	
인상	• 引上 : 끌어 올림	
	• 人相 : 사람의 얼굴 생김	
	• 印象 : 사물이 사람의 마음에 주는 감각	
인정	• 仁政 : 어진 정치	
	• 認定 : 옳다고 믿고 정함	
	• 人情 : 남을 도와주는 따뜻한 마음씨	
일일	• 一日 : 하루	
	• 日日 : 매일	
일정	• 一定 : 정해져 있어 한결같음	
	• 日程 : 그날에 할 일	
자모	• 子母 : 아들과 어머니	
	• 字母 : 음절을 이루는 단위	
자신	• 自身 : 자기 몸	
	• 自信 : 자기의 능력을 믿음	
장관	• 壯觀 : 훌륭한 광경	
	• 長官 : 국무를 맡은 행정 각부의 책임자	
재고	• 再考 : 다시 생각함	
	• 在庫 : 창고에 있음	
재임	• 在任 : 직무나 임지에 있음	
	• 再任 : 본디의 직책에 두 번째 다시 임명됨	
적기	• 赤旗 : 붉은 기	
	• 適期 : 알맞은 시기	
전경	• 全景 : 전체의 경치	
	• 前景 : 눈앞에 보이는 경치	
	• 戰警 : 전투 경찰	

4급 한자 익히기

전공	• 專攻	전문적으로 연구함
	• 戰功	전투에서 세운 공로
전기	• 電氣	전자의 이동으로 생기는 에너지의 한 종류
	• 前期	기간을 둘로 나누었을 때 앞의 기간
	• 傳記	사람의 일생의 사적을 적어 기록
	• 轉機	다른 상태로 변하는 계기
	• 轉記	장부를 옮겨 적는 것
	• 前記	앞에 기록함
	• 傳奇	기이한 내용의 이야기
전력	• 前歷	과거의 경력
	• 戰力	전투나 경기를 할 수 있는 능력
전시	• 展示	물품을 늘어놓고 보임
	• 戰時	전쟁을 하고 있는 때
전원	• 全院	전체인원
	• 電源	전력 공급의 원천
	• 田園	시골이나 교외
절감	• 切感 : 절실하게 느낌 • 節減 : 아껴서 줄임
절제	• 切除	잘라냄
	• 節制	알맞게 조절함
정전	• 停電	송전이 한때 중지됨
	• 停戰	전투를 한때 중지하는 일
제명	• 除名	명부에서 이름을 없앰
	• 題名	표제의 이름
제재	• 製材	베어낸 나무로 널빤지 따위를 만듦
	• 題材	주제의 재료가 되는 것
조리	• 條理	앞뒤가 맞고 체계가 서는 갈피
	• 調理	몸을 보살펴 병을 다스림
정원	• 定員	정해진 인원
	• 庭園	뜰
접수	• 接收	돈이나 물건 따위를 받음
	• 接受	공문서 등의 서류를 받아들임
정당	• 政堂	정치인들이 모여서 만든 단체
	• 正堂	바르고 마땅함
정도	• 定都	도읍을 새로 정함
	• 程度	알맞은 한도
	• 正道	바른 길
정사	• 正史	사실을 바탕으로 편찬한 역사
	• 情死	사랑을 이루지 못하고 함께 죽는 일
	• 政事	정치에 관한 일
	• 情事	남녀 간의 사랑에 관한 일
조선	• 朝鮮	고려 다음의 나라
	• 造船	선박을 건조함
조정	• 朝廷	임금이 정치를 집행하던 곳
	• 調整	알맞게 조절하여 정상 상태가 되게 함

조화	• 調和	대립이나 어긋남 없이 잘 어울림
	• 造花	만든 꽃
	• 造化	천지 자연 간의 이치
존속	• 存續	계속 존재함
	• 尊屬	부모와 그 항렬 이상의 친족
주간	• 晝間	낮 동안
	• 週刊	한 주마다 펴냄
	• 週間	한 주일 동안
중복	• 中伏	삼복의 하나
	• 重複	겹침
중세	• 中世	고대와 근대의 중간 시대
	• 重稅	무거운 세금
중지	• 中止	중도에서 그만 둠
	• 中指	가운데 손가락
	• 衆智	뭇사람의 뜻이나 생각
지각	• 地殼	지구의 표층을 이루고 있는 단단한 부분
	• 知覺	느끼어 알고 깨달음
	• 遲刻	정해진 시각보다 늦음
지급	• 支給	돈이나 물품을 내줌
	• 至急	매우 급함
지대	• 至大	더 없이 큼
	• 地帶	일정한 구역
	• 地代	토지를 빌린데 대하여 무는 세
지도	• 地圖	지표를 일정한 비율로 줄여 평면에 나타낸 그림
	• 指導	가르침
지사	• 支社	본사의 관리 하에 일정 지역을 맡아보는 사업체
	• 志士	크고 높은 뜻을 가진 사람
	• 知事	도지사의 준말
	• 指事	사물을 가리켜 보임
지성	• 至誠	지극한 정성
	• 知性	사물을 알고 생각하고 판단하는 능력
지원	• 支援	뒷받침하거나 편들어 도움
	• 志願	뜻하여 바람
직선	• 直線 : 곧은 선 • 直選 : 직접 선거
천년	• 千年	어느 세월에 라는 뜻
	• 天年	타고난 수명을 다 사는 나이
천재	• 天才	태어날 때부터 갖춘 뛰어난 재주
	• 天災	자연현상으로 일어나는 재난
청사	• 靑史	역사
	• 廳舍	관청의 건물
초대	• 初代	첫 번째
	• 招待	남을 청하여 대접함
최고	• 最高	가장 높음
	• 最古	가장 오래됨

축전	• 祝典 : 축하하는 의식이나 식전
	• 祝電 : 축하의 뜻을 전하는 전보
타력	• 打力 : 야구에서 타자가 투수의 공을 쳐내는 능력
	• 他力 : 남의 힘
탄성	• 彈性 : 원래 모양으로 돌아가려는 성질
	• 歎聲 : 탄식하는 소리
통풍	• 痛風 : 관절염의 일종
	• 通風 : 바람을 잘 통하게 함
통화	• 通貨 : 한 나라 안에서 통용되는 화폐
	• 通話 : 전화로 말을 주고받음
판서	• 判書 : 고려말기와 조선시대 벼슬
	• 板書 : 칠판에 분필로 내용의 요점을 씀
표결	• 表決 : 의안을 가부의 의사를 표하여 결정함
	• 票決 : 투표로써 결정함

표지	• 表紙 : 책의 겉장
	• 標識 : 다른 것과 구별하기 위한 표시
필사	• 必死 : 죽을힘을 다 씀 • 筆寫 : 베껴 씀
해독	• 害毒 : 나쁜 영향을 끼치는 요소
	• 解毒 : 독을 풀어 없앰 • 解讀 : 풀어서 읽음
향수	• 鄕愁 : 고향을 그리워하는 마음
	• 香水 : 화장품의 하나
현상	• 現象 : 사물의 모양이나 상태
	• 現狀 : 현재의 상태
화과	• 花果 : 꽃과 과일
	• 畫科 : 그림 주제의 종류
화단	• 畫壇 : 화가들의 사회
	• 花壇 : 화초를 심는 뜰의 단
후대	• 後代 : 뒤의 세대 • 厚待 : 후하게 대접함

첫 음절에서 장단 두가지로 발음되는 한자어

街	가:	街道 街頭行進
	가	街路邊 街路燈
間	간:	間歇 間接
	간	間數 間隔
簡	간:	簡紙 簡閱
	간	簡略 簡潔
强	강:	强勸 强壓
	강	强弱 强性
個	개:	個體 個中
	개	個年 個當
景	경:	景品 景仰
	경	景致 景氣
考	고:	考古 考試
	고	考證 考案
故	고:	故人 故事
	고	故鄕 溫故之情
具	구:	具氏
	구	具備 具色
口	구:	口頭 口語
	구	口文 口錢
勤	근:	勤儉 勤續
	근	勤苦
難	난:	難色 難堪
	난	難聽 難關
短	단:	短文 短杖
	단	短縮 短點

帶	대:	帶劍 帶分數
	대	帶紙 帶磁
大	대:	大使 大國
	대	大口 大田
冬	동:	冬服 冬寒
	동	冬至
來	래:	來世 來賓
	래	來日 來歷
令	령:	令狀 令愛
	령	令孫 令旗
料	료:	料金 料給
	료	料食 料理
滿	만:	滿場 滿發
	만	滿員 滿期
每	매:	每週 每常
	매	每樣
賣	매:	賣店 賣却
	매	賣買
聞	문:	聞道 聞風
	문	聞慶
未	미:	未來 未決
	미	未安
美	미:	美女 美裝
	미	美國
放	방:	放心 放談
	방	放學

保	보:	保險 保留
	보	保證 保手
分	분:	分量 分數
	분	分秒 分體
思	사:	思想
	사	思考 思念
射	사:	射擊 射法
	사	射殺 射的
尙	상:	尙文 尙古
	상	常理 尙禮
狀	장:	狀頭 狀啓
	상	狀態 狀況
掃	소:	掃除 掃地
	소	掃射 掃蕩
素	소:	素症 素服
	소	素數 素材
孫	손:	子孫
	손	孫世 孫婦
殺	쇄:	殺到
	살	殺害 殺傷
手	수:	手巾
	수	手話 手足
受	수:	受苦
	수	受賞 受託
試	시:	試官 試食
	시	試驗

映	영:	映窓 映照
	영	映畫 映像
爲	위:	爲國 爲民
	위	爲限 爲政
任	임:	任務 任期
	임	任氏
長	장:	長男 長成
	장	長點 長篇
將	장:	將校 將星
	장	將來 將次
點	점:	點心
	점	點點 點線
正	정:	正直 正立
	정	正月 正初
操	조:	操心 操業
	조	操行 操作
種	종:	種別 種類
	종	鐘塔 種族
從	종:	從子 從男妹
	종	從軍 從屬
酒	주:	酒酊
	주	酒類 酒黨
針	침:	針工 針線
	침	針葉 針形
討	토:	討議 討論
	토	討滅 討破

4급 한자 익히기

便	편:	便紙
	편	便道 便安
包	포:	包括 包容
	포	包藏 包袋
布	포:	布教 布陳
	포	布帶 布網
韓	한:	韓藥 韓服
	한	韓氏 韓山
行	행:	行實
	행	行星 行勢
火	화:	火星 火症
	화	火曜日
化	화:	化生 化合
	화	化粧
興	흥:	興到 興味
	흥	興復 興奮

첫 음절에서 장음으로 발음되는 한자어

가	可:	可能 可觀
	假:	假名 假象
	暇:	暇日
감	感:	感想 感興
	減:	減數 減點
	敢:	敢行 敢死
강	講:	講義 講演
개	改:	改革 改正
갱	更:	更紙 更生
거	擧:	擧動 擧手
	去:	去聲 去來
	巨:	巨視 巨物
	據:	據點 據實
	拒:	拒否 拒食症
건	建:	建立 建國
	健:	健鬪 健在
검	檢:	檢票 檢擧
	儉:	儉素 儉約
견	見:	見聞 見解
경	慶:	慶事 慶州
	警:	警護 警告
	競:	競爭 競馬
	敬:	敬老 敬意
	鏡:	鏡臺 鏡浦臺
계	界:	界標 界限
	計:	計較 計算
	系:	系列 系統
	係:	係長 係數
	繼:	繼父 繼承
	戒:	戒嚴 戒律
	季:	季節 季子
고	告:	告訴 告發
	古:	古人 古典
곤	困:	困難 困窮
공	共:	共通 共同
	孔:	孔子 孔德洞

攻:	攻守 攻防
과	過:	過納 過去
	果:	果實 果樹園
광	廣:	廣野 廣告
	鑛:	鑛夫 鑛業
교	敎:	敎生 敎訓
	校:	校訓 校長
구	救:	救命 救出
	舊:	舊正 舊習
군	郡:	郡廳 郡守
권	勸:	勸告 勸農
귀	貴:	貴下 貴族
	歸:	歸家 歸國
근	近:	近親 近代
금	禁:	禁慾 禁酒
난	暖:	暖流 暖帶
내	內:	內室 內外
념	念:	念頭 念佛
노	怒:	怒號 怒氣
단	斷:	斷絶 斷食
대	大:	大小 大國
	對:	對象 對答
	代:	代表 代理
	待:	待機 待遇
도	道:	道理 道路
	度:	度量 度數
	導:	導電 導入
	到:	到着 到達
동	洞:	洞長 洞內
	動:	動物 動詞
	童:	童話 童謠
등	等:	等式 等級
란	亂:	亂動 亂脈
랑	朗:	朗報 朗讀
랭	冷:	冷凍 冷水
량	雨:	雨極 雨家

련	練:	練習 練兵場
례	禮:	禮義 禮節
	例:	例祭 例事
로	老:	老兵 老人
	路:	路邊 路線
리	理:	理想 理致
	利:	利害 利潤
	里:	里長 里數
	李:	李氏 李朝
	離:	離婚 離別
마	馬:	馬牌 馬場
만	萬:	萬物 萬能
망	望:	望月 望鄕
매	買:	買受 買入
면	面:	面接 面長
	勉:	勉勵 勉學
명	命:	命令 命名
모	母:	母國 母情
묘	妙:	妙覺 妙技
	墓:	墓碑 墓地
무	武:	武力 武術
	舞:	舞臺 舞曲
	務:	務望 務實力行
문	問:	問病 問答
반	反:	反省 反對
	半:	反感 半年
방	訪:	訪求 訪問
배	配:	配列 配合
	倍:	倍率 倍數
	背:	背叛 背景
	拜:	拜席 拜禮
범	範:	範圍 範式
	犯:	犯法 犯罪
변	變:	變數 變化
	辯:	辯明 辯論
병	病:	病害 病死

보	報:	報道 報答
	普:	普通 普及
	寶:	寶庫 寶物
	步:	步幅 步調
봉	奉:	奉唱 奉養
부	復:	復興 復活
	府:	府君 府君堂
	副:	副詞 副業
	否:	否決 否認
	富:	富貴 富國
	負:	負債 負傷
분	憤:	憤氣 憤怒
비	費:	費用 費目
	比:	比率 比方
	備:	備數 備考
	非:	非情 非行
	批:	批判 批評
	悲:	悲哀 悲劇
	秘:	秘密 秘訣
	鼻:	鼻炎 鼻祖
사	事:	事實 事物
	史:	史學 史記
	使:	使用 使臣
	四:	四季 四面
	士:	士禍 士兵
	死:	死病 死因
	謝:	謝罪 謝禮
산	産:	産後 産氣
	算:	算出 算數
	散:	散髮 散在
상	上:	上訴 上層
	想:	想念 想像
서	序:	序論 序列
선	善:	善行 善導
	選:	選手 選出
성	性:	性格 性品

	聖:	聖地 聖人	왕	往:	往來 往復		帝:	帝國 帝政	평	評:	評點 評價
	盛:	盛夏 盛大	외	外:	外遊 外家		弟:	弟夫 弟嫂	폐	閉:	閉鎖 閉業
	姓:	姓名 姓氏	요	曜:	曜日		第:	第一 第三者	포	砲:	砲彈 砲聲
세	世:	世習 世評	용	用:	用器 用意		祭:	祭物 祭器	품	品:	品行 品格
	稅:	稅務 稅關		勇:	勇斷 勇敢		際:	際會 際遇	피	避:	避難 避暑
	勢:	勢族 勢道	우	雨:	雨期 雨衣	조	造:	造作 造景	하	下:	下級 下落
	歲:	歲月 歲暮		友:	友愛 友情		助:	助敎 助詞		夏:	夏期 夏服
	細:	細心 細胞		右:	右相 右翼		早:	早變 早退	한	漢:	漢陽 漢學
	洗:	洗練 洗眼	운	運:	運動 運營	좌	左:	左邊 左翼		限:	限度 限定
소	所:	所屬 所信	원	遠:	遠征 遠近		座:	座席 座談		恨:	恨死 恨歎
	小:	小說 小食		願:	願從 願望	죄	罪:	罪過 罪惡	항	港:	港都 港燈
	少:	少女 少數		怨:	怨罪 怨聲	주	住:	住宅 住居		抗:	抗命 抗訴
	笑:	笑話 笑聲		援:	援助 援軍		注:	注目 注入		航:	航空 航海
손	損:	損失 損益	유	有:	有名 有感	준	準:	準則 準備	해	海:	海洋 海岸
송	送:	送信 送別	음	飮:	飮料 飮福	중	重:	重要 重傷		解:	解散 解決
	頌:	送辭 頌德	응	應:	應答 應試		衆:	衆志 衆論		害:	害惡 害毒
수	數:	數字 數量	의	義:	義衆 義理	진	進:	進步 進路	행	幸:	幸福 幸運
순	順:	順次 順理		意:	意味 意慾		盡:	盡滅 盡忠	향	向:	向方 向上
시	市:	市長 市街	이	二:	二氣 二流	찬	讚:	讚美 讚辭	헌	憲:	憲兵 憲政
	施:	施工 施行		以:	以外 以北	창	創:	創作 創團	험	驗:	驗算 驗電氣
	始:	始發 始終		耳:	耳順 耳鳴		唱:	唱導 唱劇		險:	險惡 險難
	示:	示達 示意		異:	異常 異色	채	採:	採伐 採點	현	現:	現存 現實
	是:	是非 是正	자	姿:	姿態 姿色	처	處:	處罰 處所		顯:	賢者 顯官
	視:	視線 視野	장	壯:	壯觀 壯途	촌	寸:	寸數 寸陰	혜	惠:	惠育 惠民署
신	信:	信任 信用		奬:	奬勵 奬學生		村:	村婦 村童	호	護:	護行 護衛
안	案:	案件 案頭	재	在:	在學 在庫	총	總:	總理 總額		號:	號令 號數
	眼:	眼藥 眼境		再:	再選 再考	최	最:	最新 最善		好:	好轉 好感
암	暗:	暗算 暗記	저	貯:	貯蓄 貯金	취	取:	取得 取貸		戶:	戶別 戶籍
애	愛:	愛憐 愛煙		低:	低意 低邊		就:	就學 就職	혼	混:	混合 混同
야	野:	野黨 野望		底:	底部 底流		趣:	趣意 趣向	화	貨:	貨主 貨幣
	夜:	夜學 夜勤	전	戰:	戰鬪 戰亂	치	致:	致謝 致賀		畵:	畵室 畵幅
양	養:	養分 養育		電:	電鐵 電球		置:	置換 置身	환	患:	患部 患亂
어	語:	語學 語根		展:	展望 展覽		打:	打擊 打診	회	會:	會議 會計
여	與:	與野 與件		轉:	轉身 轉落	탄	炭:	炭鑛 炭酸	효	孝:	孝行 孝誠
연	演:	演藝 演習		錢:	錢主 錢貨		彈:	彈倉 彈壓		效:	效驗 效能
	硏:	硏修 硏究		典:	典券 典禮		歎:	歎聲 歎服	후	後:	後退 後代
영	永:	永續 永久	점	店:	店鋪 店員	태	態:	態度 態勢		候:	候補 候鳥
예	豫:	豫報 豫約	정	定:	定員 定積	통	通:	通信 痛快		厚:	厚味 厚意
	藝:	藝術 藝能		整:	整數 整然		統:	統制 統合	훈	訓:	訓手 訓練
오	五:	五官 五倫	제	濟:	濟度 濟物浦	퇴	退:	退學 退任			
	午:	午前 午時		制:	制止 制約	파	破:	破鏡 破産			
	誤:	誤解 誤報		製:	製造 製粉	패	敗:	敗退 敗戰			

한자성어

| 가가호호 | 집집마다, 한 집 한 집 | | 각골난망 | 입은 은혜를 깊이 새겨 잊지 않음 |
| 家 家 户 户 | | | 刻 骨 難 忘 | |

| 각인각색 | 사람마다 제각각 특색이 있음 | | 각자무치 | 뿔이 있는 짐승은 이가 없다. |
| 各 人 各 色 | | | 角 者 無 齒 | |

| 감불생심 | 감히 엄두를 내지 못함 | | 감언이설 | 달콤한 말과 이로운 조건만으로 꾸미는 말 |
| 敢 不 生 心 | | | 甘 言 利 說 | |

| 갑남을녀 | 평범한 보통 사람들을 이름 | | 강호연파 | 강이나 호수 위에 안개처럼 보이는 기운 |
| 甲 男 乙 女 | | | 江 湖 煙 波 | |

| 거안사위 | 편안할 때 위태로움을 생각함 | | 견마지로 | 나라나 윗사람을 위한 자기의 노력을 겸손하게 이름 |
| 居 安 思 危 | | | 犬 馬 之 勞 | |

| 견물생심 | 물건을 보면 욕심이 생김 | | 결자해지 | 일을 저지른 사람이 그 일을 해결해야 한다. |
| 見 物 生 心 | | | 結 者 解 之 | |

| 결초보은 | 은혜를 잊지 않고 갚음 | | 경천근민 | 하늘을 공경하고 백성을 위해 부지런함 |
| 結 草 報 恩 | | | 敬 天 勤 民 | |

| 경천동지 | 하늘이 놀라고 땅이 흔들린다는 뜻 | | 고립무원 | 고립되어 도움 받을 데가 없음 |
| 驚 天 動 地 | | | 孤 立 無 援 | |

| 고육지책 | 어려운 상황을 벗어나기 위해 어쩔 수 없이 쓰는 계책 | | 고진감래 | 고생 끝에 낙이 온다. |
| 苦 肉 之 策 | | | 苦 盡 甘 來 | |

| 공명정대 | 조금도 사사로움이 없이 바름 | | 공전절후 | 비교할 것이 이전에도 없고 앞으로도 없음 |
| 公 明 正 大 | | | 空 前 絶 後 | |

| 공평무사 | 공평하고 사사로움이 없음 | | 교우이신 | 친구를 사귈 때는 믿음으로 사귀어야 한다. |
| 公 平 無 私 | | | 交 友 以 信 | |

| 교학상장 | 가르치는 사람과 배우는 사람이 함께 성장함 | | 구우일모 | 매우 많은 것 중의 하나 |
| 教 學 相 長 | | | 九 牛 一 毛 | |

구절양장	몹시 꼬불꼬불하고 험한 산길
九折羊腸	

군자삼락	군자의 세 가지 즐거움을 이름
君子三樂	

금시초문	이제야 비로소 처음 들음
今時初聞	

기상천외	생각 따위가 기발하고 엉뚱함
奇想天外	

낙화유수	떨어지는 꽃과 흐르는 물
落花流水	

난형난제	낫고 못함을 정하기 어려움
難兄難弟	

논공행상	공을 따져 상을 줌
論功行賞	

다문박식	견문이 넓고 학식이 많음
多聞博識	

대경실색	몹시 놀라 얼굴빛이 하얗게 변함
大驚失色	

득의만면	뜻을 이루어 기쁜 표정이 얼굴가득 함
得意滿面	

양약고구	좋은 약은 입에 씀
良藥苦口	

만고불변	오랜 세월을 두고 변하지 않음
萬古不變	

군신유의	임금과 신하의 도리는 의리에 있음
君臣有義	

극기복례	욕심을 참고 예의범절을 좇음
克己復禮	

기사회생	죽을 뻔하다가 다시 살아남
起死回生	

금과옥조	소중히 여겨 꼭 지켜야할 법률
金科玉條	

난공불락	공격하기 어려움
難攻不落	

노발대발	크게 화를 냄
怒發大發	

능문능필	글과 글씨에 모두 능함
能文能筆	

다재다능	재주와 능력이 매우 많음
多才多能	

동고동락	함께 고생도 하고 즐거움도 나눔
同苦同樂	

등화가친	등불을 가까이하여 글 읽기에 좋은 시절, 곧 가을철
燈火可親	

마이동풍	남의 말을 흘려보냄을 의미
馬耳東風	

망양지탄	학문의 길이 많아서 진리를 깨치기 어려움을 말함
亡羊之歎	

한자성어

명산대천	이름난 산과 큰 내, 자연 경관이 빼어난 곳	명약관화	불을 보듯이 명백함을 말함
名山大川		明若觀火	

| 목불식정 | 아주 글을 모름 또는 그런 사람을 비유 | 무불통지 | 모든 것을 통달하여 모르는 것이 없음 |
| 目不識丁 | | 無不通知 | |

| 무소불위 | 하지 못하는 일이 없음 | 문일지십 | 하나를 듣고 열 가지를 미루어 앎 |
| 無所不爲 | | 聞一知十 | |

| 문전성시 | 사람들로 매우 붐비는 모습을 비유 | 박학다식 | 학식이 넓고 아는 것이 많음 |
| 門前成市 | | 博學多識 | |

| 배은망덕 | 입은 은덕을 저버리고 배반함 | 백가쟁명 | 많은 학자나 논객들이 자유롭게 논쟁하는 일 |
| 背恩忘德 | | 百家爭鳴 | |

| 백년대계 | 먼 장래를 내다보고 세우는 계획 | 백년하청 | 아무리 기다려도 가망이 없음을 의미 |
| 百年大計 | | 百年河淸 | |

| 백의종군 | 벼슬 없이 군대를 따라 싸움터에 나감 | 백전백승 | 싸울 때마다 번번이 다 이김 |
| 白衣從軍 | | 百戰百勝 | |

| 백해무익 | 해롭기만 하고 이로울 것이 조금도 없음 | 부귀재천 | 부귀는 하늘에 달려 있다는 뜻 |
| 百害無益 | | 富貴在天 | |

| 불문가지 | 묻지 않고도 알 수 있음 | 부부유별 | 부부 사이에 지켜야할 인륜의 구별이 있음 |
| 不問可知 | | 夫婦有別 | |

| 불원천리 | 천리도 멀다고 여기지 않음 | 부자유친 | 아버지와 아들 사이에는 친함이 있어야 한다. |
| 不遠千里 | | 父子有親 | |

| 부지기수 | 그 수를 알지 못할 만큼 매우 많음 | 비일비재 | 한두 번이 아니고 많음 |
| 不知其數 | | 非一非再 | |

| 사생결단 | 죽기를 각오하고 끝장을 내려고 대듦 | 사친이효 | 어버이를 효로써 섬겨야 한다. |
| 死生決斷 | | 事親以孝 | |

사통팔달	교통, 통신망 등이 막힘없이 통함
四通八達	

사필귀정	모든 일은 반드시 바른길로 돌아옴
事必歸正	

산고수장	산은 높고 물은 영원히 흐른다는 뜻
山高水長	

산해진미	산과 바다의 온갖 산물로 차린 음식
山海珍味	

살생유택	살생은 가려서 해야 한다
殺生有擇	

살신성인	옳은 일을 위해 자기를 희생함
殺身成仁	

생사고락	삶과 죽음, 괴로움과 즐거움
生死苦樂	

선견지명	앞일을 미리 아는 슬기로운
先見之明	

선공후사	사사로운 일보다 공적인 일을 앞세움
先公後私	

선남선녀	착하고 어진 사람들
善男善女	

선자옥질	몸과 마음이 매우 아름다운 미인을 이르는 말
仙姿玉質	

설왕설래	일의 시비를 따지느라 말로 옥신각신함
說往說來	

세상만사	세상에서 일어나는 모든 일을 말함
世上萬事	

세한삼우	겨울에도 잘 견디는 소나무, 대나무, 매화나무를 말함
歲寒三友	

속전속결	싸움을 오래 끌지 않고 빨리 끝을 냄
速戰速決	

송구영신	묵은해를 보내고 새해를 맞이함
送舊迎新	

수어지교	매우 친밀한 관계여서 떨어질 수 없음을 비유함
水魚之交	

수족지애	형제자매 사이의 우애를 말함
手足之愛	

시시비비	여러 가지 옳고 그름
是是非非	

시종여일	처음부터 끝까지 변함없이 한결같음
始終如一	

신상필벌	상벌을 규정대로 분명하게 함
信賞必罰	

신언서판	당나라 때 인물을 선택하는데 기준으로 삼던 조건
身言書判	

실사구시	사실에 근거하여 진리를 탐구하는 일
實事求是	

심기일전	이제까지 품었던 생각과 마음의 자세를 완전히 바꿈
心機一轉	

한자성어

십년지기	오래 전부터 사귀어 온 친한 친구
十 年 知 己	

악사천리	나쁜 일은 그 소문이 멀리까지 금방 알려진다는 말
惡 事 千 里	

안분지족	자기 분수를 지키며 만족할 줄 앎
安 分 知 足	

안하무인	교만하고 방자하여 남을 업신여김
眼 下 無 人	

약육강식	약한 것이 강한 것에게 먹힘
弱 肉 強 食	

어부지리	둘이 다투는 사이에 엉뚱한 사람이 이익을 본다는 뜻
漁 父 之 利	

여출일구	여러 사람들의 말이 한결같이 같음
如 出 一 口	

연목구어	나무에 올라 물고기를 구함, 불가능한 일을 하려함
緣 木 求 魚	

옥골선풍	살빛이 희고 고결하여 신선과 같은 풍채
玉 骨 仙 風	

요산요수	산을 좋아하고 물을 좋아함
樂 山 樂 水	

우이독경	아무리 가르치고 일러 주어도 알아듣지 못함
牛 耳 讀 經	

위기일발	눈앞에 닥친 절박한 순간
危 機 一 髮	

아전인수	자신에게만 유리하도록 생각하거나 행동함을 뜻함
我 田 引 水	

악전고투	어려운 상황에서 죽을힘을 다해 싸움
惡 戰 苦 鬪	

안빈낙도	가난한 가운데서도 편안한 마음으로 도를 즐김
安 貧 樂 道	

약방감초	무슨 일이나 빠지지 않음
藥 房 甘 草	

어불성설	말이 전혀 사리에 맞지 않음
語 不 成 說	

언중유골	예사로운 말 같으나 그 속에 단단한 속뜻이 있음
言 中 有 骨	

역지사지	상대의 처지에서 생각함
易 地 思 之	

연전연승	싸울 때마다 이김
連 戰 連 勝	

온고지신	옛것을 익혀 새로운 지식이나 도리를 찾아내는 것
溫 故 知 新	

우왕좌왕	일이 나아갈 방향을 종잡지 못함
右 往 左 往	

월태화용	미인의 얼굴과 맵시를 말함
月 態 花 容	

유구무언	입이 있어도 할말이 없음
有 口 無 言	

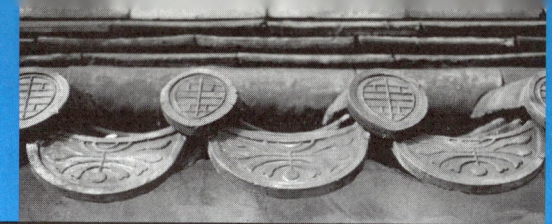

유명무실	이름뿐이고 실상이 없음

有 名 無 實

유유상종	같은 무리끼리 서로 사귐

類 類 相 從

이실직고	사실 그대로 고함

以 實 直 告

이열치열	열은 열로 다스린다는 뜻으로 힘에는 힘으로 상대함

以 熱 治 熱

이율배반	서로 모순되는 명제가 동등한 타당성을 가지고 주장됨

二 律 背 反

인과응보	과거의 선악의 인연에 따라 길흉화복의 갚음을 받음

因 果 應 報

인사유명	사람은 죽어서 이름을 남긴다.

人 死 留 明

인생무상	인생이 덧없음

人 生 無 常

일각천금	매우 짧은 시간도 천금같이 귀중함

一 刻 千 金

일도양단	머뭇거리지 않고 과감히 처리함

一 刀 兩 斷

일벌백계	여럿에게 경각심을 주기 위해 무거운 벌로 다스림

一 罰 百 戒

일석이조	한 개의 돌로 두 마리의 새를 잡는다는 뜻

一 石 二 鳥

유비무환	준비가 되어 있으면 근심할 것이 없음

有 備 無 患

이구동성	여러 사람의 말이 한결같이 같음

異 口 同 聲

이심전심	마음에서 마음으로 뜻이 통함

以 心 傳 心

이용후생	기구를 편리하게 쓰고 백성의 생활을 나아지게 함

利 用 厚 生

이합집산	헤어졌다 모였다 함

離 合 集 散

인명재천	사람의 목숨은 하늘의 뜻에 달려있다.

人 命 在 天

인산인해	사람들이 아주 많아 산과 바다처럼 보이는 상태

人 山 人 海

인자무적	어진 이는 모든 이가 사랑하므로 세상에 적이 없다.

仁 者 無 敵

일거양득	한 가지 일로써 두 가지의 이득을 얻음

一 擧 兩 得

일맥상통	어떤 면에서 서로 비슷하다

一 脈 相 通

일사불란	질서나 체계가 정연하여 조금도 흐트러짐이 없음

一 絲 不 亂

일심동체	여러 사람이 한 사람처럼 마음을 합침

一 心 同 體

한자성어

일언반구	아주 짧은 말이나 글귀
一言半句	

일엽지추	하찮은 조짐을 보고도 앞으로 일어날 일을 미리 안다.
一葉知秋	

일의대수	한 가닥의 띠와 같은 좁은 냇물이나 바닷물
一衣帶水	

일일삼성	하루에 세 번 스스로를 살핌
一日三省	

일장일단	장점도 있고 단점도 있음
一長一短	

일취월장	날로 달로 자라거나 발전함
日就月將	

일치단결	여럿이 한 덩어리로 굳게 뭉침
一致團結	

일파만파	하나의 일이나 사건이 크게 확대되어 나가는 상태
一波萬波	

일희일비	기쁜 일과 슬픈 일이 번갈아 일어남
一喜一悲	

입신출세	입신하여 세상에 이름을 날림
立身出世	

자강불식	스스로 힘쓰며 쉬지 않음
自強不息	

자수성가	스스로의 힘으로 성공을 이룸
自手成家	

자업자득	자기가 저지른 일의 과보를 자기 자신이 받음
自業自得	

자유자재	구속이나 제한이 없이 마음대로 할 수 있음
自由自在	

자중지란	한패 속에서 일어나는 싸움
自中之亂	

자초지종	처음부터 끝까지 동안의 과정
自初至終	

자화자찬	자기가 한 일을 스스로 자랑함
自畵自讚	

작심삼일	결심한 일이 삼일을 넘기지 못함
作心三日	

장삼이사	평범한 보통 사람을 이르는 말
張三李四	

적소성대	작은 것도 많이 쌓이면 큰 것을 이룸
積小成大	

적수성가	가진 것 없이 시작하여 한 살림을 이룩함
赤手成家	

적재적소	인재를 적절한 자리에 씀
適材適所	

적토성산	적은 것도 많이 모이면 큰 것을 이룸
積土成山	

전광석화	매우 짧거나 빠른 동작을 비유한 말
電光石火	

전대미문	지금까지 들어본 적이 없음
前 代 未 聞	

전무후무	전에도 없었고 앞으로도 있을 수 없음
前 無 後 無	

정정당당	바르고 떳떳함
正 正 堂 堂	

조변석개	계획이나 결정을 자주 변경함
朝 變 夕 改	

조족지혈	새 발의 피라는 뜻으로 아주 적은 분량을 비유
鳥 足 之 血	

족탈불급	능력이나 재량, 역량 등에 차이가 있음을 말함
足 脫 不 及	

존망지추	생존하느냐 멸망하느냐의 절박한 때
存 亡 之 秋	

종두득두	콩 심은데 콩 난다는 말
種 豆 得 豆	

좌지우지	제 마음대로 다루거나 휘두름
左 之 右 之	

주마간산	천천히 살필 틈이 없이 서둘러 대강대강 보고 지나침
走 馬 看 山	

주야장천	밤낮 쉬지 않고 잇달아서
晝 夜 長 川	

죽마고우	어릴 때부터 같이 놀며 자란 오랜 벗
竹 馬 故 友	

중구난방	여럿이 마구 말하여 받아넘기기 어려움
衆 口 難 防	

중언부언	똑같은 말을 자꾸 반복함
重 言 復 言	

지성감천	지극한 정성에 하늘이 감동함
至 誠 感 天	

지호지간	손짓으로 부를 만한 가까운 거리
指 呼 之 間	

진충보국	충성을 다하여 나라에 은혜를 갚음
盡 忠 報 國	

진퇴양난	어찌지 못하는 어려운 처지
進 退 兩 難	

천군만마	매우 많은 군사와 말을 이르는 말
千 軍 萬 馬	

천려일득	많은 생각 가운데 한가지쯤 좋은 생각을 얻는다.
千 慮 一 得	

천변만화	변화가 무궁함
千 變 萬 化	

천생연분	하늘이 미리 마련하여 준 연분
天 生 緣 分	

천인공노	누구나 분노를 참을 수 없을 만큼 증오함
天 人 共 怒	

천재지변	자연현상으로 일어나는 재앙이나 괴변
天 災 地 變	

한자성어

천차만별	사물에 차이와 구별이 아주 많음		천편일률	사물이 모두 판에 박은 듯이 비슷함을 말함
千 差 萬 別			千 篇 一 律	

청산유수	말을 거침없이 잘하는 모양		청운지지	입신출세하려는 의지
青 山 流 水			青 雲 之 志	

청천백일	환하게 밝은 대낮		청풍명월	맑은 바람과 밝은 달
青 天 白 日			清 風 明 月	

초록동색	이름은 달라도 성질은 같다는 뜻		촌철살인	간단한 말로도 남을 감동시킬 수 있음
草 綠 同 色			寸 鐵 殺 人	

추풍낙엽	가을바람에 떨어지는 잎		출장입상	문무를 겸비하여 장상의 벼슬을 모두 지냄
秋 風 落 葉			出 將 入 相	

충언역이	바른 말일 수록 귀에 거슬린다		타산지석	다른 사람의 하찮은 언행도 자기에게 도움이 된다는 말
忠 言 逆 耳			他 山 之 石	

탁상공론	실현성이 없는 헛된 이론이나 논의		파죽지세	감히 대적할 수 없게 무찔러 나아가는 맹렬한 기세
卓 上 空 論			破 竹 之 勢	

패가망신	가산을 모두 탕진하고 몸을 망침		풍전등화	매우 위태로운 처지에 놓여 있음을 말함
敗 家 亡 身			風 前 燈 火	

필부지용	혈기만 믿고 함부로 덤비는 소인의 용기를 말함		필유곡절	반드시 무슨 이유가 있음
匹 夫 之 勇			必 有 曲 折	

한강투석	아무리 해도 헛될 일을 하는 어리석은 행동		허장성세	실속 없이 허세로 떠벌림
漢 江 投 石			虛 張 聲 勢	

호의호식	잘 입고 잘 먹음, 또는 그런 생활		호형호제	친형제처럼 가까운 친구로 지냄
好 衣 好 食			呼 兄 呼 弟	

회자정리	만난 자는 반드시 헤어진다는 뜻		흥진비래	즐거운 일이 다하면 슬픈 일이 온다는 뜻
會 者 定 離			興 盡 悲 來	

4급II 한자능력검정시험 기출 예상문제

〈제한시간 50분〉

1 다음 漢字語의 讀音을 쓰시오. [(1)~(35)]

(1) 都市 (2) 山脈
(3) 牧童 (4) 任務
(5) 傳達 (6) 監督
(7) 北極 (8) 念願
(9) 潔白 (10) 利用
(11) 滿水 (12) 建物
(13) 聖堂 (14) 單純
(15) 樂器 (16) 活魚
(17) 移住 (18) 屋上
(19) 客車 (20) 稅金
(21) 暖流 (22) 權勢
(23) 導入 (24) 防止
(25) 密度 (26) 備考
(27) 寫眞 (28) 無常
(29) 伐木 (30) 朗報
(31) 個別 (32) 雪景
(33) 參加 (34) 航海
(35) 寺院

2 다음 漢字의 訓과 音을 쓰시오. [(36)~(57)]

(36) 起 (37) 請
(38) 忠 (39) 氷
(40) 悲 (41) 商
(42) 難 (43) 眼
(44) 慶 (45) 留
(46) 味 (47) 師
(48) 志 (49) 博
(50) 島 (51) 街
(52) 具 (53) 漁
(54) 州 (55) 除
(56) 等 (57) 良

3 다음 문장에서 밑줄 친 漢字語를 漢字로 쓰시오. [(58)~(67)]

(58) 영수는 승리의 비결을 자세히 설명하였다.
(59) 삼군은 육군, 해군, 공군을 일컫는 말이다.
(60) 현대의 사람들은 광고의 홍수 속에서 살고 있다.
(61) 선생님께서 출석을 부르고 수업을 시작하셨다.
(62) 그는 열심히 노력을 하여 많은 재산을 모았다.
(63) 요즈음은 견문을 넓히기 위하여 해외여행을 많이 한다.
(64) 사업에 성공하려면 치밀한 계획과 부단한 노력이 필요하다.
(65) 변치 말자, 우리의 우정을.
(66) 우리는 다시 만날 것을 약속하고 헤어졌다.
(67) 오천년의 유구한 역사

4 다음 ( ) 안의 뜻풀이를 참고하여 제시된 漢字語를 漢字로 쓰시오. [(68)~(77)]

(68) 하복(여름옷)
(69) 성품(사람의 성질이나 됨됨이)
(70) 석양(저녁때의 햇빛)

(71) 예절(예의와 범절)

(72) 두목(패거리의 우두머리)

(73) 개점(새로 가게를 내어 영업을 시작함)

(74) 단결(많은 사람이 마음과 힘을 한데 뭉침)

(75) 운행(운전하여 다님)

(76) 근본(사물의 본질이나 본바탕)

(77) 학습(배워서 익힘)

5 다음 ( )안에 알맞은 漢字를 써서 四字成語를 완성하시오. [(78)~(82)]

(78) 百( )百中 : 백 번 쏘아 백 번 맞음.

(79) 一( )二鳥 : 한 가지 일을 하여 두 가지 이익을 거둠.

(80) 言語( )斷 : 어이가 없어 말을 할 수가 없음.

(81) ( )初至終 : 처음부터 끝까지.

(82) 萬( )不變 : 오랜 세월 동안 변하지 않음.

6 다음 漢字와 뜻이 反對 또는 相對되는 漢字를 ( )에 넣어 漢字語를 만드시오. [(83)~(85)]

(83) 因( )

(84) ( )冷

(85) 先( )

7 다음 漢字와 뜻이 같거나 비슷한 漢字를 ( )에 넣어 漢字語를 만드시오. [(86)~(88)]

(86) 談( )

(87) 靑( )

(88) ( )着

8 다음 漢字語와 讀音은 같으나 뜻이 다른 漢字語를 쓰시오.(同音異義語) [(89)~(91)]

(89) 公路 - ( )勞 : 어떤 일에 힘쓴 공적

(90) 同鄕 - 東( ) : 동쪽 방향

(91) 正統 - 精( ) : 어떤 사물에 밝고 자세히 앎

9 다음 漢字의 略字(약자)를 쓰시오. [(92)~(94)]

(92) 體

(93) 當

(94) 戰

10 다음 漢字의 部首를 쓰시오. [(95)~(97)]

(95) 煙

(96) 解

(97) 守

11 다음 漢字의 뜻을 쓰시오. [(98)~(100)]

(98) 誤記

(99) 好感

(100) 減速

4급Ⅱ 한자능력검정시험 기출 예상문제 제2회

〈제한시간 50분〉

1 다음 漢字語의 讀音을 쓰시오. [(1)~(35)]

(1) 副賞 (2) 總督
(3) 提案 (4) 協助
(5) 單數 (6) 求職
(7) 擔當 (8) 純潔
(9) 雪景 (10) 豊盛
(11) 餘分 (12) 敵軍
(13) 難色 (14) 稅收
(15) 故障 (16) 武士
(17) 應答 (18) 競爭
(19) 黃鳥 (20) 解禁
(21) 起立 (22) 政黨
(23) 豆油 (24) 新羅
(25) 呼出 (26) 消防
(27) 細雨 (28) 電壓
(29) 精密 (30) 元素
(31) 除隊 (32) 侵入
(33) 砲兵 (34) 制限
(35) 正義

2 다음 漢字의 訓과 音을 쓰시오. [(36)~(57)]

(36) 謝 (37) 務
(38) 停 (39) 訪
(40) 陰 (41) 眼
(42) 確 (43) 蓄
(44) 港 (45) 洗
(46) 橋 (47) 島
(48) 偉 (49) 邑
(50) 暗 (51) 包
(52) 備 (53) 星
(54) 絶 (55) 擧
(56) 官 (57) 創

3 다음 (　)안에 뜻풀이를 참고하여 제시된 漢字語를 漢字로 쓰시오. [(58)~(67)]

(58) 재물(돈이나 값이 나가는 물건)
(59) 신념(굳게 믿는 마음)
(60) 가격(물건의 값)
(61) 설명(풀어서 밝힘)
(62) 필기(글씨를 씀)
(63) 성품(성질과 품격)
(64) 변심(마음이 변함)
(65) 과실(잘못, 허물)
(66) 도구(일에 쓰이는 여러 가지 연장)
(67) 약국(약을 파는 곳)

4 다음 문장에서 밑줄 친 漢字語를 漢字로 쓰시오. [(68)~(77)]

(68) 이번에는 내 예상이 적중했다.
(69) 그 음식점의 상호가 무엇이었지?
(70) 우리 축구팀은 필승을 다짐하였다.

(71) 요즘 택시의 기본요금이 얼마지?

(72) 해가 지는 석양은 한 폭의 그림이었다.

(73) 영수는 중학교를 수석으로 졸업했다.

(74) 그런 잘못된 악습은 빨리 버려야 한다.

(75) 생선 가게에서 갈치를 사 왔다.

(76) 나이가 들수록 건강이 중요하다.

(77) 황사가 기류를 타고 바다를 건너온다.

5 다음 ( )에 알맞은 漢字를 써서 四字成語를 완성하시오. [(78)~(82)]

(78) 主( )一體 : 주체와 객체가 하나가 됨.

(79) 一致團( ) : 하나로 합쳐 굳게 뭉침.

(80) ( )風落葉 : 가을바람에 떨어지는 나뭇잎.

(81) ( )實直告 : 사실 그대로 고함.

(82) 速戰速( ) : 몰아쳐 싸워 승부를 빨리 결정함.

6 다음 漢字와 뜻이 反對 또는 相對되는 漢字를 ( )에 넣어 漢字語를 만드시오. [(83)~(85)]

(83) ( )敗

(84) 往( )

(85) 將( )

7 다음 漢字와 뜻이 같거나 비슷한 漢字를 ( )에 넣어 漢字語를 만드시오. [(86)~(88)]

(86) 造( )

(87) ( )息

(88) 善( )

8 다음 漢字語와 讀音은 같으나 뜻은 제시된 풀이에 맞는 漢字語가 되도록 ( ) 안에 漢字를 쓰시오. [(89)~(91)]

(89) 假死 - ( )事 : 집안 일

(90) 詩仙 - 視( ) : 눈의 방향, 눈이 가는 길

(91) 草野 - 初( ) : 초저녁

9 다음 漢字의 略字(약자)를 쓰시오. [(92)~(94)]

(92) 禮

(93) 勞

(94) 會

10 다음 漢字의 部首를 쓰시오. [(95)~(97)]

(95) 指

(96) 處

(97) 準

11 다음 漢字의 뜻을 쓰시오. [(98)~(100)]

(98) 報恩

(99) 笑話

(100) 海邊

4급 한자능력검정시험 기출 예상문제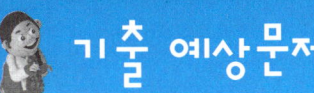

〈제한시간 50분〉

1 다음 漢字語의 讀音을 쓰시오. [(1)~(30)]

(1) 潮流　(2) 動靜
(3) 切痛　(4) 後援
(5) 討伐　(6) 寢室
(7) 招請　(8) 早産
(9) 童謠　(10) 周圍
(11) 讚辭　(12) 批評
(13) 極端　(14) 脫穀
(15) 破損　(16) 宣傳
(17) 採鑛　(18) 歡談
(19) 疲困　(20) 就職
(21) 觀覽　(22) 逃避
(23) 負擔　(24) 堅固
(25) 散彈　(26) 豊凶
(27) 悲歎　(28) 傷處
(29) 液狀　(30) 厚謝

2 다음 漢字의 訓과 音을 쓰시오. [(31)~(52)]

(31) 抗　(32) 普
(33) 環　(34) 崇
(35) 離　(36) 迎
(37) 額　(38) 擊
(39) 派　(40) 鳴
(41) 妨　(42) 移
(43) 探　(44) 卵
(45) 趣　(46) 秘
(47) 帳　(48) 暖
(49) 泉　(50) 督
(51) 爆　(52) 鉛

3 다음 單語의 同音異義語를 漢字로 쓰되, 제시된 뜻에 맞추시오. [(53)~(59)]

(53) (政治) : 정이 우러나게 하는 흥치.
(54) (船價) : 가려 뽑은 노래.
(55) (遠視) : 문화에 물들지 않은 자연 그대로의 생활 상태.
(56) (徒勞) : 사람이나 차들이 편히 다닐 수 있도록 만든 큰 길.
(57) (明絲) : 이름 난 선비.
(58) (才賢) : 다시 나타남.
(59) (家臣) : 믿을 만함.

4 다음 밑줄 친 漢字語를 漢字로 바꾸어 쓰시오. [(60)~(64)]

(60) '견물생심'이란 말은 "실물을 보면 욕심이 생기게 된다"는 말이다.
(61) '이실직고'라는 成語는 "사실 그대로 고함(말함)"을 이르는 말이다.
(62) '화조월석'이란 四字成語는 "꽃 피는 아침과 달 뜨는 저녁, 곧 경치가 좋은 계절"을 뜻하는 말이다.
(63) 인간에게 가장 소중한 것은 책임감이다.
(64) 직장인 뿐 아니라 학생에게도 월요병 환자가 많다.

5 다음 각 문장의 ( ) 속에는 적당한 말을 적고, 밑줄 친 단어 중 한글로 기록 된 것은 漢字로 바꾸고, 漢字로 쓰인 것은 그 讀音을 쓰시오. [(65)~(71)]

(가) '降' 字는 '(　)강'⁽⁶⁵⁾과 '항복할 (　)'⁽⁶⁶⁾으로 읽히는 一字多音字이다.

(나) 인간의 精神⁽⁶⁷⁾ 세계에는 이성⁽⁶⁸⁾과 감성의 領域⁽⁶⁹⁾이 섞여 있고, 이성의 토양에서 논리와 학문이 자란다면, 감성의 기초 위에 문학과 藝術⁽⁷⁰⁾이 성장하는 것이다. 이 둘은 어느 것이 上位의 세계라고 推斷⁽⁷¹⁾ 할 수 없고, 양쪽이 겸비되어야 인간다울 수 있을 것으로 생각된다.

(65) (　　　　) (66) (　　　　)
(67) (　　　　) (68) (　　　　)
(69) (　　　　) (70) (　　　　)
(71) (　　　　)

6 다음 四字成語가 완성되도록 ( ) 속의 말을 漢字로 고쳐 쓰시오. [(72)~(76)]

(72) (마이)東風　　(73) (결초)報恩
(74) (목불)識丁　　(75) 秋風(낙엽)
(76) 國利(민복)

7 다음 글자와 뜻이 대립되는 漢字를 (　)에 적어 漢字語를 만드시오. [(77)~(81)]

(77) 古(　)　　(78) 自(　)
(79) (　)罰　　(80) (　)婦
(81) 溫(　)

8 다음 각 글자와 뜻이 비슷한 漢字를 (　)에 적어 漢字語를 만드시오. [(82)~(86)]

(82) 停(　)　　(83) (　)地
(84) (　)息　　(85) (　)本
(86) 衣(　)

9 다음의 訓과 音으로 연결된 單語를 漢字로 쓰시오. [(87)~(89)]

나라 국 - 말씀 어 (國語)

(87) 고를 조 - 조사할 사 (　　　)
(88) 격식 격 - 법 식 (　　　)
(89) 이를 도 - 붙을 착 (　　　)

10 다음 漢字의 部首를 쓰시오. [(90)~(92)]

(90) 富
(91) 打
(92) 往

11 다음 漢字를 자주 쓰이는 略字로 고쳐 쓰시오. [(93)~(95)]

(93) 會
(94) 舊
(95) 團

12 다음 漢字를 正字로 고쳐 쓰시오. [(96)~(97)]

(96) 鉄
(97) 挙

13 다음 漢字語 중 첫 音節이 길게 發音되는 單語 3개를 골라 그 번호를 쓰시오. [(98)~(100)]

① 簡單　② 賣買　③ 正當　④ 從事　⑤ 爲主
⑥ 間接　⑦ 愛人　⑧ 未來　⑨ 孫女　⑩ 美國

(98) (　　　)
(99) (　　　)
(100) (　　　)

4급 한자능력검정시험 기출 예상문제

〈제한시간 50분〉

1 다음 漢字語의 讀音을 쓰시오. [(1)~(30)]

(1) 厚謝　(2) 探險
(3) 黨派　(4) 整備
(5) 喜劇　(6) 極刑
(7) 爆笑　(8) 姿態
(9) 混線　(10) 避難
(11) 彈壓　(12) 依存
(13) 總評　(14) 適應
(15) 消盡　(16) 毒針
(17) 印朱　(18) 就寢
(19) 指揮　(20) 革帶
(21) 減縮　(22) 遊說
(23) 組織　(24) 推移
(25) 激鬪　(26) 討伐
(27) 環境　(28) 抗辯
(29) 採鑛　(30) 稱讚

2 다음 漢字의 訓과 音을 쓰시오. [(31)~(52)]

(31) 範　(32) 邊
(33) 崇　(34) 攻
(35) 批　(36) 額
(37) 延　(38) 擊
(39) 普　(40) 聽
(41) 舞　(42) 寄
(43) 妙　(44) 筋
(45) 模　(46) 儉
(47) 辭　(48) 穀
(49) 松　(50) 憤
(51) 傷　(52) 迎

3 다음 밑줄 친 漢字語를 漢字로 쓰시오. [(53)~(71)]

(53) 그는 학비를 장학금으로 충당하였다.
(54) 규칙적인 생활은 건강에 좋다.
(55) 그는 주요 관직을 역임한 매우 청렴한 사람이다.
(56) 내 시야 가득히 겨울의 바다 같은 광야가 펼쳐져 있었다.
(57) 화물이 무사히 목적지에 도착되었다.
(58) 직원들은 서로 새해 복 많이 받으시라고 덕담을 주고받았다.
(59) 그는 우리 생활에 알맞은 의복을 고안해 왔다.
(60) 그의 독특한 음악 세계는 많은 찬사를 받고 있다.
(61) 그녀는 여행 중에 여비가 모자라서 애를 먹었다.
(62) 경찰은 과속 운전을 단속하기 위해 신형 속도 측정기를 도입하기로 하였다.
(63) 그는 우직스럽고 충성스러워 요령을 쓰거나 꾀를 부리지 않았다.
(64) 수십만의 군중이 시청 앞에 운집해 있었다.
(65) 일정한 거리를 말을 타고 달려 빠르기를 겨루는 경기를 경마라고 한다.
(66) 그들의 마음은 통일에 대한 열망으로 가득 찼다.
(67) 동료들의 축복 속에서 결혼식을 올렸다.
(68) 이번 박람회는 디자인 공모전 입상작을 전시하고 있다.
(69) 밤새도록 쏟아진 비로 골짝에는 황토 물이 급류를 이루어 콸콸 흘러간다.
(70) 아버님께서는 숙환으로 고생하시다가 별세하셨다.
(71) 사랑은 인류의 행복을 보장해 주는 재산이다.

4 다음 빈 칸에 알맞은 漢字를 적어 故事成語를 完成하시오. [(72)~(76)]

(72) 論功行(　)：세운 공을 논정하여 상을 줌.

(73) 朝變夕(　)：아침저녁으로 뜯어 고침. 곧 일을 자주 뜯어 고침.

(74) 富(　)在天：부귀는 하늘에 달려 있어서 인력으로는 어찌할 수 없음.

(75) 百害(　)益：해롭기만 하고 조금도 이로울 것이 없음.

(76) 博學多(　)：학식이 넓고 아는 것이 많음.

5 다음 漢字와 뜻이 反對 또는 相對되는 漢字를 (　)에 넣어 漢字語를 만드시오. [(77)~(81)]

(77) 主(　)　　　(78) 勞(　)

(79) (　)敗　　　(80) (　)惡

(81) 陰(　)

6 다음 각 글자와 뜻이 같거나 비슷한 漢字를 (　)에 넣어 漢字語를 만드시오. [(82)~(86)]

(82) (　)去　　　(83) (　)留

(84) 確(　)　　　(85) 藝(　)

(86) (　)謠

7 다음은 同音異義語가 들어 있는 문장이다. 밑줄 친 單語를 漢字로 쓰시오. [(87)~(88)]

돌격대가 적의 고지(87)를 탈환했다는 사실을 사단장에게 고지(88)하였다.

(87) 고지(　)

(88) 고지(　)

8 다음 漢字의 部首를 쓰시오. [(89)~(91)]

(89) 黑(　)

(90) 業(　)

(91) 帝(　)

9 다음 漢字를 널리 通用되는 略字로 고치시오. [(92)~(94)]

(92) 戰

(93) 輕

(94) 兒

10 다음 漢字語의 뜻을 쓰시오. [(95)~(97)]

(95) 打鍾

(96) 頭髮

(97) 勸獎

11 다음 漢字語 중 첫 音節이 길게 發音되는 것을 3개 골라 그 번호를 쓰시오. (순서 무관) [(98)~(100)]

| ① 眞理 | ② 進退 | ③ 恨歎 | ④ 閑散 |
| ⑤ 障壁 | ⑥ 裝置 | ⑦ 繼走 | ⑧ 階層 |

(98) (　)

(99) (　)

(100) (　)

4급 한자능력검정시험 기출 예상문제 제3회

〈제한시간 50분〉

1 다음 漢字語의 讀音을 쓰시오. [(1)~(30)]

(1) 憤怒
(2) 損傷
(3) 盜賊
(4) 傑出
(5) 冷泉
(6) 組織
(7) 商務
(8) 朱紅
(9) 亂臣
(10) 刑期
(11) 徒黨
(12) 歸鄕
(13) 專攻
(14) 逃避
(15) 抗拒
(16) 寢室
(17) 絕妙
(18) 細胞
(19) 勤儉
(20) 批評
(21) 閉業
(22) 聽講
(23) 起伏
(24) 消盡
(25) 困窮
(26) 糧穀
(27) 車輪
(28) 別離
(29) 築造
(30) 舌根

2 다음 漢字의 訓과 音을 쓰시오. [(31)~(55)]

(31) 頌
(32) 督
(33) 獎
(34) 威
(35) 誌
(36) 縮
(37) 庫
(38) 殘
(39) 顯
(40) 舞
(41) 肅
(42) 樣
(43) 鷄
(44) 脈
(45) 段
(46) 複
(47) 鏡
(48) 暖
(49) 籍
(50) 閑
(51) 儀
(52) 儒
(53) 探
(54) 援
(55) 傾

3 다음 漢字語 중 첫 音節이 길게 發音되는 單語 셋을 골라 그 번호를 쓰시오. [(56)~(58)]

① 素朴 ② 老少 ③ 從事 ④ 討伐 ⑤ 正當
⑥ 正月 ⑦ 考案 ⑧ 料金 ⑨ 保證 ⑩ 孫女

(56) (   )
(57) (   )
(58) (   )

4 다음 漢字를 널리 쓰이는 略字로 고쳐 쓰시오. [(59)~(61)]

(59) 傳
(60) 號
(61) 團

5 다음 漢字를 正字로 고쳐 쓰시오. [(62)~(64)]

(62) 鉄
(63) 広
(64) 実

6 다음의 訓과 음으로 연결된 單語를 漢字로 쓰시오. [(65)~(69)]

나라 국 - 말씀 어 (國語)

(65) 고를 조 - 조사할 사 (   )
(66) 허물 죄 - 바탕 질 (   )
(67) 떨어질 락 - 잎 엽 (   )
(68) 병사 병 - 마칠 졸 (   )
(69) 채울 충 - 발 족 (   )

7 다음 각 글자와 뜻이 같거나 비슷한 漢字를 (   ) 속에 적어 單語를 完成하시오. [(70)~(74)]

(70) (   )患   (71) 希(   )
(72) (   )律   (73) 道(   )
(74) (   )備

8 다음 각 글자와 뜻이 대립되는 漢字를 (   ) 속에 적어 單語를 完成하시오. [(75)~(79)]

(75) (   )重   (76) 往(   )
(77) (   )負   (78) 豊(   )
(79) 晝(   )

9 다음 漢字의 部首를 쓰시오. [(80)~(82)]

(80) 服
(81) 席
(82) 省

10 다음 四字成語가 완성되도록 (   ) 속의 말을 漢字로 바꾸어 쓰시오. [(83)~(87)]

(83) 無錢(여행)
(84) (전광)石火
(85) 嚴冬(설한)
(86) (신상)必罰
(87) (각자)無齒

11 다음 單語의 同音異義語를 漢字로 쓰되, 제시된 뜻을 유념하시오. [(88)~(92)]

(88) (防守) : 물을 흘려 보냄.
(89) (新星) : 신의 성격, 또는 신의 속성.
(90) (純利) : 도리에 순종함.
(91) (單名) : 명이 짧음.
(92) (領主) : 한 곳에 영원히 삶.

12 다음 밑줄 친 單語를 漢字로 바꾸어 쓰시오. [(93)~(97)]

(93) <u>사기</u>는 역사적 사실을 기록한 책이다.
(94) <u>구습</u>에 젖어 시대의 변화를 모른다.
(95) <u>재해</u>를 예방하는 일에는 모두가 함께 해야 한다.
(96) 누구나 통일을 <u>염원</u>하지만 그 절차와 방법이 정당해야 한다.
(97) 공무원은 국민을 위해 <u>봉사</u>함이 마땅하다.

13 다음 문장의 밑줄 친 부분에 들어갈 알맞은 말을 쓰시오. [(98)~(100)]

'見' 자는 "볼 견"과 "뵈올 ___(98)___"으로 읽히는 글자요, '樂' 자는 "___(99)___ 락"과 "노래 ___(100)___", 그리고 "좋아할 요"로 읽히는 글자이다.

※ 4급 과정을 모두 마친 후, 가위로 잘라 기출 예상문제의 답안지로 사용합니다.

수험번호 □□□-□□-□□□□□　　성명 □□□□□

주민등록번호 □□□□□□-□□□□□□□

※ 유성 싸인펜, 붉은색 필기구 사용 불가.

※ 답안지는 컴퓨터로 처리되므로 구기거나 더럽히지 마시고 정답 칸 안에만 쓰십시오.
　글씨가 채점란으로 들어오면 오답처리가 됩니다.

제1회 한자능력검정시험 4급Ⅱ 답안지(1)

답안란		채점란		답안란		채점란		답안란		채점란	
번호	정답	1검	2검	번호	정답	1검	2검	번호	정답	1검	2검
1				17				33			
2				18				34			
3				19				35			
4				20				36			
5				21				37			
6				22				38			
7				23				39			
8				24				40			
9				25				41			
10				26				42			
11				27				43			
12				28				44			
13				29				45			
14				30				46			
15				31				47			
16				32				48			

감독위원	채점위원(1)		채점위원(2)		채점위원(3)	
(서명)	(득점)	(서명)	(득점)	(서명)	(득점)	(서명)

※ 뒷면으로 이어짐

※ 본 답안지는 컴퓨터로 처리되므로 구겨지거나 더럽혀지지 않도록 조심하시고 글씨를 칸 안에 또박또박 쓰십시오.

제1회 한자능력검정시험 4급II 답안지(2)

답안란		채점란		답안란		채점란		답안란		채점란	
번호	정답	1검	2검	번호	정답	1검	2검	번호	정답	1검	2검
49				67				85			
50				68				86			
51				69				87			
52				70				88			
53				71				89			
54				72				90			
55				73				91			
56				74				92			
57				75				93			
58				76				94			
59				77				95			
60				78				96			
61				79				97			
62				80				98			
63				81				99			
64				82				100			
65				83							
66				84							

※ 4급 과정을 모두 마친 후, 가위로 잘라 기출 예상문제의 답안지로 사용합니다.

수험번호	☐☐☐-☐☐-☐☐☐☐			성명	☐☐☐☐☐
주민등록번호	☐☐☐☐☐☐-☐☐☐☐☐☐☐				※ 유성 싸인펜, 붉은색 필기구 사용 불가.

※ 답안지는 컴퓨터로 처리되므로 구기거나 더럽히지 마시고 정답 칸 안에만 쓰십시오.
　글씨가 채점란으로 들어오면 오답처리가 됩니다.

제2회 한자능력검정시험 4급Ⅱ 답안지(1)

답안란		채점란		답안란		채점란		답안란		채점란	
번호	정답	1검	2검	번호	정답	1검	2검	번호	정답	1검	2검
1				17				33			
2				18				34			
3				19				35			
4				20				36			
5				21				37			
6				22				38			
7				23				39			
8				24				40			
9				25				41			
10				26				42			
11				27				43			
12				28				44			
13				29				45			
14				30				46			
15				31				47			
16				32				48			

감독위원	채점위원(1)		채점위원(2)		채점위원(3)	
(서명)	(득점)	(서명)	(득점)	(서명)	(득점)	(서명)

※ 뒷면으로 이어짐

※ 본 답안지는 컴퓨터로 처리되므로 구겨지거나 더럽혀지지 않도록 조심하시고 글씨를 칸 안에 또박또박 쓰십시오.

제2회 한자능력검정시험 4급Ⅱ 답안지(2)

답안란		채점란		답안란		채점란		답안란		채점란	
번호	정답	1검	2검	번호	정답	1검	2검	번호	정답	1검	2검
49				67				85			
50				68				86			
51				69				87			
52				70				88			
53				71				89			
54				72				90			
55				73				91			
56				74				92			
57				75				93			
58				76				94			
59				77				95			
60				78				96			
61				79				97			
62				80				98			
63				81				99			
64				82				100			
65				83							
66				84							

※ 4급 과정을 모두 마친 후, 가위로 잘라 기출 예상문제의 답안지로 사용합니다.

수험번호 □□□-□□-□□□□   성명 □□□□□

주민등록번호 □□□□□□-□□□□□□□

※ 유성 싸인펜, 붉은색 필기구 사용 불가.

※ 답안지는 컴퓨터로 처리되므로 구기거나 더럽히지 마시고 정답 칸 안에만 쓰십시오.
   글씨가 채점란으로 들어오면 오답처리가 됩니다.

제1회 한자능력검정시험 4급 답안지(1)

답안란		채점란		답안란		채점란		답안란		채점란	
번호	정답	1검	2검	번호	정답	1검	2검	번호	정답	1검	2검
1				17				33			
2				18				34			
3				19				35			
4				20				36			
5				21				37			
6				22				38			
7				23				39			
8				24				40			
9				25				41			
10				26				42			
11				27				43			
12				28				44			
13				29				45			
14				30				46			
15				31				47			
16				32				48			

감독위원	채점위원(1)		채점위원(2)		채점위원(3)	
(서명)	(득점)	(서명)	(득점)	(서명)	(득점)	(서명)

※ 뒷면으로 이어짐

제1회 한자능력검정시험 4급 답안지(2)

번호	정답	번호	정답	번호	정답
49		67		85	
50		68		86	
51		69		87	
52		70		88	
53		71		89	
54		72		90	
55		73		91	
56		74		92	
57		75		93	
58		76		94	
59		77		95	
60		78		96	
61		79		97	
62		80		98	
63		81		99	
64		82		100	
65		83			
66		84			

※ 4급 과정을 모두 마친 후, 가위로 잘라 기출 예상문제의 답안지로 사용합니다.

| 수험번호 | ☐☐☐-☐☐-☐☐☐☐ | | 성명 | ☐☐☐☐☐ |
| 주민등록번호 | ☐☐☐☐☐☐-☐☐☐☐☐☐☐ | | | ※ 유성 싸인펜, 붉은색 필기구 사용 불가. |

※ 답안지는 컴퓨터로 처리되므로 구기거나 더럽히지 마시고 정답 칸 안에만 쓰십시오.
 글씨가 채점란으로 들어오면 오답처리가 됩니다.

제2회 한자능력검정시험 4급 답안지(1)

답안란		채점란		답안란		채점란		답안란		채점란	
번호	정답	1검	2검	번호	정답	1검	2검	번호	정답	1검	2검
1				17				33			
2				18				34			
3				19				35			
4				20				36			
5				21				37			
6				22				38			
7				23				39			
8				24				40			
9				25				41			
10				26				42			
11				27				43			
12				28				44			
13				29				45			
14				30				46			
15				31				47			
16				32				48			

감독위원	채점위원(1)		채점위원(2)		채점위원(3)	
(서명)	(득점)	(서명)	(득점)	(서명)	(득점)	(서명)

※ 뒷면으로 이어짐

※ 본 답안지는 컴퓨터로 처리되므로 구겨지거나 더럽혀지지 않도록 조심하시고 글씨를 칸 안에 또박또박 쓰십시오.

제2회 한자능력검정시험 4급 답안지(2)

번호	정답	1검	2검	번호	정답	1검	2검	번호	정답	1검	2검
49				67				85			
50				68				86			
51				69				87			
52				70				88			
53				71				89			
54				72				90			
55				73				91			
56				74				92			
57				75				93			
58				76				94			
59				77				95			
60				78				96			
61				79				97			
62				80				98			
63				81				99			
64				82				100			
65				83							
66				84							

※ 4급 과정을 모두 마친 후, 가위로 잘라 기출 예상문제의 답안지로 사용합니다.

| 수험번호 | ☐☐☐-☐☐-☐☐☐☐ | | 성명 | ☐☐☐☐☐ |

주민등록번호 ☐☐☐☐☐☐-☐☐☐☐☐☐☐

※ 유성 싸인펜, 붉은색 필기구 사용 불가.

※ 답안지는 컴퓨터로 처리되므로 구기거나 더럽히지 마시고 정답 칸 안에만 쓰십시오.
　글씨가 채점란으로 들어오면 오답처리가 됩니다.

제3회 한자능력검정시험 4급 답안지(1)

답안란		채점란		답안란		채점란		답안란		채점란	
번호	정답	1검	2검	번호	정답	1검	2검	번호	정답	1검	2검
1				17				33			
2				18				34			
3				19				35			
4				20				36			
5				21				37			
6				22				38			
7				23				39			
8				24				40			
9				25				41			
10				26				42			
11				27				43			
12				28				44			
13				29				45			
14				30				46			
15				31				47			
16				32				48			

감독위원	채점위원(1)		채점위원(2)		채점위원(3)	
(서명)	(득점)	(서명)	(득점)	(서명)	(득점)	(서명)

※ 뒷면으로 이어짐

※ 본 답안지는 컴퓨터로 처리되므로 구겨지거나 더럽혀지지 않도록 조심하시고 글씨를 칸 안에 또박또박 쓰십시오.

제3회 한자능력검정시험 4급 답안지(2)

번호	정답	1검	2검	번호	정답	1검	2검	번호	정답	1검	2검
49				67				85			
50				68				86			
51				69				87			
52				70				88			
53				71				89			
54				72				90			
55				73				91			
56				74				92			
57				75				93			
58				76				94			
59				77				95			
60				78				96			
61				79				97			
62				80				98			
63				81				99			
64				82				100			
65				83							
66				84							

4급 II 적중 예상문제 제1회

〈제한시간 50분〉

1 다음 漢字語의 讀音을 쓰시오. [(1)~(35)]

(1) 落選 (2) 藥局
(3) 事業 (4) 急報
(5) 場所 (6) 節約
(7) 多福 (8) 夫婦
(9) 寫眞 (10) 注入
(11) 最初 (12) 滿員
(13) 夜景 (14) 船主
(15) 建設 (16) 英才
(17) 罰則 (18) 魚族
(19) 再修 (20) 談話
(21) 弱者 (22) 雪原
(23) 防水 (24) 起草
(25) 單式 (26) 競技
(27) 登錄 (28) 競爭
(29) 精進 (30) 潔白
(31) 商品 (32) 放牧
(33) 住宅 (34) 求職
(35) 幸運

2 다음 漢字의 訓과 音을 쓰시오. [(36)~(57)]

(36) 斷 (37) 黨
(38) 帶 (39) 減
(40) 邊 (41) 領
(42) 眼 (43) 聲
(44) 買 (45) 席
(46) 費 (47) 留
(48) 昨 (49) 脈
(50) 冷 (51) 養
(52) 榮 (53) 受
(54) 飛 (55) 訪
(56) 雄 (57) 走

3 다음 文章에서 밑줄 친 漢字語를 漢字로 쓰시오. [(58)~(67)]

(58) 공적인 자리에서 한 말에 대해서는 책임을 져야 한다.
(59) 21세기에는 더욱 다양한 산업이 발전할 것이다.
(60) 철수는 가끔 독특한 생각을 제시한다.
(61) 우리 집과 옆집의 번지는 서로 다르다.
(62) 모든 사람은 평등한 권리를 가지고 태어났다.
(63) 두 사람은 서로 이해 관계가 달라서 헤어졌다.
(64) 서양에서는 대화를 할 때 화법이 중요시된다.
(65) 학생들이 열심히 공부하는 목적은 좀 더 나은 내일을 위해서이다.
(66) 운전자는 차선을 잘 지켜 운전해야 한다.
(67) 호텔 객실에는 손님들로 가득 찼다.

4 다음 ( ) 안의 뜻풀이를 참고하여 제시된 漢字語를 漢字로 쓰시오. [(68)~(77)]

(68) 청수(맑은 물)
(69) 태양(해)
(70) 아동(어린 아이)
(71) 동향(움직이는 방향)
(72) 민도(국민 수준의 정도)
(73) 설명(내용을 알 수 있도록 자세히 밝힘)
(74) 별종(다른 종자)
(75) 식수(나무를 심음)
(76) 후손(후대의 자손)
(77) 해양(큰 바다)

5 다음 ( )에 알맞은 漢字를 써서 완성하시오. [(78)~(82)]

(78) 溫故( )新 : 옛 것을 익혀 새 것을 앎.

(79) 竹馬故( ) : 어렸을 때부터 친한 벗.

(80) ( )學相長 : 가르치고 배우는 과정을 통하여 성장함.

(81) 大( )特筆 : 특별히 드러나게 큰 글자를 씀.

(82) ( )藥苦口 : 좋은 약은 입에 씀.

6 다음 漢字와 뜻이 反對 또는 相對되는 漢字를 ( )에 넣어 漢字語를 완성하시오. [(83)~(85)]

(83) 內( )

(84) 師( )

(85) ( )夜

7 다음 漢字와 뜻이 같거나 비슷한 漢字를 ( )에 넣어 漢字語를 완성하시오. [(86)~(88)]

(86) ( )園

(87) 境( )

(88) ( )虛

8 다음 漢字語와 讀音은 같으나 뜻이 다른 漢字語가 되도록 ( ) 안에 漢字를 쓰시오. [(89)~(91)]

(89) 監査 -( )謝 : 고맙게 여기는 느낌.

(90) 重稅 -( )世 : 고대에서 근대에 이르는 중간의 시대.

(91) 科擧 -( )去 : 이미 지나간 때.

9 다음 漢字의 略字(약자)를 쓰시오. [(92)~(94)]

(92) 萬

(93) 醫

(94) 廣

10 다음 漢字의 部首를 쓰시오. [(95)~(97)]

(95) 解

(96) 領

(97) 票

11 다음 漢字의 뜻을 쓰시오. [(98)~(100)]

(98) 呼名

(99) 前進

(100) 敬老

4급 II 한자능력검정시험 적중예상문제 제2회

⟨제한시간 50분⟩

1 다음 漢字語의 讀音을 쓰시오. [(1)~(35)]

(1) 尊敬 (2) 費用
(3) 銃器 (4) 次期
(5) 誤入 (6) 衛兵
(7) 謝禮 (8) 經費
(9) 精進 (10) 溫順
(11) 純毛 (12) 受信
(13) 任員 (14) 職業
(15) 破産 (16) 指令
(17) 親舊 (18) 講壇
(19) 調練 (20) 壓制
(21) 善政 (22) 印稅
(23) 製造 (24) 警報
(25) 築城 (26) 客席
(27) 競走 (28) 暖房
(29) 尊待 (30) 移送
(31) 再起 (32) 個性
(33) 名唱 (34) 航海
(35) 取消

2 다음 漢字의 訓과 音을 쓰시오. [(36)~(57)]

(36) 禁 (37) 難
(38) 視 (39) 藝
(40) 早 (41) 救
(42) 察 (43) 端
(44) 容 (45) 境
(46) 修 (47) 監
(48) 博 (49) 斗
(50) 退 (51) 餘
(52) 登 (53) 致
(54) 軍 (55) 細
(56) 務 (57) 導

3 다음 문장에서 밑줄 친 漢字語를 漢字로 쓰시오. [(58)~(67)]

(58) 틀린 문제를 다시 보니 계산이 잘못되었다.
(59) 이 제품의 특질은 무엇이냐?
(60) 수업시간 중에 체육 시간이 가장 힘들다.
(61) 덕망이 높은 사람이 지도자가 되어야 한다.
(62) 사회의 변화에 적응할 줄도 알아야 한다.
(63) 어머니께서는 주야로 내가 회복되기만을 바라셨다.
(64) 건강을 유지하려면 적당한 운동을 해야 한다.
(65) 소란을 피운다고 옆집을 경찰에 고발하였다.
(66) 이 동네에는 약국이 없다.
(67) 정책이 바뀌어도 효과가 없다.

4 다음 ( ) 안의 뜻풀이를 참고하여 제시된 漢字語를 漢字로 쓰시오. [(68)~(77)]

(68) 독신(결혼하지 않고 혼자 사는 사람)
(69) 격식(틀에 맞춘 일정한 방식)
(70) 고가(높은 가격)
(71) 대필(남을 대신하여 글을 씀)
(72) 객석(손님의 자리)
(73) 전개(눈 앞에 벌어짐)
(74) 착륙(하늘에서 땅에 내림)
(75) 가구(살림살이에 쓰는 세간)

(76) 광장(넓은 마당)

(77) 병실(환자가 치료 받는 방)

5 다음 ( ) 안에 알맞은 漢字를 써서 四字成語를 완성하시오. [(78)~(82)]

(78) 論( )行賞 (79) 有口無( )

(80) 無( )地帶 (81) 公衆道( )

(82) 死生( )斷

6 다음 漢字와 뜻이 反對 또는 相對되는 漢字를 ( ) 안에 넣어 漢字語를 만드시오. [(83)~(85)]

(83) 吉( )   (84) 功( )

(85) ( )落

7 다음 漢字와 뜻이 같거나 비슷한 漢字를 ( ) 안에 넣어 漢字語를 만드시오. [(86)~(88)]

(86) ( )算

(87) ( )潔

(88) 衣( )

8 다음 漢字語와 讀音은 같으나 뜻이 다른 漢字語가 되도록 ( ) 안에 漢字를 쓰시오. [(89)~(91)]

(89) 校舍 - ( )師 : 가르치는 사람

(90) 電氣 - ( )記 : 한 개인의 일생의 기록

(91) 固守 - ( )手 : 수가 높음, 또는 수가 높은 사람

9 다음 漢字의 略字(약자 : 획수를 줄인 漢字)를 쓰시오. [(92)~(94)]

(92) 畫

(93) 價

(94) 參

10 다음 漢字의 部首를 쓰시오. [(95)~(97)]

(95) 談

(96) 將

(97) 鮮

11 다음 한자의 뜻을 쓰시오. [(98)~(100)]

(98) 手製

(99) 早朝

(100) 終結

4급 한자능력검정시험 적중예상문제 제1회

〈제한시간 50분〉

1 다음 漢字語의 讀音을 쓰시오. [(1)~(30)]

(1) 段階
(2) 穀食
(3) 納稅
(4) 勸獎
(5) 徒黨
(6) 苦痛
(7) 嚴肅
(8) 燃料
(9) 裝置
(10) 營利
(11) 辭典
(12) 郵票
(13) 寸刻
(14) 看破
(15) 射擊
(16) 簡潔
(17) 儒林
(18) 降服
(19) 規模
(20) 墓碑
(21) 複製
(22) 藥材
(23) 周邊
(24) 優秀
(25) 依據
(26) 抗拒
(27) 損傷
(28) 激憤
(29) 眼鏡
(30) 驚歎

2 다음 漢字의 訓과 音을 쓰시오. [(31)~(52)]

(31) 舞
(32) 盜
(33) 雪
(34) 拍
(35) 模
(36) 泉
(37) 居
(38) 朱
(39) 朝
(40) 張
(41) 易
(42) 迎
(43) 適
(44) 喜
(45) 針
(46) 普
(47) 郵
(48) 規
(49) 粉
(50) 怨
(51) 端
(52) 損

3 다음 漢字語를 漢字로 쓰시오. [(53)~(67)]

(53) 조업 (작업을 실시함)
(54) 흉계 (음흉한 꾀)
(55) 책임 (도맡아 해야 할 임무나 의무)
(56) 특허 (특별히 허락함)
(57) 상점 (여러 가지 물건을 파는 가게)
(58) 여비 (여행에 드는 비용)
(59) 열망 (열렬하게 바람)
(60) 공로 (일에 애쓴 공적)
(61) 육로 (육상의 길)
(62) 축복 (앞길의 행복을 빎)
(63) 조사 (사물의 내용을 자세히 살펴 봄)
(64) 친선 (서로 친하여 사이가 좋음)
(65) 환자 (병을 앓는 사람)
(66) 충당 (모자라는 것을 채워 매움)
(67) 정지 (하던 일을 중도에 그침)

4 다음의 訓과 音을 지닌 漢字를 쓰시오. [(68)~(71)]

(68) 풀 해
(69) 권세 권
(70) 받들 봉
(71) 줄 급

5. 다음 빈 칸에 알맞은 漢字를 적어 四字成語를 完成하시오. [(72)~(76)]

(72) (　)心三日　　(73) 目不(　)丁

(74) 鳥(　)之血　　(75) 離合(　)散

(76) 竹馬(　)友

6. 다음 漢字와 뜻이 反對 또는 相對되는 漢字를 (　) 안에 넣어 漢字語를 만드시오. [(77)~(81)]

(77) 明(　)　　(78) 曲(　)

(79) 陰(　)　　(80) 新(　)

(81) (　)罰

7. 다음 漢字와 뜻이 같거나 비슷한 漢字를 (　) 안에 넣어 漢字語를 만드시오. [(82)~(86)]

(82) 境(　)　　(83) 衣(　)

(84) (　)虛　　(85) (　)息

(86) (　)志

8. 다음은 同音異義語가 들어 있는 문장입니다. 밑줄 친 單語를 漢字로 쓰시오. [(87)~(88)]

우리 나라에서는 과거⁽⁸⁷⁾에 과거⁽⁸⁸⁾ 시험을 통하여 인재 등용을 하였다.

(87) 과거(　)

(88) 과거(　)

9. 다음 漢字의 部首를 쓰시오. [(89)~(91)]

(89) 缺(　)

(90) 受(　)

(91) 條(　)

10. 다음 漢字를 널리 通用되는 略字로 고치시오. [(92)~(94)]

(92) 賣(　)

(93) 舊(　)

(94) 卒(　)

11. 다음 漢字語의 뜻을 쓰시오. [(95)~(97)]

(95) 禁煙(　)

(96) 求命(　)

(97) 獨唱(　)

12. 다음 漢字語 중 첫 音節이 길게 發音되는 것을 3개 골라 그 번호를 쓰시오. (순서 무관) [(98)~(100)]

① 操心　② 構想　③ 任官　④ 行動
⑤ 詩評　⑥ 未開　⑦ 齒痛　⑧ 治安

(98) (　)

(99) (　)

(100) (　)

한자능력검정시험 적중예상문제 4급 제2회

〈제한시간 50분〉

1 다음 漢字語의 讀音을 쓰시오. [(1)~(30)]

(1) 海底　　(2) 援助
(3) 包圍　　(4) 盜聽
(5) 交易　　(6) 混雜
(7) 優待　　(8) 積金
(9) 探査　　(10) 貧窮
(11) 往復　　(12) 威嚴
(13) 黨派　　(14) 攻防
(15) 姿勢　　(16) 堅持
(17) 施工　　(18) 殘留
(19) 先烈　　(20) 根據
(21) 鉛筆　　(22) 規律
(23) 除毒　　(24) 逃走
(25) 餘暇　　(26) 趣味
(27) 豫習　　(28) 急落
(29) 環境　　(30) 儉約

2 다음 漢字의 訓과 音을 쓰시오. [(31)~(52)]

(31) 貧　　(32) 秀
(33) 製　　(34) 劇
(35) 談　　(36) 鮮
(37) 限　　(38) 到
(39) 算　　(40) 疑
(41) 患　　(42) 據
(43) 妙　　(44) 減
(45) 佛　　(46) 範
(47) 遊　　(48) 頌
(49) 洞　　(50) 興
(51) 歷　　(52) 羅

3 다음 글에서 밑줄 친 單語 중 한글 표기는 漢字로, 漢字 표기는 한글로 고쳐 쓰시오. [(53)~(66)]

讀書는 文字 言語를 통하여 의미(53)를 構成(54)하는 과정(55)이다. 讀書의 과정에서 讀者가 의미를 구성하는 과정은 일종의 問題 해결(56) 과정이며, 창의적(57)인 思考 과정이다. 讀書의 과정에서 讀者는 筆者가 提示(58)한 정보와 자신이 가지고 있는 배경 지식을 結合하여 의미를 구성해 나간다. 이러한 과정에서 讀者는 지식이나 經驗(59)을 점진적으로 蓄積(60)해 나갈 수 있다. 言語는 의사를 전달(61)할 뿐만 아니라 감정을 표출하고 생각을 저장하며, 사회 구성원의 문화를 축적하고 전수하고 발전(62)시킨다. 책은 文字 言語를 手段(63)으로 한, 인간과 사회와 문학에 관한 기록(64)이다. 지금까지 인류가 만들어 낸 모든 지식과 문학의 體系(65)는 책의 形態(66)로 저장되고 전수되어 왔다. 그러므로 책을 읽는다는 것은 곧 그 책이 쓰인 시대의 社會 및 文化와 交流하는 것을 의미한다.

(53) 의미　　(54) 構成
(55) 과정　　(56) 해결
(57) 창의적　　(58) 提示
(59) 經驗　　(60) 蓄積
(61) 전달　　(62) 발전
(63) 手段　　(64) 기록
(65) 體系　　(66) 形態

4 다음의 訓과 음을 지닌 漢字를 쓰시오. [(67)~(70)]

(67) 빛날 요
(68) 쇠 철
(69) 높을 탁
(70) 받들 봉

5 다음 빈 칸에 알맞은 漢字를 적어 四字成語를 完成하시오. [(71)~(75)]

(71) 自問自(　　)
(72) 溫(　　)知新
(73) 漁父之(　　)
(74) 忠(　　)逆耳
(75) 易地(　　)之

6 다음 漢字와 뜻이 反對 또는 相對되는 漢字를 (　)에 넣어 漢字語를 만드시오. [(76)~(80)]

(76) 勝(　　)
(77) 師(　　)
(78) 冷(　　)
(79) 私(　　)
(80) (　　)實

7 다음 각 글자와 뜻이 같거나 비슷한 漢字를 (　)에 넣어 漢字語를 만드시오. [(81)~(85)]

(81) 施(　　)
(82) 停(　　)
(83) (　　)擇
(84) (　　)擊
(85) (　　)固

8 다음 單語를 漢字로 쓰되, 괄호 속에 든 뜻을 유의하시오. [(86)~(88)]

(86) 양민(선량한 백성)
(87) 추석(우리 나라 고유의 명절)
(88) 대표(여러 사람을 대신하여 어떠한 일을 책임지는 사람)

9 다음 漢字의 部首를 쓰시오. [(89)~(91)]

(89) 原(　　)
(90) 所(　　)
(91) 築(　　)

10 다음 漢字를 널리 通用되는 略字로 고치시오. [(92)~(94)]

(92) 醫(　　)
(93) 惡(　　)
(94) 號(　　)

11 다음 漢字語의 뜻을 쓰시오. [(95)~(97)]

(95) 傷處(　　)
(96) 轉移(　　)
(97) 運河(　　)

12 다음 漢字語 중 첫 音節이 길게 發音되는 것을 3개 골라 그 번호를 쓰시오. (순서 무관) [(98)~(100)]

① 勤勞　② 料金　③ 景致　④ 別個
⑤ 放送　⑥ 賣買　⑦ 正直　⑧ 甘受

(98) (　　)
(99) (　　)
(100) (　　)

4급 적중예상문제 제3회

〈제한시간 50분〉

1 다음 漢字語의 讀音을 쓰시오. [(1)~(30)]

(1) 姿勢　　(2) 探點
(3) 階段　　(4) 衛星
(5) 脫盡　　(6) 爆擊
(7) 勸獎　　(8) 屈伏
(9) 鑛脈　　(10) 混雜
(11) 就寢　　(12) 引導
(13) 證據　　(14) 讚辭
(15) 砲彈　　(16) 組織
(17) 粉筆　　(18) 悲鳴
(19) 傾聽　　(20) 稱頌
(21) 機智　　(22) 抗辯
(23) 缺損　　(24) 推移
(25) 毒針　　(26) 壓縮
(27) 源泉　　(28) 招待
(29) 殘額　　(30) 武裝

2 다음 漢字의 訓과 音을 쓰시오. [(31)~(52)]

(31) 揮　　(32) 憲
(33) 豫　　(34) 郵
(35) 除　　(36) 持
(37) 鉛　　(38) 覽
(39) 肅　　(40) 適
(41) 帝　　(42) 帶
(43) 核　　(44) 誌
(45) 探　　(46) 擔
(47) 儀　　(48) 帳
(49) 底　　(50) 暇
(51) 傑　　(52) 穀

3 다음 문장에서 밑줄 친 漢字語를 漢字로 쓰시오. [(53)~(64)]

(53) 정수는 어제 용돈을 은행에 저금했다.
(54) 불법주차는 철저히 단속되어야 한다.
(55) 가을이 되니 도로에 낙엽이 쌓이기 시작하였다.
(56) 물 한 방울이라도 절약해야 한다.
(57) 차가 지나간 눈길이 그대로 빙판이 되었다.
(58) 올해는 경기가 좋아지리라는 전망이다.
(59) 전 종목에서 경쟁 학교에 완패하였다.
(60) 올림픽에서 종합 10위의 위업을 이룩하였다.
(61) 월드컵이 신문에 특종으로 다루어졌다.
(62) 판결이 잘못되어 무죄한 사람을 유죄한 사람으로 만들었다.
(63) 계속되는 가뭄 끝에 단비가 충족히 내렸다.
(64) 정민이가 회장에 임명되었다.

4 다음 뜻에 맞는 漢字語를 漢字로 쓰시오. [(65)~(71)]

(65) 실화 (실지로 있는 사실의 이야기)
(66) 순조 (탈없이 잘되어 가는 상태)
(67) 안건 (문제가 되어 있는 사실)
(68) 운집 (구름처럼 많이 모임)
(69) 착륙 (비행기가 육지에 내림)
(70) 주류 (강의 주되는 큰 흐름)
(71) 개량 (나쁜 점을 고치어 좋게 함)

5 다음 빈 칸에 알맞은 漢字를 적어 四字成語를 완성하시오. [(72)~(76)]

(72) 起(　)回生 : 기적적으로 다시 살아나다.

(73) 甘言利(　) : 이로운 조건을 내세워 꾀는 말.

(74) 明鏡(　)水 : 맑은 거울과 고요한 물.

(75) 馬(　)東風 : 말의 귀에 바람이 불어도 아랑곳 하지 않는다.

(76) 百(　)無益 : 해롭기만 하고 하나도 이로운 바가 없음.

6 다음 각 漢字와 뜻이 反對 또는 相對되는 漢字를 (　)에 넣어 漢字語를 만드시오. [(77)~(81)]

(77) 興(　)　　(78) (　)負

(79) 吉(　)　　(80) (　)末

(81) 自(　)

7 다음 漢字와 뜻이 같거나 비슷한 漢字를 (　) 안에 넣어 漢字語를 만드시오. [(82)~(86)]

(82) (　)童　　(83) 保(　)

(84) 堅(　)　　(85) 家(　)

(86) (　)留

8 다음은 同音異義語가 들어 있는 문장입니다. 밑줄 친 單語를 漢字로 쓰시오. [(87)~(88)]

아버지의 신병⁽⁸⁷⁾ 소식에 신병⁽⁸⁸⁾ 훈련소에서 잠시 외출을 나왔다.

(87) 신병 (　)

(88) 신병 (　)

9 다음 漢字의 部首를 쓰시오. [(89)~(91)]

(89) 能(　)

(90) 髮(　)

(91) 夜(　)

10 다음 漢字를 널리 通用되는 略字로 고치시오. [(92)~(94)]

(92) 寫(　)

(93) 關(　)

(94) 會(　)

11 다음 漢字語의 뜻을 쓰시오. [(95)~(97)]

(95) 最終(　)

(96) 隱居(　)

(97) 頭痛(　)

12 다음 漢字語 중 첫 음절이 길게 發音되는 것을 3개 골라 그 번호를 쓰시오. (순서 무관) [(98)~(100)]

| ① 活用 | ② 禮儀 | ③ 努力 | ④ 器具 |
| ⑤ 經費 | ⑥ 善政 | ⑦ 尊重 | ⑧ 避難 |

(98) (　)

(99) (　)

(100) (　)

4급 한자능력검정시험 적중예상문제 제4회

〈제한시간 50분〉

1 다음 漢字語의 讀音을 쓰시오. [(1)~(30)]

(1) 察納 (2) 彈力
(3) 退勤 (4) 亂舞
(5) 儀狀 (6) 仁德
(7) 毒針 (8) 護衛
(9) 攻難 (10) 窮境
(11) 赤潮 (12) 暖房
(13) 崇拜 (14) 督過
(15) 爆發 (16) 極妙
(17) 政務 (18) 拍車
(19) 肅謝 (20) 寢室
(21) 穀類 (22) 歡待
(23) 徒衆 (24) 壁書
(25) 施惠 (26) 毒殺
(27) 戰亂 (28) 稱德
(29) 宣告 (30) 採取

2 다음 漢字의 訓과 音을 쓰시오. [(31)~(52)]

國 (나라 국)

(31) 銅 (32) 辭
(33) 緣 (34) 適
(35) 組 (36) 派
(37) 混 (38) 探
(39) 就 (40) 航
(41) 援 (42) 留
(43) 盡 (44) 管
(45) 佛 (46) 孔
(47) 頌 (48) 誤
(49) 態 (50) 迎
(51) 往 (52) 針

3 다음의 訓과 음으로 연결된 單語를 漢字(반드시 正字)로 쓰시오. [(53)~(60)]

[보기] 나라 국 – 말씀 어 (國語)

(53) 팔 매 – 날 출 (   )
(54) 열매 실 – 실과 과 (   )
(55) 격식 격 – 고를 조 (   )
(56) 책상 안 – 자리 석 (   )
(57) 헤아릴 료 – 다스릴 리 (   )
(58) 이를 도 – 붙을 착 (   )
(59) 나그네 려 – 쓸 비 (   )
(60) 얼음 빙 – 숯 탄 (   )

4 다음 單語의 同音異議語를 漢字로 쓰되, 미리 제시된 뜻에 맞추시오. [(61)~(65)]

(61) (遊食) : 지식이 있음.
(62) (純度) : 도리에 따름, 온당한 길.
(63) (明絲) : 이름 난 선비.
(64) (神仙) : 새로 뽑음.
(65) (社旗) : 역사적 사실을 기록한 책.

5 다음 각 漢字와 意味上 對立되는 글자를 적어 單語를 완성하시오. [(66)~(70)]

(66) 勞(   ) (67) (   )散
(68) 陰(   ) (69) 問(   )
(70) (   )白

6 다음 각 글자에 同訓字 (또는 뜻이 비슷한 漢字)를 적어 單語를 完成하시오. [(71)~(75)]

(71) ( )卒　　(72) 健( )

(73) ( )貨　　(74) 希( )

(75) 單( )

7 다음 四字成語가 완성되도록 ( ) 속의 말을 漢字로 고치시오. [(76)~(80)]

(76) (지행)合一　　(77) 濟世(안민)

(78) (견물)生心　　(79) 今時(초문)

(80) 朝變(석개)

8 다음 漢字의 部首를 쓰시오. [(81)~(83)]

(81) 前

(82) 條

(83) 貧

9 다음 漢字를 略字로 고쳐 쓰시오. [(84)~(86)]

(84) 蟲

(85) 體

(86) 廣

10 다음 漢字를 正字로 고쳐 쓰시오. [(87)~(89)]

(87) 礼

(88) 挙

(89) 伝

11 다음 ( ) 속의 단어를 漢字로 바꾸어 쓰시오. [(90)~(93)]

(90) (종류) : 사물을 나누는 갈래

(91) (상술) : 장사하는 수단이나 솜씨

(92) (영원) : 영구한 세월.

(93) (사설) : 신문, 잡지 등에 실리는 논설

12 다음의 뜻을 지닌 四字成語를 漢字로 쓰시오. [(94)~(96)]

(94) 가을 바람에 떨어지는 낙엽 : ( )( )落葉

(95) 하는 일이나 행동에 사사로움이 없이 공명하고 바름. : ( )明正( )

(96) 괴로움도 즐거움도 함께 함. : 同( )同( )

13 다음 漢字語 중 첫 音節이 長音인 단어를 넷만 찾아 그 번호를 쓰시오. [(97)~(100)]

| ① 創意 | ② 必要 | ③ 治安 | ④ 每年 | ⑤ 具備 |
| ⑥ 觀點 | ⑦ 正月 | ⑧ 長短 | ⑨ 至誠 | ⑩ 古典 |

(97) ( )　　(98) ( )

(99) ( )　　(100) ( )

※ 4급 과정을 모두 마친 후, 가위로 잘라 적중 예상문제의 답안지로 사용합니다.

수험번호	□□□-□□-□□□□			성명	□□□□□
주민등록번호	□□□□□□-□□□□□□□			※ 유성 싸인펜, 붉은색 필기구 사용 불가.	

※ 답안지는 컴퓨터로 처리되므로 구기거나 더럽히지 마시고 정답 칸 안에만 쓰십시오.
 글씨가 채점란으로 들어오면 오답처리가 됩니다.

제1회 한자능력검정시험 4급Ⅱ 답안지(1)

답안란		채점란		답안란		채점란		답안란		채점란	
번호	정답	1검	2검	번호	정답	1검	2검	번호	정답	1검	2검
1				17				33			
2				18				34			
3				19				35			
4				20				36			
5				21				37			
6				22				38			
7				23				39			
8				24				40			
9				25				41			
10				26				42			
11				27				43			
12				28				44			
13				29				45			
14				30				46			
15				31				47			
16				32				48			

감독위원	채점위원(1)		채점위원(2)		채점위원(3)	
(서명)	(득점)	(서명)	(득점)	(서명)	(득점)	(서명)

※ 뒷면으로 이어짐

※ 본 답안지는 컴퓨터로 처리되므로 구겨지거나 더럽혀지지 않도록 조심하시고 글씨를 칸 안에 또박또박 쓰십시오.

제1회 한자능력검정시험 4급Ⅱ 답안지(2)

번호	정답	1검	2검	번호	정답	1검	2검	번호	정답	1검	2검
49				67				85			
50				68				86			
51				69				87			
52				70				88			
53				71				89			
54				72				90			
55				73				91			
56				74				92			
57				75				93			
58				76				94			
59				77				95			
60				78				96			
61				79				97			
62				80				98			
63				81				99			
64				82				100			
65				83							
66				84							

※ 4급 과정을 모두 마친 후, 가위로 잘라 적중 예상문제의 답안지로 사용합니다.

수험번호 ☐☐☐-☐☐-☐☐☐☐   성명 ☐☐☐☐☐

주민등록번호 ☐☐☐☐☐☐-☐☐☐☐☐☐☐

※ 유성 싸인펜, 붉은색 필기구 사용 불가.

※ 답안지는 컴퓨터로 처리되므로 구기거나 더럽히지 마시고 정답 칸 안에만 쓰십시오.
  글씨가 채점란으로 들어오면 오답처리가 됩니다.

제2회 한자능력검정시험 4급Ⅱ 답안지(1)

번호	정답	1검	2검	번호	정답	1검	2검	번호	정답	1검	2검
1				17				33			
2				18				34			
3				19				35			
4				20				36			
5				21				37			
6				22				38			
7				23				39			
8				24				40			
9				25				41			
10				26				42			
11				27				43			
12				28				44			
13				29				45			
14				30				46			
15				31				47			
16				32				48			

감독위원	채점위원(1)		채점위원(2)		채점위원(3)	
(서명)	(득점)	(서명)	(득점)	(서명)	(득점)	(서명)

※ 뒷면으로 이어짐

※ 본 답안지는 컴퓨터로 처리되므로 구겨지거나 더럽혀지지 않도록 조심하시고 글씨를 칸 안에 또박또박 쓰십시오.

제2회 한자능력검정시험 4급Ⅱ 답안지(2)

답안란		채점란		답안란		채점란		답안란		채점란	
번호	정답	1검	2검	번호	정답	1검	2검	번호	정답	1검	2검
49				67				85			
50				68				86			
51				69				87			
52				70				88			
53				71				89			
54				72				90			
55				73				91			
56				74				92			
57				75				93			
58				76				94			
59				77				95			
60				78				96			
61				79				97			
62				80				98			
63				81				99			
64				82				100			
65				83							
66				84							

※ 4급 과정을 모두 마친 후, 가위로 잘라 적중 예상문제의 답안지로 사용합니다.

| 수험번호 | □□□-□□-□□□□ | | | | | 성명 | □□□□□ |

| 주민등록번호 | □□□□□□-□□□□□□□ | | | | | ※ 유성 싸인펜, 붉은색 필기구 사용 불가. |

※ 답안지는 컴퓨터로 처리되므로 구기거나 더럽히지 마시고 정답 칸 안에만 쓰십시오.
　글씨가 채점란으로 들어오면 오답처리가 됩니다.

제1회 한자능력검정시험 4급 답안지(1)

답안란		채점란		답안란		채점란		답안란		채점란	
번호	정답	1검	2검	번호	정답	1검	2검	번호	정답	1검	2검
1				17				33			
2				18				34			
3				19				35			
4				20				36			
5				21				37			
6				22				38			
7				23				39			
8				24				40			
9				25				41			
10				26				42			
11				27				43			
12				28				44			
13				29				45			
14				30				46			
15				31				47			
16				32				48			

감독위원	채점위원(1)		채점위원(2)		채점위원(3)	
(서명)	(득점)	(서명)	(득점)	(서명)	(득점)	(서명)

※ 뒷면으로 이어짐

제1회 한자능력검정시험 4급 답안지(2)

번호	정답	1검	2검	번호	정답	1검	2검	번호	정답	1검	2검
49				67				85			
50				68				86			
51				69				87			
52				70				88			
53				71				89			
54				72				90			
55				73				91			
56				74				92			
57				75				93			
58				76				94			
59				77				95			
60				78				96			
61				79				97			
62				80				98			
63				81				99			
64				82				100			
65				83							
66				84							

※ 본 답안지는 컴퓨터로 처리되므로 구겨지거나 더럽혀지지 않도록 조심하시고 글씨를 칸 안에 또박또박 쓰십시오.

※ 4급 과정을 모두 마친 후, 가위로 잘라 적중 예상문제의 답안지로 사용합니다.

수험번호 □□□-□□-□□□□　　성명 □□□□

주민등록번호 □□□□□□-□□□□□□□

※ 유성 싸인펜, 붉은색 필기구 사용 불가.

※ 답안지는 컴퓨터로 처리되므로 구기거나 더럽히지 마시고 정답 칸 안에만 쓰십시오.
　글씨가 채점란으로 들어오면 오답처리가 됩니다.

제 2 회 한자능력검정시험 4급 답안지(1)

번호	정답	1검	2검	번호	정답	1검	2검	번호	정답	1검	2검
1				17				33			
2				18				34			
3				19				35			
4				20				36			
5				21				37			
6				22				38			
7				23				39			
8				24				40			
9				25				41			
10				26				42			
11				27				43			
12				28				44			
13				29				45			
14				30				46			
15				31				47			
16				32				48			

감독위원	채점위원(1)		채점위원(2)		채점위원(3)	
(서명)	(득점)	(서명)	(득점)	(서명)	(득점)	(서명)

※ 뒷면으로 이어짐

제2회 한자능력검정시험 4급 답안지(2)

번호	정답	1검	2검	번호	정답	1검	2검	번호	정답	1검	2검
49				67				85			
50				68				86			
51				69				87			
52				70				88			
53				71				89			
54				72				90			
55				73				91			
56				74				92			
57				75				93			
58				76				94			
59				77				95			
60				78				96			
61				79				97			
62				80				98			
63				81				99			
64				82				100			
65				83							
66				84							

※ 4급 과정을 모두 마친 후, 가위로 잘라 적중 예상문제의 답안지로 사용합니다.

| 수험번호 | □□□-□□-□□□□ | | 성명 | □□□□ |

| 주민등록번호 | □□□□□□-□□□□□□□ |

※ 유성 싸인펜, 붉은색 필기구 사용 불가.

※ 답안지는 컴퓨터로 처리되므로 구기거나 더럽히지 마시고 정답 칸 안에만 쓰십시오.
　글씨가 채점란으로 들어오면 오답처리가 됩니다.

제3회 한자능력검정시험 4급 답안지(1)

답안란		채점란		답안란		채점란		답안란		채점란	
번호	정답	1검	2검	번호	정답	1검	2검	번호	정답	1검	2검
1				17				33			
2				18				34			
3				19				35			
4				20				36			
5				21				37			
6				22				38			
7				23				39			
8				24				40			
9				25				41			
10				26				42			
11				27				43			
12				28				44			
13				29				45			
14				30				46			
15				31				47			
16				32				48			

감독위원	채점위원(1)		채점위원(2)		채점위원(3)	
(서명)	(득점)	(서명)	(득점)	(서명)	(득점)	(서명)

※ 뒷면으로 이어짐

※ 본 답안지는 컴퓨터로 처리되므로 구겨지거나 더럽혀지지 않도록 조심하시고 글씨를 칸 안에 또박또박 쓰십시오.

제3회 한자능력검정시험 4급 답안지(2)

번호	정답	번호	정답	번호	정답
49		67		85	
50		68		86	
51		69		87	
52		70		88	
53		71		89	
54		72		90	
55		73		91	
56		74		92	
57		75		93	
58		76		94	
59		77		95	
60		78		96	
61		79		97	
62		80		98	
63		81		99	
64		82		100	
65		83			
66		84			

※ 4급 과정을 모두 마친 후, 가위로 잘라 적중 예상문제의 답안지로 사용합니다.

수험번호	□□□-□□-□□□□					성명	□□□□□		
주민등록번호	□□□□□□-□□□□□□□					※ 유성 싸인펜, 붉은색 필기구 사용 불가.			

※ 답안지는 컴퓨터로 처리되므로 구기거나 더럽히지 마시고 정답 칸 안에만 쓰십시오.
  글씨가 채점란으로 들어오면 오답처리가 됩니다.

제4회 한자능력검정시험 4급 답안지(1)

답안란		채점란		답안란		채점란		답안란		채점란	
번호	정답	1검	2검	번호	정답	1검	2검	번호	정답	1검	2검
1				17				33			
2				18				34			
3				19				35			
4				20				36			
5				21				37			
6				22				38			
7				23				39			
8				24				40			
9				25				41			
10				26				42			
11				27				43			
12				28				44			
13				29				45			
14				30				46			
15				31				47			
16				32				48			

감독위원	채점위원(1)		채점위원(2)		채점위원(3)	
(서명)	(득점)	(서명)	(득점)	(서명)	(득점)	(서명)

※ 뒷면으로 이어짐

제4회 한자능력검정시험 4급 답안지(2)

번호	정답	1검	2검	번호	정답	1검	2검	번호	정답	1검	2검
49				67				85			
50				68				86			
51				69				87			
52				70				88			
53				71				89			
54				72				90			
55				73				91			
56				74				92			
57				75				93			
58				76				94			
59				77				95			
60				78				96			
61				79				97			
62				80				98			
63				81				99			
64				82				100			
65				83							
66				84							

※ 본 답안지는 컴퓨터로 처리되므로 구겨지거나 더럽혀지지 않도록 조심하시고 글씨를 칸 안에 또박또박 쓰십시오.

모범답안

확인평가 1강

1. (1) 대 (2) 강 (3) 노 (4) 가 (5) 기 (6) 단 (7) 대 (8) 경 (9) 감 (10) 단 (11) 구 (12) 관
2. (1) ⑤ (2) ③ (3) ⑥ (4) ⑦ (5) ⑫ (6) ② (7) ⑨ (8) ⑩
3. (1) 究 (2) 斷 (3) 故 (4) 權 (5) 境 (6) 難
4. (1) 감원 (2) 노기 (3) 도달 (4) 고결 (5) 계장 (6) 개체 (7) 검사 (8) 결여 (9) 발단 (10) 담당
5. (1) 達成 (2) 減速 (3) 徑路 (4) 句節
6. (1) 健康 (2) 導入 (3) 難關 (4) 禁止

확인평가 2강

1. (1) 두 (2) 보 (3) 류 (4) 벽 (5) 라 (6) 두 (7) 배 (8) 렬 (9) 방 (10) 량 (11) 밀 (12) 박
2. (1) ② (2) ⑤ (3) ⑥ (4) ④ (5) ⑨ (6) ⑩ (7) ① (8) ⑦
3. (1) 訪 (2) 銅 (3) 步 (4) 論 (5) 伐 (6) 麗
4. (1) 감독 (2) 난방 (3) 방문 (4) 독약 (5) 미문 (6) 무기 (7) 금맥 (8) 유학 (9) 강변 (10) 안보
5. (1) 背信 (2) 利得 (3) 連結 (4) 滿足
6. (1) 目錄 (2) 任務 (3) 配達 (4) 法律

확인평가 3강

1. (1) 상 (2) 부 (3) 비 (4) 상 (5) 사 (6) 비 (7) 세 (8) 소 (9) 부 (10) 상 (11) 사 (12) 성
2. (1) ③ (2) ⑦ (3) ④ (4) ① (5) ② (6) ⑪ (7) ⑥ (8) ⑧
3. (1) 謝 (2) 笑 (3) 副 (4) 想 (5) 飛 (6) 星
4. (1) 수신 (2) 정부 (3) 사원 (4) 성경 (5) 복원 (6) 비관 (7) 세밀 (8) 풍속 (9) 성실 (10) 속개
5. (1) 設計 (2) 音聲 (3) 授業 (4) 謝過
6. (1) 稅金 (2) 聖人 (3) 送別會 (4) 復習

확인평가 4강

1. (1) 옥 (2) 연 (3) 양 (4) 순 (5) 위 (6) 위 (7) 용 (8) 연 (9) 시 (10) 신 (11) 여 (12) 액
2. (1) ③ (2) ① (3) ④ (4) ⑧ (5) ⑨ (6) ⑤ (7) ⑩ (8) ②
3. (1) 詩 (2) 肉 (3) 往 (4) 是 (5) 試 (6) 榮
4. (1) 심해 (2) 외압 (3) 역풍 (4) 정의 (5) 응답 (6) 의제 (7) 예술 (8) 추수 (9) 음기 (10) 가요
5. (1) 研究 (2) 休息 (3) 明暗 (4) 滿員
6. (1) 應用 (2) 移動 (3) 傳承 (4) 陰地

확인평가 5강

1. (1) 접 (2) 인 (3) 죽 (4) 조 (5) 장 (6) 정 (7) 제 (8) 지 (9) 전 (10) 절 (11) 진 (12) 제
2. (1) ⑥ (2) ⑧ (3) ⑨ (4) ③ (5) ① (6) ② (7) ④ (8) ⑩
3. (1) 認 (2) 衆 (3) 際 (4) 敵 (5) 早 (6) 祭
4. (1) 저공 (2) 정적 (3) 약지 (4) 차관 (5) 장군 (6) 공조 (7) 제도 (8) 지극 (9) 개조 (10) 제작
5. (1) 尊敬 (2) 求職 (3) 增加 (4) 利益
6. (1) 接近 (2) 進步 (3) 競走 (4) 準備

확인평가 6강

1. (1) 총 (2) 처 (3) 쾌 (4) 충 (5) 향 (6) 폭 (7) 해 (8) 호 (9) 포 (10) 항 (11) 태 (12) 치 (13) 포 (14) 항
2. (1) ⑥ (2) ⑨ (3) ⑤ (4) ⑦ (5) ② (6) ③ (7) ⑪ (8) ① (9) ④
3. (1) 蓄 (2) 銃 (3) 香 (4) 破 (5) 貨 (6) 布
4. (1) 회송 (2) 강청 (3) 취재 (4) 은혜 (5) 국한 (6) 풍년 (7) 배치 (8) 확인 (9) 침해 (10) 통제 (11) 현명
5. (1) 害蟲 (2) 好感 (3) 備置 (4) 政治 (5) 經驗
6. (1) 觀察 (2) 協同 (3) 希望 (4) 呼吸

확인평가 7강

1. (1) 광 (2) 각 (3) 계 (4) 거 (5) 갱 (6) 걸 (7) 경 (8) 거 (9) 고 (10) 견 (11) 구 (12) 계
2. (1) ④ (2) ⑥ (3) ⑦ (4) ② (5) ⑫ (6) ⑨ (7) ① (8) ③

3. (1) 孔　(2) 看　(3) 拒　(4) 骨　(5) 鏡　(6) 刻
4. (1) 빈곤　(2) 음계　(3) 간결　(4) 공격　(5) 근거
   (6) 휴가　(7) 격노　(8) 경계　(9) 애견　(10) 강우량
5. (1) 自覺　(2) 堅固　(3) 更生　(4) 構造
6. (1) 季節　(2) 五穀　(3) 繼承　(4) 甘草

확인평가 8강

1. (1) 리　(2) 모　(3) 도　(4) 기　(5) 렬　(6) 궁
   (7) 란　(8) 근　(9) 극　(10) 권　(11) 기　(12) 단
2. (1) ④　(2) ⑤　(3) ⑪　(4) ⑦　(5) ②　(6) ③
   (7) ⑫　(8) ⑩
3. (1) 屈　(2) 勸　(3) 柳　(4) 卵　(5) 鳴　(6) 勤
4. (1) 규모　(2) 관람　(3) 회귀　(4) 기특　(5) 균등
   (6) 단군　(7) 면학　(8) 박수　(9) 납득　(10) 오륜기
5. (1) 龍虎　(2) 盜用　(3) 省略　(4) 妙技
6. (1) 不屈　(2) 省墓　(3) 配慮　(4) 烈火

확인평가 9강

1. (1) 부　(2) 숙　(3) 양　(4) 비　(5) 보　(6) 송
   (7) 변　(8) 발　(9) 범　(10) 승　(11) 사　(12) 액
2. (1) ⑨　(2) ③　(3) ⑥　(4) ⑪　(5) ②　(6) ④
   (7) ⑦　(8) ⑫
3. (1) 宣　(2) 散　(3) 射　(4) 延　(5) 頌　(6) 複
4. (1) 귀속　(2) 여부　(3) 상처　(4) 엄금　(5) 방해
   (6) 철사　(7) 항복　(8) 당숙　(9) 신비　(10) 분노
5. (1) 秀才　(2) 犯罪　(3) 交易　(4) 額子
6. (1) 辯護士　(2) 廣域市　(3) 辭典　(4) 崇禮門

확인평가 10강

1. (1) 우　(2) 위　(3) 장　(4) 이　(5) 영　(6) 유
   (7) 은　(8) 인　(9) 잡　(10) 우　(11) 장　(12) 원
2. (1) ⑧　(2) ⑩　(3) ④　(4) ⑥　(5) ⑦　(6) ②
   (7) ⑤　(8) ⑨
3. (1) 依　(2) 迎　(3) 資　(4) 委　(5) 儒　(6) 奬
4. (1) 구원　(2) 우량　(3) 연필　(4) 위세　(5) 포장
   (6) 자매　(7) 범위　(8) 기저　(9) 인연　(10) 예의범절
5. (1) 壯談　(2) 偶然　(3) 隱德　(4) 服裝
6. (1) 粉乳　(2) 遊園地　(3) 殘餘　(4) 雜音

확인평가 11강

1. (1) 청　(2) 점　(3) 지　(4) 정　(5) 절　(6) 적
   (7) 진　(8) 정　(9) 전　(10) 지　(11) 종　(12) 존
2. (1) ⑧　(2) ②　(3) ⑥　(4) ⑫　(5) ③　(6) ④
   (7) ⑩　(8) ⑤
3. (1) 誌　(2) 適　(3) 帝　(4) 朱　(5) 採　(6) 冊
4. (1) 강좌　(2) 정비　(3) 역적　(4) 점선　(5) 보증
   (6) 호적　(7) 전공　(8) 조직　(9) 차이　(10) 원천
5. (1) 從屬　(2) 屈折　(3) 敬聽　(4) 智略
6. (1) 盡心　(2) 周圍　(3) 潮流　(4) 靜肅

확인평가 12강

1. (1) 헌　(2) 파　(3) 혼　(4) 혁　(5) 핵　(6) 층
   (7) 피　(8) 홍　(9) 축　(10) 편　(11) 통　(12) 회
2. (1) ③　(2) ⑨　(3) ④　(4) ⑤　(5) ⑩　(6) ②
   (7) ⑦　(8) ⑥
3. (1) 華　(2) 討　(3) 推　(4) 或　(5) 避　(6) 環
   (7) 針　(8) 候
4. (1) 비평　(2) 취업　(3) 환영　(4) 투쟁　(5) 혼잡
   (6) 항거　(7) 초청　(8) 후덕　(9) 탐구　(10) 칭송
   (11) 폭탄　(12) 판정
5. (1) 險難　(2) 標示　(3) 恨歎　(4) 投手
6. (1) 指揮　(2) 不況　(3) 脫衣室　(4) 閉校

기출 예상문제 4급Ⅱ 1회

1. (1) 도시　(2) 산맥　(3) 목동　(4) 임무　(5) 전달
   (6) 감독　(7) 북극　(8) 염원　(9) 결백　(10) 이용
   (11) 만수　(12) 건물　(13) 성당　(14) 단순　(15) 악기
   (16) 활어　(17) 이주　(18) 옥상　(19) 객차　(20) 세금
   (21) 난류　(22) 권세　(23) 도입　(24) 방지　(25) 밀도
   (26) 비고　(27) 사진　(28) 무상　(29) 벌목　(30) 낭보
   (31) 개별　(32) 설경　(33) 참가　(34) 항해　(35) 사원
2. (36) 일어날 기　(37) 청할 청　(38) 충성 충　(39) 얼음 빙
   (40) 슬플 비　(41) 장사 상　(42) 어려울 난　(43) 눈 안
   (44) 경사 경　(45) 머무를 류　(46) 맛 미　(47) 스승 사
   (48) 뜻 지　(49) 넓을 박　(50) 섬 도　(51) 거리 가
   (52) 갖출 구　(53) 고기잡을 어　(54) 고을 주　(55) 덜 제
   (56) 무리 등　(57) 어질 량

3. (58) 說明 (59) 陸軍 (60) 廣告 (61) 出席
   (62) 財産 (63) 見聞 (64) 事業 (65) 友情
   (66) 約束 (67) 歷史

4. (68) 夏服 (69) 性品 (70) 夕陽 (71) 禮節
   (72) 頭目 (73) 開店 (74) 團結 (75) 運行
   (76) 根本 (77) 學習

5. (78) 發 (79) 石 (80) 道 (81) 自 (82) 古

6. (83) 果 (84) 溫 (85) 後

7. (86) 話/言 (87) 綠 (88) 到

8. (89) 功 (90) 向 (91) 通

9. (92) 体 (93) 当 (94) 战/戦

10. (95) 火 (96) 角 (97) 宀

11. (98) 잘못 적음/잘못 기록함
    (99) 좋은 감정/좋게 여기는 감정
    (100) 속도를 줄임

기출 예상문제 4급Ⅱ 2회

1. (1) 부상 (2) 총독 (3) 제안 (4) 협조 (5) 단수
   (6) 구직 (7) 담당 (8) 순결 (9) 설경 (10) 풍성
   (11) 여분 (12) 적군 (13) 난색 (14) 세수 (15) 고장
   (16) 무사 (17) 응답 (18) 경쟁 (19) 황조 (20) 해금
   (21) 기립 (22) 정당 (23) 두유 (24) 신라 (25) 호출
   (26) 소방 (27) 세우 (28) 전압 (29) 정밀 (30) 원소
   (31) 제대 (32) 침입 (33) 포병 (34) 제한 (35) 정의

2. (36) 사례할 사 (37) 힘쓸 무 (38) 머무를 정 (39) 찾을 방
   (40) 그늘 음 (41) 눈 안 (42) 굳을 확 (43) 모을 축
   (44) 항구 항 (45) 씻을 세 (46) 다리 교 (47) 섬 도
   (48) 클 위 (49) 고을 읍 (50) 어두울 암 (51) 쌀 포
   (52) 갖출 비 (53) 별 성 (54) 끊을 절 (55) 들 거
   (56) 벼슬 관 (57) 비롯할 창

3. (58) 財物 (59) 信念 (60) 價格 (61) 說明
   (62) 筆記 (63) 性品 (64) 變心 (65) 過失
   (66) 道具 (67) 藥局

4. (68) 的中 (69) 商號 (70) 必勝 (71) 基本
   (72) 夕陽 (73) 首席 (74) 惡習 (75) 生鮮
   (76) 重要 (77) 氣流

5. (78) 客 (79) 結 (80) 秋 (81) 以 (82) 決

6. (83) 勝/成 (84) 來 (85) 卒

7. (86) 作 (87) 休 (88) 良

8. (89) 家 (90) 線 (91) 夜

9. (92) 礼 (93) 労 (94) 会

10. (95) 手 (96) 虍 (97) 水

11. (98) 은혜를 갚음 (99) 우스운 이야기
    (100) 바닷가

기출 예상문제 4급 1회

1. (1) 조류 (2) 동정 (3) 절통 (4) 후원 (5) 토벌
   (6) 침실 (7) 초청 (8) 조산 (9) 동요 (10) 주위
   (11) 찬사 (12) 비평 (13) 극단 (14) 탈곡 (15) 파손
   (16) 선전 (17) 채광 (18) 환담 (19) 피곤 (20) 취직
   (21) 관람 (22) 도피 (23) 부담 (24) 견고 (25) 산탄
   (26) 풍흉 (27) 비탄 (28) 상처 (29) 액상 (30) 후사

2. (31) 겨룰 항 (32) 넓을 보 (33) 고리 환 (34) 높을 숭
   (35) 떠날 리 (36) 맞을 영 (37) 이마 액 (38) 칠 격
   (39) 갈래 파 (40) 울 명 (41) 방해할 방 (42) 옮길 이
   (43) 찾을 탐 (44) 알 란 (45) 뜻 취 (46) 숨길 비
   (47) 장막 장 (48) 따뜻할 난 (49) 샘 천 (50) 감독할 독
   (51) 불터질 폭 (52) 납 연

3. (53) 情致 (54) 選歌 (55) 元始/原始 (56) 道路
   (57) 名士 (58) 再現 (59) 可信

4. (60) 見物生心 (61) 以實直告 (62) 花朝月夕 (63) 責任感
   (64) 月曜病

5. (65) 내릴 (66) 항 (67) 정신 (68) 理性
   (69) 영역 (70) 예술 (71) 추단

6. (72) 馬耳 (73) 結草 (74) 目不 (75) 落葉 (76) 民福

7. (77) 今 (78) 他 (79) 賞 (80) 夫(姑) (81) 冷/寒

8. (82) 止(留) (83) 陸/土 (84) 休 (85) 根 (86) 服

9. (87) 調査 (88) 格式 (89) 到着

10. (90) 宀 (91) 扌(手) (92) 彳

11. (93) 会 (94) 旧 (95) 団

12. (96) 鐵 (97) 擧

13. (98) ③ (99) ⑥ (100) ⑧

기출 예상문제 4급 2회

1. (1) 후사 (2) 탐험 (3) 당파 (4) 정비 (5) 희극
   (6) 극형 (7) 폭소 (8) 자태 (9) 혼선 (10) 피난
   (11) 탄압 (12) 의존 (13) 총평 (14) 적응 (15) 소진
   (16) 독침 (17) 인주 (18) 취침 (19) 지휘 (20) 혁대
   (21) 감축 (22) 유세 (23) 조직 (24) 추이 (25) 격투
   (26) 토벌 (27) 환경 (28) 항변 (29) 채광 (30) 칭찬

2. (31) 법 범 (32) 가 변 (33) 높을 숭 (34) 칠 공
   (35) 비평할 비 (36) 이마 액 (37) 늘일 연 (38) 칠 격
   (39) 넓을 보 (40) 들을 청 (41) 춤출 무 (42) 부칠 기
   (43) 묘할 묘 (44) 힘줄 근 (45) 본뜰 모 (46) 검소할 검
   (47) 말씀 사 (48) 곡식 곡 (49) 소나무 송 (50) 분할 분
   (51) 다칠 상 (52) 맞을 영

3. (53) 充當 (54) 規則 (55) 歷任 (56) 廣野/曠野)
   (57) 到着 (58) 德談 (59) 考案 (60) 獨特
   (61) 旅費 (62) 團束 (63) 要領 (64) 雲集
   (65) 競馬 (66) 熱望 (67) 祝福 (68) 展示
   (69) 急流 (70) 宿患 (71) 財産

4. (72) 賞 (73) 改 (74) 貴 (75) 無 (76) 識

5. (77) 客 (78) 使 (79) 勝/成 (80) 善 (81) 陽

6. (82) 過 (83) 停 (84) 固 (85) 術 (86) 歌

7. (87) 高地 (88) 告知

8. (89) 黑 (90) 木 (91) 巾

9. (92) 战/戰 (93) 軽 (94) 児

10. (95) 좇을 침 (96) 머리털/머리카락 (97) 권하여 장려함

11. (98) ② (99) ③ (100) ⑦

7. (70) 病(疾) (71) 望 (72) 法 (73) 路 (74) 具
8. (75) 輕 (76) 來 (77) 勝 (78) 凶 (79) 夜
9. (80) 月 (81) 巾 (82) 目
10. (83) 旅行 (84) 電光 (85) 雪寒 (86) 信賞 (87) 角者
11. (88) 放水 (89) 神性 (90) 順理 (91) 短命 (92) 永住
12. (93) 史記 (94) 舊習 (95) 災害 (96) 念願 (97) 奉仕
    (98) 현 (99) 즐길 (100) 악

적중 예상문제 4급Ⅱ 1회

1. (1) 낙선 (2) 약국 (3) 사업 (4) 급보 (5) 장소
   (6) 절약 (7) 다복 (8) 부부 (9) 사진 (10) 주입
   (11) 최초 (12) 만원 (13) 야경 (14) 선주 (15) 건설
   (16) 영재 (17) 벌칙 (18) 어족 (19) 재수 (20) 담화
   (21) 약자 (22) 설원 (23) 방수 (24) 기초 (25) 단식
   (26) 경기 (27) 등록 (28) 경쟁 (29) 정진 (30) 결백
   (31) 상품 (32) 방목 (33) 주택 (34) 구직 (35) 행운

2. (36) 끊을 단 (37) 무리 당 (38) 띠 대 (39) 덜 감
   (40) 가 변 (41) 거느릴 령 (42) 눈 안 (43) 소리 성
   (44) 팔 매 (45) 자리 석 (46) 쓸 비 (47) 머무를 류
   (48) 어제 작 (49) 줄기 맥 (50) 찰 랭 (51) 기를 양
   (52) 영화 영 (53) 받을 수 (54) 날 비 (55) 찾을 방
   (56) 수컷 웅 (57) 달릴 주

3. (58) 責任 (59) 産業 (60) 獨特 (61) 番地
   (62) 平等 (63) 利害 (64) 話法 (65) 目的
   (66) 車線 (67) 客室

4. (68) 淸水 (69) 太陽 (70) 兒童 (71) 動向 (72) 民度
   (73) 說明 (74) 別種 (75) 植樹 (76) 後孫 (77) 海洋

5. (78) 知 (79) 友 (80) 敎 (81) 書 (82) 良

6. (83) 外 (84) 弟 (85) 畫

7. (86) 庭 (87) 界 (88) 空

8. (89) 感 (90) 中 (91) 過

9. (92) 万 (93) 医 (94) 広

10. (95) 角 (96) 頁 (97) 示

11. (98) 이름을 부름 (99) 앞으로 나아감
    (100) 노인을 공경함

기출 예상문제 4급 3회

1. (1) 분노 (2) 손상 (3) 도적 (4) 걸출 (5) 냉천
   (6) 조직 (7) 상무 (8) 주홍 (9) 난신 (10) 형기
   (11) 도당 (12) 귀향 (13) 전공 (14) 도피 (15) 항거
   (16) 침실 (17) 절묘 (18) 세포 (19) 근검 (20) 비평
   (21) 폐업 (22) 청강 (23) 기복 (24) 소진 (25) 곤궁
   (26) 양곡 (27) 차륜 (28) 별리 (29) 축조 (30) 설근

2. (31) 칭송할 송 (32) 감독할 독 (33) 장려할 장 (34) 위엄 위
   (35) 기록할 지 (36) 줄일 축 (37) 곳집 고 (38) 남을 잔
   (39) 나타날 현 (40) 춤출 무 (41) 엄숙할 숙 (42) 모양 양
   (43) 닭 계 (44) 줄기 맥 (45) 층계 단 (46) 겹칠 복
   (47) 거울 경 (48) 따뜻할 난 (49) 문서 적 (50) 한가할 한
   (51) 거동 의 (52) 선비 유 (53) 찾을 탐 (54) 도울 원
   (55) 기울 경

3. (56) ② (57) ⑤ (58) ⑧

4. (59) 伝 (60) 号 (61) 団

5. (62) 鐵 (63) 廣 (64) 實

6. (65) 調査 (66) 罪質 (67) 落葉 (68) 兵卒 (69) 充足

적중 예상문제 4급Ⅱ 2회

1. (1) 존경 (2) 비용 (3) 총기 (4) 차기 (5) 오입
   (6) 위병 (7) 사례 (8) 경비 (9) 정진 (10) 온순
   (11) 순모 (12) 수신 (13) 임원 (14) 직업 (15) 파산
   (16) 지령 (17) 친구 (18) 강단 (19) 조련 (20) 압제
   (21) 선정 (22) 인세 (23) 제조 (24) 경보 (25) 축성
   (26) 객석 (27) 경주 (28) 난방 (29) 존대 (30) 이송
   (31) 재기 (32) 개성 (33) 명창 (34) 항해 (35) 취소

2. (36) 금할 금 (37) 어려울 난 (38) 볼 시 (39) 재주 예
   (40) 이를 조 (41) 구원할 구 (42) 살필 찰 (43) 끝 단
   (44) 얼굴 용 (45) 지경 경 (46) 닦을 수 (47) 볼 감
   (48) 넓을 박 (49) 말 두 (50) 물러날 퇴 (51) 남을 여
   (52) 오를 등 (53) 다스릴 치 (54) 군사 군 (55) 가늘 세
   (56) 힘쓸 무 (57) 인도할/이끌 도

3. (58) 計算 (59) 特質 (60) 體育 (61) 德望 (62) 變化
   (63) 晝夜 (64) 運動 (65) 告發 (66) 藥局 (67) 效果

4. (68) 獨身 (69) 格式 (70) 高價 (71) 代筆 (72) 客席
   (73) 展開 (74) 着陸 (75) 家具 (76) 廣場 (77) 病室

5. (78) 功 (79) 言 (80) 風 (81) 德 (82) 決

6. (83) 凶 (84) 過 (85) 當

7. (86) 計 (87) 純 (88) 服

8. (89) 敎 (90) 傳 (91) 高

9. (92) 画 (93) 価 (94) 参

10. (95) 言 (96) 寸 (97) 魚

11. (98) 손으로 만듦 (99) 이른 아침
    (100) 끝마침

적중 예상문제 4급 1회

1. (1) 단계 (2) 곡식 (3) 납세 (4) 권장 (5) 도당
   (6) 고통 (7) 엄숙 (8) 연료 (9) 장치 (10) 영리
   (11) 사전 (12) 우표 (13) 촌각 (14) 간파 (15) 사격
   (16) 간결 (17) 유림 (18) 항복 (19) 규모 (20) 묘비
   (21) 복제 (22) 약재 (23) 주변 (24) 우수 (25) 의거
   (26) 항거 (27) 손상 (28) 격분 (29) 안경 (30) 경탄

2. (31) 춤출 무 (32) 도둑 도 (33) 눈 설 (34) 칠 박
   (35) 본뜰 모 (36) 샘 천 (37) 살 거 (38) 붉을 주
   (39) 아침 조 (40) 베풀 장 (41) 바꿀 역 (42) 맞을 영
   (43) 맞을 적 (44) 기쁠 희 (45) 바늘 침 (46) 넓을 보
   (47) 우편 우 (48) 법 규 (49) 가루 분 (50) 원망할 원
   (51) 끝 단 (52) 덜 손

3. (53) 操業 (54) 凶計 (55) 責任 (56) 特許
   (57) 商店 (58) 旅費 (59) 熱望 (60) 功勞
   (61) 陸路 (62) 祝福 (63) 調査 (64) 親善
   (65) 患者 (66) 充當 (67) 停止

4. (68) 解 (69) 權 (70) 奉 (71) 給

5. (72) 作 (73) 識 (74) 足 (75) 集 (76) 故

6. (77) 暗 (78) 直 (79) 陽 (80) 舊 (81) 賞

7. (82) 界 (83) 服 (84) 空 (85) 休 (86) 意

8. (87) 過去 (88) 科擧

9. (89) 缶 (90) 又 (91) 木

10. (92) 売 (93) 旧 (94) 추

11. (95) 담배를 끊음 (96) 목숨을 구함
    (97) 혼자서 부름

12. (98) ① (99) ③ (100) ⑥

적중 예상문제 4급 2회

1. (1) 해저 (2) 원조 (3) 포위 (4) 도청 (5) 교역
   (6) 혼잡 (7) 우대 (8) 적금 (9) 탐사 (10) 빈궁
   (11) 왕복 (12) 위엄 (13) 당파 (14) 공방 (15) 자세
   (16) 견지 (17) 시공 (18) 잔류 (19) 선열 (20) 근거
   (21) 연필 (22) 규율 (23) 제독 (24) 도주 (25) 여가
   (26) 취미 (27) 예습 (28) 급락 (29) 환경 (30) 검약

2. (31) 가난할 빈 (32) 빼어날 수 (33) 지을 제 (34) 심할 극
   (35) 말씀 담 (36) 고울 선 (37) 한할 한 (38) 이를 도
   (39) 셀 산 (40) 의심할 의 (41) 근심 환 (42) 근거 거
   (43) 묘할 묘 (44) 덜 감 (45) 부처 불 (46) 법 범
   (47) 놀 유 (48) 칭송할 송 (49) 골 동 (50) 일 흥
   (51) 지날 력 (52) 벌릴 라

3. (53) 意味 (54) 구성 (55) 過程 (56) 解決
   (57) 創意的 (58) 제시 (59) 경험 (60) 축적
   (61) 傳達 (62) 發展 (63) 수단 (64) 記錄
   (65) 체계 (66) 형태

4. (67) 曜 (68) 鐵 (69) 卓 (70) 奉

5. (71) 答 (72) 故 (73) 利 (74) 言 (75) 思

6. (76) 敗 (77) 弟 (78) 溫 (79) 公 (80) 虛

7. (81) 設 (82) 止 (83) 選 (84) 打 (85) 堅

8. (86) 良民 (87) 秋夕 (88) 代表

9. (89) 厂 (90) 尸 (91) 竹

10. (89) 医 (93) 悪 (94) 号

11. (95) 몸의 다친 자리 (96) 자리를 옮김
    (97) 육지를 파 만든 인공 수로

12. (98) ② (99) ⑤ (100) ⑦

적중 예상문제　　　　　　4급 3회

1. (1) 자세　(2) 채점　(3) 계단　(4) 위성　(5) 탈진
   (6) 폭격　(7) 권장　(8) 굴복　(9) 광맥　(10) 혼잡
   (11) 취침　(12) 인도　(13) 증거　(14) 찬사　(15) 포탄
   (16) 조직　(17) 분필　(18) 비명　(19) 경청　(20) 칭송
   (21) 기지　(22) 항변　(23) 결손　(24) 추이　(25) 독침
   (26) 압축　(27) 원천　(28) 초대　(29) 잔액　(30) 무장

2. (31) 휘두를 휘　(32) 법 헌　(33) 미리 예　(34) 우편 우
   (35) 덜 제　(36) 가질 지　(37) 납 연　(38) 볼 람
   (39) 엄숙할 숙　(40) 맞을 적　(41) 임금 제　(42) 띠 대
   (43) 씨 핵　(44) 기록할 지　(45) 찾을 탐　(46) 멜 담
   (47) 거동 의　(48) 장막 장　(49) 밑 저　(50) 겨를/틈 가
   (51) 뛰어날/호걸 걸　(52) 곡식 곡

3. (53) 貯金　(54) 團束　(55) 落葉　(56) 節約　(57) 氷板
   (58) 展望　(59) 完敗　(60) 偉業　(61) 特種　(62) 有罪
   (63) 充足　(64) 任命

4. (65) 實話　(66) 順調　(67) 案件　(68) 雲集　(69) 着陸
   (70) 主流　(71) 改良

5. (72) 死　(73) 說　(74) 止　(75) 耳　(76) 害

6. (77) 亡　(78) 貧　(79) 凶　(80) 本　(81) 他

7. (82) 兒　(83) 守　(84) 固　(85) 屋　(86) 停

8. (87) 身病　(88) 新兵

9. (89) 肉　(90) 髟　(91) 夕

10. (92) 写　(93) 関　(94) 会

11. (95) 맨 마지막　(96) 숨어서 살다　(97) 머리가 아픔

12. (98) ②　(99) ⑥　(100) ⑧

---

(43) 다할 진　(44) 주관할 관　(45) 부처 불　(46) 구멍 공
(47) 칭송할 송　(48) 그르칠 오　(49) 모습 태　(50) 맞을 영
(51) 갈 왕　(52) 바늘 침

3. (53) 賣出　(54) 實果　(55) 格調　(56) 案席
   (57) 料理　(58) 到着　(59) 旅費　(60) 氷炭

4. (61) 有識　(62) 順道　(63) 名士　(64) 新選　(65) 史記

5. (66) 使　(67) 集　(68) 陽　(69) 答　(70) 黑

6. (71) 兵　(72) 康　(73) 財　(74) 望　(75) 獨

7. (76) 知行　(77) 安民　(78) 見物　(79) 初聞　(80) 夕改

8. (81) 刂　(82) 木　(83) 貝

9. (84) 虫　(85) 体　(86) 广

10. (87) 禮　(88) 擧　(89) 傳

11. (90) 種類　(91) 商術　(92) 永遠　(93) 社說

12. (94) 秋風　(95) 公, 大　(96) 苦, 樂

13. (97) ①　(98) ④　(99) ⑥　(100) ⑩

적중 예상문제　　　　　　4급 4회

1. (1) 찰납　(2) 탄력　(3) 퇴근　(4) 난무　(5) 의장
   (6) 인덕　(7) 독침　(8) 호위　(9) 공난　(10) 궁경
   (11) 적조　(12) 난방　(13) 숭배　(14) 독과　(15) 폭발
   (16) 극묘　(17) 정무　(18) 박차　(19) 숙사　(20) 침실
   (21) 곡류　(22) 환대　(23) 도중　(24) 벽서　(25) 시혜
   (26) 독살　(27) 전란　(28) 칭덕　(29) 선고　(30) 채취

2. (31) 구리 동　(32) 말씀 사　(33) 인연 연　(34) 맞을 적
   (35) 짤 조　(36) 갈래 파　(37) 섞을 혼　(38) 찾을 탐
   (39) 나아갈 취　(40) 배 항　(41) 도울 원　(42) 머무를 류